# 国际贸易实务
## 综合实验与实训教程

李好　张瑾◎主编
刘华　覃晓阳　张湘江◎副主编

清华大学出版社
北京

## 内容简介

本书是为培养具有全球视野、能够适应国际商务竞争的高素质商务人才而专门编写的教材,旨在帮助学习者提升理论知识,并转化为实际业务问题处理的能力,能熟练掌握国际贸易专业核心业务岗位的操作技能与进出口贸易操作流程。本书突破了国际贸易实务实验教学单纯进行进出口模拟操作的局限,围绕培养学生单据操作能力、财务管理能力、风险管理能力、沟通协调能力、外语应用能力、业务多样化能力等核心目标设置了一系列实验、实训项目,涉及国际贸易及其与之相关的国际市场调研、国际商务谈判、国际货运与物流等领域,从而形成一个多位一体的综合性实验、实训课程体系。

本书可作为高等院校国际贸易、国际商务、国际金融、国际物流、商务英语等专业学生的教材,也适合作为从事国际贸易工作的专业人士的自学参考书。

本书封面贴有清华大学出版社防伪标签,无标签者不得销售。
版权所有,侵权必究。举报: 010-62782989, beiqinquan@tup.tsinghua.edu.cn。

**图书在版编目(CIP)数据**

国际贸易实务综合实验与实训教程/李好,张瑾主编. —北京: 清华大学出版社,2018(2024.6重印)
(21世纪经济管理精品教材. 国际贸易系列)
ISBN 978-7-302-48744-9

Ⅰ. ①国… Ⅱ. ①李… ②张… Ⅲ. ①国际贸易-贸易实务-高等学校-教材 Ⅳ. ①F740.4

中国版本图书馆 CIP 数据核字(2017)第 272180 号

责任编辑: 张　伟
封面设计: 李召霞
责任校对: 宋玉莲
责任印制: 刘　菲

出版发行: 清华大学出版社
网　　址: https://www.tup.com.cn, https://www.wqxuetang.com
地　　址: 北京清华大学学研大厦 A 座
邮　　编: 100084
社 总 机: 010-83470000
邮　　购: 010-62786544
投稿与读者服务: 010-62776969, c-service@tup.tsinghua.edu.cn
质量反馈: 010-62772015, zhiliang@tup.tsinghua.edu.cn
课件下载: https://www.tup.com.cn, 010-83470332

印 装 者: 三河市铭诚印务有限公司
经　　销: 全国新华书店
开　　本: 185mm×260mm
印　　张: 21.5
字　　数: 493 千字
版　　次: 2018 年 1 月第 1 版
印　　次: 2024 年 6 月第 6 次印刷
定　　价: 59.00 元

产品编号: 059219-03

# 前 言

随着"一带一路"倡议的推进,我国参与全球经济融合的程度将进一步加深,这为我国对外经济与贸易带来了新的机遇和挑战,也对现有的国际商务人才实践教学模式提出了新的要求:未来的国际贸易领域需要的是具有全球视野、能够适应国际商务竞争的高素质商务人才,即不仅需要具备出色的宏观经济分析与判断能力,而且还要具备现代商务活动的实际决策、谈判与操作能力,特别是对现代商务领域迅速发展起来的新兴领域(包括物流专业、高级谈判、跨境电子商务等)要有充分的认识与知识准备,具有足够的商务领域决策与操作能力的专业人才。因此在学习过程中,如何把理论知识转化为实际能力,培养和提高分析、解决问题的能力,一直都是高等教育探讨的课题。近年来,国内高校国际贸易专业人才培养模式与教学改革的实践证明,通过一系列实验与实训课程的开设,能显著提高学生操作技能以及分析和处理实际业务问题的能力与职业素养。

目前国内外出版的国际贸易实务综合实验与实训类教材相对《国际贸易实务》等理论课课程教材来讲,并不多见。据调查发现,大多数国内高校在开设国际贸易综合实验课程时,仍主要依赖于实验软件开发商提供的操作说明或者自主编写的实验指导手册。近年来随着教育部及各高校对实验实训教学重视度的逐渐提高,以"国际贸易实务"为主题的综合实验教材得以陆续推出。归纳比较后发现,已经出版的实验实训课程教材:有的主要根据国际贸易实际交易的流程,确定实验目标、结合实验教学内容应具备的专业知识、设计实验步骤和分析实验结果,使学生熟悉对外贸易实务的具体操作流程、巩固与深化已经学过的专业理论知识和实务操作方法;有的基于国内最为广泛使用的进出口贸易模拟平台——SimTrade,通过真实的进出口贸易及相关角色的嵌入,指导学生通过个人的实际业务操作去运用以往所学过的全部贸易理论和实务相关课程的要点,在真实的模拟外贸环境条件下,通过相互业务磋商完成合同订立以及合同履约的整个贸易过程;有的关注的是国际贸易实务平台构建之后的具体日常事务的"执行",通过这些设计好的实验,让学生了解国际贸易在现实运作中的业务流程设置;有的教材则针对国际贸易中各主要环节,如单证、结算、商务谈判等进行专项训练。

相对国内同类实验与实训课程教材,本书具有以下几个特色。

## 一、"专项+综合"模式

本书采取了"专项+综合"的模式,不但与现有国内教材一样,有利于培养学生从事进出口贸易与报关流程观、系统观的形成,而且还在吸收、参考了国内外主要专项课程实验教材精华的基础上,针对重要实务工作岗位所必需的核心技能进行了针对性强化训练,较好地做到了"两者兼顾",从而弥补了目前国内外相关实验教程要么偏重流程、要么偏重专项的问题。

## 二、"实训+实验"模式

目前国内外的相关教程主要是依托实验教学软件而编写的,这样教材的推广使用可能会因一些高校使用的实验教学软件不同或缺失而存在难度。鉴于此,本书一方面依托南京世格软件公司开发的一系列外贸实训软件,如 SimTrade、SimForwarder 和单证教学系统、外贸实务教学系统,这些软件在全国本科及高职院校使用广泛;另一方面自行开发和设置了系列实训项目,既摆脱了师生对实验软件的依赖,又同样能完成教学目标。

## 三、加强对综合型、创新型实验的设计与运用

与国内高职院校、应用型本科院校不同,研究型综合大学及重点本科院校对国际贸易专业人才的培养有更高的定位。因此本书兼顾了不同类型院校的使用人群特点,不仅强化了国际贸易专业专项实验,强调对一般专业技能的培养,而且加强了对综合型、创新型实验的设计与运用,锻炼学生国际商务思维与职业素养以及决策、沟通等能力,为培养高层次外向型国际商务人才服务。

全书共分"国际贸易实务专项训练"和"进出口贸易模拟综合训练"两篇。"国际贸易实务专项训练"共分 7 个实验,合计 24 个模块;"进出口贸易模拟综合训练"共分 4 个实验,合计 9 个模块。全书由广西大学商学院李好负责大纲设计、内容确定,并统稿、定稿,由武汉设计工程学院商学院张瑾负责校对。各实验编写情况分别为:广西大学行健文理学院陈薇薇负责实验一的编写;保定职业技术学院史岩、广西大学商学院刘华负责实验二的编写;广西大学商学院覃晓阳、重庆文理学院外国语学院李婉婉负责实验三的编写;武汉设计工程学院商学院刘昊昕、张瑾负责实验四的编写;宁波大学科学技术学院蓝振峰负责实验五的编写;广西大学行健文理学院王敏、百色学院工商管理学院姚阳、广西大学商学院张湘江负责实验六的编写;福建师范大学福清分校经济与管理学院吴飞霞、广西大学行健文理学院李为负责实验七的编写;广西大学商学院李好负责实验八、实验十一的编写;广西工商职业技术学院左瑞瑞负责实验九的编写;桂林电子科技大学信息科技学院农方负责实验十的编写。

本书在编写过程中得到了南京世格软件有限责任公司张亮、高天娇、张晶、毛影星、蒋园园等多位专家的鼎力支持,也得到了广西大学商学院国际经济与贸易专业、国际商务硕士专业的程海兵、徐全龙、王泽滨、黄秀丽、李振龙、邓力维、韦永贵、陈俊杰、肖坚、彭少坤等同学的帮助。另外,在编写时,编者还参阅了多种国内外相关著作和刊物,在此一并表示衷心感谢!

由于编者水平和学识有限,难免出现差错、疏漏的地方,敬请读者不吝指正。

编　者

2017 年 7 月 19 日

# 目 录

## 上篇　国际贸易实务专项训练

**实验一　客户开发与市场调研** …………………………………… 3
　　模块1　产品和市场的选择 …………………………………… 3
　　模块2　产品和公司的宣传 …………………………………… 8
　　模块3　市场调研 …………………………………………… 13

**实验二　国际贸易函电** …………………………………………… 22
　　模块1　交易的磋商 …………………………………………… 22
　　模块2　合同的履行 …………………………………………… 35

**实验三　国际货物买卖合同综合谈判** …………………………… 42
　　模块1　商务礼仪 …………………………………………… 42
　　模块2　商务谈判策划书 …………………………………… 49
　　模块3　国际商务谈判综合实训 …………………………… 56

**实验四　进出口成本核算** ………………………………………… 65
　　模块1　出口成本核算 ……………………………………… 65
　　模块2　进口成本核算 ……………………………………… 81

**实验五　报关实验实训** …………………………………………… 97
　　模块1　一般进出口货物通关实训 ………………………… 97
　　模块2　保税货物以及特种货物报关实训 ………………… 118
　　模块3　报关税费计算 ……………………………………… 129

**实验六　国际货运代理实务模拟** ………………………………… 134
　　模块1　出口海运CY交货 …………………………………… 134
　　模块2　出口CFS交货 ……………………………………… 148
　　模块3　出口DOOR交货 …………………………………… 157

模块 4　出口海运拼单＋进口海运 CY ………………………………………… 164

## 实验七　制单结汇 ……………………………………………………… 175

　　模块 1　汇票的缮制 ………………………………………………………………… 175
　　模块 2　商业发票的缮制 …………………………………………………………… 183
　　模块 3　提单的缮制 ………………………………………………………………… 186
　　模块 4　原产地证书的缮制 ………………………………………………………… 190
　　模块 5　审核信用证 ………………………………………………………………… 199
　　模块 6　修改信用证 ………………………………………………………………… 208
　　模块 7　综合制单 …………………………………………………………………… 219

# 下篇　进出口贸易模拟综合训练

## 实验八　CIF＋L/C 案 …………………………………………………… 233

　　模块 1　出口贸易流程操作 ………………………………………………………… 233
　　模块 2　信用证业务 ………………………………………………………………… 259
　　模块 3　进口报关与提货 …………………………………………………………… 266
　　模块 4　进口付汇核销 ……………………………………………………………… 272
　　模块 5　销货 ………………………………………………………………………… 274

## 实验九　CFR＋T/T 案 …………………………………………………… 277

　　模块 1　出口商部分 ………………………………………………………………… 277
　　模块 2　进口商部分 ………………………………………………………………… 293

## 实验十　FOB＋D/P 案 …………………………………………………… 302

　　模块 1　出口商部分 ………………………………………………………………… 302
　　模块 2　进口商部分 ………………………………………………………………… 317

## 实验十一　工厂操作说明 ……………………………………………… 329

## 参考文献 ………………………………………………………………… 333

# 上篇

# 国际贸易实务专项训练

# 实验一

# 客户开发与市场调研

## 【导读】

外贸企业在开展进出口业务过程中,首要问题是开发外贸客户。在介绍客户开发和市场调研的基础上,本实验重点模拟目标市场选择、产品宣传目录设计和国际市场调研策划与实施的业务环节,阐述国际目标市场选择与产品介绍及信息获取的基本知识和技巧。本实验旨在通过操作与学习,使学生可以掌握寻找客户、发展客户关系的基本技能,能够利用多种方法对国际市场展开调研,收集国际市场的信息,筛选出有用的信息,并确定目标市场,着力培养学生理论联系实际和综合全面考虑问题的能力。

## 模块1 产品和市场的选择

### 【实训目标】

外贸企业生存与发展的关键是占有国际市场。在该实验中,学生分组模拟一家具有外贸经营权的企业,为其选择经营产品并筛选合适的目标市场国或地区。通过本模块的学习与操作,使学生能够了解产品评估选择方法,熟悉影响国际市场选择的因素和依据,掌握国际目标市场的筛选程序与操作方法,能够熟练运用国际目标市场选择的程序和方法,对全球市场进行划分和评估,寻找销售潜力最大的外国市场。

### 【实训知识】

#### 一、进出口产品评估要素与选择方法

(1)进出口产品选择应考虑四方面的要素:市场吸引力、国际市场竞争力、利润潜力与企业经营能力。

① 市场吸引力。该产品在国内外的需求及其发展趋势。也就是该产品进口(出口)后能否在国内市场(国外市场)有较好的销量。

② 国际市场竞争力。该产品与同类型产品即替代商品相比较下,占领市场份额的能力。包括差异化、质量、价格、品牌、售后等诸多方面。

③ 利润潜力。该产品的盈利能力以及其上升空间。

④ 企业经营能力。企业经营能力是企业经营管理,从事各种生产活动的能力综合。企业是否有足够的生产能力来应对市场需求,或者是否能够找到有相应能力的稳定的供

应商,是否有能力做好客户维系,售后服务等一系列环节。

评估候选产品的步骤和问题详见表1-1。

表1-1 评估候选产品的步骤和问题

| |
|---|
| 1. 该产品在国内市场是否有竞争力? |
| 2. 国内市场对这种产品的需求及其发展趋势如何?国外市场存在同样的需求吗? |
| 3. 该产品在国外有竞争优势吗?可能遇到的竞争激烈程度如何? |
| 4. 什么是该产品在海外市场竞争中的有利条件和不利条件? |
| 5. 该产品在国外市场的售后服务和附属辅助产品如何提供?其售后服务或辅助性产品能否在国外市场上得到满足? |
| 6. 该产品如何适应当地市场需求?产品为了适应国外市场在产品实体、包装、服务属性等方面必须做出相应的改变吗? |
| 7. 营销策略与国内市场有何异同?产品能够以与国内相同的方式在国外市场销售吗? |
| 8. 该产品主要的风险来自何处? |

(2)进出口产品选择方法包括多因素加权选择法、多因素组合分析法、通用电器公司多因素组合分析矩阵与波士顿矩阵图法。通用电气多因素组合分析矩阵,又称麦肯锡矩阵、九盒矩阵法、行业吸引力矩阵,主要应用于企业业务选择和定位。

## 二、选择国际目标市场的依据

国际目标市场选择应考虑的因素有外部因素与内部因素。外部因素包括政治因素、自然人口因素、文化风俗习惯及经济贸易政策等;内部因素主要有产品特性、质量、运输条件和企业外销机构的能力等。

(1)市场规模。一个国家或地区的市场规模,取决于人口总量和人均收入水平。

(2)交易成本。市场交易包括运费、调查费、保险费、税收、劳动力成本以及广告宣传费等,外贸企业一般选择那些交易成本较低的市场作为目标市场。

(3)竞争优势。国际市场竞争十分激烈,外贸企业在选择目标市场时,要同竞争对手相比较,选择竞争对手在产品质量和花色品种、企业规模、经营组织上较弱的市场作为自己的目标市场。

(4)风险程度。国际贸易市场风险有自然灾害、意外事故、战争、政局不稳、两国关系恶化以及原料供求变化、货币贬值、通货冻结等原因,从原则上说,目标市场应选择风险比较小的市场。当然,高收益往往伴随着高风险,企业要视具体情况而定,具体问题具体分析。(风险分自然风险、经济风险、政治风险等。高收益伴随高风险这句话在国际贸易实务中并不总是灵验,如索马里战争动荡,政治风险很高,但是其市场并不能带来很高的收益。)

国际目标市场筛选流程如图1-1所示。

## 【实训内容】

预习进出口产品及国际市场评估和选择的依据、方法、原则和程序等。学生分组模拟

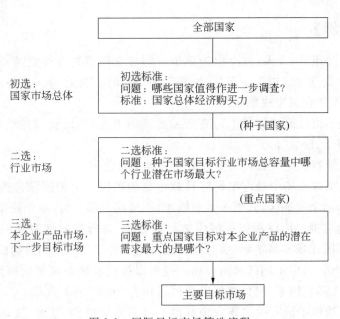

图 1-1 国际目标市场筛选流程

具有外贸经营权的外贸公司，根据经营产品筛选理想国际目标市场，通过确定国际目标市场主要取舍标准，按照目标国市场筛选模型由易到难、由粗到细，把不合适的国家或地区市场在分析过程中剔除，找出几个重点国家或地区，在此基础上制作筛选过程表，可参照美国某家汽车公司挑选目标市场例子，见表 1-2。

**表 1-2　美国某家汽车公司挑选目标市场过程**

| |
| --- |
| 第一步<br>研究问题：哪些国家、地区具有相同的文化背景？<br>取舍标准：以英语作为第一语言或第二语言的国家、地区。<br>筛选结果：英国、加拿大、澳大利亚、新西兰、中国香港、巴哈马、爱尔兰、巴巴多斯、百慕大、圭亚那、牙买加、圣克里斯多福、尼维斯、特立尼达和多巴哥等国家或地区 |
| 第二步<br>研究问题：哪些国家、地区具有购买进口车的财力？<br>取舍标准：国民总收入 2 500 亿美元以上，人均收入 4 086 美元以上。<br>筛选结果：英国、加拿大、澳大利亚、新西兰、爱尔兰、中国香港 |
| 第三步<br>研究问题：哪些国家、地区对进口汽车需求量比较大？<br>取舍标准：汽车进口量逐年增长且增长幅度在 10% 以上的市场。<br>筛选结果：加拿大、澳大利亚、新西兰、爱尔兰、中国香港 |
| 第四步<br>研究问题：哪些国家、地区进口汽车潜在交易成本比较小？<br>取舍标准：进口关税不高且进出口退税率高。<br>筛选结果：加拿大、新西兰、中国香港 |

【实训操作步骤】

(1) 分组。每组6~8人,以小组为单位分别建立模拟具有外贸经营权的外贸公司,各小组范围内以竞选方式选出一名"总经理",由"总经理"进行分工。各小组讨论确定公司名称、规模以及所在国家或地区。

(2) 教师按小组数准备好若干写有产品类别的卡片(如粮食、鞋类、玩具、电子产品、汽车、护肤品、饼干、服装等)。

(3) 各小组抽签决定外贸公司经营的产品类型及范围。

(4) 各组从全球市场中确定出国际目标市场的范围。由于国际营销调查的困难性,世界上两百多个国家和地区,几个主要城市,不可能全部分析,基于操作的可行性,选择国际目标市场的范围。可以根据地域距离相近原则,选择向毗邻国家和地区购销产品。因为对自己的邻国比较容易了解,而且向邻国进出口的配销成本和控制成本比较低,如亚洲国家可以到东南亚、中东地区开拓市场。也可以按照心理距离相近原则选择文化相近国家,如北美或大洋洲国家,可以选择欧盟国家作为"抢滩"的据点等。

(5) 确定筛选种子国家的主要取舍标准。日用品如粮食、鞋类、玩具、饼干、服装等,以人口数量作为衡量国家总体市场规模大小的指标。非日用品如手机、汽车、护肤品等,以国民收入或人均收入作为衡量总体市场规模大小的指标。也可以结合相关的政策条件来考虑最终取舍。

(6) 登录世界银行数据库(http://data.worldbank.org.cn/),如图1-2所示。在出现的网页中单击"按国家"选项,即可查询各国人口和收入数据。

图1-2 世界银行官网的中文首页

(7) 按照人口总数或人均国民收入的大小对各国进行排名,选出排名前五位国家作为种子国家。

(8) 以各国对小组所经营产品类型的进口量作为衡量该类产品在各国的市场需求潜力的标准,筛选出目标国市场。

(9) 登录相关搜索引擎网站,如百度(http://www.baidu.com/),如图1-3所示。在出现的页面输入要查询的文字信息,如"美国2012年服装进口量",此时网页上出现若干相关资料网页链接,单击网页链接获取所需数据。

(10) 将查询到各国进口量数据按照大小对各种子国进行排名,选出排名前三位国家作为候选目标国市场。

图 1-3　百度搜索界面

（11）确定衡量各候选目标市场国的交易成本指标，考虑到数据的可获性，选择进出口产品关税费率作为衡量进出口贸易交易成本指标。

（12）登录世界海关组织网站（http：//www.wcoomd.org/），如图 1-4 所示。查询各国海关网站的链接，也可以通过百度等搜索引擎网站查询各国进出口关税查询网站。

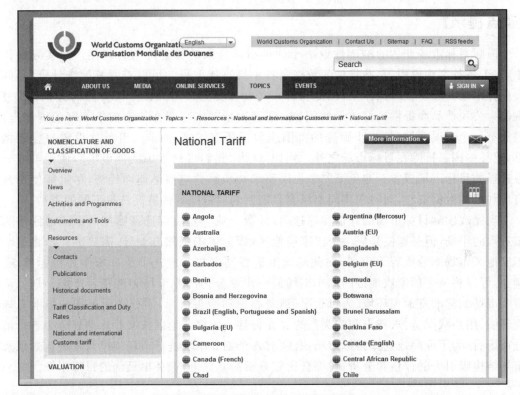

图 1-4　世界海关组织（WCO）官网

（13）单击所需查询国家海关网址对应的链接，登录各国海关网站页面，根据查询导向，查找各国进出口关税税率数据。例如，登录中华人民共和国海关总署官网（http：//www.customs.gov.cn/publish/portal0/），随即在出现的页面上单击"信息查询"按钮，再在出现的网上查询页面中上单击"进出口税则查询"按钮，此时网页上出现若干产品税率和查询索引，输入查询产品名称以获取所需关税税率数据。

（14）根据进出口产品关税费率大小，确定各候选目标市场国的交易成本高低排序。

（15）根据进出口产品关税费率标准，将候选国家分为不同类型。通过综合市场潜力的大小和交易成本的高低筛选较为理想的目标国或地区市场。如表1-3所示，中国似乎能提供最佳机会，因为它的市场潜力大，产品在中国市场的交易成本低，所以是理想的目标市场国。而缅甸市场潜力小，交易成本却又很高。

表1-3　决定进入哪个市场

| 项目 | | 市场潜力 | | |
|---|---|---|---|---|
| | 级别 | 大 | 中 | 小 |
| 交易成本 | 高 | | | 缅甸 |
| | 中 | | 印度 | |
| | 低 | 中国 | | |

### 【重点提示】

国际目标市场评估的准确性取决于评价指标选取的科学性与合理性。在实际操作中，由于各种客观原因，某些指标的数据资料不易直接取得。可以查阅其他统计资料，间接推算市场前景。实际操作中，国际目标市场初步筛选应避免以下两方面的失误：①忽视能为公司产品线提供良好前景的国家；②把大量时间花费在调查前景不好的国家上。避免第一个失误要做到，初步筛选的范围应包括所有国家，而非一开始就设置假设和偏见，把某些国家排除在目标市场之外。例如，认为"我们将只考虑欧洲市场"，便很可能导致选择的目标市场较差。避免第二个失误要求初步筛选应该迅速而经济，尽可能使用现有可利用的数据资料，同时在不同市场容量国家间应根据具体情况选用不同的资料。

当完成国际目标市场的评估和筛选后，外贸企业只是决定选择哪些国家或地区作为拟进入的市场，但是即使是同一个国家或地区，顾客需求仍然有差异，需要进一步将整个国家地区市场细分成若干市场，在此基础上选择其中之一或几个子市场作为目标市场。例如，可以将某个国家或地区的汽车市场进一步细分为产业市场和消费者市场。划分消费者市场的标准有地理环境、人口状况、消费心理和购买情况，划分产业市场的标准有地理环境、用户状况、需求特点和购买行为。在将某个国家或地区按某些标准划分为若干细分市场后，为了准确地选择目标市场，必须对各个细分市场进行市场规模与发展前景以及市场结构吸引力的评估和分析，在综合比较分析的基础上，选择出最优的目标市场。

## 模块2　产品和公司的宣传

### 【实训目标】

通过本模块的学习与操作，了解外贸企业寻找客户的方法，熟悉产品的宣传推广，了解广告传播媒介类型，掌握广告设计要求、方法和技巧，了解展会宣传的步骤及影响因素，熟悉产品目录的用途和组成内容，了解企业网站设计内容，能够按照产品目录的制作过程、方法和原则，设计简易的产品目录，初步培养学生开展企业产品宣传推广的能力。

## 【实训知识】

### 一、宣传方式与广告媒体类型

宣传的方式和媒体包括：图文广告（报纸、期刊、专业印刷品，如商业指南、贸易年鉴、手册）、视听广告（电视、电影、广播等）、户外广告（招贴广告、广告牌、灯光广告等）、直接邮寄广告（样本、实物样品、商品目录、图片说明书、通告函等）、商品交易展览会、派专门的推销小组到国内外进行直接的宣传活动、制作网站宣传等。

企业可根据自己的经济实力和各种宣传方式效果确定宣传方式与媒体形式。

### 二、广告宣传的基本要求

（1）尊重当地文化与风俗。
（2）采用当地语言习惯。
（3）遵守当地法律与税收。
（4）适应传播周期和范围。

### 三、广告设计的步骤

首先，确定广告创意和策划的基本要求，以及广告媒介的选择，确定广告的表现形式。广告的表现形式可分为音影型、图画型、文字型、实物型和综合型。

其次，明确广告的宣传主题，并确立广告的表现风格。然后，确定画面构思和文案内容，并制作草稿。

最后，审定草稿制作样本。

### 四、展会策划流程

展会策划步骤与影响因素如图 1-5 所示。

图 1-5　展会策划步骤与影响因素

### 五、产品目录设计的原则

（1）图片要清晰。
（2）产品目录的文字内容保持直接而准确。
（3）产品要完整。

(4) 不要在产品图片上覆盖过多文字。

(5) 确保目录中展示的产品照片或图片说明与产品相符。

(6) 不能放置与侵权有关的产品。

(7) 产品目录不仅要反映产品信息,同时还要能够反映企业信息。

### 六、产品目录设计的流程

(1) 明确产品目录制定目标。

(2) 确定产品目录的对象。

(3) 根据对象需求确定目录所应具备的所有要素,包括标题、产品、价格、完成交易的条款和步骤等。

(4) 确定产品目录的内容,如订购单、宣传插页广告、样品等。

(5) 撰写目录行文,并修改和完善。

(6) 确定目录的格式,包括尺寸大小、字体、颜色等细节问题。

(7) 目录的排版。

### 七、企业网站建设

外贸企业应在网络上建立企业的主页,至少有中文和英文两种版本,内容包括企业介绍和产品介绍。

(1) 企业介绍。完整的公司包括经营范围、经营方式、经济实力与公司基本资料等。另外,还可将公司的隶属关系、所有制形式、经营渠道等写在公司简介中。

(2) 产品介绍。产品介绍一般包括每种产品的名称、规格、编号、报价、产品标准等内容,力求细致完善,最好附有产品照片。

## 【实训内容】

预习产品目录的用途和组成内容、产品目录的制作过程以及产品目录的设计方法与技巧。以各组模拟外贸公司为单位,各组根据模块1实训所选择的产品,为模拟外贸公司经营产品进行宣传推广,根据宣传目标和对象类型,在掌握相关产品供应信息的基础上,按照产品目录的制作过程、方法和原则制作一套简易的产品目录。产品目录范例见表1-4。

表1-4 产品目录范例

| PICTURES | DESCRIPTIONS |
| --- | --- |
| 2301 | BOY'S 100% COTTON KNITTED T-SHIRTS<br>ART NO.:2301<br>FABRIC:100%COTTON KNITTED JERSEY,WEIGHTED180GSM<br>SIZERANGE:4-8 |

续表

| PICTURES | DESCRIPTIONS |
|---|---|
| 2302 | BOY'S T-SHIRTS<br>ART No.：2302<br>FABRIC：180GSM 100% COTTON KNITTED PIQUE, JACQUARD RIB COLLAR<br>SIZERANGE：BOY'S 8-14<br>TRIM：4 X 11MM 4 HOLE PLASTIC BUTTONS, IN-CLUDES 1 SPARE BUTTON IN PLASTIC BAG |
| 1801 | LAZY TOWN GIRL'S SKIRT WITH 7/8 LEGGINGSART NO.：1801<br>FABRIC：210 GSM 100% COTTON KNITTED FRENCH TERRY<br>PRINTS/TRIMS：1XPLASTISOL PRINT WITH DLAMONTE（ON LEFT HIP）<br>1 X PLASTISOL PRINT(ON RIGHT SKIRT)<br>1 X 1CM WIDE SATIN BOW(FRONT WAIST)<br>SIZE RANGE：G1RI'S 2-6<br>FASTENINGS：28MM WIDE WHITE ELASTIC（BACK WAIST BAND） |
| 2401 | BOY'S TRACK PANT<br>ART NO.：2401<br>FABR：280 GSM 80% COTTON /20% POLYERSTER BRUSHED FLEECE<br>PRINTS/TRIMS：1 X EMBROIDERY（FRONT LEFT HIP）SIZE RANGE：BOY'S 8-14<br>FASTENINGS：32 MM W1DE ELASTIC AT WAIST. 1 X COTTON CORD WITH KNOTTED ENDS |
| 2201 | BOY'S VESTSART NO.：2201FABRIC：190/GSM.100%COTTON<br>PRINTS/TRIMS：1 X PLASTISOL PRINT（LEFT FRONT CHEST）<br>SIZE RANGE：BOY'S 8-14 |

## 【实训操作步骤】

（1）各小组确定产品目录的用途。例如，向进出口商提供足够的信息以使客户下订单，或者利用促销信息刺激终端消费者购买，又或是说服客户，使其产生寻求试用品或者产品演示的要求等。

（2）确定产品目录的使用对象类型及其所在国，据此确定产品目录使用的语言。顾客类型包括：终端消费者、生产企业、进出口中间商等。

（3）根据目录的使用对象类型确定产品目录的内容，并针对产品目录的用途不同有所取舍,各类产品目录一般包括的项目见表1-5。

表1-5  各类产品目录一般包括的项目

| 产品目录内容<br>顾客类型 | 产品目录项目 |
| --- | --- |
| 进出口中间商 | 产品图片、品名、订单号、价格、规格、材料、体积、重量、联系方式、企业简介 |
| 生产企业 | 产品图片、品名、价格、规格、材料、体积、支付方式、技术标准、制造工艺、企业简介 |
| 终端消费者 | 产品图片、材料、制作方法、编号、价格、款式、规格、颜色、用途、插图、使用方法、促销方式、订货单、联系方式 |

(4) 各小组到相关网站浏览搜集已发布的产品信息,收集产品的相关信息并进行整理,此步骤作为模块3实训内容。

(5) 根据产品目录确定的内容,选择与各小组经营产品有关的图片和相关信息。

(6) 打开Excel程序,在单元格中输入产品目录名称,如【××××系列/项目】产品目录。

(7) 合并单元格,选中文字覆盖的单元格,单击工具栏中的"合并及居中"按钮 ,将多个单元格合并成一个单元格,如图1-6所示。

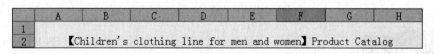

图1-6  合并单元格效果

(8) 插入图片,选中要插入图片的单元格,依次选择菜单栏中的"插入→图片→来自文件"菜单项。随即在弹出的"插入图片"对话框中单击"查找范围"的下拉按钮,在列表中找到图片保存处的正确路径,然后选中要插入的图片。单击"插入"按钮,即将选中的图片插入到工作表中,如图1-7所示。

图1-7  插入图片效果

(9) 根据掌握的产品信息对产品进行文字编辑,调整文字大小、字体类型,也可采用艺术字体增加视觉效果。在一个单元格中,所罗列的文字诸多,全部安排在一个单元格中,只需合并多个单元格,如图1-8所示。

(10) 根据产品目录的目标和视觉效果,确定页面中插入的图片数量、大小和产品项目顺序。

(11) 鼠标左键单击选中要装饰边框效果的所有单元格,然后单击"格式"工具栏中的

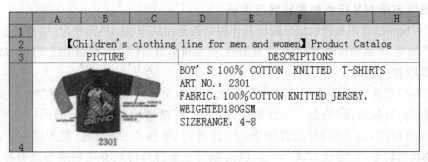

图 1-8　文字编辑效果

"边框"按钮，再单击"所有框线"按钮，对产品目录表格的边框处理，只保留外框，留下内框，使整体看起来简洁明了。

## 【重点提示】

在制作产品目录时，应考虑以下方面：①产品图片是否清晰地描述了所要展示的产品；②产品图片是否清楚地显示了产品的功能和特征；③产品图片是否吸引眼球。通过使用模特、灯光和背景等要素，尽可能地使商品图片显眼且具有吸引力。图片还可以用来向目标受众展示商品有关细节方面的信息，如该商品的穿着或使用方法等。行文内容应注意实事求是、文字简单明了，尊重各国的风俗习惯，遵守各国的相关法律法规。最后还要及时检查，注意反应与效果，研究进一步的对策。

# 模块 3　市 场 调 研

## 【实训目标】

通过本模块的学习与操作，学生能够掌握国际市场调研的内容，熟悉国际市场调研的步骤，熟悉国际市场信息的收集方法与途径，要求学生能够运用所学的市场调研以及信息获取的基本知识和基本技能，策划并实施市场调查总体方案，寻找和收集进出口贸易所必须掌握的信息资料，培养学生对市场信息收集和利用能力，为寻找外贸客户并建立业务关系奠定基础。

## 【实训知识】

### 一、国际市场调研内容

#### 1. 国际市场环境调研

国际市场环境调研主要是对国内外各国国情进行调研，包括有关国家或地区的经济状况、对外政策、进出口商品的结构、贸易与外汇管制、有关对外经济往来的情况及其特点、市场惯例、政治状况、人们的生活习惯、相关贸易政策和法规等方面。此外，也要注意对国际政治秩序、国际经济秩序和国际金融交易以及世界贸易组织等的世界性和区域性组织的研究。

### 2. 国际市场商品行情和营销情况调研

国际市场商品行情和营销情况调研具体包括各国商品市场的供需情况、消费者偏好、商品产地、生产周期、产品销售周期、商品营销渠道、商品价格、广告宣传、商品市场发展趋势等。

### 3. 国际客户调研

国际客户调研主要是调查已经或有可能经营本企业产品的客户或潜在客户的组织性质、分支机构、资信情况（资金——注册资金、收付资金情况；信用——履约守信情况）、支付能力、经营范围（商品类别；经营性质：如代理商、零售商、批发商、实际买主）和经营能力（销售额、销售渠道、经营方式等）等，以便根据企业自身特点有区别地与之合作。

### 4. 竞争者的状况调研

首先应当知道谁是竞争者；其次对竞争者的产品优势及劣势有所把握；再次要清楚竞争者的经营方法、销售渠道以及是否有不正当竞争行为；最后还要获取竞争者对自己产品的评价。

上述所列调研内容很多，企业可根据自身的经营目标和调研意图有所侧重。

## 二、国际市场调研的步骤

国际市场调研步骤如图 1-9 所示。

图 1-9　国际市场调研步骤

## 三、国际市场调研的途径

为了及时准确地了解国际市场行情，应充分利用各种途径收集有关国际市场行情的资料。

市场调研报告结构如图 1-10 所示。

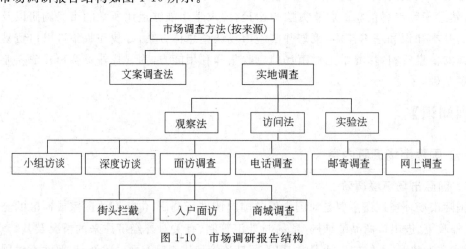

图 1-10　市场调研报告结构

（1）查阅有关文件、资料等获取信息。

(2) 通过各种媒体（报纸、杂志、广播、电视、计算机数据库等）寻找信息资料。
(3) 利用博览会、交易会、洽谈会、客户来华访问机会进行调查。
(4) 派调研人员到目标市场进行考察。
(5) 委托本国驻外商务机构、驻外分支机构或商务参赞处、代表处进行咨询调查。
(6) 企业在世界各地的销售网点从市场反馈中得到信息。
(7) 委托市场所在国的中间商收集有关信息。
(8) 委托国内外咨询公司进行调查。

## 四、国际市场调研方法

国际市场调研方法主要是文案调研，资料来源途径主要有进出口国政府机构、国际组织、网络、专业展览会和市场等，见表1-6。

表1-6 二手资料来源

| | |
|---|---|
| 文案调查途径 | 进出口国政府机构（如商务部、海关、外管局等） |
| | 国际组织（如联合国相关组织、国际商会、国际货币基金组织、世界贸易组织等） |
| | 网络（企业官网、搜索引擎、贸易数据库等） |
| | 专业展览会和市场（如广交会、义乌小商品市场等） |
| | 图书馆（如实体图书馆和电子图书馆） |
| | 其他组织机构（如驻外机构、银行、消费者组织、行业协会、相关企业等） |

## 五、国际市场调研计划的内容

(1) 项目标题。
(2) 摘要。
(3) 背景分析。
(4) 调研目标和内容。
(5) 调研方法。
① 资料收集方法。
② 抽样技术。
③ 资料整理与分析的方法。
(6) 调研程序及时间进度安排。
(7) 调研经费预算。
(8) 调研的执行与控制。
(9) 附录（包括一些数据、文字表等不便于在正文展示的信息）。

## 六、国际市场调研报告的结构

国际市场调研报告结构如图1-11所示。

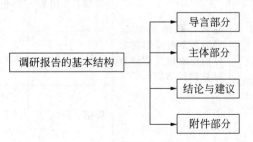

图1-11 国际市场调研报告结构

## 【实训内容】

预习国际市场调研的内容、程序、方法、调研报告的写作要求等。以各组模拟外贸公司为单位,各组根据模块 1 中选择经营的产品,通过网络收集产品供应信息,进行数据资料的筛选、整理、加工及汇总,并撰写一份简易的"××产品供应情况调研报告——××产品供应信息数据汇总表"。产品供应信息数据汇总表范例如表 1-7 所示。

表 1-7　外贸服饰供应信息数据表

| 供应商情况 | 企业名称:深圳市宝安区沙井维多利亚的衣橱服装厂、上海博俊服饰有限公司 |
| :---: | :--- |
| | 分布区域:广东地区 |
| | 企业规模:厂房面积:1 000 平方米以上 |
| | 销售能力:年营业额:1 000 万～1 亿元 |
| | 销售区域:中国内地地区;港澳台地区;中东;南美 |
| | 经营模式:生产厂家 |

| 产品情况 | 品名:欧洲站 2016 春秋季新款连衣裙中长款修身显瘦韩版大码女装打底裙子 | 类型:中长裙 | 颜色:裸色 | 样品图片 |
| :---: | :--- | :--- | :--- | :--- |
| | | 风格:韩版 | 面料:高级定制面料 | |
| | | 价格:78 元 | 尺码:S、M、L | |
| | 品名:2016 春秋装新款女装时尚名媛套装女士春季修身小香风气质两件套潮 | 类型:裤套装 | 颜色:浅灰色 | 样品图片 |
| | | 风格:韩版 | 面料:高级弹力棉 | |
| | | 价格:78 元 | 尺码:S、M、L | |
| | 品名:欧洲站 2016 春装新款时尚印花七分袖连衣裙气质修身衬衫领长裙女 | 类型:长裙装 | 颜色:印花 | 样品图片 |
| | | 风格:韩版 | 面料:高端进口面料 | |
| | | 价格:98 元 | 尺码:S、M、L | |

**【实训操作步骤】**

(1) 各组利用B2B网站、搜索引擎、行业网站、企业黄页等查询寻找若干个供货商,查询网址参考表1-8。之后从若干个供货商中,可以根据年营业额等情况挑选出几个(如3~5个)规模比较大的。

表1-8 部分供应商查询网站

| B2B网站 | 搜索引擎 | 政府机构网站 | 企业黄页 |
|---|---|---|---|
| 中国阿里巴巴网<br>环球资源网<br>中国制造网<br>亚马逊 | 谷歌<br>百度<br>雅虎 | 中国商品网<br>全球资源网<br>欧洲商务网<br>美国环球商务通 | 世界黄页<br>阿里巴巴公司黄页<br>欧洲黄页 |

(2) 在讨论的基础上,明确资料收集的目的及用途,在此基础上确定所需要收集的经营产品供应信息资料。产品信息包括以下三个方面。

① 产品资料,如样品图片、中英文名称及所属的产品分类。

② 产品特性,如品种、品级规格、自然属性、用途特点、规格、材料、制作方法、款式、颜色、用途、体积、重量等。

③ 产品供货商情况,包括名称、地址、电话、传真、成立日期、公司性质、公司隶属关系、业务范围、注册资本、实收资本等。产品参考价格,主要有进出口贸易价、出厂价、国外市场零售价、国外市场批发价、国际协定价等。

(3) 制作市场调查方案设计表,具体格式参考表1-9。

表1-9 ××产品市场调查方案设计表

| 调查题目(学生自定) |
|---|
| 1. 调查目的 |
| 2. 调查项目和内容 |
| 3. 调查的对象和范围 |
| 4. 调查资料来源 |
| 5. 调查资料整理、汇总方法和保存方式 |
| 6. 调查工作安排 |

(4) 按照调查方案设计表要求收集相关信息资料。打开相关网站,如阿里巴巴中国站网站(http://china.alibaba.com)。在网页搜索栏中输入对应产品名称或单击相应链接获取数据资料。例如,在"找产品"的搜索方框中输入"童装T恤",然后再选择"男式T

恤"。此时网页上出现"男式 T 恤"很多种类,如图 1-12 所示。选择"全棉"选项,网站会弹出很多男式童装 T 恤的供应信息的图片,任意选择一个即可查看相应的供应商信息,并进一步浏览该供应商详细的产品信息(含图片和技术参数)。

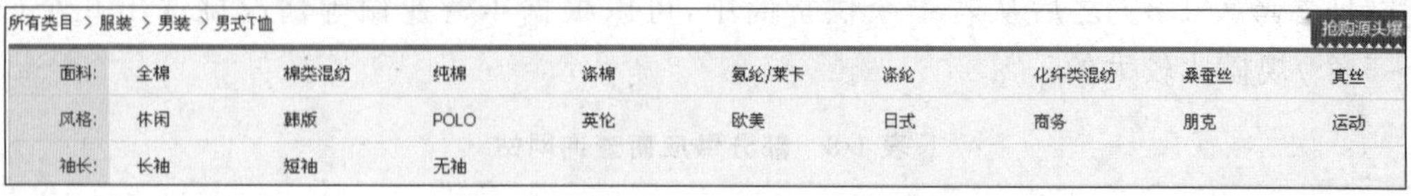

图 1-12　阿里巴巴网站中的查询页面

　　(5) 下载和复制相关图片和资料,筛选出与调查目的和内容相吻合的资料,评估数据资料是否准确、是否针对与实验有关的各个方面、所涉及的时期是否适当,有没有过时,如图 1-13 所示。

图 1-13　阿里巴巴网站中的产品宣传

　　(6) 按项目进行分组分类整理及保存,并完成产品供应信息数据汇总表的制作与填写。

## 【重点提示】

　　调查过程中,由于所收集的是因其他调研项目已加工过的二手资料,为保证资料的有效性和可靠性,应对资料进行审核、评估。

　　资料评估主要包括以下两点。

　　(1) 资料的可靠性与公正性。一般来说,政府、国际组织、行业协会及知名企业的网站或一些著名站点所提供的资料是比较可靠和公正的,而一些民间组织或某些企业网站出于各自的目的,所发布的信息可能会有一些失真,对那些来自个人网站的信息则一定要进行严格的审查。因此首次访问某网站时应浏览其背景材料,对无法判定某网站的性质时,可给该网站管理者发电子邮件进行核实。

（2）资料的有效性。网上信息的有效性主要通过其发布的时间来判断。运作较规范的网站一般在网页上都提供有网站信息的更新时间，但也有一些网站尤其是那些提供免费服务的网站，对所发布的信息往往不注意及时更新和维护，这类网站所提供的信息就不一定有效了。此外，对不能直接利用的二手资料必须进行适当的调整，对不完整、不配套、有缺漏的二手资料或不准确的资料进行估算、补足和调整。对于同类型数据的来源，要尽量保持统一。比如某国或地区的 1990—2010 年的 GDP（国内生产总值），要尽可能地在同一来源查找这 20 年的数据，避免前 5 年的数据来自一处，后 10 年的数据来自另一处。

在资料整理过程中，必须对资料进行分组整合，而分组的关键在于分组标志的选择。要根据调研的目的选择最能反映现象特征的标志进行分组、汇总，理顺调研资料。同时做好每一份资料来源的详细记录，以便后期进行核实校对时提高效率。不同方面的资料可以进行小组分工寻找，良好的分工合作能够扩大搜索面，从而获取更多有用的信息。

【课后作业】

(1) 各小组根据所经营的产品，网络搜索某家国内供应商信息，撰写一份简易的"××产品供应商情况调研报告"，写作格式见下表。写作要求包括以下几点。

① 调研报告必须真实、准确，要以实事求是的科学态度，准确而全面地总结和反映调查结果。

② 要仔细核对全部数据和统计资料，务必使资料准确无误。

③ 调研报告所包括的项目应与调研主旨有关，剔除一切无关资料。

××产品国内供应商情况调研表

| 调 查 项 目 | 基 本 情 况 |
|---|---|
| 供应商名称 | |
| 联系电话 | |
| 电子邮件 | |
| 企业创立时间 | |
| 企业性质 | |
| 企业详细地址 | |
| 企业负责人 | |
| 分支机构 | |
| 企业政治背景 | |
| 注册资本 | |
| 资本负债 | |
| 企业规模 | |
| 经营业务范围 | |

续表

××产品国内供应商情况调研表

| 调查项目 | 基本情况 |
|---|---|
| 商品类型、品种 | |
| 产品品质 | |
| 产品价格 | |
| 产品优势 | |
| 毛重 | |
| 净重 | |
| 包装种类 | |
| 产量 | |
| 技术水平 | |
| 主要客户 | |
| 商业声誉（履约情况） | |
| 销售渠道 | |
| 销售规模 | |
| 最低起订量 | |
| 支付方式 | |
| 主销地区 | |
| 交货地点 | |
| 交货期 | |

（2）各小组根据所经营的产品，网络搜索某家外贸进出口商信息，撰写一份简易的"××产品客户情况调研报告"。写作格式如下：

××产品客户情况调研表

| 调查项目 | 基本情况 |
|---|---|
| 企业中英文名称 | |
| 企业性质 | |
| 企业详细地址 | |
| 企业负责人 | |
| 分支机构 | |
| 企业政治背景 | |
| 注册资本 | |

续表

××产品客户情况调研表

| 调查项目 | 基本情况 |
|---|---|
| 资本负债 | |
| 借贷规模 | |
| 经营业务范围 | |
| 商品类型、品种 | |
| 经营方式 | |
| 经营区域范围 | |
| 营业额 | |
| 主要客户 | |
| 商业声誉（履约情况） | |
| 销售渠道 | |
| 销售规模 | |

# 实验二

# 国际贸易函电

## 【导读】

由于时间与空间的阻隔,商务函电在对外贸易交往中扮演着至关重要的角色。从开发客户、洽谈磋商、日常联系甚至签订合同,都离不开函电。作为全球语言的英语,自然也就成了外贸函电的首选语言。不同于日常交流的信函,商务函电更加追求效率,力求用最简洁的文字把相应的内容准确清楚地表达出来,让收件方对函电的核心内容一目了然,既提高了沟通的效率,又能够展现我方的严谨和干练。由于不同国家的文化背景、生活习惯、思维方式存在差异,在函电沟通中要给予充分了解和尊重,在措辞、称呼、电子邮箱甚至是发送时间等方面都应仔细斟酌。函电就是外贸双方沟通的桥梁,桥通顺了,业务自然能够水到渠成。

## 模块1 交易的磋商

### 【实训目标】

通过本模块学习,学生能够掌握商务英文信函的写作技巧,并能够熟练运用基本贸易知识和专业词汇,撰写实际业务中的常见商务信函。通过做学一体,强化外贸交易流程中商务函电撰写的应用能力。

### 步骤一 建立业务关系

### 【实训知识】

一、关键专业词汇

(1) establish business relations, enter into business relations 建立业务关系
(2) specialize in 专营……
(3) business line 业务范围
(4) for one's information/reference (only) (仅)供参考
(5) do business with, deal with, trade with 与……做生意
(6) with a view to sth. / doing sth.; with the view of sth. 本着做……的/意愿,希望……,以……为宗旨(表明目的)
(7) Through the courtesy of … 承蒙……的介绍、关照

(8) concerning，about，regarding，with regard to…，as to…　关于……

(9) catalogue　商品目录

(10) regarding；with reference to…；with regard to…；referring to…；concerning；as to…　关于……，就……而言

## 二、常用表达句型

（1）We are very pleased to obtain your name from…

（我们很高兴从……处获得贵公司的名称。）

相似用法：We are delighted to learn from… that…

（我们很高兴……处得知……）

We have your name and address from…

（我们从……得知贵公司的名称和地址。）

Through the courtesy of…，we are given to understand that…

（承蒙……我们得知……）

On the recommendation of …，we have learned that…

（通过……推荐，我们得知……）

（2）We have been engaged for many years in the line of…

（我们已经从事……多年。）

相似用法：

Our lines are mainly…（我们主要从事……）

…fall within the scope of our business activities.

（……属于我们的经营范围。）

We would like to take this opportunity to introduce ourselves as…

（我们借此机会自我介绍，我们是……）

We would like to take the liberty of introducing ourselves to you with a view to…

（我们冒昧自荐，希望……）

Our corporation is established for the purpose of…

（本公司是以……为宗旨而建立的。）

Our corporation is specialized in…　（本公司专营……）

（3）Enclosed please find…；Enclosed you will find…　随函附上……，请查收

相似用法：The enclosed is/are…；We enclose …；Here by we enclose 随函附寄……；兹附寄

（4）We would appreciate it/be grateful if you would…

如蒙……我们将不胜感激。

（5）Please (don't hesitate to) let us(sb) know…；Please inform us (sb).

（务请告知。）

## 三、示例

Nanjing Shilian Trading Co.,ltd
Zhongshan North Road 1#, Nanjing, P. R. China
TEL: 86-25-84714763    FAX: 86-25-84714682

June 1, 2016

Carters Trading Company, LLC.
P. O. BOX8935, NEW TERMINAL, LATA. VISTA, OTTAWA, CANADA

Dear Sirs,
We have learned your name and address from our Toronto Office, we know that your firm is of good standing and reliability in Toronto. We are now writing to you with a view of entering into business relations with you.
Our company was established in 2000. We specialize in all kinds of garments, such as Men's T-shirts. In recent years, we have done business with the largest and most prominent firms in your area. In order to give you a general idea of various kinds of our products, we are enclosing an illustrated catalogue. Quotations will be made upon receipt of your specify enquiry.
We are looking forward to hearing from you soon.

Yours Sincerely,
Zhang Hua

【实训内容】

没有客户就没有业务,一个贸易公司在真正开始做国际贸易活动之前,必须找到一个确切的合作伙伴。对新老公司来说,与潜在的合作伙伴建立业务关系都是一件十分重要的事情。建立业务关系的函电通常包括以下几点。

(1) 告知对方获得对方信息的途径和去函目的。
(2) 简要介绍本公司概况及主要产品。
(3) 表达合作愿望等。

出口商可以附寄上产品目录单、价格单等材料,进口商则可以要求对方附寄上相关材料、样品等。

【实训操作步骤】

根据以下资料,撰写一封商务函电,表明与之建立业务关系等愿望。
南京世联贸易有限公司业务员张华通过多伦多海外销售分部得知加拿大卡特贸易有

限公司(Carters Trading Company，LLC.)正在市场上寻求男士T恤,于是准备致函该公司,表达与之建立业务关系的愿望。

南京世联贸易有限公司(Nanjing Shilian Trading Co.,Ltd.)成立于2000年,位于南京市中山北路1号,是经国家外经贸部批准的具有进出口经营权的贸易公司,主要从事纺织服装等产品的进出口业务。该公司的联系方式为：

地址：南京市中山北路1号

电话：86-25-84714763

传真：86-25-84714682

加拿大卡特贸易有限公司(Carters Trading Company，LLC.)成立于1995年,是加拿大主要的男士服装进口商之一。该公司的联系方式为：

Address：P.O.BOX8935，NEW TERMINAL，LATA．VISTA，OTTAWA，CANADA

TEL：0016137893503

FAX：0016137895107

E-mail：CARTER @MSN.COM

【课后作业】

L.P.G. International Corporation

333 Barron Blvd.，Ingleside；Illinois（United States），60041

Tel：1 847 543-4658　Fax：1 847 543-7152　E-mail：lpg@msn.com

吉辰服装进出口公司(JICHEN CLOTHES IMPORT & EXPORT CO. LTD.)

北京市三环路60号世贸大厦2401室(Room2401,Wordtrade Mansion, Sanhuan Road 60♯,Beijing, P. R. China)

电话(TEL)：86-10-51427896　传真(FAX)：86-10-51427583

假设你是美国L.P.G.公司的业务部经理,通过互联网搜索到北京吉辰服装进出口公司的信息,并对其目前正在热销的运动系列服装很感兴趣。

请根据上述资料,致函该公司,试图与之建立业务关系。

## 步骤二　询　盘

【实训知识】

一、关键专业词汇

(1) in reply to... / in response to...　答复……

(2) be in the market for ...；be considering the purchase of ...　拟购……

be desirous of ...；desire...；be interested in...　想要(买)……

(3) regular order；regular supply；bulk buying　定期购买；定期供应；大量购买

(4) lowest price; best price; favourable price; rock bottom price; competitive price; reasonable price;fair price　最低价；最佳价；最优惠价；底价；竞争价；合理价；公平价

(5) up-to-date price list; latest price list　最新价目表

(6) place an order with sb. (for sth.)  向某人订购(某物);(就……商品)向某人下订单

(7) available from stock;offer from stock;have goods in stock  供现货;有现货

(8) ready market;ready buyers  现成的市场,成熟的市场;现成的买主

(9) the taste of the market  市场需求/品味/偏好

(10) captioned goods  标题商品(标题中提到的商品)

## 二、常用表达句型

(1) We are considering the purchase of…(我们正打算购买……)

相似用法:We are in the market for…(我方拟购……)

We are interested in importing …, but we need to have further details before making a final decision.(我方有兴趣进口……,但在做决定前需要对此做进一步的了解。)

(2) We would be pleased to receive your latest pricelist for…(我们非常希望能收到贵方……的最新价目单。)

相似用法:Please send us samples and quote us your lowest prices for…
(请就……给我们寄样品和报最低价。)

Please send us your best offer by fax indicating packing, specification, quantity available, discount and the earliest time of delivery.(请向我们报最低价并注明包装、规格、可供数量和最早的交货期。)

(3) to make /send sb. an inquiry for …; to inquire (for)…  就……向某人询盘

(4) make/ cable sb. an offer for …  就……商品给某人发盘/以电报的形式发盘

(5) We hope that your prices will be workable and that business will result to our mutual benefit.  希望贵方价格可行,交易令我们双方受益。

## 三、示例

Carters Trading Company, LLC.
P. O. BOX8935,NEW TERMINAL, LATA. VISTA, OTTAWA, CANADA
TEL:0016137893503   FAX:0016137895107    E-MAIL:CARTER @MSN.COM

June 1,2016

Nanjing Shilian Trading Co. ,Ltd.
Zhongshan North Road 1#,Nanjing, P. R. China

Dear Mr. Zhang,
Thank you for your letter of June 1,2016, and we are very pleased to establish business relations with you.

As you know, we have been engaged for many years in the line of garments, and we are one of the biggest importers in Canada. At present, we are interested in Men's T-shirts fine in quality and low in price. It would be highly appreciated if you could send us some brochures and samples for our reference.

Should your goods prove satisfactory and the price be found competitive, you may expect substantial orders from us.

We are looking forward to your early reply.

Sincerely,
Aiden

【实训内容】

询盘也叫询价,是指交易的一方准备购买或销售产品向对方询问买卖该商品的相关交易条件。询盘一般分为以下两种。

(1) 一般询盘。一般询盘包括索取商品目录单、价格单、样品、图片等。

(2) 具体询盘。具体询盘是就某一商品具体询问该商品的规格、数量、包装、价格、装船期、付款方式等详细信息。

如果已经收到对方的建交函,询盘的内容通常包括以下几点。

① 感谢对方的来函。

② 对商品规格、数量、包装、价格等进行询问,表明去函的目的。

③ 表达愿望,希望能够尽快收到对方回复或报价。

询盘不是每笔交易必经的程序,如果交易双方都了解彼此情况,则可以直接向对方发盘。

【实训操作步骤】

根据实训一的资料,撰写相应单回复。

6月2日,加拿大卡特贸易有限公司的业务员Aiden对南京世联贸易有限公司业务员张华的来信进行回复。

【课后作业】

同实训一课后作业资料,假设你是北京吉辰服装进出口公司销售部经理李晶,收到来自美国L. P. G.公司的业务部经理的建交函,请根据资料,回复来函,并对本公司目前正在热销的运动系列服装做出详细回答。

# 步骤三 发 盘

【实训知识】

一、关键专业词汇

(1) as requested / do sth. Upon sb's. request.　按要求;应某人的要求做某事

(2) firm offer　实盘　Non-firm offer　虚盘

(3) to offer;to make an offer;to submit an offer (to sb.)　报盘

(4) subject to…　以……为准,以……为条件,以……为有效

(5) offering period　发盘有效期

(6) hold an offer open;keep an offer open;remain an offer open　保持发盘有效

(7) alter an offer;extend an offer　变更报盘;延长发盘有效期

(8) withdraw an offer;cancel an offer　撤回/撤销一项发盘

(9) without engagement　无约束

(10) under separate cover;by separate mail　另封;另邮;另寄

## 二、常用表达句型

(1) Many thanks for your inquiry of…(谢谢贵公司……的询盘。)

相似用法:Thank you for your inquiry and your interest in our products. (感谢贵公司的询盘以及对我方产品的兴趣。)

We thank you for your inquiry of …and are pleased to quote as follows.(我们对贵公司在……时候的询盘表示感谢并愿意提供以下产品的报价。)

(2) As requested, we are pleased to quote you without engagement the followings:(按要求,我们很高兴向你方报没约束的虚盘如下:)

相似用法:As requested by you on…, we take pleasure in making you the following offer:…(应贵方……时候的询盘,我们很高兴向贵方报盘如下:……)

As a result of the favorable supply situation we are able to offer you a firm offer for immediate delivery.(由于供货情况很让人满意,所以我们可以向你方报现货供应的实盘。)

(3) This offer is subject to your acceptance within 7 days.(此盘以贵方在3天内接受为有效。)

相似用法:This offer is firm, subject to your reply reaching us before 6 p.m. June 10, our time.(此盘为实盘,我方时间6月10日下午6点前收到回复有效。)

We must stress that this offer can remain open for three days only.(我们必须强调此报价只在3天内有效。)

This offer is subject to being unsold/ subject to prior sale.(此报盘以未出售为有效。)

This offer is subject to final confirmation.(此报盘以最后确认为准。)

(4) We hope you will agree that our prices are very competitive for these items of good quality, and we look forward to your initial order.

希望贵方认同我们的商品质优价廉,期待收到贵方的首次订单。

相似用法:We trust you will find our quotation satisfactory and look forward to receiving your order.(相信您会对我们的报价满意,盼订货。)

We are sure that these goods will meet your requirements, and we look forward to your first order.（我们相信这些商品会满足你们的要求，并期待你们的第一份订单。）

（5）We hope you will find our quotation satisfactory and look forward to receiving your order. 希望您对我们的报价满意并期盼您的订货。

## 三、示例

Nanjing Shilian Trading Co. ,ltd
Zhongshan North Road 1♯，Nanjing，P. R. China
TEL：86-25-84714763    FAX：86-25-84714682

June 5，2016

Carters Trading Company，LLC.
P. O. BOX8935，NEW TERMINAL，LATA. VISTA，OTTAWA，CANADA

Dear Aiden，
We are very pleased to receive your inquiry of 3rd June and enclose our illustrated catalogue and price list giving the details you ask for. Also under separate cover we are sending you some samples and feel confident that when you have examined them you will agree that the goods are both excellent in quality and reasonable in price.
Payment is to be made by an irrevocable L/C in our favour，payable by draft at sight.
Details of our prices and other trade terms are stated in the price list mentioned above.
This offer is subject to our final confirmation.
We expect your early reply.

Yours Sincerely，
Zhang Hua

## 【实训内容】

发盘也称发价，法律上称为要约，是交易的一方（发盘人）向另一方（受盘人）提出各项交易条件并愿意按此条件达成交易、订立合同的意思表示。发盘往往是交易的一方在收到另一方的询盘后发出的，也可以在没有收到对方询盘情况下直接主动发出。在实际外贸业务中，发盘大多由卖方发出。发盘可以分为实盘和虚盘，如果已经收到对方的询盘函，发盘的内容通常包括以下几项。

（1）表明感谢收悉对方的来函。
（2）发盘（内容要求十分确定：包含货物名称、规格、数量、价格、装运期、支付条件等主要交易条件）。
（3）表明发盘有效期（实盘）。
（4）表达愿望，希望能够尽快收到对方回复或订单。

## 【实训操作步骤】

6月3日,在收到加拿大卡特贸易有限公司(Carters Trading Company,LLC.)的业务员 Aiden 的询盘后,南京世联贸易有限公司业务员张华经过报价核算,向其进行报价,同时说明了包装、保险、支付方式、装运期等。

## 【课后作业】

同实训一课后作业资料,请根据资料,对美国 L. P. G. 公司发来的询盘函,代表北京吉辰服装进出口公司对这封询盘函和对方感兴趣的运动系列服装进行发盘。

# 步骤四 还 盘

## 【实训知识】

### 一、关键专业词汇

(1) make (sb.) a counter-offer (as follows) （向某人）还盘（如下）
(2) (price) on the high/ low side （价格）偏高/低
go down （价格）下降
(3) at a price …% lower than … 价格比……低……%
(4) in view of … 鉴于……；考虑到……（表示原因）
(5) long-standing business relation 长期业务关系
(6) be in (out of) line with the market 与市场（不）一致
keep with the current market 与现行市场一致
(7) (price) is rising/advancing/going up. （价格）在持续上扬
(price) is falling/dropping/going down. （价格）在持续下降
(8) to entertain business at … price 按……价格成交
(9) give/ allow/ make/ grant a discount 给折扣
(10) keen competition 激烈的竞争

### 二、常用表达句型

(1) Thank you for your offer of …(谢谢你方……时候的报盘。)
相似用法：Many thanks for your reply to our offer for…(很感谢贵公司对我方关于……发盘的答复。)
Thank you for the samples you sent in response to our offer of …(谢谢贵公司对我方……发盘的答复并寄来样品。)
(2) We regret to say that the price you quoted is too high to work on. （很遗憾,你方所报价格太高,无法进行下去。）
相似用法：Much to our regret, we cannot entertain business at your price, since it is out of line with the prevailing market, being 20% lower than the average. (很遗憾我

们不能考虑按你方价格成交,因为你方价格与现时市场不一致,要比一般价格低20%。)

We are sorry to tell you that we can not take you up on the offer since the price you are asking is above the market level here for the quality in question.(很遗憾地通知你方,我方不能接受你方报价,因为你方所要求的价格高于本地同等质量产品的市场价格水平。)

(3) We counter offer as follows:…(我方还盘如下:……)

相似用法:Your price is on the high side and we have to counter-offer as follows, subject to your reply received by us on or before…

(你方价格偏高,我们不得不做如下还盘,以我方在……时候或以前收到你方答复为有效。)

In view of our long-standing business relationship we make you the following counter-offer.(鉴于我们之间长期的贸易关系,特向你方做如下还盘。)

(4) We would suggest that you make some allowance, say 10%, on your quoted prices so as to enable us to introduce your products to our customers.

(我们建议你方价格降低10%,以便于我方将产品介绍给我们的客户。)

(5) We hope that you will take our counter-offer seriously into consideration and reply as soon as possible.

(希望贵方对我们的还盘给予认真的考虑并尽快回复。)

## 三、示例

Carters Trading Company, LLC.
P. O. BOX8935, NEW TERMINAL, LATA. VISTA, OTTAWA, CANADA
TEL:0016137893503    FAX:0016137895107    E-MAIL:CARTER@MSN.COM

June 8, 2016

Nanjing Shilian Trading Co. ,ltd
Zhongshan North Road 1#, Nanjing, P. R. China

Dear Mr. Zhang,
We acknowledge with thanks the receipt of your letter of June 5th, 2016 for 300 pcs of Men's T-shirts at $20 per pc CIF Toronto.
In reply, we regret to state that your price has been found too high to be acceptable.
As you know, the price of Men's T-shirts has gone down since last year. Some countries are actually lowering their price. Under such circumstance, it is impossible for us to accept your price, as the goods of similar quality are easily obtainable at a lower figure1.
If you can make a reduction in your price, say 10%, there is a possibility of getting business done.

We expect your early reply.
Sincerely yours,
Aiden

## 【实训内容】

还盘指受盘人在接到发盘后,不同意或不完全同意发盘人在发盘中提出的条件,为进一步磋商对发盘提出的修改意见。还盘是对交易条件的实质性变更,相当于一项新的发盘,还盘一旦做出,原发盘的效力终止。还盘可以在交易双方之间反复进行,还盘的内容通常仅陈述需变更或添加的条件,对双方同意的条件无须重复。还盘函的内容通常包括以下几点。

(1) 礼节性地表达感谢对方来函。

(2) 明确表明不能接受或不能完全接受对方发盘,说明不能接受的原因。

(3) 提出我方条件,并催促对方行动。

## 【实训操作步骤】

加拿大卡特贸易有限公司的业务员 Aiden 在收到南京世联贸易有限公司业务员张华的发盘后,对其回函,要求如下:

(1) 表示已经收到对方的发盘函,并表示感谢。

(2) 很遗憾地告知张华,虽然贵方产品质量很好,但你方客户还是认为他们的价格偏高。

(3) 还盘内容为价格降低10%。

(4) 希望贵方尽快回复。

## 【课后作业】

同实训一课后作业资料,北京吉辰服装进出口公司收到美国 L. P. G. 公司发来的还盘后,经过认真核算,认为不能接受对方的还价,因为报价已经非常低了,但是考虑到这次是和对方初次交易,如果促成订单,双方合作顺利,可能会为将来带来更多订单,所以提出如果对方订单量超过 10 000 件,同意降价 5%。请根据资料,拟写还盘函。

# 步骤五 接 受

## 【实训知识】

### 一、关键专业词汇

(1) terms and condition  交易条件

(2) Sales Contract;Sales Confirmation  销售合同;销售确认书

(3) business / conclusion;come to terms;put a deal through;close a deal;reach an agreement;make a bargain  成交,达成协议

(4) at your end, in your place/area/district  在你处/地

(5) accept a/an offer/ order/ quotation　接受报盘/ 订单/ 报价

(6) initial order　首次试定

(7) confirm an order;confirm your acceptance of…　确认订单;确认贵方对……的接受

(8) confirm the supply of…at the prices stated in…　确认按……中规定的价格供应……

(9) make confirmation by return for doing sth.　回信确认做某事

(10) do sth. as an exception　破例做某事

make an exception;as an exceptional case　破例,作为一个例外

## 二、常用表达句型

(1) We thank you for giving us a trial order/ offer/ counter-offer/ acceptance.（感谢你方的试订单/报盘/还盘/接受。）

相似用法：We have decided to accept your counter-offer of….（我们已经决定按……条件接受你方还盘。）

(2) We are pleased to accept your offer and confirm this order with the following particulars：…（我们很高兴接受你们的报盘并对订单确认如下：……）

(3) We have accepted your Order No. … for … and are sending you our Sales Confirmation No.…（我们已经接受你方第……号订购……的订单,并随函附上我方第……号销售确认书。）

相似用法：We confirm supply of … at the price stated in your letter. Enclosed please find our Sales Contract No. … in duplicate.（我们确认将按你方信中所提的价格提供……随函附上我方第……号销售合同一式两份,请查收。）

(4) Please prepare the sales contract in both English and Chinese versions.（请准备中英两种文字版本的销售合同。）

(5) We sincerely hope that…（我们诚恳地希望……）

相似用法：We trust that this initial order will lead to…（我们相信这次试订将会带来……）

We are pleased to have finalized this business with you and expect that …（我们很高兴这次能与贵公司达成交易,期待着……）

## 三、示例

Nanjing Shilian Trading Co. ,ltd
Zhongshan North Road 1#，Nanjing, P. R. China
TEL：86-25-84714763　　FAX：86-25-84714682

June 5，2016

Carters Trading Company, LLC.
P. O. BOX8935, NEW TERMINAL, LATA. VISTA, OTTAWA, CANADA

Dear Aiden,
We thank you for your letter of June 8th, 2016 giving us a counter-offer for 300 pcs of Men's T-shirts.
Although your price is below our level, we have finally decided to accept your counter-offer of USD 18 per pc CIF Toronto with a view of initiating our business with you at an early date.
We are waiting for your confirmation by return.

Sincerely yours,
Zhang Hua

## 【实训内容】

接受在法律上称为"承诺",是指受盘人在发盘的有效期内无条件同意发盘的全部内容,并愿意签订合同的一种口头或书面表示。构成接受的条件有以下几点。

(1) 接受必须是受盘人做出。

(2) 接受必须无条件同意发盘的全部内容。

(3) 接受必须在一项不可撤销发盘的有效期内做出。

(4) 接受必须送达受盘人时才有效。

## 【实训操作步骤】

南京世联贸易有限公司业务员张华在收到加拿大卡特贸易有限公司(Carters Trading Company, LLC.)的业务员 Aiden 的还盘后,确认接收。现在,请代表张华拟写一封接受函。

## 【课后作业】

同实训一课后作业资料,请根据资料,拟写接受函。

## 【重点提示】

(1) 交易的磋商是国际贸易的开端。万事开头难,这一环节的函电是至关重要的。走好了这一步,对接下来的合同履行以及未来更多的合作机会打好坚实的基础。

(2) 建立业务关系的函电要表明自己的诚意,简明扼要地说明自己的公司和产品,取得目标客户的信任。特色鲜明、吸引眼球的函电主题是取得成功的一个关键。好的主题能够让目标客户在邮件列表里一眼就能够注意到,并有足够的好奇心去进一步查阅。

(3) 询盘、发盘和还盘这几个步骤的函电需要运用一些技巧,以达到自己理想中的成交价格。

（4）当双方在各个方面都谈妥之后，接受函一定要及时发出，明确地表达接受的意愿。

# 模块 2　合同的履行

【实训目标】

　　通过本模块的学习与操作，了解外贸合同履行的基本知识；熟悉外贸合同履行过程当中的基本过程、步骤和关键的流程；掌握外贸函电写作的方法和技巧，能熟练运用商务英语的常用词汇、短语、术语、习语以及语言结构等专业表达方式，并使用最简洁的语言来准确清楚表达自己的含义和要求，撰写符合国际惯例又能语意通顺的外贸函电。函电写作的目的，不仅仅是表面意义上的，最重要的是通过函电的写作，培养学生在合同履行过程当中与国外客户进行高效沟通的能力。

【实训知识】

　　国际贸易合同的履行涵盖了九个关键流程，要求学生能在熟悉外贸业务知识的基础上写出相对应的函电。这九个关键流程具体是：

　　（1）催证函。如果是信用证方式结算，卖方一定要在买方开立信用证后，才能安排生产和运输。但实际业务里，买方往往因各种原因，没有及时开立信用证，那么卖方就需要写一封邮件，催促对方开证。

　　（2）改证函。收到进口地银行的信用证后，并不能马上就接受信用证条款。卖方还必须审核信用证的条款，一旦发现需要修改的条款，如软条款、与合同条款不符合等的条款，就必须写一封改证函给买方，要求买方指示开证行修改信用证。

　　（3）样品确定函。合同签订后，买卖双方必须对样品进行确定，才能大批量地生产。原因是在一般情况下，合同对样品的细节不会描述得非常详细。如果没有对样品的确定，事后很容易因双方对样品理解的不一致而引起纠纷。如果买方能确认样品，那么工厂可以按样品进行大批量生产。但是如果买方不满意，只能再协商，比如更改样品细节，然后再重新发一次样品让客户确定。

　　（4）重制形式发票函。形式发票是目前国际商务领域里必不可少的一份文件，代表的是双方对商品规格、数量及价格等条款的认同。只要双方对原来商定的做法做了变更，比如买卖双方对样品进行了重新的确认，那么卖方往往要重新制作形式发票，寄送给客户让对方确认。这非常重要，可以避免今后双方纠纷。另外，如果已经涉及合同的修改，那就还需要重新制作合同，寄送买方让客户回签新合同。

　　（5）生产函。在产品正式生产后，卖方也必须与国外客户保持联系，告知生产状况。如有紧急情况也可以让买方有心理准备。

　　（6）装运函。在量产完成后，需要卖方与客户探讨具体的装运事宜。虽然合同对装运有规定，如装运地点、时间等，但是缺乏一些具体细节条款。而实际操作当中，为避免产生误会，一些细节是需要双方相互沟通和协商的，以便能使货物的出运与交接能流畅进行。

(7) 装船通知函。这与第六封装运函是不同的,第六封装运函是卖方写在货物没有装运之时,强调的是准备装运的细节。而第七封的装船通知函的时间则是货物已经装船完毕的时候,目的是告知买方货物的具体航运信息。

　　(8) 催款函。货物出运后,很重要的一点是需要提醒买方按时付款。如果付款方式是即期的情况下,这封邮件则必须及时发出。

　　(9) 收款(业务善后)函。收到货款后,卖方必须及时告知客户,并表达感谢。这不仅仅是商务信函的礼貌,更是为了节省客户的时间,体现客户至上的服务理念,也可以为将来新的订单创造良好的开端。

## 【实训内容】

　　(1) 催证函。这封函电用词必须有礼貌,向对方阐明开证的必要性。在具体的行文里,切忌直接"催",更应该表达的是对合同业务的跟进(follow up),跟进是服务的理念。以下催证函的样例引用自南京世格公司开发的《外贸单证教学系统》。

　　样例:

**DESUN TRADING CO., LTD.**

29TH FLOOR KINGSTAR MANSION, 623JINLIN RD., SHANGHAI, CHINA

TEL:(021)82588666　　FAX:(021)82588999

ZIP CODE:200002

Nov 25, 2009

Dear Mr. Andy Burns,

We are in receipt of your returning signed Sales Confirmation No. DTC5210.

However, we regret to inform you that we did not receive your L/C concerning the above contract till today. It is clearly stipulated in the said contract that the relevant L/C should reach us date Nov 25. Please be assured to open your L/C strictly in accordance with our offered bank information, especially it should be "Bank of China, Shanghai branch" not "Bank of China" only. Please pay attention to it because last time another customer's L/C reached to Bank of China in Shenzhen.

Owing to the punctual shipment, the early arrival of your L/C will be highly appreciated.

Yours faithfully,
Desun Trading Co., Ltd.
Minghua Zhao

（2）改证函。这封改证函必须一次性列出所有需要修改的条款。以下改证函的样例引用自南京世格公司开发的《外贸单证教学系统》。

样例：

## DESUN TRADING CO., LTD.
### 29TH FLOOR KINGSTAR MANSION,623JINLIN RD., SHANGHAI, CHINA
### TEL：(021)82588666　　FAX：(021)82588999
### ZIP CODE：200002

Nov 25, 2009
Dear Mr. Andy Burns,

With reference to your L/C No. BWO5823684 issued on Nov 23, we regret to say that there are a few points are not in conformity with the terms stipulated in our sales contract. Therefore, please make the following amendment：

1. The name of commodity should be "CANNED WHOLE MUSHROOMS" not "CANNED SLICED MUSHROOMS".
2. Delete the wording "documents presented for negotiation should include cargo receipt issued by buyers".
3. The quantity of commodity should be 1320 cartons, not 1230 cartons.

As the time of shipment is approaching, please make the amendment as soon as possible so that we can ship the goods in time.

Yours faithfully,
Desun Trading Co., Ltd.
Minghua Zha

（3）样品确定函。这封函电必须注明具体合同号码项下的样品，让对方不容易混淆，言辞要符合商务函电的基本要求。

样例：

Dear Mr. White,

The sample under the Contract No. SJ34569 was sent to you by airmail today. Please check it again whenever it is convenient to you.

If you decide to confirm finally, please let us know, then we will inform the factory to produce according to your confirmation pattern.

Best regards,
Steve Huang

(4) 重制形式发票函。这封函电要写清楚相关样品的信息，言辞要符合商务函电的基本要求。

样例：

Dear Mr. White,

Thank you for your confirmation of the sample we sent on 5$^{th}$ June.

We have changed the colure as per your request and made the new Proforma Invoice which was sent to you this morning. We would appreciate it very much if you could sign it back.

Please contact us if you have any questions.

Best regards,
Steve Huang

(5) 生产函。这封函电需要标示合同号码、生产进度等信息。用语要符合商务函电的基本要求。

样例：

Dear Mr. White,

Does everything go well during July?

The factory is now doing the mass production concerning the Contract No. SJ34569. Probably 30% were already finished. We will update the status timely about the mass production.

If you have any questions, please let us know.

All the best,
Steve Huang

(6) 装运函。这封函电需要告知买方具体的装运细节，用词方面可以采用国际运输行业里常见的词汇、短语或者缩写。

**样例：**

Dear Mr. White,

Good news! The commodities under the Contract No. SJ34569 were completed finished.

But another problem comes, the forwarder told us today that they couldn't ship by 20'FCL because of the shortage of shipping space form port of Fangchenggang to New York. Would you like to accept the 20'LCL or 40'FCL?

Wewould be grateful if you could reply us soon.

Best regards,
Steve Huang

（7）装船通知函。这封函电需要列清楚与本次装运相关的具体事项，用词要严谨。以下装船通知函的样例引自南京世格公司开发的《外贸单证教学系统》。

**NANJING TANG TEXTILE GARMENT CO., LTD.**

HUARONG MANSION RM2901 NO. 85 GUANJIAQIAO,

NANJING 210005, CHINA

**SHIPPING ADVICE**

TO: FASHION FORCE CO., LTD　　　　　　ISSUE DATE: MAR. 2, 2009
　　P.O. BOX 8935 NEW TERMINAL, ALTA,　OUR REF. DATE: _____
　　VISTA OTTAWA, CANADA

We are Pleased to Advice you that the following mentioned goods has been shipped out, Full details were shown as follows:

| | |
|---|---|
| Invoice Number: | NT009FF004 |
| Bill of Loading Number: | COS6314203208 |
| Ocean Vessel: | HUA CHANG  V.09981 |
| Port of Loading: | SHANGHAI PORT |
| Date of Shipment: | MAR. 20, 2009 |
| Port of Destination: | MONTREAL |
| Estimated Date of Arrival: | APR. 25, 2009 |
| Containers/Seals Number: | MSKU2612114 / 1681316 |
| Description of Goods: | SALES CONDITIONS: CIF MONTREAL/CANADA |
| | SALES CONTRACT NO. F09LCB09127 |
| | LADIES COTTON BLAZER (100% COTTON, 40SX20/140X60) |

| | |
|---|---|
| Shipping Marks: | FASHION FORCE |
| | F09LCB09127 |
| | CTN NO. |
| | MONTREAL |
| | MADE IN CHINA |
| Quantity: | 201 CARTONS |
| Gross Weight: | 3 015.00 kGS |
| Net Weight: | 2 613.00 kGS |
| Total Value: | USD30 150.00 |

Thank you for your patronage. We look forward to the pleasure of receiving your valuable repeat orders.

Sincerely yours,

NANJING TANG TEXTILE GARMENT CO., LTD.

(8) 催款函。这封函电的言辞必须得当,不能表现出"催"而要体现出卖方对合同履行的跟进态度,体现卖方的服务理念。

样例：

Dear Mr. White,

The cargo under the Contract No. SJ34569 was shipped and dispatched to New York today. The ETA is 28$^{th}$ July.

We would appreciate it if you could help to settle the rest payment USD30 000 to our banker soon.

Best regards,

Steve Huang

(9) 收款(业务善后)函。这封函电比一般的函电可以在字数上多一些,除了必要的对买方付款表示感谢外,还可以对整个合同的履行做简单总结,然后展望将来。

样例：

Dear Mr. White,

We have heard from our banker that your company has honored our draft drawn underthe Contract No. SJ34569.

Thank you for your cooperation and support in this deal. We are glad that the transaction concluded between us is so smooth and successful.

You may rest assured that your inquiries may get our best and prompt consideration.

Please find attached the latest illustrated catalogue of our products for your reference.

We look forward to your new orders in the future.

All the best,
Steve Huang

## 【实训操作步骤】

同实训一资料,进行各种信函的写作练习。

## 【重点提示】

商务函电的写作核心是用最精练的语言准确地表达出完整的意思。不同地区的客户有不同的语言、生活习惯。针对不同风格的客户要采取不同的应对策略,因此商务函电的写作并不能只拘泥于书本的教学。样品确定函、重制形式发票函、生产函、装运函、催款函以及收款(业务善后)函都是实际业务中非常频繁使用而传统课程或者教材没有重视的部分,学习中需要重视此类函电撰写的练习。

# 实验三

# 国际货物买卖合同综合谈判

## 【导读】

国际商务谈判是有计划、有目标、有组织的经济活动,是企业市场营销策略的重要组成部分。做好国际商务谈判,无论是在谈判前筹划谈判方案、收集信息资料、做好各项准备工作,还是在谈判中遵守商务礼仪、坚持原则、精心选择策略、灵活运用谈判技巧,都离不开既有娴熟谈判技巧、扎实的业务知识,又有良好情绪管理以及团队合作能力的谈判队伍。

## 模块1 商务礼仪

### 【实训目标】

机场接待(图3-1)是现代商务谈判活动中的重要组成部分,是常见的社交活动和一项基本礼仪。在谈判中,对应邀前来参加的客人,应当要组织好相应身份的人员前去迎送。完整的机场接待包括出机口接待、出站口接待和酒店接待三个部分。

本模块模拟大型商务机场接待,客人有自己的私人飞机或有一定规模的商务代表团。作为接待方需要做好各方面准备工作,尤其是接待细节,如航班到点时间、客户住宿问题、客户交往风格、生活习惯等,提前做好相应安排,拟好接待方案以及应对可能发生的意外事件。

图3-1 机场接待

### 【实训知识】

#### 一、准备相关接待信息

(1)客户所乘坐的具体航班信息。
(2)前来参加谈判人员的组织情况。
(3)住宿信息,以便是否安排酒店住宿。
(4)交通路线、工具的安排。

航班使用信息可以使用一款名为"飞常准"的手机软件。"飞常准"是飞友科技做的一个智能手机 APP，它能帮助飞行旅客跟踪航班，提供航班延误的智能预报。乘机、接机、送机的旅客和民航业内人士可以通过"飞常准"网页和移动客户端查看国内所有航班的实时状态信息和精确的地图信息，实时获得航班的起飞、到达、延误、取消、返航、备降的六大类航班状态通报。

## 二、接机现场的注意事项

机场迎送规格取决于前来参加谈判人员的身份和地位、我方与被迎送者的关系以及相关的惯例。主要迎送的人员与到访者的身份地位应尽量保持一致，以对口对等为宜。倘若当事人因故未能出面，可以根据具体的情况灵活变通，由副职或职位相当的人员出面。此外，当事人出于礼貌应向对方做出合理的解释，表明诚意（歉意）。

机场接待人员应形象好气质佳，女士可盘发，笑容甜美，具有主动服务意识，服从管理，配合有关部门协调工作。

## 三、礼仪要求

### （一）女士着装要求

（1）女士根据不同季节和活动性质，可着西装、民族服饰、中式上装培训长裙、旗袍或连衣裙等。女西装配西装裙时，西装上衣长短适中，以充分体现女性曲线美。如果配西裤，上装可稍长些，无论配裙子或裤子，需采用同一面料，增强整体感。鞋和袜要与西装搭配，要穿 4/4 长筒袜，没有长筒袜可以光脚，但是不应穿短袜，如图 3-2 所示。

（2）化妆。脸部应化淡雅的日妆，保持妆容和谐。一般不宜文眉、文眼线，唇膏和眼影不能浓艳，要与服饰协调，保持同一色系为最佳。可适当使用清新的香水，香气味道不宜过浓。此外，女性手部除了保持干净外，可适当使用指甲油美饰指甲，但必须使用无色透明或浅色（浅红、浅紫）的指甲油，不宜抹涂彩色指甲油。

图 3-2 女士着装标准照

### （二）男士着装要求

（1）香槟色商务装。香槟色商务西装简洁大方，设计多为法式款式，可搭配浅色竖条纹衬衫，如搭配一双复古款式的系带鞋就更加完美了。如此着装去谈判，给人内紧外松、欲擒故纵的感觉，定能战无不胜。常见着装搭配如下：白色衬衫，袖扣，印花领带，金属框架眼镜，黑色表带腕表，深色条纹轻薄西服套装，黑色皮鞋。

（2）标准深色商务装。穿着深色正装，里面搭配真丝白衬衫可给人以干净利落的感觉，再配以得体的皮质公文包，更能彰显出与众不同的职场气质。但值得注意的是，如果在穿着深色正装时搭配深色皮鞋，会使整个人显得沉闷，而搭配雕花系带鞋则可以打破这种沉闷，为深色正装增添活力。

### 四、机场接待流程图

机场接待工作分为三个部分,分别是候机、接机和前往酒店,如图3-3所示。

#### (一)提前到指定的机场等候(3~5分钟)

(1)提前到达机场。一般提前半个小时到达接机机场并安心等候。

(2)组织好现场接待的人员,整理衣冠,调节好精神气质。

(3)根据对方的规格准备好接待的车辆、鲜花、欢迎词等。

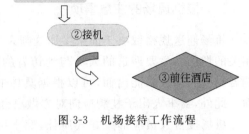

图3-3 机场接待工作流程

(4)如有在机场出站口接待的,接待人员应该把接待欢迎牌放在显眼的位置,以便参加谈判的代表团能及时找到。

#### (二)现场接机:握手——介绍——引导(5~8分钟)

**1. 握手**

接待的主要负责人第一个上前迎接对方第一位走下飞机的客人,与之握手并热情洋溢地寒暄,表达对客人远道而来参加谈判的谢意。一旁礼仪人员应及时主动地把准备好的鲜花送给对方代表团的负责人,同时表达欢迎之情。

握手细节:两手掌垂直,距受礼者一步,上身前顾,两足立正。伸右手,四指并拢,拇指张开,与对方相握,用力适中,上下摇动两三下,礼毕松开。

**2. 介绍**

(1)介绍的手势。五指并拢,手心向上,指向被介绍人。

(2)介绍的顺序。将男士介绍给女士;年轻的介绍给年长的;自己公司的同事给别家公司的同事;职位稍低者介绍给职位高者;如果身边各有一人,先介绍右边的,再介绍左边的。

(3)介绍的内容。介绍的内容主要有各自成员的姓名、身份、单位(国家)等。

**3. 引导**

(1)相互介绍完后,接待人员应主动上前接过客人手中的大件行李(公文包、手提包之类的随身行李除外)并引导客人前往离停车地点最近的出口。

(2)在客户的左前方45度位置,距离1米左右引导客户前往停车处,到达车前主动上前打开车门,让客户先上车就座,待客户上车后再放置行李。

(3)若接待车辆为轿车,以副驾后面座位为第一客人位,驾驶座后面座位是第二客人位,后排中间座位为第三客人位,若只有一位客人,则安排坐副驾后面座位(贵宾位),若有两人,则按职级另一人坐驾驶座后面位置。或按客户意愿随机就坐,不做安排。

(4)车辆启动前,对有需求的客户,主动递上打火机、矿泉水或纸巾等。客人接到后直接送到公司办公室的,须同时与公司领导联系,告之客人已接到,预计几点到达公司。

(5) 车辆启动后，主动告之客户现在要去的地点，或咨询客户要到达的地点，同时告知大概的行程需要的时间。可根据车内温度情况适当地打开少许窗户通风换气或打开空调，播放轻柔的音乐。

(6) 视客户的主动情况，可适当与客人做一些简单的交流，如旅程是否顺利、近期天气如何，但尽量在停车等候期间进行沟通，以免分散注意力，影响行车安全。若客户间自行交流，则尽量不插话。若客户询问，热情、客观回答。

### （三）酒店接待——接车——入住（3~5分钟）

(1) 接车。互相介绍完随行有关人员后，接待人员带领商务谈判代表团前往其下榻的酒店。事先准备好商务接待车，及时引导代表团成员上车。接待人员应主动来到车边，微笑替客人打开车门，欢迎其上车。遇到代表团有行李，应招呼行李员为客人搬运行李或协助行李员装卸行李，并注意有无遗漏的行李物品。如暂时没有行李员，应主动帮助客人将行李装卸下车，并携行李引导客人到接待处办理登记手续。

(2) 入住。客人到达后，通常须热情相待，无须过分寒暄，接待人员即应陪客户前往酒店，在去往酒店的途中或到达酒店后，接待人员可简单介绍酒店住宿的相关情况，征询客户的意见，取得客户的认可后才可告辞。在客户到达的当天，只简单交代第二天的安排，另外的日程安排可在以后详细商讨。

以下是广西玉柴集团有限公司接待越南进出口机械有限公司的机场接待范例。

AR：广西玉柴集团有限责任公司

G：越南机械设备进出口有限公司

（注：*Receiving Guests at the Airport*）

Guest（G）：Excuse me, are you the Fortune Hotel airport rep. ?

Airport Representative（AR）：Yes, Mr. …?

G：I'm Robert Hilton from the American Andrew Rice Origin Foundation.

AR：My name is Su Hui, I'm here to meet you. Welcome to Nanning!

G：Glad to meet you.

AR：The pleasure is mine. Is this your first visit to China, Mr. Hilton?

G：Yes. It's my very first. I'm looking forward to seeing your beautiful country.

AR：I hope you will have a pleasant stay here.

G：Thank you. I'm sure I will.

AR：Is this all your baggage?

G：Yes, its all here.

AR：We have a car over there to take you to our hotel.

G：That's fine.

AR：Let us help you with that suitcase. Shall we go?

G：Yes, thank you for all your trouble.

AR：No trouble at all. This way, please.

### 五、常用英语

1. 词汇

国际机场 international airport　　　　航站楼 terminal building
活动安排 schedule　　　　　　　　　起飞时间 departure time
抵达时间 arrival time　　　　　　　　候机大厅 waiting hall
行李提取处 baggage claim　　　　　　手提行李 hand luggage
旅馆服务员 attendant　　　　　　　　行李手推车 baggage handcart
接待 to receive　　　　　　　　　　　接待员 receptionist
在旅馆下榻 to stay at a certain hotel　　豪华套房 luxury suite
专程赶来 to come all the way　　　　　期待已久 long-expected
有此殊荣 to have the honor of doing sth　保持联系 keep in touch
活动日程 itinerary of a visit　　　　　 欢迎词 welcome speech
招待客人 to entertain guests
很高兴做某事 to have the pleasure in doing something

2. 句型

(1) Welcome to China. I hope you've had a good flight.

欢迎你到中国来。一路上辛苦了！／一路上还好吧？

(2) I will be with you for the entire visit / trip.

这次由我负责全程陪同你们。

(3) Through the courtesy of…, we have learned that you are one of the representative importers of … .

承……的介绍，获悉你们是……有代表性的进口商之一。

(4) Suspect you're tired after a long flight.

想必你经过长时间的飞行旅程累了吧。

(5) Did you have a comfortable flight?

你这次的飞机旅行还愉快吧？

(6) Your valuable advice is most welcome.

欢迎多提宝贵意见。

(7) To encounter any inconveniences.

若有不便。

(8) It is in the spirit of friendly cooperation, mutual promotion and common prosperity that I extend to you the warmest welcome and convey to you the most gracious greetings from all the employees of the corporation.

我对各位表示我个人最热情的欢迎并真诚地希望你们的访问有价值、有意义。

(9) It is wonderful to have friends visiting from afar.

有朋自远方来，不亦乐乎。

(10) You're welcome. It's my pleasure.

不用客气,这是我的荣幸。

> **资料查询小门道**
> 
> 在商务谈判中学生需使用到各具特色的商务礼仪英语。下面介绍一些书籍和商务英语网站,如职场英语 http://career-english.yjbys.com/,原版英语 http://www.en8848.com.cn/BEC/etiquette/,教育联展网 http://www.thea.cn,口译网 http://www.kouyi.org 等(这几个网站资料翔实,时效性强)。

【实训内容】

模拟机场接待综合演练:时间长度为30分钟。

要求:

(1) 组织好组员,每组 8~10 人为宜,根据组员的特点分别扮演出口商和进口商的角色,分配首席接待负责人、副负责人、翻译等角色的具体安排,要求减少不同角色工作内容的重叠,提高接待效率。

(2) 充分做好演练前的准备,包括接待方案、对话内容、道具等工作。

(3) 演练场景包括提前到指定的机场等候、现场接机、酒店接待三个部分。

(4) 每个模拟场景做好相应记录。此外,每组之间应做好协调工作,做到相互配合、相互支持。

【实训操作步骤】

模拟接机基本流程如下:前期联系、机场接机、机场到酒店途中、酒店安顿。各小组成员做好分工,扮演双方公司负责人、随行人员、酒店前台接待等角色,尽可能真实地模拟商务接机。

1. 前期联系

接机方接待人员(秘书或经理等)应当通过电话、电子邮件等方式提前和即将到来的客户方取得联系,确认好以下信息:客户到达的日期、航班号、降落机场、随行人员数量和职位情况、是否需要安排酒店等。信息确认完毕后,向接待负责人汇报,做好接待人员组织、酒店安排等工作。

2. 机场接机

(1) 接机人员准备好写有客户姓名或其公司名称等牌子,站在显眼处等候。

(2) 客户走近时,接待负责人带领团队主动向前问好示意,自我介绍并互相介绍随行人员。短暂寒暄后,引导客户团队走出机场。

(3) 安排客户团队上车,驱车前往酒店。

3. 机场到酒店途中

(1) 在机场到酒店途中,可以视情况向客户团队介绍酒店情况及当地特色等。若路过一些当地的地标建筑或其他特色景点时,可适当做解说。但是如果客户团队旅途劳累,应保持安静的车内环境,方便其休息。

(2) 司机开车时要注意行驶平稳安全,专注驾驶,不能分心。

4．酒店安顿

（1）到达酒店后，帮客户团队搬行李下车，进入酒店大堂。

（2）协助客户团队完成登记入住。

（3）向客户团队简单介绍一下第二天的日程安排。可以口头简述，也可以事先制作好相关的纸质材料，留给客户自行阅读。

（4）向客户团队发出接风宴会的邀请。

学习者可以在上述基本流程基础之上进行增减，表达出己方的诚意和热情，给客户留下良好的印象。

【重点提示】

1．握手

（1）握手的力度要适中，过轻或过重都不妥，轻了表示傲慢，重了也不好。切记勿要抓住对方的手乱摇加以拍肩动作。通常握手的时间以 3～5 秒为适。

（2）握手时要精神集中，注视对方微笑致意，切不可一面握手，一面注意力分散，左顾右盼，与他人交谈。

（3）女士不伸手示意，男士不应该主动向前与其握手，这是有失风范的行为。

2．会见的谈吐礼仪

（1）态度和蔼，自然得体。交谈时要充满自信，态度和蔼，用平和友好的目光注视对方；语言要得体，神情要自然。说话时做手势有利于表现自己的情绪，增强感染力，但做手势应注意与所说的内容相配合，并且自然地做出。

（2）要与对方保持适度的距离。在机场的接待中，空间距离比较敏感，因此双方应该保持适当的距离，一般以 1～1.5 步比较合适（也就是通常所说的社交距离）。

（3）语速、音调、音量平稳适合。在谈判中需要保持适合的语速、音调、音量，既不应过快、过高、过大使得对方难以适应和理解，也不能过慢、过低、过小给对方弱势、气场差的感觉。

3．着装

（1）戴项链时应避免文化差异产生的误解。外事活动时，不要戴有猪、蛇生肖的挂件、有耶稣殉难像的十字架。女士的项链、挂件可视情况露出或隐藏起来，男士着正装时一定不要露出来，不论是项链还是护身符。

（2）新西服袖口的商标一定要去掉，正式场合应穿黑皮鞋，以系带鞋为好。袜子的颜色与西服一致或深于西服，不要黑蓝西服白袜子。领带是与西装配套的饰物，在正式场合系上领带，既礼貌又庄重。

4．模拟相关注意事项

（1）进行模拟前，建议提前观看影视作品中的商务接机场景，寻找一些借鉴之处。

（2）小组分工扮演客户方和接待方，角色的分配要均衡，每一个角色的设计都要有存在的意义，要避免一些角色缺少甚至没有台词。

（3）在安排客户上车时，要注意考虑主次、职位等方面的问题，保证舒适、方便交流。

## 模块 2  商务谈判策划书

【实训目标】

国际商务谈判的成功不仅仅取决于双方谈判人员的谈判实力与谋略的巧妙结合,更是需要做好对商务谈判的整体规划和全方位的准备工作。商务谈判策划书是谈判的战略方针,是为谈判指明方向的灯塔。通过本模块的实训,大家应当能够做到顺利阅读谈判策划书,善于抓住其中的重点内容,并且学会如何起草完整的谈判策划书。

【实训知识】

一份完整的商务谈判书应该包含以下内容。
（1）谈判的背景。
（2）谈判的主题。
（3）双方利益及优劣势。
（4）谈判的目标。
（5）谈判程序及具体策略。
（6）谈判人员组织。
（7）制定谈判的进程。
（8）制订应急预备方案。
（9）准备相关谈判材料。

【实训内容】

拟写商务谈判计划书。各小组分别模拟甲方、乙方,详细地制订各自的商务谈判计划书。按照策划书模板,完成一份完整的商务谈判策划书。

### 一、策划书的模板

广西玉柴机器集团与越南机械设备进出口有限责任公司就柴油机出口贸易进行谈判,卖方广西玉柴机器集团拟写的一份策划书,如图 3-4 所示。

### 二、商务谈判的主要内容

#### （一）谈判的背景

在商务谈判背景描述中,需要简单介绍以下内容。
（1）双方各自企业为什么样的企业,发展何种产品。
（2）发展的情况,取得什么样的成绩。
（3）在市场中的地位。
（4）与本企业的关系。

| 1. 谈判的背景 | |
|---|---|
| A | 我方是中国著名绿色柴油机生产商,对方是越南有名的销售商 |
| B | 我方与对方刚建立伙伴关系 |
| 2. 谈判的主题 | 型号为 YC6L330-30 发动机 |
| 3. 谈判的目标 | |
| A | 基本目标 |
| B | 可接受目标 |
| C | 最高目标 |
| 4. 双方利益及优劣势 | |
| A | 我方核心利益,开拓市场,取得先机 |
| B | 对方核心利益,巩固当地的地位 |
| C | 我方优势和劣势,质量出色,而渠道不足 |
| D | 对方优势和劣势,营销网络广,而产品供应乏力 |
| 5. 谈判程序及具体策略 | |
| A | 开局,采用互利互惠的策略 |
| B | 中期,货比三家、挡箭牌等策略 |
| C | 休局阶段,调节我方与对方的紧张情绪 |
| D | 最后结束阶段,努力达成协议 |
| 6. 谈判人员组织 | |
| A | 首席谈判代表 |
| B | 商务顾问 |
| C | 技术总监 |
| D | 财务顾问 |
| E | 法律顾问 |
| F | 翻译人员 |
| 7. 制定谈判的进程 | 内容、时间、地点、人员 |
| 8. 制订应急预备方案 | 如果对方几乎不考虑我方的意见则采取釜底抽薪的策略 |
| 9. 准备相关谈判材料 | 《经济合同法》、各方的背景研判情报书、市场调查分析报告等 |

图 3-4 广西玉柴机器集团与越南机械设备进出口有限责任公司的谈判策划书

### (二)谈判的主题

精练概括双方通过协商或相互妥协以达到交易的目的,案例中广西玉柴机器集团与越南机械设备进出口有限责任公司谈判的主体是"进行关于型号为 YC6L330-30 发动机的货物贸易谈判"。

### (三)谈判的目标

谈判的目标按照对谈判方有利程度分为基本目标、可接受目标与最高目标(图 3-5),主要谈判内容包括以下几点。

(1) 品质、数量、包装。

（2）价格条条款。

（3）支付方式条款。

（4）运输与保险条款。

（5）商检、索赔、不可抗拒力和仲裁谈判。

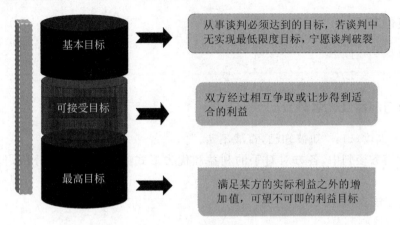

图 3-5  基本目标、可接受目标与最高目标

## 【实训操作步骤】

以广西玉柴机器集团与越南机械设备进出口有限责任公司谈判中的价格和支付条款的卖方谈判计划书为例。

### 一、价格条款

（1）FOB 报价，见表 3-1。

表 3-1  FOB 报价目标

| 最低目标 | 可接受目标 | 最高目标 |
| --- | --- | --- |
| RMB120 000/PC | RMB125 000/PC | RMB128 000/PC |
| VND400 693 344/PC | VND417 388 900/PC | VND427 406 233.6/PC |
| USD19 260/PC | USD20 062.5/PC | USD20 544/PC |

（2）CIF（防城港）报价目标见表 3-2。

表 3-2  CIF（防城港）报价目标

| 最低目标 | 可接受目标 | 最高目标 |
| --- | --- | --- |
| RMB121 804/PC | RMB126 804/PC | RMB129 804/PC |
| VND406 717 100.604 8/PC | VND423 412 656.604 8/PC | VND433 429 990.204 8/PC |
| USD19 549.542 | USD20 352.042/PC | USD20 833.542/PC |

## 二、计价方式

由于近年来越南盾不断贬值,而人民币对美元则不断升值,所以计价货币依次为:人民币、美元、越南盾。

## 三、支付方式

最低目标——D/P
最高目标——L/C

## 四、双方利益及优劣势

《孙子·谋攻》曰:"知彼知己,百战不殆。"

在国际商务谈判中,各方对对手的利益和优劣形式必须做充分的分析,包含以下的内容。

(1) 我方核心利益。
(2) 对方核心利益。
(3) 我方优劣势。
(4) 对方优劣势。

以玉柴对己方与越南机械设备进出口有限责任公司的分析为例。

### (一) 卖方:广西玉柴机器集团

核心利益:扩大我集团知名度,打开越南发动机市场,扩大国际市场份额,用最高价格销售增加利润,保证最短时间内拿到货款。

优势:

(1) 企业历史悠久实力雄厚,质量有保证,在全国享有较高声誉,信誉度高;
(2) 邻国交易,路程短,运费便宜,比周边市场更方便;
(3) 目前库存充足,可即时到货。

劣势:

(1) 相对国内同行业的其他厂商价格较高,性价比优势不足;
(2) 欠缺对越方发动机市场的深入了解。

### (二) 买方:越南机械设备进出口有限公司

核心利益:要求以较低的价格进口柴油发动机,实现分期付款。

优势:

(1) 成交数量大,并同时与多家发动机厂商进行谈判;
(2) 本国市场是中国企业扩大市场的对象。

劣势:

(1) 资金不够雄厚,需分期付款;
(2) 客场谈判,无法占据主导。

### 五、谈判人员的组织

在谈判中根据所需要的专业不同,谈判人员主要包括:

(1) 首席谈判代表,即全权负责人,维护己方利益,主持谈判进程;

(2) 商务顾问,甲,负责市场行情、贸易惯例和价格谈判条件的运作;

(3) 技术总监,乙,熟悉生产技术、产品标准及科学发展动态,负责有关生产技术、产品性能、技术服务等问题的谈判及商务谈判中的价格决策;

(4) 财务顾问,丙,由熟悉成本情况、支付方式及金融知识,具有较强的财务核算能力的人员担任,负责重大财务问题;

(5) 法律顾问,丁,由掌握基本的经济、法律专业知识的人员担任,负责相关法律问题;

(6) 翻译人员,由熟悉或精通英语及业务人员担任,负责口头与文字翻译工作,沟通双方的意图,配合谈判策略的运用语言策略。(注明:翻译可由留学生同学来做)

### 六、谈判程序及制定谈判策略

在商务谈判中设计详细的程序和适宜的谈判策略是商务谈判书的核心部分。

#### 1. 开局

方案一:采取感情交流式开局策略,也称欲擒故纵策略。

通过谈及双方合作情况引起感情上的共鸣,把对方引入较融洽的谈判气氛中,同时给予对方一定的让步。

方案二:采取进攻式开局策略。

营造低调谈判气氛,指出本产品的优越性及现在乐观的市场和高额的收益回报,以制造心理优势,使我方处于主动地位。

#### 2. 中期阶段

(1) 红脸白脸策略。两名谈判成员一名充当红脸、一名充当白脸辅助协议的谈成,适时将谈判话题从价格转移到产品质量上来,让对手将注意力转移到质量上,以争取对我方有利的价格。

(2) 层层推进、步步为营的策略。有技巧地提出我方预期利益,先易后难,步步为营地争取利益。

(3) 把握让步原则。明确我方核心利益所在,实行以退为进策略,退一步进两步,做到迂回补偿,充分利用手中筹码,适当时可以答应部分要求来换取其他更大利益。

(4) 突出优势。以资料做支撑,以理服人,强调与我方协议成功给对方带来的利益,同时软硬兼施,暗示对方若与我方协议失败将会有巨大损失。

(5) 打破僵局。合理利用暂停,首先冷静分析僵局原因,再可运用肯定对方形式、否定对方实质的方法,适时用声东击西策略打破僵局。

#### 3. 休局阶段

如有必要,根据实际情况对原有方案进行调整。

### 4. 最后谈判阶段

（1）把握底线。适时运用折中调和策略，严格把握最后让步的幅度，在适宜的时机提出最终报价，使用最后通牒策略。

（2）埋下契机。在谈判中形成一体化谈判，以期建立长期合作关系。

（3）达成协议。明确最终谈判结果，出示会议记录和合同范本，请对方确认并确定正式签订合同时间。

> **资料查询小门道**
> 
> 在商务谈判中，谈判人员需掌握一定谈判需要的知识，包括品质、价格支付、运输包装、保险、不可抗拒等条款。下面介绍一些书籍和网站供大家参考。如时代光华管理培训网、无忧商务网、学讯网等；书籍有姜延书著的《国际贸易谈判实验教程》、黄卫平著的《国际商务谈判》、刘园编的《国际商务谈判》等。

## 七、制定谈判的议程

谈判议程是指导谈判进度的纲领性文件，制定一个详细的谈判议程有助于指导落实谈判目标，谈判议程包括通则议程和细则议程两个部分（图3-6）。

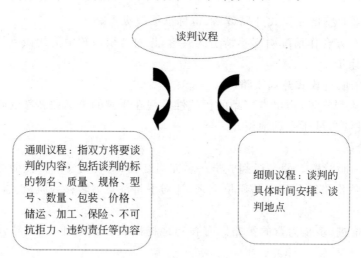

图3-6　谈判议程

在广西玉柴机器集团与越南机械设备进出口有限责任公司谈判中，替卖方广西玉柴机器集团拟写第一个谈判议程的规划。

谈判时间：2012年12月14日 9:00—11:00

谈判地点：广西玉林市国际大酒店三楼会议室

谈判内容：谈判双方互相见面，介绍本次会议安排及与会人员，并对发动机品质品名、数量、包装初步确定。

## 八、制订应急预案

双方是第一次进行商务谈判,彼此不太了解。为了使谈判顺利进行,有必要制订应急预案。

### 1. 对方对我方报价表示异议

应对措施:就对方报价金额进行谈判,运用妥协策略,换取在交接期、技术支持、优惠待遇等利益。

### 2. 对方使用权力有限策略,声称金额被限制,拒绝我方报价

应对措施:此时应了解对方权限情况,"白脸"据理力争,适当运用制造僵局策略,"红脸"再以暗示的方式揭露对方的权限策略,并运用迂回补偿的技巧,来突破僵局,或用声东击西策略。

### 3. 对方使用借题发挥策略,对我方某一次要问题抓住不放

应对措施:避免没必要的解释,可转移话题,必要时可指出对方的策略本质,并声明,对方的策略影响谈判进程。

## 九、准备相关的谈判材料

在谈判前,需准备一些相关材料,如《中华人民共和国合同法》《国际合同法》《国际货物买卖合同公约》《经济合同法》等。

其他资料:合同范本、背景资料、对方信息资料、技术资料、财务资料、有关发动机资料、有关发动机的市场报告等。

## 【重点提示】

### 1. 在制定谈判书中应重视团队成员的组织配合

一个出色的谈判团队,它必须是团结的、分工明确的、配合恰当的。谈判成员的语言及动作应互相协调、互相呼应。事先确定不同情况下的主谈与辅谈人选,他们的权利与责任以及配合方式。主谈人的责任是在谈判中落实已确定谈判目标和谈判策略,辅谈人一般是通过口头或动作肢体语言对主谈人的意见和建议表示赞同。

### 2. 谈判策划书中详细规划各方为谈判对市场信息的收集、分析、整理等环节

出口方对出口市场的分析,需要建立在了解当地具体情况的基础上。由于作为出口的一方,尤其第一次涉足的地区,对很多特殊情况不熟悉。如当地的消费习惯、法律政策、对中国的社会印象、对自身品牌的认识等情况,因而对于谈判数额较大的合同,出口方必须对各种市场变化加以分析,以求在谈判中获得主动权。

进口方应对将要进口产品的市场进行详细分析,特别是本地对产品的认识程度在谈判策划书中应该详细写明,以便在谈判中作为谈判焦点。

### 3. 文化差异对商务谈判的影响

关于策略的部分,应该结合谈判各方文化差异,如对方的谈判风格、喜好、顾忌、习惯等,与谈判策略相呼应。谈判人员只有熟悉了文化差异,才能确定将要使用的计策、技巧是否合理、科学、有效,才能推动谈判取得成功。

**4. 对细节条款的重视**

细节条款如商检、不可抗拒条款,隐藏着买卖双方义务与权利的转换问题。倘若交易出现了意外情况,这些条款的约定就能决定己方的大部分利益。谈判人员要本着未雨绸缪、防患于未然的原则,认真地在策划书中标明,以求制作出一份完善的商务谈判策划书。

【课后练习】

资料:

1. 2013 年 A 南宁百货大楼股份有限公司计划从 B 越南边合威拿有限公司进口一批优质咖啡威拿三合一速溶咖啡。

2. 2012 年 10 月在参加中国广西举行的东盟博览会后,B 越南机械设备进出口有限责任公司有意向 A 柳州汽车购买一批中型挖掘机。(注:越南机械设备进出口有限责任公司成立于 2000 年,秉承其 10 多年的外贸进出口经验,工贸结合,技贸结合,进出结合,主营金属材料、机电产品、重型机械设备、发动机等货物进出口业务,凭借其雄厚的实力、合理的价格、优良的服务在越南的机械设备行业占据一定的位置,拥有良好的声誉。自中国—东盟自由贸易区建立以来,着重与中国企业合作,建立良好的贸易关系。)

3. 中储粮广西分公司计划从 B 泰国正大集团进口一批质量上乘的泰国大米作为广西粮食大米储备的重要组成部分。

(注:以上的公司均可以从网上查到,除越南机械设备进出口有限责任公司外。)

拟写商务谈判策划书,要求:

(1) 下一节综合模拟谈判将以本商务谈判为蓝本进行实景演练。

(2) 策划书的格式应参考本节所提供的模本,做到详细、严谨、完整、简洁而不马虎,实景演练容易操作。

(3) 每个小组的策划书不得雷同,尤其商务谈判的策略应各具特色,充分体现各组的商业策划能力。

# 模块 3　国际商务谈判综合实训

【实训目标】

通过本模块的实训学习,学生熟悉商务谈判的基本原则、谈判的类型、环节以及相关的谈判策略和技巧,并将其运用到商务谈判活动实践中,从而提高学生的商务谈判能力、跨文化交际能力、批判性思维能力及创新性解决问题的能力。

【实训知识】

一、商务谈判的阶段

**1. 准备阶段**

(1) 组建谈判小组。谈判小组由谈判小组组长、商务人员、技术人员、法律人员、财务人员、口译人员组成;根据不同的阶段、不同的谈判目标和内容,安排不同的主谈和辅谈人员。主谈人员主要负责将已方重要想法和意见表达出来，并将已确定的谈判目标和谈判策略在谈判中实现。辅谈人员主要负责配合主谈人员，通过一定的语言和行为起到参谋与支持作用。

（2）收集及分析信息。通过网络、电视、新闻媒体等媒介收集有关产品市场行情，交易企业的资信情况及实力，谈判对手的个人特点及谈判风格、谈判对手所在国的政治体制、法律制度、商业体制、基础设施和物流系统等信息，并在此基础上进行分类，并做对比分析。

（3）制订谈判方案。确定谈判主题、谈判目标（目标的三个层次）、谈判期限及地点、谈判各阶段的策略等（见模块2）。

### 2. 开局阶段

（1）营造适合己方的谈判气氛。谈判气氛可以分为三个类型：高调的谈判气氛、自然的谈判气氛和低调的谈判气氛。

高调的谈判气氛是指在谈判的开局，谈判双方情绪热情、态度积极友好，轻松愉快地朝着达成一致协议的方向推进。当双方企业有过业务往来，谈判人员有过私下接触并关系较好，谈判中的一方占有较大优势或希望尽早与对方达成协议时，营造高调的谈判气氛，能使双方都愿意友好合作，并在合作中共同获益。

自然的谈判气氛是一种平缓的、不做作的、无须刻意去营造的气氛。整个谈判气氛热烈中有着严肃、对立中有着友好。若谈判双方是第一次进行业务往来，对谈判对手的情况了解甚少，或者对手的谈判态度不甚明朗，又或者在过去的业务中谈判对手留下了不好的印象，不要责怪过去，只谈业务，使双方把注意力都集中在业务上，营造一种自然的谈判气氛。

低调的谈判气氛是一个很郁闷、沮丧和不愉快的气氛。谈判中的一方对谈判前景持无所谓态度。低调气氛会给谈判双方都造成较大的心理压力，在这种情况下，心理承受力弱的一方会先让步。当谈判中的一方占有绝对上风，或另一方在文化、外交或其他方面有严重的错误时，营造低调的谈判气氛能使对方感到有压力，并在谈判中得到一些软条款。

（2）开局程序。谈判主办方分发谈判议程表；双方就谈判目标、谈判议程等相关问题达成一致意见；谈判开场陈述。

（3）开局策略。开局策略是谈判人员为了在谈判开局阶段获得优势地位所采取的措施。开局策略有一致式开局策略、坦诚式开局策略、保留式开局策略、挑剔式开局策略及进攻式开局策略。

一致式开局策略是指谈判双方为使谈判对手对自己产生好感，为了更好地实现谈判的目标，以协商、肯定、热情的方式，使谈判双方在愉快友好的气氛中达成一致和共识，从而推动谈判顺利进行下去。

坦诚式开局策略是指以开诚布公的方式向谈判对手流露自己的真实情感，陈述自己的观点，哪怕是暴露自己的劣势，以尽快打开谈判局面。使用坦诚式开局策略时，一定要注意坦诚要适度。

保留式开局策略是指谈判人员不确切地、不肯定地、不彻底地回答谈判对手所提出的实质性问题。通过保留式的方式给对手造成神秘感，以吸引对手步入谈判。此策略适用于低调气氛和自然气氛,而不适用于高调气氛,可以将其他的谈判气氛转为低调气氛。

挑剔式开局策略是指对对方的某个礼仪失误、外交或文化上的错误表示十分不满并严加指责,从而使对手产生负疚感,并迫使对方在谈判中让步。

进攻式开局策略指通过精心准备的语言或行为来表达自己坚决的态度,从而获得对方的敬畏,并使得谈判按照己方的意愿顺利地进行下去。

3. 报价阶段

(1) 报价的定义。报价是指谈判中的一方向谈判对手提出的包括价格、交货条件、支付方式、品质与检验、运输与保险、索赔与诉讼等在内的交易条件。其中价格问题是谈判的重点。

(2) 报价的原则。报价需要注意三个原则。第一个原则是卖方的报价必须是"最高的",买方的报价必须是"最低的"。其主要目的是为双方讨价还价留有足够的空间。第二个原则是报价需考虑市场行情、谈判者的需求情况、交货期要求、产品和企业的声誉、销售时机、支付方式等因素。第三个原则是报价时不加任何解释和说明。

(3) 报价的方法。报价按不同的划分标准可分为不同报价方法。

按时间划分为先报价与后报价。先报价的优点是为谈判划定了基准线,并将持续影响整个谈判;弊端在于过早暴露自己的报价,而不知道对方的价格底线,对方听了我方的报价后,可以调整原有的想法。后报价的优点是可以更好地了解对方信息,以便对自己的策略进行及时调整;弊端是在整个谈判场上的影响较小。

按价格水平划分为高报价和低报价。高报价的优点是给自己留下一定的谈判空间,且一定程度地影响对方的谈判行为。低报价的优点是引起买主的兴趣,击败参与竞争的同类对手。

4. 交易磋商阶段

(1) 交易磋商的定义。买卖双方在对某种商品涉及的如商品品名、规格、质量、数量、包装、价格、运输、支付方式、保险等主要交易条件进行对比时,必然会存在某些分歧和矛盾。就必须通过讨价还价,进而取得一致,这就进入了磋商阶段。

(2) 交易磋商的策略。交易磋商是双方不断地让步最终达到一致的过程。在交易磋商中,常见的迫使对方让步的策略有利用竞争、坐收渔利策略,软硬兼施策略,吹毛求疵策略、分化对手、重点突破策略,最后通牒策略,等等。常见的阻止对方进攻的策略有权力或资料有限策略、攻心策略、针锋相对策略、以退为进策略等。

谈判双方在让步时,应遵守以下四个原则:

第一,让步要选择合适的时机;

第二,不要一味地做无谓的让步;

第三,让步要分轻重缓急;

第四,保留底线,三思而后行。

5. 成交阶段

在成交阶段,应明确是否所有的交易条件已经谈妥,明确所有的交易条件是否已经达到双方的谈判目标,拟定合同并签字。

## 二、常用英文用语

1. 词汇

Trade term(ESW，FOB，CFR，CIF…)
装运港，目的港 loading port，destination port

| | |
|---|---|
| 货币，汇率 currency，exchange rate | 单价 unit price |
| 折扣 discount，allowance | 参考价 reference price |
| 净价 net price | 零售价 retailer priceImport |
| 进口许可证 license | 含佣价 price including commission |
| 习惯做法 usual practice | 有效期 time of validity |
| 需卖方(买方)确认 subject to seller's (buyer)confirmation | 信用证 L/C |
| 托收 collection | 汇款 remittance |
| 付款方式 mode of payment | 付款条件 term of payment |
| 即期，见票即付 at sight | 即期汇票 draft at sight |
| 预付款 advance/down payment | 分期付款 intallment payment |
| 剩余款项 balance(payment) | 发票 invoice |
| 付款行 paying bank | 开证行 establishing/ opening bank |
| 开证行 issuing bank | 议付行 negotiation bank |
| 保兑行 the confirmation bank | 装船 shipment |
| 分批装运 partial shipment | 装运日期 transshipment date of shipment |
| 装船期 time of shipment | 提货 to take delivery of goods |
| 运输工具 means of conveyance | 货物保险 cargo insurance |
| 保险人 insure | 保险金额 insured amount |
| 保险类别 insurance cover | 基本险 basic risks |
| 一切险 all risks | 水渍险 W. P. A. |
| 货物保险 natural calamities | 附加险 additional risks |
| 中国人民保险公司 PICC | 平安险 F. P. A. |
| 海损 marine loss | 部分损失 partial loss |
| 全部损失 total loss | 投保 to cover |
| 海洋运输货物保险条款 ocean marine cargo clause | 表示投保险别 insurance against |
| 表示保险费率 insurance at the rate of… | 表示保险费 insurance at…premium |
| 为……提供保险 to provide the insurance | 修改、修正 amend |
| 购货合同 purchase contract | 合同条款 stipulation |
| 合同期限 contract period | 合同正本 originals of contract |
| 同意所有条款 to agree to all the condition | 修改合同 to alter a contract |
| 取消合同 to cancel contract | |

## 2．句型

（1）This is our rock-bottom price. We can not make any further concessions.

这是我方的最低价格，不能再低了。

（2）We's compared your price with those from other suppliers in great detail. Your price is not competitive at all.

我们已将你们的价格与其他供应商做了详细的比较，你们的价格毫无竞争力。

（3）We are given to understand that you are potential buyers of Chinese …, which comes within the frame of our business activities.

据了解，你们是中国……（商品）有潜力的买主，而该商品正属于我们的业务经营范围。

（4）freight for shipment from Shanghai to Hong Kong is to be charged to your account.

从上海到香港的运费由贵方负担。

（5）The bill of lading should be marked as "freight prepaid".

提单上应该注明"运费预付"字样。

（6）I wonder if you could modify/make some modification in the explanation under the term of payment?

你看是否对付款条款这部分的说明做些改动？

（7）For payment we require 100% value, irrevocable L/C in our favor with the partial shipment allowed clause available by draft at sight.

我们要求用不可撤销的、允许分批装运、金额为全部贷款、并以我方为抬头人的信用证，凭即期汇票支付。

（8）It would help us greatly if you would accept D/A or D/P.

如果您能否接受 DP/D/A 付款，那可帮了我们大忙。

（9）When can you arrange for a credit under the new import license?

按照新的进口许可证规定，你方什么时候开出信用证？

（10）It's expensive to open an L/C because we need to put a deposit in the bank.

开证得交押金，因此花费太大了。

（11）Now that we have reached an agreement on all detail of the transaction, I'll have the contract ready in a couple of days for you to sign.

既然我们对交易各个细节已达成了一致，我将在几天内拟好合同给你方签约。

（12）We should make it clear that no matter which party cannot honor the contract, the other party is entitled to claim for loss.

我们应该明确无论哪一方没能履行合同时，另一方有权提出赔偿。

**3．关于玉柴机器集团与越南机械设备进出口有限责任公司价格谈判的英文对话示例**

Topic：Price and quatity terms

S：Nice to meet you again.

B：It's very nice to see you in person.

S：I'm sure that your stay in Yulin is a pleasant one. What's your general impression, may I ask?

B: Yes, Yulin is a beautiful city. I'm very glad to come to Yulin. You're going out of your way for us, I believe.

S: Thanks, It's just the matter of the price, transportation and insurance, payment, that is, if it is convenient for you right now.

B: Yes, sure. Let's begin. Can you show us your price-list and catalogues?

S: We've specially made out a price-list for you. Here you are.

B: Oh, it's very considerate of you. If you'll excuse me, I'll go over your price-list right now.

S: Take your time, Mr. Cai.

B: Oh, Mr. Wang. After going over your price-list. RMB 125 000 one set! we found that your price are much higher than those offered by other suppliers. It would be impossible for us to push any sales at such high prices.

S: I'm sorry to hear that. You must know that the cost of production has risen a great deal in recent years. To be frank, our commodities have always come up to our export standard and the packages are excellent designed and printed. So our products are moderately priced.

B: I'm afraid I can't agree with you in this respect. I know that your products are attractive in design, but I wish to point out that your offers are higher than some of the quotations. I've received from your competitors in other company. So, your price is not competitive in this market.

S: As you may know, our products which are of high quality have found a good market in many countries. So you must take quality into consideration, too.

B: If you are prepared to cut down your price by RMB 5 000 one set, we might come to terms.

S: Well, in order to help you develop business in this line, we may consider making some concessions in your price, The rock-bottom price is RMB 125 000 one set.

B: All right, that is nice. Total amount is 2 400 000 RMB.

S: Considering the freight cost. I suggest using FOB Fang Chenggang. The port of Loading is Fang Chenggang, and destination is Halong Bay. And your opinion?

B: Nice! And Insurance is our business. We cover Insurance against W.P.A. for 110% of the total invoice value as per the relevant ocean marine carge.

S: Ok, I accept. Now let's talk about the terms of payment.

B: Would you accept D/P? I hope it will be acceptable to you.

S: The terms of payment we usually adopt are sight L/C. Payment by L/C is our usual practice of doing business with all customers for such commodities. I'm sorry we can't accept D/P terms.

B: Ok, Terms of Payment is irrevocable at sight L/C.

**【实训内容】**

整个商务实景模拟谈判,包括:
(1) 各代表队的仪态(进场、入座、着装、形象);
(2) 开局(欢迎、介绍、切题、应对);
(3) 谈判报价(报盘/换盘,引导与配合,陈述明确,表达清晰、完整、合理);
(4) 谈判磋商结算(有力、有理、有据)、让步与妥协(适度、适时、主动);
(5) 谈判结束(归纳、双赢、签署合同或不成功)。
此次模拟谈判的内容包括:价格谈判;品质、数量和包装谈判;运输与保险谈判。

**【实训操作步骤】**

**一、进场**

1. 着装

(1) 女士。西服套装,可选裙装或裤装,配以合适的中高跟鞋或船鞋、袜及配饰。
(2) 男士。西服套装,可选灰色、黑色、米色、棕色暗条纹的,配以白色长袖衬衫或浅蓝色细条衬衫及相适应的领带、皮带。

2. 陪客人进入会场

把墙让给客人,即客人安排到里面,你站在外面。你在左,客人在右;进入房间前后的次序:客人不认识路,引导者在客人左前方1~1.5米,身体侧向客人,引导前行;客人认识路的情况下,客人在前,主人在后。

3. 入座

按照职位的高低、客人的声望等来进行入座,先客后主。

4. 仪表仪态

神态自若、安然、自信得体。男士要大气,女士要端庄、高雅。

**二、开局(4~6分钟)**

1. 相互介绍

(1) 进场后,商务谈判的主办方应及时把己方参加谈判的人员介绍给对方,之后再由对方把前来参加的人员介绍给会谈的主办方团队。谈判双方握手致意,微笑注视对方。
(2) 谈判正式开始,主办方友好地致欢迎词,表示对对方的热情欢迎同时也为良好的开端做好铺垫。时间长度为3~5分钟适宜。

2. 确定议题

建立关系,确定议题。

**三、谈判报价(2~4分钟)**

给出一次明确的报价。报价的内容包括商品品名、品质、数量、价格、运输、保险、商检、索赔、仲裁等内容,但以数量、品质和价格为主。

开局策略：开局的谈判策略大体可分为求同存异的互惠互利策略和竞争性策略。

（1）互惠互利策略。寻求兼顾双方，制造多层次的需要，分中求和，避开利益的冲突，达到双赢。这种策略适用于实力相差不大或优势互补的企业。

（2）竞争性策略。谈判者在一开始就表现出较高的最初需求，并且给对手留下强势甚至顽固的印象。使用这种策略的情况下，即使对手做出让步也多少有些勉强，且让步幅度也是有限的。

在谈判中把互惠互利策略和竞争性策略结合使用，往往可以避免单独使用其中一种策略带来的弊端，一味合作或过度强调不同则容易让谈判陷入僵局。

在确定了策略的同时，还要相应地准备合适的战术，如以退为进、折中主义、投石问路、货比三家、挡箭牌等。战术的使用讲究随机应变，适合谈判事态的发展，不应受束缚于原有的固定安排。

以玉柴机器集团与越南机械设备进出口有限责任公司商务谈判中的价格谈判为例。

价格：RMB120 000元/台

甲方投石问路并提出RMB128 000元/台。乙方使用竞争策略，提出康明斯ISLE+325柴油发动机的质量与玉柴YC6L330-30柴油发动机的质量对比问题，谈判僵持不下。

措施：甲方使用欲擒故纵，既强调己方产品质量过关，又做些让步，幽默缓和，使双方保持冷静。

结果：谈判继续。

## 四、磋商阶段（4～6分钟）

谈判磋商阶段包括：议价（讨价或还价）—让步—或许有僵局（可能会有实际僵局和潜在的沉默僵局）—再次让步—敲定价格—再确定。

package price（一揽子价格条件）：如：such as credit terms, payment schedules, currencies of payment, insurance, commission rate, warehousing costs, after-sales serving, costs of replacing damage goods, delivery time.

使用"曲线为直、予远利谋近惠让步、公平为上"等策略。孙子曰"以迂为直"，克劳塞维斯将军也说过"到达目标的捷径就是那条最曲折的路"。

（1）甲方二次报价，RMB123 000元/台，乙方认为太高。

措施：公平技巧。乙方强调价格的公平性，同谈判对手进行的竞争应该是一种"公平竞争"，同潜在的合作外商的谈判应建立在平等互利的基础上，过程的公平比结果的公平更重要。机会的平等是今天能做到的最大的公平。因此在一个公平机制下进行的谈判，才能使双方信服和共同遵守。

甲方回应：继续采取软政策，软化乙方，表明互利共赢的重要性。

结果：甲方同意继续降价。

（2）乙方提出RMB118 000元/台，而甲方提出RMB122 000元/台。

有限权力策略：乙方表示这个价格上司无法接受，不能完成任务，必须继续下降。

予远利谋近惠让步策略：甲方接受这说法，同意进行下降。

（3）甲方提出RMB121 000元/台后，拒不让步；乙方仍不肯妥协，双方陷入僵局。

### 五、谈判结束(2~3分钟)

(1) 谈判失败如何礼貌结束,怎样陈述或预约再谈。

在经过长时间的谈判磋商后,双方依旧无法就各个主要条款达成共识。此次谈判破裂,双方应该适时结束谈判,并且使得双方都有很好的台阶可以下。此外,也需要努力争取预约再谈判。

(2) 如何促成签约,准备哪些文本及法律注意事项。

措施一:中止谈判,第二日继续进行。

措施二:私下接触,在休整过程中,双方通过就餐、娱乐,进行一定程度上的深入了解,对双方的性格、目的进一步沟通,增加双方友谊,融洽双方关系。

措施三:软硬兼施,甲方主谈人或负责人找借口暂时回避,让"强硬派"挂帅出征,将乙方的注意力引向自己,采取强硬立场,唇枪舌剑,在气势上压倒乙方,迫使对手让步,根据自己的材料同时给对方合理的假信息,说明乙方当前和金融危机下的某种危险境遇等,以此来达到交易目的。再者,甲方同意进行再一次让步。

最后以 RMB120 000 元/台成交,双方获得双赢。

签署合同。准备相关的法律文件,如《中华人民共和国合同法》《国际合同法》《国际货物买卖合同公约》《经济合同法》。

### 【重点提示】

谈判中可能会犯以下错误。

(1) 在实景模拟谈判中,学生过分重视价格谈判,而忽略其他重要条款的协商。指导老师应在前期准备中注意把握。此外,在谈判中可以适当叫停,限定其在一定时间内结束此环节的磋商。

(2) 在模拟谈判中,学生习惯沿用分环节谈判的思路,希望逐个条款依次进行谈判,一旦对手打乱这个顺序往往手足无措,并且指责对手不按常理出牌。其实恰恰是不按常理出牌才是谈判的真实场景。

(3) 在实景模拟谈判中,学生往往在确定产品品质、数量、包装条款后就谈价格,这本身并不是问题,关键是一旦不能达成共识,就会出现两种情况:一种为了在规定的时间内结束谈判,双方都让步,降价幅度高得让观战学生莫名其妙;另一种是死活不让步,也不向下进行谈判,双方处于胶着状态。或直接让步并继续后续谈判,而且不做出合理的解释。

(4) 在综合模拟谈判中,学生不仅倾向于把条款进行分割开谈判,而且不善于考虑各种条款中的内在联系,不能从全局为己方争取最大利益。较为明显的问题除了上述所说价格条款外,在支付问题、争议解决等方面,均欠缺灵活及全盘思想。

(5) 在综合模拟谈判中,往往有一方模拟的是外方,可能是美国人、日本人、德国人、澳大利亚人等。在商务谈判中,我们一再强调跨国文化差异对谈判的影响,但在模拟谈判中学生往往忘记自己模拟的是异国商人,思维方式及处理问题的方法完全中国化。

(6) 鞋子的颜色最好与手提包一致,并且要与衣服的颜色相协调。

# 实验 四

# 进出口成本核算

## 【导读】

在国际货物买卖中,进出口商品价格直接影响企业的经济效益和产品市场竞争力,是企业对外开展业务时面对的核心问题。对外贸出口企业来讲,准确合理地进行成本核算以及出口报价显得尤为重要。在本实验中练习外贸业务中常见的术语和支付方式的组合。通过本实验的学习和操作,学生能够更加全面、准确地掌握进出口成本的报价以及预算表的填写。该实验分为出口成本核算和进口成本核算两个模块。

## 模块1  出口成本核算

### 【实训目标】

通过本模块的三个练习,学生能够掌握最为常见的贸易术语和支付方式组合下的进出口成本核算、报价以及预算表的填写。并且能够熟练地在不同贸易术语和支付方式的组合情况下进行换算,及时做出合理有效的报价。

### 练习1  FOB+L/C

### 【实训知识】

FOB(free on board),也称"船上交货价",是国际贸易中常用的贸易术语之一。按离岸价进行的交易,买方负责派船接运货物,卖方应在合同规定的装运港和规定的期限内将货物装上买方指定的船只,并及时通知买方。货物在装运港被装上指定船时,风险即由卖方转移至买方。国际商会曾在20世纪90年代末对40多个国家使用的贸易术语进行调查,按使用的频繁程度统计,FOB排在第一位,尤其是大宗干货和石油等特殊货物贸易时多以FOB成交。通过本操作,学生能够更好更准确练习FOB的报价方法以及预算表的填写。

### 一、计算公式

$$\text{FOB/FCA 报价} = \frac{(\text{实际采购成本} + \text{报关费} + \text{其他}) \times (1 + \text{预期盈亏率})}{1 - (1 + \text{预期盈亏率}) \times (\text{报检手续费率} + \text{银行手续费率})}$$

"其他"包括报检时申请的证书费用(如品质证书、健康证书、数量/重量证书、植物检疫证书)、产地证费用(包括一般原产地证书、普惠制产地证)、申请鉴定费用(包括"货物运

输条件鉴定书"),以及 L/C 方式下的出口商寄送货运单据的费用。考虑银行最低手续费的情况下,公式修改为

$$\text{FOB/FCA 报价} = \frac{(\text{实际采购成本} + \text{报关费} + \text{其他} + \text{银行最低手续费}) \times (1 + \text{预期盈亏率})}{1 - (1 + \text{预期盈亏率}) \times \text{报检手续费率}}$$

## 二、公式的推导

FOB/FCA 报价
= FOB/FCA 成本 + 预期盈利额
= 实际采购成本 + 国内费用 + 预期盈利额
= 实际采购成本 + (商检费 + 报关费 + 出口税 + 银行费用 + 其他) + FOB/FCA 成本 × 预期盈亏率

其中,预期盈亏率指期望达到的盈亏率,是一个假设的值,比如出口商希望该笔合同盈利 10%,则这里的预期盈亏率就是 10%,即 0.1;商检费 = FOB/FCA 报价 × 报检手续费率;在没有押汇的情况下,银行费用 = FOB/FCA 报价 × 银行手续费率;一般产品没有出口税,此处先忽略;"其他"费用包括报检时申请的证书费用(如品质证书、健康证书、数量/重量证书、植物检疫证书)、产地证费用(包括一般原产地证书、普惠制产地证)、申请鉴定费用(包括"货物运输条件鉴定书"),以及 D/A 方式下出口商寄送货运单据的费用。

实际采购成本、报关费、其他这几项费用的计算不涉及 FOB/FCA 报价,将这些费用的和设为 $D$,代入上述公式得

FOB/FCA 报价
= FOB/FCA 成本 + 预期盈利额
= ($D$ + 报检手续费 + 银行费用) + FOB/FCA 成本 × 预期盈亏率
= ($D$ + 报检手续费 + 银行费用) + ($D$ + 报检手续费 + 银行费用) × 预期盈亏率

设 FOB/FCA 报价为 $x$,报检手续费率为 $k$,银行手续费率为 $m$(不考虑最低费用),预期盈亏率设为 $n$,代入上述公式得

$$x = D + kx + mx + n(D + kx + mx)$$

解得

$$x = D(1+n)/[1-(1+n)(k+m)]$$

所以,

$$\text{FOB/FCA 报价} = \frac{(\text{实际采购成本} + \text{报关费} + \text{其他}) \times (1 + \text{预期盈亏率})}{1 - (1 + \text{预期盈亏率}) \times (\text{报检手续费率} + \text{银行手续费率})}$$

在银行机构网站的"费用查询"里可以看到,银行手续费都有一个最低费用,当计算得出的银行费用小于最低手续费时,银行费用取最低手续费。

把银行最低手续费设为 $F$,银行手续费率为 $m$,$x$ 为计算后所得的 FOB/FCA 报价。如果 $mx < F$,则银行费用为最低手续费 $F$,那么,

$$x = D + kx + F + n(D + kx + F)$$

解得

$$x = [(D+F)(1+n)]/[1-k(1+n)]$$

所以，

$$\text{FOB/FCA 报价} = \frac{(\text{实际采购成本} + \text{报关费} + \text{其他} + \text{银行最低手续费}) \times (1 + \text{预期盈亏率})}{1 - (1 + \text{预期盈亏率}) \times \text{报检手续费率}}$$

## 【实训内容】

学生在交易磋商阶段，进出口双方应首先确定交易产品、数量和贸易术语，出口商再根据工厂的采购成本填写出口预算表（表 4-1）来计算报价，最终出口预算表上所填报价金额要与实际签订的合同金额一致。

表 4-1  出口成本预算表模板

| 有关项目 | 预 算 项 目 |
|---|---|
| 汇率 | |
| 成本栏 | 收购价（含税进货价款）<br>出口退税收入：<br>实际采购成本 $A$： |
| 费用 | 商检费：<br>报关费：<br>出口税：<br>银行费用：<br>其他：<br>国内费用 $B$： |
| | 出口总成本 $C$(FOB/FCA 成本)：<br>$C = A + B$ |
| | 出口运费 $F$：<br>CFR/CPT 成本：($=C+F$) |
| | 出口保费 $I$：<br>总保费率：<br>投保加成：<br>投保金额：<br>CIF/CIP 成本：($=C+F+I$) |
| 报价栏 | 预期盈亏率：<br>预期盈利额或亏损额 $P$：<br>对外报价(FOB/FCA)：($=C+P$)<br>对外报价(CFR/CPT)：($=C+F+P$)<br>对外报价(CIF/CIP)：($=C+F+I+P$) |

## 【实训操作步骤】

以具体实例来演示 FOB+L/C 的报价过程。

### 一、基本情况

出口商（南非）：泰贝莎贸易进出口有限公司

进口商(英国)：睿奥进出口贸易有限公司

双方磋商确定交易详情如下：

(1) Product No.：04003

(2) Commodity：WOODCARVING-DOLLS（木雕-娃娃）

(3) Quantity：10 000 PCS

(4) Payment：L/C

(5) Price Term：FOB CAPETOWN,SOUTH AFRICA

(6) Transport：From Capetown,SOUTH AFRICA To LIVERPOOL,UK By Sea

在"海关"机构网站查得：该商品的增值税税率为17％，进口优惠关税税率为0，出口退税税率为13％，没有消费税，双方磋商确定投保海运一切险和战争险、罢工险。

## 二、出口商核算

汇率栏：

本币与美元：填写南非南特与美元汇率 ZAR 1＝USD 0.129 4

本币与合同币别：选择合同币别为 USD,ZAR 1＝USD 0.129 4

(1) 查询并填列国内费用。计算报价之前，先在"My City"的相关机构网站，查询以下固定的国内费用，并将其填入预算表中，包括：

$$收购价 = 国内工厂商品单价 \times 交易数量$$
$$= 147 \times 10\ 000$$
$$= ZAR\ 1\ 470\ 000$$

$$出口退税收入 = 采购成本/(1+增值税税率) \times 出口退税税率$$
$$= 1\ 470\ 000/(1+0.17) \times 0.13$$
$$= ZAR\ 163\ 333.33$$

$$实际采购成本 = 收购价 - 出口退税收入$$
$$= 1\ 470\ 000 - 163\ 333.33$$
$$= ZAR\ 1\ 306\ 666.67$$

报关费：ZAR 92

其他：ZAR 36（双方约定申请普惠制产地证）

(2) 计算 FOB 报价。出口商把这笔合同的预期盈亏率暂定为30％，接下来计算 FOB 对外报价。

$$FOB/FCA\ 报价 = （采购成本 - 退税收入）+ 国内费用 + 预期利润$$

$$国内费用 = 商检费 + 报关费 + 出口税 + 银行费用 + 其他$$

设 FOB 报价为 $Z$

$$Z = [(1\ 470\ 000 - 163\ 333.33) + (0.25\% \times Z + 92 + 0.13\% \times Z + 36)]$$
$$+ [(1\ 470\ 000 - 163\ 333.33) + (0.25\% \times Z + 92$$
$$+ 0.13\% \times Z + 36)] \times 30\%$$

求得

$$Z = ZAR\ 1\ 707\ 266.97 = USD\ 220\ 920.346$$

在相关机构网站可以查到：报检手续费率为 0.25%，L/C 方式下的出口地银行信用证入账手续费费率为 0.13%（最低 ZAR 180），计算出的 FOB 报价即为合同金额。在这个报价下的银行费用为

银行费用＝合同金额×L/C 入账手续费率＝1 707 266.97×0.001 3＝ZAR 2 219.447，大于银行最低手续费 ZAR 180，所以这个报价可用。

商品的单价还需要用计算出的报价即合同金额除以数量：1 707 266.97÷10 000＝ZAR 170.726 6＝USD 22.09。

(3) 计算费用。商品单价定为 USD 22.09，合同金额即 FOB 报价也随之变动为 USD 220 900（合同金额＝商品单价×数量＝22.09×10 000＝USD 220 900），这时所有与合同金额相关的费用就可以计算出来了。

$$商检费 = 合同金额 \times 报检手续费率 = 220\,900 \times 0.002\,5$$
$$= USD\,552.25 = ZAR\,4\,267.77$$

$$银行费用 = 合同金额 \times L/C\,入账手续费率 = 220\,900 \times 0.001\,3$$
$$= USD\,287.17 = ZAR\,2\,219.24$$

这几项费用计算出来之后，出口预算表里的其他费用也应运而生了：

$$国内费用 = 商检费 + 报关费 + 出口税 + 银行费用 + 其他$$
$$= 4\,267.77 + 92 + 0 + 2\,219.24 + 36$$
$$= ZAR\,6\,615.01$$

$$出口总成本(FOB\,成本) = 实际采购成本 + 国内费用$$
$$= 1\,306\,666.67 + 6\,615.01$$
$$= ZAR\,1\,313\,281.68$$
$$= USD\,169\,938.65$$

(4) 计算盈亏率。以上是根据假设的 30% 的预期盈亏率来反推出合同报价的，最后通过计算"报价栏"里的盈亏额和盈亏率，来验证这个价格是否合理：

(1) 对外报价(FOB)＝ZAR 1 707 109.74＝USD 220 900
(2) 预期盈亏额＝FOB 报价－FOB 成本＝220 900－169 938.65＝USD 50 961.35
(3) 预期盈亏率＝预期盈亏额/FOB 成本＝50 961.35/169 938.65＝29.99%

计算证明，最后的盈亏率符合预期要求。即：当商品 04003 的单价为 USD 22.09 时，出口商的盈利在 29.99% 左右。

该实例中出口预算表的填写见表 4-2。

表 4-2　FOB 报价出口成本预算表

| 有关项目 | 预算项目 | 金　　额 |
| --- | --- | --- |
| 汇率 | ZAR 1＝USD 0.129 4<br>合同币别为 USD | |
| 成本栏 | 收购价（含税进货价款）<br>出口退税收入：<br>实际采购成本 A： | USD 190 218<br>USD 21 135.332 9<br>USD 169 082.667 1 |

续表

| 有关项目 | 预算项目 | 金　　额 |
|---|---|---|
| 费用 | 商检费：<br>报关费：<br>出口税：<br>银行费用：<br>其他：<br>国内费用 $B$： | USD 552.249 4<br>USD 11.904 8<br>0<br>USD 287.169 6<br>USD 4.658 4<br>USD 855.982 2 |
| | 出口总成本 $C$(FOB/FCA 成本)：<br>$C=A+B$ | USD 169 938.649 4 |
| | 出口运费 $F$：<br>CFR/CPT 成本：$(=C+F)$ | 0 |
| | 出口保费 $I$：<br>总保费率：<br>投保加成：<br>投保金额：<br>CIF/CIP 成本：$(=C+F+I)$ | 0 |
| 报价栏 | 预期盈亏率：<br>预期盈利额或亏损额 $P$：<br>对外报价(FOB/FCA)：$(=C+P)$ | 30%<br>USD 50 961.35<br>USD 220 900 |

## 【重点提示】

（1）买方必须自该交货点起负担一切费用和货物灭失或者损坏的风险，这也就是说如果货物在海上遇险或者遭遇海盗，将与卖方无关，买方不应以此理由拒绝支付货款，所以卖方可以建议买方为货物投保。

（2）FOB 价格包含了国内的所有费用。如果是货物比较多或者利润比较高的话，国内的费用是可以不用考虑的。而如果货物比较少，就需要相应提高价格，因为单位成本增加了很多，单位成本主要包括内陆运费（工厂到港口或者集装箱仓库）、装卸费（特别是一些不能用机械装卸的货物）、拼箱杂费、码头费、报送费、报检费等。

（3）使用 FOB 术语时，卖方在装运港将货物装上船时完成交货，而载货船舶由买方负责租船订舱，所以买卖双方必须注意船货衔接问题。为了避免发生买方船到而卖方未备妥或卖方备妥货物而不见买方载货船舶的情况，买卖双方必须相互给予充分的通知。如卖方及时将备货进度告知买方，以便买方适时租船订舱。买方租船订舱后也应及时将船名、航次、预计到达装运港的时间通知卖方，以便卖方做好交货准备。

（4）当使用集装箱运输货物时，卖方通常将货物在集装箱码头移交给承运人，而不是交到船上，这时不宜使用 FOB 术语，而应使用 FCA 术语。

（5）卖方装船后，必须及时向买方发出装船通知，以便买方及时办理投保手续。

## 练习2　CFR＋T/T

【实训知识】

CFR(cost and freight)，指在装运港船上交货，卖方需支付将货物运至指定目的地港所需的费用。但货物的风险在装运港船上交货时转移。CFR是目前国际贸易中最常见的术语使用形式，学生需掌握其报价方法和预算表的填制。

一、计算公式

$$\text{CFR/CPT 报价} = \frac{(\text{实际采购成本} + \text{报关费} + \text{其他} + \text{出口运费}) \times (1 + \text{预期盈亏率})}{1 - (1 + \text{预期盈亏率}) \times (\text{报检手续费率} + \text{银行手续费率})}$$

"其他"包括报检时申请的证书费用（如品质证书、健康证书、数量/重量证书、植物检疫证书）、产地证费用（包括一般原产地证书、普惠制产地证）、申请鉴定费用（包括"货物运输条件鉴定书"），以及T/T方式下的DHL寄单费。考虑银行最低手续费的情况下，公式修改为

CFR/CPT 报价

$$= \frac{(\text{实际采购成本} + \text{报关费} + \text{其他} + \text{银行最低手续费} + \text{出口运费}) \times (1 + \text{预期盈亏率})}{1 - (1 + \text{预期盈亏率}) \times \text{报检手续费率}}$$

二、公式的推导

CFR/CPT 报价比FOB/FCA报价多了出口运费$F$，因此公式变为

CFR/CPT 报价

= CFR/CPT 成本 ＋ 预期盈利额

= 实际采购成本 ＋ 国内费用 ＋ 出口运费 ＋ 预期盈利额

= 实际采购成本 ＋（商检费 ＋ 报关费 ＋ 出口税 ＋ 银行费用 ＋ 其他

＋ 出口运费）＋ CFR/CPT 成本 × 预期盈亏率

其中，商检费 = CFR/CPT 报价 × 报检手续费率，在没有押汇的情况下，银行费用 = CFR/CPT 报价 × 银行手续费率；一般产品没有出口税，此处先忽略；"其他"费用包括报检时申请的证书费用（如品质证书、健康证书、数量/重量证书、植物检疫证书）、产地证费用（包括一般原产地证书、普惠制产地证）、申请鉴定费用（包括"货物运输条件鉴定书"），以及T/T方式下的DHL寄单费。

实际采购成本、报关费、其他这几项费用的计算不涉及CFR/CPT报价，将这些费用的和设为$D$，代入上述公式得

CFR/CPT 报价

= CFR/CPT 成本 ＋ 预期盈利额

= ($D$ ＋ 报检手续费 ＋ 银行费用 ＋ 出口运费) ＋ CFR/CPT 成本 × 预期盈亏率

= ($D$ ＋ 报检手续费 ＋ 银行费用 ＋ 出口运费) ＋ ($D$ ＋ 报检手续费

＋ 银行费用 ＋ 出口运费) × 预期盈亏率

设CFR/CPT报价为$x$，出口运费为$T$，报检手续费率为$k$，银行手续费率为$m$（不考

虑最低费用),预期盈亏率设为 $n$,代入上述公式得

$$x = D + kx + mx + T + n(D + kx + mx + T)$$

解得

$$x = (D+T)(1+n)/[1-(1+n)(k+m)]$$

所以,

CFR/CPT 报价 = $\dfrac{(实际采购成本+报关费+其他+出口运费)\times(1+预期盈亏率)}{1-(1+预期盈亏率)\times(报检手续费率+银行手续费率)}$

考虑银行最低手续费的情况下,把银行最低手续费设为 $F$,银行手续费率为 $m$,$x$ 为计算后所得的 CFR/CPT 报价。

如果 $mx < F$,则银行费用为最低手续费 $F$,那么,

$$x = D + kx + F + T + n(D + kx + F + T)$$

解得

$$x = [(D+F+T)(1+n)]/[1-k(1+n)]$$

所以,

CFR/CPT 报价

= $\dfrac{(实际采购成本+报关费+其他+银行最低手续费+出口运费)\times(1+预期盈亏率)}{1-(1+预期盈亏率)\times报检手续费率}$

## 【实训内容】

学生在交易磋商阶段,进出口双方应首先确定交易产品、数量和贸易术语,出口商再根据工厂的采购成本填写出口预算表来计算报价,最终出口预算表上所填报价金额要与实际签订的合同金额一致,出口预算表模板见表 4-1。

## 【实训操作步骤】

以具体实例来演示 CFR+T/T 的报价过程。

### 一、背景资料

出口商(日本):古德温进出口贸易有限公司

进口商(美国):时代国际贸易有限公司

双方磋商确定交易详情如下:

(1) Product No.:27002

(2) Commodity:DIGITAL CAMERA(数码相机)

(3) Quantity:6 000 PCS

(4) Payment:T/T

(5) Price Term:CFR New York

(6) Transport:From Nagoya To New York By Sea

在"海关"机构网站查得:该商品的增值税税率为 17%,出口税税率为 0,出口退税税率为 17%,没有消费税和进口税,没有海关监管条件,不用报检,双方磋商确定投保海运

一切险、战争险和罢工险。

## 二、出口商核算

汇率栏：

本币与美元：填写日元与美元汇率 JPY 1＝USD 0.012 5

本币与合同币别：选择合同币别为 USD，JPY 1＝USD 0.012 5

(1) 查询并填列国内费用。计算报价之前，先在"My City"的相关机构网站，查询以下固定的国内费用，并将其填入预算表中，包括：

$$收购价 = 国内工厂商品单价 \times 交易数量 = 6\,334.12 \times 6\,000$$
$$= JPY\ 38\,004\,720$$

$$出口退税收入 = 采购成本/(1+增值税税率) \times 出口退税税率$$
$$= 38\,004\,720/(1+0.17) \times 0.17$$
$$= JPY\ 5\,522\,053.33$$

$$实际采购成本 = 收购价 - 出口退税收入$$
$$= 38\,004\,720 - 5\,522\,053.33$$
$$= JPY\ 32\,482\,666.67$$

报关费：JPY 1 550

出口运费：USD 1 428.8(JPY 114 304)

该批商品的总毛重为 3 100kg(3.1TNE)，总体积为 7.6 CBM，远远装不满一个 20 英尺集装箱，所以出口商订舱时选择拼箱(LCL)装运。在"国际货运有限公司"海运部机构网站的"航线及运费查询"中可以直接查到，名古屋至纽约普通拼箱按重量(TNE)算的运费为 USD 172，按体积(MTQ)算的运费为 USD 188。按重量算：海运费 $A=3.1 \times 172=533.2$。按体积算：海运费 $B=7.6 \times 188=1\,428.8$。因为 $A<B$，所以拼箱海运费为 USD 1 428.8。

其他：678＋662＝USD 1 340(申请普惠制产地证和邮局 T/T 寄单费)

(2) 计算 CFR 报价。出口商把这笔合同的预期盈亏率暂定为 17%，再看百科"报价核算"之"出口报价"里的 CFR 对外报价公式：

$$CFR/CPT\ 报价 = \frac{(实际采购成本+报关费+其他+出口运费) \times (1+预期盈亏率)}{1-(1+预期盈亏率) \times (报检手续费率+银行手续费率)}$$

在相关机构网站可以查到，

T/T 方式下的出口地银行 T/T 手续费率为 0.1%(最低 JPY 3 090)，代入公式得

$$CRF\ 报价 = \frac{(32\,482\,666.67+1\,550+1\,340+114\,304) \times 1.17}{1-1.17 \times 0.001}$$
$$\approx JPY\ 38\,186\,515.2$$

计算出的 CFR 报价即为合同金额，在这个报价下的银行费用＝合同金额×T/T 入账手续费率＝38 186 515.2×0.001＝JPY 38 186.52，大于银行最低手续费 JPY 3 090，所以这个报价可用。商品的单价还需要用计算出的报价即合同金额除以数量：38 186 515.2/6 000≈JPY 6 364.42(USD 79.56)

(3) 计算相关费用。出口商将商品单价定为 USD 79.56,合同金额即 CFR 报价也随之变动为 USD 477 331.44(合同金额＝商品单价×数量＝79.56×6 000＝477 331.44),这时银行费用就可以计算出来了。

$$银行费用 = 合同金额 \times T/T 入账手续费率$$
$$= 477\ 331.44 \times 0.001 = USD\ 477.33$$
$$= JPY\ 38\ 186.52(POCIB 中的结果均保留两位小数)$$

出口预算表里的其他费用也应运而生了:

$$国内费用 = 商检费 + 报关费 + 出口税 + 银行费用 + 其他$$
$$= 0 + 1\ 550 + 0 + 38\ 186.52 + 1\ 340$$
$$= JPY\ 41\ 076.52$$

$$出口总成本(FOB 成本) = 实际采购成本 + 国内费用$$
$$= 32\ 482\ 666.67 + 41\ 076.52$$
$$= JPY\ 32\ 523\ 743.19$$
$$= USD\ 406\ 546.79$$

$$CFR 成本 = FOB 成本 + 出口运费$$
$$= 32\ 523\ 743.19 + 114\ 304$$
$$= JPY\ 32\ 638\ 047.19(USD\ 407\ 975.59)$$

(4) 计算盈亏率。以上是根据假设的 17% 的预期盈亏率来反推出合同报价的,最后通过计算"报价栏"里的盈亏额和盈亏率,来验证这个价格是否合理。

$$对外报价(CFR) = JPY\ 38\ 186\ 515.2 = USD\ 477\ 331.44$$

$$预期盈亏额 = CFR 报价 - CFR 成本$$
$$= 477\ 331.44 - 407\ 975.59$$
$$= USD\ 69\ 355.85$$

$$预期盈亏率 = 预期盈亏额 / CFR 成本$$
$$= 69\ 355.85 / 407\ 975.59$$
$$= 17\%$$

计算证明,最后的盈亏率符合预期要求。即当商品 27002 的单价为 USD 79.56 时,出口商的盈利在 17% 左右。

此时,出口商可以把这个价格通过邮件发给进口商,给进口商报价。

该实例中出口预算表的填写见表 4-3。

表 4-3　CFR 报价出口成本预算表

| 有关项目 | 预算项目 | 金　　额 |
| --- | --- | --- |
| 汇率 | JPY 1＝USD 0.012 5<br>合同币为 USD,JPY 1＝USD 0.012 5 | |
| 成本栏 | 收购价(含税进货价款)<br>出口退税收入:<br>实际采购成本 A: | USD 475 059<br>USD 69 025.666 6<br>USD 406 033.333 4 |

续表

| 有关项目 | 预算项目 | 金　　额 |
|---|---|---|
| 费用 | 商检费：<br>报关费：<br>出口税：<br>银行费用：<br>其他：<br>国内费用 $B$： | 0<br>USD 19.375<br>0<br>JPY 477.331 5<br>USD 16.75<br>USD 513.456 5 |
| 费用 | 出口总成本 $C$(FOB/FCA 成本)：<br>$C=A+B$ | USD 406 546.79 |
| 费用 | 出口运费 $F$：<br>CFR/CPT 成本：$(=C+F)$ | USD 407 975.59 |
| 费用 | 出口保费 $I$：<br>总保费率：<br>投保加成：<br>投保金额：<br>CIF/CIP 成本：$(=C+F+I)$ | |
| 报价栏 | 预期盈亏率：<br>预期盈利额或亏损额 $P$：<br>对外报价(FOB/FCA)：$(=C+P)$<br>对外报价(CFR/CPT)：$(=C+F+P)$<br>对外报价(CIF/CIP)：$(=C+F+I+P)$ | USD 69 355.85<br>17%<br><br>USD 477 331.44 |

## 【重点提示】

### 1. 卖方应及时发出装船通知

按 CFR 条件成交时，由卖方安排运输，由买方办理货运保险。如卖方不及时发出装船通知，则买方就无法及时办理货运保险，甚至有可能出现漏保货运险的情况。因此，卖方装船后务必及时向买方发出装船通知，否则，卖方应承担货物在运输途中的风险和损失。

### 2. 按 CFR 进口应慎重行事

在进口业务中，按 CFR 条件成交时，鉴于由外商安排装运，由我方负责保险，故应选择资信好的国外客户成交，并对船舶提出适当要求，以防外商与船方勾结，出具假提单，租用不适航的船舶，或伪造品质证书与产地证明。若出现这类情况，会使我方蒙受不应有的损失。

## 练习3　CIF+D/A

### 【实训知识】

CIF 即 cost, insurance and freight(insert named port of destination)，意为成本加保险费加运费(指定目的港)。按此术语成交，货价的构成因素包括从装运港至约定目的地港的通常运费和约定的保险费,故卖方除具有与 CFR 术语相同的义务外,还要为买方办理货运保险,支付保险费。按一般国际贸易惯例,卖方投保的保险金额应按 CIF 价加成 10%。如买卖双方未约定具体险别,则卖方只需取得最低限的保险险别,如买方要求加保战争保险,在保险费由买方负担的前提下,卖方应予加保。卖方投保时,如能办到,必须以合同货币投保。在我国出口贸易中,按 CIF 条件成交的情况比较普遍。精准地掌握 CIF 术语的报价过程非常必要。

## 一、计算公式

$$CIF/CIP 报价 = \frac{(实际采购成本+报关费+其他+出口运费)\times(1+预期盈亏率)}{1-(1+预期盈亏率)\times(报检手续费率+银行手续费率+保险费率\times投保加成)}$$

其中,"其他"包括报检时申请的证书费用(品质证书、健康证书、数量/重量证书、植物检疫证书)、产地证费用(包括一般原产地证书、普惠制产地证)、申请鉴定费用(包括"货物运输条件鉴定书"),以及 D/A 方式下出口商寄送货运单据的费用。考虑银行最低手续费的情况下,公式修改为

$$CIF/CIP 报价 = \frac{(实际采购成本+报关费+其他+银行最低手续费+出口运费)\times(1+预期盈亏率)}{1-(1+预期盈亏率)\times(报检手续费率+保险费率\times投保加成)}$$

## 二、公式的推导

CIF/CIP 报价比 CFR/CPT 报价多了出口保费,而计算保费也需用到 CIF/CIP 报价,所以和计算 CFR/CPT 报价时一样,也包括实际采购成本、报关费、其他和出口运费,公式变为

$$CIF/CIP 报价$$
$$= CIF/CIP 成本 + 预期盈利额$$
$$= 实际采购成本 + 国内费用 + 出口运费 + 出口保费 + 预期盈利额$$
$$= 实际采购成本 + (商检费 + 报关费 + 出口税 + 银行费用 + 其他$$
$$\quad + 出口运费 + 出口保费) + CIF/CIP 成本 \times 预期盈亏率$$

其中,商检费 = CIF/CIP 报价 × 报检手续费率;在没有押汇的情况下,银行费用 = CIF/CIP 报价 × 银行手续费率;一般产品没有出口税,此处先忽略;保险费 = 投保金额 × 保险费率 = (CIF/CIP 报价 × 投保加成) × 保险费率;"其他"费用包括报检时申请的证书费用(如品质证书、健康证书、数量/重量证书、植物检疫证书)、产地证费用(包括一般原产地证书、普惠制产地证)、申请鉴定费用(包括"货物运输条件鉴定书"),D/A 方式下的 DHL 寄单费。

实际采购成本、报关费、其他这几项费用的计算不涉及 CIF/CIP 报价,将这些费用的和设为 $D$,代入上述公式得

$$CIF/CIP 报价$$
$$= CIF/CIP 成本 + 预期盈利额$$

$$= (D + 出口运费 + 报检手续费 + 银行费用 + 出口保费)$$
$$+ CIF/CIP 成本 \times 预期盈亏率$$
$$= (D + 出口运费 + 报检手续费 + 银行费用 + 出口保费)$$
$$+ (D + 出口运费 + 报检手续费 + 银行费用 + 出口保费)$$
$$\times 预期盈亏率$$

设 CIF/CIP 报价为 $x$,出口运费为 $T$,报检手续费率为 $k$,银行手续费率为 $m$(不考虑最低费用),保险费率 $r$,投保加成 $R$,预期盈亏率设为 $n$,代入上述公式得

$$x = D + kx + mx + rRx + T + n(D + kx + mx + rRx + T)$$

解得

$$x = (D+T)(1+n)/[1-(1+n)(k+m+rR)]$$

所以,

CIF/CIP 报价

$$= \frac{(实际采购成本 + 报关费 + 其他 + 出口运费) \times (1 + 预期盈亏率)}{1 - (1 + 预期盈亏率) \times (报检手续费率 + 银行手续费率 + 保险费率 \times 投保加成)}$$

考虑银行最低手续费的情况下,把银行最低手续费设为 $F$,银行手续费率为 $m$,$x$ 为计算后所得的 CIF/CIP 报价。

如果 $mx < F$,则银行费用为最低手续费 $F$,那么,

$$x = D + kx + F + rRx + T + n(D + kx + F + rRx + T)$$

解得

$$x = [(D + F + T)(1 + n)]/[1 - (1 + n)(k + rR)]$$

所以,

CIF/CIP 报价

$$= \frac{(实际采购成本 + 报关费 + 其他 + 银行最低手续费 + 出口运费) \times (1 + 预期盈亏率)}{1 - (1 + 预期盈亏率) \times (报检手续费率 + 保险费率 \times 投保加成)}$$

## 【实训内容】

学生在交易磋商阶段,进出口双方应首先确定交易产品、数量和贸易术语,出口商再根据工厂的采购成本填写出口预算表来计算报价,最终出口预算表上所填报价金额要与实际签订的合同金额一致,出口预算表模板见表 4-1。

## 【实训操作步骤】

以具体实例来演示 CIF+T/T 的报价过程。

### 一、背景资料

出口商(中国):摩尔贸易进出口贸易公司
进口商(澳大利亚):澳大利亚春天进出口公司
双方磋商确定交易详情如下:
(1) Product No.：22003

(2) Commodity：IQF GREEN HAMI MELON BALLS
(3) Quantity：400 MT
(4) Payment：D/A
(5) Price term：CIF MELBOURNE
(6) Transport：From SHANGHAI, CHINA to MELBOURNE, AUSTRALIA By Sea

在"海关"机构网站查得：该商品的增值税税率为13%,出口税税率为0,出口退税税率为5%,没有消费税。进口税优惠税税率为30%,海关监管条件为AB,需进行进出口报检,双方磋商确定投保海运一切险、战争险和罢工险。

## 二、出口商核算

汇率栏：

本币与美元：填写人民币与美元汇率 RMB 1＝USD 0.158 8

本币与合同币别：选择合同币别为 USD, RMB 1＝USD 0.158 8

(1) 查询并填列国内费用。计算报价之前,先在"My City"的相关机构网站,查询以下固定的国内费用,并将其填入预算表中,包括：

$$收购价 = 国内工厂商品单价 \times 交易数量$$
$$= 2\,323.67 \times 400$$
$$= RMB\,929\,468$$

$$出口退税收入 = 采购成本/(1+增值税税率) \times 出口退税税率$$
$$= 929\,468/(1+13\%) \times 5\%$$
$$= RMB\,41\,126.90$$

$$实际采购成本 = 采购成本 - 退税收入$$
$$= 9\,294\,468 - 41\,126.90$$
$$= RMB\,888\,341.10$$

$$商检费 = 合同金额 \times 商检费率$$

商检费率：0.25%

报关费：100/次

$$银行费用 = 合同金额 \times 银行手续费(D/A 手续费)$$

D/A 手续费：0.1%

普惠制产地证书：RMB 40

出口运费：

分别计算20英尺的冻柜和40英尺冻柜运费

$$400MT = 40\,000\,CARTONS$$

① 20英尺冻柜：按毛重计算 21 000/25.5 = 823 CARTONS
按体积计算 27/0.018 7 = 1 443 CARTONS

比较之后,应该选择每20英尺冻柜装 823 CARTONS。

$$40\ 000/823 = 49 \text{ 个集装箱}$$
$$\text{运费 } 49 \times 1\ 959 = USD\ 95\ 991$$

② 40 英尺冻柜：按毛重计算 $26\ 000/25.5 = 1\ 019$ CARTONS
按体积计算 $58/0.018\ 7 = 3\ 101$ CARTONS

比较之后，应该选择每 40 英尺冻柜装 1 019 CARTONS。
$$40\ 000/1\ 019 = 40 \text{ 个集装箱}$$
$$\text{运费 } 40 \times 3\ 919 = USD\ 156\ 760$$

③ 40 英尺高柜冻柜：显然更加昂贵。

综合比较后选择运费便宜的(1)49 个 20 英尺的冻柜，运费为 USD 95 991。

$$\text{保险费} = \text{保险金额} \times \text{保险费率}$$
$$\text{保险金额} = CIF \text{价} \times (1 + \text{投保加成率})$$

在国际保险公司查询可知，海洋运输一切险费率为 $0.8\%$，战争险为 $0.08\%$，罢工险为 $0.08\%$。因为战争险和罢工险同时投保只需计算一个费率，所以总保险费率为 $0.88\%$。假设投保加成为 $30\%$。

(2) 计算 CIF 报价。出口商把这笔合同的预期盈亏率暂定为 $50\%$，则 CIF 报价公式：

CIF/CIP 报价 = (采购成本 − 退税收入) + 国内费用 + 主运费 + 保险费 + 预期利润
国内费用 = 商检费 + 报关费 + 出口税 + 银行费用 + 其他
设 CIF 报价为 $X$，则

$$X = [(929\ 468 − 41\ 126.90) + 0.25\% X + 100 + 0.1\% X + 40$$
$$+ 95\ 991/0.158\ 8 + (130\% X \times 0.88\%)] + [(929\ 468 − 41\ 126.90)$$
$$+ 0.25\% X + 100 + 0.1\% X + 40 + 95\ 991/0.158\ 8$$
$$+ (130\% X \times 0.88\%)] \times 50\%$$
$$= (929\ 468 − 41\ 126.90) + 0.25\% X + 100 + 0.1\% X + 40$$
$$+ 95\ 991/0.158\ 8 + (130\% X \times 0.88\%) \times 1.5$$

解得
$$X = 2\ 290\ 712.51 RMB = 2\ 290\ 712.51 \times 0.158\ 8$$
$$= 363\ 765 USD$$

计算出的 CIF 报价即为合同金额，在这个报价下的银行费用 = 合同金额 × D/A，银行手续费率 = $363\ 765 \times 0.001 = USD\ 363.765$，大于银行最低手续费 USD 25，所以这个报价可用。

商品的单价还需要用计算出的报价即合同金额除以数量：$363\ 765/400 = USD\ 909.412\ 5$

(3) 计算相关费用。出口商将商品单价定为 USD 909.41，合同金额即 CIF 报价也随之变动为 USD 363 765(合同金额 = 商品单价 × 数量 = $909.412\ 5 \times 400 = USD\ 363\ 765$)，这时所有与合同金额相关的费用就可以计算出来了，包括：

$$\text{商检费} = \text{合同金额} \times \text{报检手续费率}$$
$$= 363\ 765 \times 0.002\ 5$$
$$= USD\ 909.41$$

$$= RMB\ 5\ 726.76(POCIB\ 中的结果均保留两位小数)$$
$$银行费用 = 合同金额 \times D/A\ 入账手续费率$$
$$= 363\ 765 \times 0.001$$
$$= USD\ 363.765$$
$$= RMB\ 2\ 290.71$$

这几项费用计算出来之后,出口预算表里的其他费用也应运而生了。
$$国内费用 = 商检费 + 报关费 + 出口税 + 银行费用 + 其他$$
$$= 5\ 726.76 + 100 + 2\ 290.71 + 40$$
$$= RMB\ 8\ 157.47$$
$$出口总成本(FOB\ 成本) = 实际采购成本 + 国内费用$$
$$= 888\ 341.10 + 8\ 157.47$$
$$= RMB\ 896\ 498.57$$
$$CIF\ 成本 = FOB\ 成本 + 出口运费 + 保险$$
$$= 896\ 498.57 + 604\ 477.33 + 4\ 161.47$$
$$= RMB\ 1\ 505\ 137.37$$

(4) 计算盈亏率。以上是根据假设的 50% 的预期盈亏率来反推出合同报价的,最后通过计算"报价栏"里的盈亏额和盈亏率,来验证这个价格是否合理。
$$对外报价(CIF) = USD\ 363\ 765$$
$$= RMB\ 2\ 290\ 711.59$$
$$预期盈亏额 = CIF\ 报价 - CIF\ 成本$$
$$= 2\ 290\ 711.59 - 1\ 505\ 137.37$$
$$= RMB\ 785\ 574.22$$
$$预期盈亏率 = 预期盈亏额/CIF\ 成本$$
$$= 785\ 574.22/1\ 505\ 137.37$$
$$= 52.19\%$$

计算证明,最后的盈亏率符合预期要求。当商品 22003 的单价为 USD 909.41 时,出口商的盈利在 52.19% 左右。

此时,出口商可以把这个价格通过邮件发给进口商,给进口商报价。

该实例中出口预算表的填写见表 4-4。

表 4-4 CIF 报价出口成本预算表

| 有关项目 | 预算项目 | 金　额 |
| --- | --- | --- |
| 汇率 | RMB 1 = USD 0.158 8<br>合同币为 USD | |
| 成本栏 | 收购价(含税进货价款)<br>出口退税收入:<br>实际采购成本 A: | USD 147 599.518 4<br>USD 6 530.951 72<br>USD 141 068.566 7 |

续表

| 有关项目 | 预算项目 | 金额 |
|---|---|---|
| 费用 | 商检费：<br>报关费：<br>出口税：<br>银行费用：<br>其他：<br>国内费用 B： | USD 909.412 5<br>USD 15.88<br>0<br>USD 363.765<br>USD 6.325<br>USD 1 295.406 3 |
| | 出口总成本 C(FOB/FCA 成本)：<br>C=A+B | USD 142 363.972 916 |
| | 出口运费 F：<br>CFR/CPT 成本：(＝C+F) | USD 156 760 |
| | 出口保费 I：<br>总保费率：<br>投保加成：<br>投保金额：<br>CIF/CIP 成本：(＝C+F+I) | RMB 104.941 61<br>0.88%<br>130%<br>USD 472 894.5<br>USD 239 015.814 4 |
| 报价栏 | 预期盈亏率：<br>预期盈利额或亏损额 P：<br>对外报价(FOB/FCA)：(＝C+P)<br>对外报价(CFR/CPT)：(＝C+F+P)<br>对外报价(CIF/CIP)：(＝C+F+I+P) | 52.19%<br>USD 189 848.953 5<br><br><br>USD 363 765 |

## 【重点提示】

**1. 认真核算运费**

当出口贸易 CIF 条件成交时，由于货物价格构成因素中包括出口运费，所以，出口商对外报价时，一定要认真核算运费，把影响运费因素考虑到货价中去。如运输距离、是否需要转船、是否有附加运费以及运输价格变动趋势都应该在报价时综合考虑进去。

**2. 认真核算保险费**

在 CIF 价格条件下，卖方负有投保责任，如果买卖双方没有其他约定，卖方按照国际惯例办理。所以，出口方在遵循《INCOTERMS 2000》规定的同时，应该尽量减少保险费用的支出。在核算保险费时，要考虑保险险别的选择；投保加成率的确定以及保险人或保险公司的选择等。

## 模块 2　进口成本核算

### 【实训目标】

通过本模块的实训练习，学生能够掌握进口成本预算流程，熟悉进出口商品价格构成，合理采用各种作价方法，选用有利的计价货币和贸易条件，准确核算进口项目的成本与利润。

# 【实训知识】

## 一、进口成本预算的主要项目

### 1. 汇率的确定

在进口成本核算中,需要计算以本币表示的进口收入和进口成本之间的差额,得出进口盈亏额,从而判断进口贸易是否有必要进行。因此,当卖方出口报价为外币时,本国进口商首先需要将以外币表示的进口成本转换成以本币表示的进口成本。那么,进口预算工作的首要任务是要确定币种转换的汇率。

银行每日公布的外汇牌价包括"买入价"和"卖出价"。如图4-1所示,2016年3月21日美元对人民币现汇买入价是647.07,表示企业手中持有的100美元外汇可以向银行兑换647.07元人民币;而同期美元兑人民币现汇卖出价为649.66,则表示企业向银行都买100美元外汇需要支付649.66元人民币。

图4-1　2016年3月21日中国银行公布的美元对人民币牌价

资料来源:http://srh.bankofchina.com/search/whpj/search.jsp

在进口成本核算中,通常选择开户银行的折算价作为确定汇率的依据。假设开户银行选择的是中国银行,登录中国银行官网(http://www.boc.cn/),在"金融数据"栏目下查找"中国银行外汇牌价",选择起始时间和币种,就会显示待查询的外汇牌价。如图4-1所示,2016年3月21日,中国银行折算价为100美元折合648.24元人民币。

### 2. 进口完税价格的计算

进口货物以海关确认的正常成交价格为基准的CIF价格作为完税价格。CIF价格包括货价以及加上货物运抵进口国关境内输入地起卸前的包装、运输、保险和其他劳务等费用。对于卖方付给本国进口商的正常回扣、佣金,在合同内订明的,应从成交价格内扣除。在成交价格外,本国进口商另行付给卖方一部分佣金,应加入成交价格。

### 3. 销货收入的预估

计算进口商品的销售收入,有下列两种方法。

(1)进口商品在国内销售,一般是按国内同类商品的价格进行定价。即用进口商品的单价乘以销售数量,得到进口商品预计的销售收入。其计算公式为

$$进口商品的销售收入 = 进口商品单价 \times 销售量$$

(2)对于国内没有的同类产品,或者国内的同类产品性能与进口商品有较大差别的,

则按进口成本加上一定利润(一般为 $X\%$),确定其国内销售价格。其计算公式为

进口商品的销售收入＝进口商品的总成本＋加成利润＝进口总成本×$(1+X\%)$

**4. 进口盈亏额的核算**

进口商品盈(亏)额是指进口商品销售收入减去进口商品成本所得到的差额。它反映进口商品国内纯收入和外贸企业进口商品的经营效益。影响进口商品盈亏额的主要因素有进口商品的成本、外汇汇率、商品流通费和进口税金。

进口商品盈亏额＝进口商品销售收入－进口外汇成本×外汇牌价
－税金－其他费用

2015年6月,实现进口销售收入893万元人民币,进口商品的国外价格100万美元,结汇日美元卖出价为6.3元人民币,已交纳各种进口税金97万元人民币,其他费用76万元。进口盈亏额为

进口商品盈亏额＝进口商品销售收入－进口外汇成本×外汇牌价
－税金－其他费用
$=893-6.3\times100-97-76$
$=90$ 万元

同时,也需要计算进口商品盈亏率来衡量进口企业的效益。进口商品盈亏率是指进口商品的销售净盈额或净亏损额对进口商品折算成本的比率。

$$进口商品盈亏率=\frac{销售净盈额或净亏损额}{进口商品总成本}\times100\%$$

如上例中,进口盈亏率为

$$进口商品盈亏率=\frac{销售净盈额或净亏损额}{进口商品总成本}\times100\%$$
$$=\frac{90}{803}\times100\%$$
$$=11.21\%$$

## 二、不同贸易方式下进口成本预算的方法

**1. FOB＋L/C 进口成本核算实例**

以2016年POCIB大赛的参赛实例,演示FOB＋L/C进口成本核算的方法。

2016年4月17日,出口方德国永行进出口贸易公司(Germany forever import and export trade Co. Ltd)与进口方巴西米博进出口贸易公司(Meboo import and export trading company, Brazil)签订了关于价值482 220.00美元的太阳眼镜销售合同,规定成交价格为FOB,每副眼镜2.82美元,德国汉堡港(FOB USD 2.82 per set Hamburg Germany),支付方式为即期付款信用证(L/C at sight)。本例中,巴西进口商米博进出口贸易公司需要计算进口太阳眼镜的成本,编制进口成本预算表,如图4-2所示。

**2. CFR＋T/T 进口成本核算实例**

以2016年POCIB大赛的参赛实例,演示CFR＋T/T进口成本核算的方法。

2016年4月19日,出口方澳大利亚瑞贝卡进出口贸易公司(Rebecca export and import company, Australia)和进口方巴西米博进出口贸易公司(Meboo import and

## 进口成本预算表（FOB+L/C）

| 标号 | 预算项目(BRL) | | 实际发生金额 |
|---|---|---|---|
| 汇率 | BRL 1 = USD 0.5243 | | |
| | BRL 1 = USD 0.5243 | | |
| 1 | FOB /FCA成交价 | USD 482220.00 | 482220.00 |
| | | BRL 919740.61 | 919740.61 |
| 2 | 国外运费 | USD 910.00 | 910.00 |
| | | BRL 1735.65 | 1735.65 |
| 3 | CFR/CPT成交价：（=1+2） | USD 483130.00 | 0.00 |
| | | BRL 921476.25 | 0.00 |
| 4 | 国外保费：BRL 10663.68 | | 10663.68 |
| | 总保费率： 8.80 ‰ | | 8.80 |
| | 投保加成： 130.00 % | | 130.00 |
| | 投保金额：USD 635337.26 | | 635337.31 |
| 5 | CIF/CIP成交价：（=3+4） | USD 488720.97 | 0.00 |
| | | BRL 932139.93 | 0.00 |
| 6 | 进口关税：BRL 111856.79 | | 111856.79 |
| 7 | 完税成本：（=5+6）BRL 1043996.73 | | 1043996.73 |
| 8 | 商检费：BRL 0.00 | | 0.00 |
| | 报关费：BRL 27.00 | | 27.00 |
| | 消费税：BRL 0.00 | | 0.00 |
| | 增值税：BRL 177479.44 | | 177479.45 |
| | 其他：BRL 0.00 | | 0.00 |
| | 国内费用：BRL 177506.44 | | 177506.45 |
| 9 | 银行费用：BRL 1277.66 | | 1277.66 |
| | 信用证费用：BRL 82.00 | | 82.00 |
| | 信用证付款手续费：BRL 1195.66 | | 1195.66 |
| | D/A、D/P付款手续费：BRL 0.00 | | 0.00 |
| | T/T付款手续费：BRL 0.00 | | 0.00 |
| 10 | 总成本：（=7+8+9） BRL 1222780.83 | | 1222780.84 |
| | USD 641103.99 | | 641103.99 |
| 11 | 国内市场销货收入：BRL 1361160.00 | | 1361160.00 |
| 12 | （预期）盈亏额：（=11-10）BRL 138379.17 | | 138379.16 |
| | 预期盈亏率： 11.32 % | | 11.32 |

**Step1：填列汇率**
进口方巴西公司核算进口成本时使用的计价货币为BRL，出口方德国公司计价货币为USD

**Step2：填列成交价格**
当明确汇率后，填列合同金额后，系统自动计算出换汇后的成本

**Step3：填列国外运费**
根据运输公司报价填写国外运费

**Step4：填列保费**
在CFR价格基础上，根据总保费率和投保加成计算出CIF价格和保费

**Step5：填列CIF价格**
CIF价格由CFR价格加上国外运费组成，是计算从价计征进口关税的重要依据

**Step6：填列进口关税和完税成本**
查找货物对应的关税税率，计算进口关税，完税成本由CIF价格和进口关税组成

**Step7：填列相关费用**
包括商检费、报关费、增值税和银行费用

**Step8：填列总成本**
根据完税成本和国内汇总费用核算进口总成本

**Step9：填列国内销售收入，核算预期盈亏额和盈亏率，完成进口成本核算的全部工作**

图 4-2　FOB 报价进口成本预算表

export trading company，Brazil)就价值 189 000.00 美元的床头灯销售合同达成协议，成交价格为 CFR，每个床头灯 7 美元，巴西里约热内卢（CFR USD 7 PER PCS Rio de Janeiro Brazil），支付方式为 30% 预付且剩下 70% 装船日后 30 天付清的电汇方式。本例中，巴西进口商米博进出口贸易公司需要计算进口床头灯的成本，编制进口成本预算表，如图 4-3 所示。

## 实验四 进出口成本核算

**Step1：填列汇率**
进口方巴西公司核算进口成本时使用的计价货币为 BRL，出口方澳大利亚公司计价货币为 USD

**Step2：填列成交价格**
出口方澳大利亚公司报价为 CFR，所以合同列明的货物金额即是 CFR 价格。

**Step3：填列保费**
在 CFR 价格基础上，根据总保费率和投保加成计算出 CIF 价格和保费

**Step4：填列 CIF 价格**
CIF 价格由 CFR 价格和保费加总而得，是计算从价进口关税的依据

**Step5：填列进口关税和完税成本**
查找货物对应的关税税率，计算进口关税和完税成本

**Step6：填列相关费用**
包括商检费、报关费、增值税和银行费用

**Step7：填列总成本**
根据完税成本和国内汇总费用核算进口总成本

**Step8：填列国内销售收入，核算预期盈亏额和盈亏率，完成进口成本核算的全部工作**

### 进口成本预算表（CFR+T/T）

| 标号 | 预算项目(BRL) | | 实际发生金额 |
|---|---|---|---|
| 汇率 | BRL 1 = USD 0.5243 | | |
| | BRL 1 = USD 0.5243 | | |
| 1 | FOB/FCA 成交价 USD 0.00 | | 0.00 |
| | BRL 0.00 | | 0.00 |
| 2 | 国外运费 USD 0.00 | | 0.00 |
| | BRL 0.00 | | 0.00 |
| 3 | CFR/CPT 成交价：（=1+2） USD 189000.00 | | 189000.00 |
| | BRL 360480.64 | | 360480.64 |
| 4 | 国外保费：BRL 4171.62 | | 4171.62 |
| | 总保费率： 8.80 ‰ | | 8.80 |
| | 投保加成： 130.00 % | | 130.00 |
| | 投保金额：USD 248543.34 | | 248543.30 |
| 5 | CIF/CIP 成交价：（=3+4） USD 191187.18 | | 0.00 |
| | BRL 364652.26 | | 0.00 |
| 6 | 进口关税：BRL 72930.45 | | 0.00 |
| 7 | 完税成本：（=5+6） BRL 437582.72 | | 364652.26 |
| 8 | 商 检 费：BRL 0.00 | | 0.00 |
| | 报 关 费：BRL 27.00 | | 0.00 |
| | 消 费 税：BRL 0.00 | | 0.00 |
| | 增 值 税：BRL 74389.06 | | 0.00 |
| | 其 他：BRL 0.00 | | 0.00 |
| | 国内费用：BRL 74416.06 | | 0.00 |
| 9 | 银行费用：BRL 360.48 | | 360.48 |
| | 信用证费用：BRL 0.00 | | 0.00 |
| | 信用证付款手续费：BRL 0.00 | | 0.00 |
| | D/A、D/P 付款手续费：BRL 0.00 | | 0.00 |
| | T/T 付款手续费：BRL 360.48 | | 360.48 |
| 10 | 总成本：(=7+8+9) BRL 512359.26 | | 365012.74 |
| | USD 268629.96 | | 191376.18 |
| 11 | 国内市场销货收入：BRL 569700.00 | | 0.00 |
| 12 | （预期）盈亏额：（=11-10）BRL 57340.74 | | 0.00 |
| | 预期盈亏率： 11.19 % | | 0.00 |

图 4-3 CFR 报价进口成本预算表

### 三、注意事项

（1）准确计算进口完税价格是进口预算的重点。在进口成本核算中，进口完税价格是计算进口关税、增值税和消费税的重要依据，高估或低估进口完税价格都会影响进口成本的核算，从而影响进口贸易活动的正常开展。特别是当进口完税价格被低估时，极有可能面临海关的进口完税价格再确认。出现这类情况不仅会拉长交易时间，还会产生额外

的费用,导致进口成本大幅度增加,从而使利润减少甚至出现亏损。

(2) 海关确认的正常成交价格分为三种情况:①成交双方不具有特殊经济关系,且该项货物在公开市场上可以采购到的正常价格。②相同或类似货物的正常成交价格为基础的 CIF 价格。进口货物的成交价格经海关审查未能确定的,应以从该货物的同一出口国(地区)购进的类似的在功能上与商业上可以互换的货物的正常成交价格为基础的 CIF 价格作为完税价格。③如按上述规定,完税价格仍未能确定的,应当以相同或类似进口货物在国内市场的批发价格,减去进口关税、进口环节其他税收以及进口后的正常运输、储存、营业费用、利润作为完税价格,上述进口后的各项费用及利润经综合计算定为完税价格的 20%。《WTO 海关估价规则》便是对各成员国海关估价标准及程序做出统一规定的约束性规则。我国加入 WTO(世界贸易组织)以后,于 2002 年 1 月 1 日起实施《中华人民共和国海关审定进出口货物完税价格办法》(以下简称《审价办法》)。根据这一办法的规定,我国海关全面适用了 WTO 估价规则。2004 年修订并实施了新的《中华人民共和国进出口关税条例》(以下简称《关税条例》)。海关总署根据新《关税条例》对《审价办法》进行了修订,修订后的《审价办法》于 2006 年 5 月 1 日起正式施行,2013 年 12 月 25 日海关总署发布了新的《审价办法》于 2014 年 2 月 1 日起施行,旧的办法同时废止。

## 练习1　FCA＋T/T

【实训内容】

在 SimTrade 中,当进口方和出口方达成协议后,必须先填写进口预算表,预估各项费用,在交易完成后,将实际发生的金额列于右侧栏中供学生核对自己计算得正确与否。

请根据以下销售确认书,完成进口成本预算练习。

背景资料:进口方摩尔进出口贸易公司与出口方浩克国际贸易集团有限公司就钻石耳钉销售达成一致。报价为 FCA USD 294 PER PCS Liverpool UK,支付方式为 T/T 70% IN ADVANCE AND 30% WITHIN 30 DAYS AFTER SHIPMENT DATE。已知:人民币对美元汇率为 0.158 8,每件包装盒体积为 0.001 2 立方米,每立方米重 167kg,运费按体积重量收取,单位运费为 39.3 美元,投保加成 130%,投保航空运输一切险(3.5‰),附加险战争险(0.8‰)和罢工险(0.8‰),进口关税税率为 35%,报关费为人民币 100 元,增值税税率为 17%,银行 T/T 手续费为 0.1%,国内市场销售收入为 RMB 2 040 306.00,如图 4-4 所示。

【实训操作步骤】

1. 确认进口贸易方式

交易方式为 FCA＋T/T,如图 4-5 所示。

2. 编制进口成本预算表

图 4-6 为进口成本预算表模板。编制进口成本预算表时,系统默认的货币币种为人民币。填列总价时,既要计算人民币(RMB)报价,也会由系统生成美元(USD)报价。国内费用一般由人民币(RMB)表示,核算的时候注意货币币种。

## Hulk International Trade Group Co.,Ltd

THE RUBENSBUILDING, 39-41 BUCKINGHAM PALACE ROAD, BELGRAVIA,L ONDON, UK

### SALES CONFIRMATION

| Messrs: | More Import & Export Trading Company | No. | contract06 |
|---|---|---|---|
| | NO.18ZhangYang,Pudong new area,Shanghai,China | Date: | 2016-04-14 |

Dear Sirs,

We are pleased to confirm our sale of the following goods on the terms and conditions set forth below:

| Choice | Product No. | Description | Quantity | Unit | Unit Price | Amount |
|---|---|---|---|---|---|---|
| | | | | [FCA ▼] | [Liverpool,UK ▼] | |
| ● | 31002 | DIAMOND STUD EARRINGS MATERIAL:14K PLATINUM GOLD,WEIGHT:ABOUT 0.7G(PAIR),DIAMOND WEIGHT:0.1 CARAT,NUMBER OF DIAMONDS:2, COLOR:ARGENT | 600 | PCS | USD294 | USD176 400 |
| | | Total: | 600 | PCS | [USD ▼][176 400 | ] |

**Say Total:** USD ONE HUNDRED AND SEVENTY SIX THOUSAND FOUR HUNDRED ONLY

| Payment: | T/T | 70% IN ADVANCE AND 30% WITHIN 30 DAYS AFTER SHIPMENT DATE ▼ |
|---|---|---|

**Packing:** Each of the box should be indicated with Product No31002 about 1 pc.

**Port of Shipment:** Liverpool,UK

**Port of Destination:** Shanghai,China

**Shipment:** Shipment in [April] ] By air
IN BOX OF 1 TIN EACH.

**Shipping Mark:** DIAMOND STUD EARRINGS
CHINA
C/NO. 1-600
MADE IN UK

**Quality:** As per samples submitted by seller on April 15,2016

**Insurance:** TO BE COVERED BY THE BUYER.

**Documents:**
1. Signed commercial invoice in 1 original and 3 copies.
2. Clean Air Waybill showing "freight to collect".
3. Packing List Memo in 1 original and 3 copies indicating quantity, gross and weights of each package.
4. Certificate of Origin Form A in 1 original and 3 copies.

Any dispute arising from or in connection with this Contract shall be submitted to Pocib International Economic and Trade Arbitration Commission for arbitration which shall be conducted in accordance with the PIETAC's arbitration rules in effect at the time of applying for arbitration.The arbitral award is final and binding upon both parties.

| BUYERS | SELLERS |
|---|---|
| 摩尔进出口贸易公司 | 浩克国际贸易集团有限公司 |
| More Import & Export Trading Company | Hulk International Trade Group Co.,Ltd |
| leanne | SUNXIAOYAN |
| (Manager Signature) | (Manager Signature) |

图 4-4 摩尔公司与浩克公司关于钻石耳钉的销售合同

| Choice | Product No. | Description | Quantity | Unit | Unit Price | Amount |
|---|---|---|---|---|---|---|
| | | | | FCA ▾ | Liverpool,UK ▾ | |
| ○ | 31002 | DIAMOND STUD EARRINGS MATERIAL:14K PLATINUM GOLD,WEIGHT:ABOUT 0.7G(PAIR),DIAMOND WEIGHT:0.1 CARAT,NUMBER OF DIAMONDS:2, COLOR:ARGENT | 600 | PCS | USD294 | USD176 400 |
| | | | Total: 600 | PCS | USD ▾ | 176 400 |
| Say Total: | USD ONE HUNDRED AND SEVENTY SIX THOUSAND FOUR HUNDRED ONLY | | | | | |
| Payment: | | T/T ▾ | 70% IN ADVANCE AND 30% WITHIN 30 DAYS AFTER SHIPMENT DATE ▾ | | | |

图 4-5　选择交易方式为 FCA＋T/T

进口方为中国公司，核算进口成本时计价货币为人民币，因此预算项目标注计价货币为"RMB"

### 进 口 成 本 预 算 表

| 标号 | 预算项目(RMB) | 实际发生金额 |
|---|---|---|
| 汇率 | RMB 1 = USD _____<br>RMB 1 = USD ▾ _____ | |
| 1 | FOB /FCA成交价　USD _____<br>　　　　　　　　　RMB _____ | |
| 2 | 国外运费：　USD _____<br>　　　　　　RMB _____ | |
| 3 | CFR/CPT成交价：（=1+2）USD _____<br>　　　　　　　　　　　　RMB _____ | |
| 4 | 国外保费：RMB _____<br>总保费率：_____‰<br>投保加成：_____%<br>投保金额：USD _____ | |
| 5 | CIF/CIP成交价：（=3+4）USD _____<br>　　　　　　　　　　　　RMB _____ | |
| 6 | 进口关税：RMB _____ | |
| 7 | 完税成本：(=5+6) RMB _____ | |
| 8 | 商 检 费：RMB _____<br>报 关 费：RMB _____<br>消 费 税：RMB _____<br>增 值 税：RMB _____<br>其 他：RMB _____<br>国内费用：　 RMB _____ | |
| 9 | 银行费用：RMB _____<br>信用证费用：RMB _____<br>信用证付款手续费：RMB _____<br>D/A、D/P付款手续费：RMB _____<br>T/T付款手续费：RMB _____ | |
| 10 | 总成本：(=7+8+9)　RMB _____<br>　　　　　　　　　 USD _____ | |
| 11 | 国内市场销货收入：RMB _____ | |
| 12 | （预期）盈亏额：（=11-10）RMB _____<br>预期盈亏率：_____% | |

图 4-6　进口成本预算表模板

## 3. 填写进口预算表

给定的汇率均为人民币对美元为 0.158 8,照此填列,如图 4-7 所示。

| 标号 | 预算项目(RMB) | | | 实际发生金额 |
|---|---|---|---|---|
| 汇率 | RMB 1 = USD | 0.158 8 | | |
| | RMB 1 = USD ∨ | 0.158 8 | | |

图 4-7 设置汇率

(1) FOB/FCA 成交价。报价为 FCA USD 294 PER PCS Liverpool UK,共 600 件,总计金额为 176 400.00 美元,折合人民币 1 110 931.23 元,如图 4-8 所示。

| 1 | FOB/FCA成交价 | USD 176 400.00 | 176 400.00 |
|---|---|---|---|
| | | RMB 1 110 831.23 | 1 110 831.23 |

图 4-8 填写 FOB/FCA 报价

(2) 国外运费。

体积重量 = 体积 × 167kg × 件数 = 0.001 2 × 167 × 600 = 120.24

运费 = 费率 × 体积重量 = 39.3 × 120.24 = 4 725.43

据以上计算运费填列到第 2 项中,如图 4-9 所示。

| 2 | 国外运费 | USD 4 725.43 | 4 725.43 |
|---|---|---|---|
| | | RMB 29 757.13 | 29 757.13 |

图 4-9 FCA+T/T 填写运费

(3) CFR/CPT 成交价。CFR/CPT 成交价是 FOB/FCA 报价与运费的加总,该项由表中第 1 项与第 2 项填列的数字相加而得,如图 4-10 所示。

| 3 | CFR/CPT成交价:(=1+2) | USD 181 125.43 | 0.00 |
|---|---|---|---|
| | | RMB 1 140 588.36 | 0.00 |

图 4-10 FCA+T/T 计算并填写 CFR/CPT 成交价

(4) 国外保费、总保费率、投保加成和投保金额。根据以下公式计算保费:

$$保费 = \frac{CFR 价}{1-(1+投保加成率) \times 保费率}$$

投保加成 130%,投保航空运输一切险(3.5‰),附加险战争险(0.8‰)和罢工险(0.8‰),因此总保费率为 4.3‰,即特殊附加险中的战争险和罢工险只计算其中一项。投保金额为 236 786.70 美元,国外保费为人民币 6 411.73 元,如图 4-11 所示。

| 4 | 国外保费:RMB 6 411.73 | 6 411.71 |
|---|---|---|
| | 总保费率: 4.30 ‰ | 4.30 |
| | 投保加成: 130.00 % | 130.00 |
| | 投保金额:USD 236 786.70 | 236 786.70 |

图 4-11 FCA+T/T 计算并填写保费

(5) CIF/CIP 成交价。CIF/CIP 成交价是 CFR/CPT 成交价与国外保费的加总,该项由表中第 3 项与第 4 项填列的数字相加而得,如图 4-12 所示。

| 5 | CIF/CIP成交价:(=3+4) | USD 182 143.61 | 0.00 |
| | | RMB 1 147 000.09 | 0.00 |

图 4-12  FCA+T/T 计算并填写 CIR/CIP 成交价

(6) 进口关税。根据以下公式计算进口关税:

$$进口关税 = 完税价格 \times 关税税率 = CIF 价 \times 关税税率$$

CIF 价为 RMB 1 147 000.09 元,进口关税税率为 35%,进口关税为 RMB 401 450.03 元,如图 4-13 所示。

| 6 | 进口关税:RMB 401 450.03 | 401 450.02 |

图 4-13  FCA+T/T 计算并填写进口关税

(7) 完税成本。完税成本是指含有关税的进口成本,该项由第 5 项和第 6 项填列的数字相加而得,如图 4-14 所示。

| 7 | 完税成本:(=5+6) RMB 1 548 450.13 | 1 548 450.10 |

图 4-14  FCA+T/T 计算并填写完税成本

(8) 国内费用。国内费用主要包括商检费、报关费、消费税、增值税和其他。原则上产生了相应的费用才需要填写。国内费用中只产生了增值税,增值税的计算公式为

$$增值税 = 完税成本 \times 增值税税率$$

国内费用有报关费 RMB 100 和增值税,其中增值税税率 17%,增值税税额为 RMB 263 236.52 元,如图 4-15 所示。

| 8 | 商 检 费:RMB 0.00 | 0.00 |
| | 报 关 费:RMB 100.00 | 100.00 |
| | 消 费 税:RMB 0.00 | 0.00 |
| | 增 值 税:RMB 263 236.52 | 263 236.51 |
| | 其 他:RMB 0.00 | 0.00 |
| | 国内费用: RMB 263 336.52 | 263 336.51 |

图 4-15  FCA+T/T 计算并填写国内费用

(9) 银行费用。支付方式为 T/T,经查 T/T 手续费率为 1‰,报价为 FOB 价,所以银行费用为 FOB 价与费率的乘积,如图 4-16 所示。

| 9 | 银行费用:RMB 1 110.83 | 1 110.83 |
| | 信用证费用:RMB 0.00 | 0.00 |
| | 信用证付款手续费:RMB 0.00 | 0.00 |
| | D/A、D/P付款手续费:RMB 0.00 | 0.00 |
| | T/T付款手续费:RMB 1 110.83 | 1 110.83 |

图 4-16  FCA+T/T 计算并填写银行费用

(10) 总成本。总成本计算的是完税成本与国内总费用之和,该项由表中第7、第8和第9项填列的数字相加而得。如图4-17所示。

| 10 | 总成本:(=7+8+9) | RMB | 1 812 897.48 | 1 812 897.44 |
| | | USD | 287 888.12 | 287 888.11 |

图 4-17　FCA＋T/T 计算并填写总成本

(11) 国内市场销货收入。该项根据已知条件填列。如图 4-18 所示。

| 11 | 国内市场销货收入:RMB | 2 040 306.00 | 2 040 306.00 |

图 4-18　FCA＋T/T 填写国内市场销货收入

(12) 盈亏额和盈亏率。根据表中第10、第11项计算盈亏额和盈亏率,并填列,如图 4-19 所示。

$$盈亏额 = 销货收入 - 总成本$$

$$盈亏率 = \frac{盈亏额}{总成本} \times 100\%$$

| 12 | (预期)盈亏额:(=11-10) RMB | 227 408.52 | 227 408.56 |
| | 预期盈亏率: 12.54 % | | 12.54 |

图 4-19　FCA＋T/T 计算并填写盈亏额

## 练习 2　CIF＋D/P

【实训内容】

请根据以下销售确认书,完成进口成本预算练习。

背景资料:进口方摩尔进出口贸易公司与出口方皇家贸易进出口有限公司就白色硬质小麦销售签订合同。报价为 CIF USD 745 MT Shanghai China,投保加成 130%,投保海运一切险、附加战争险和罢工险,支付方式为 D/P AT SIGHT。已知人民币对美元汇率为 0.158 8,进口关税税率为 1%,商检费费率为 2.5‰,报关费为人民币 100 元,增值税税率为 13%,银行 D/P 手续费为 0.1%,国内市场销售收入为 RMB 3 717 324.00,如图 4-20 所示。

【实训操作步骤】

1. 确认进口贸易方式

交易方式为 CIF＋D/P,如图 4-21 所示。

2. 编制进口成本预算表

图 4-6 为进口成本预算表模板。编制进口成本预算表时,系统默认的货币币种为人民币。填列总价时,既要计算人民币(RMB)报价,也会由系统生成美元(USD)报价。国内费用一般由人民币(RMB)表示,核算的时候注意货币币种。

## ROYAL TRADE IMPORT AND EXPORT CO.LTD
ROMAN ROAD 17, FRANKFURT, AUSTRALIA

### SALES CONFIRMATION

| Messrs: | More Import & Export Trading Company | No. | CONTRACT8 |
|---|---|---|---|
| | NO.18 ZhangYang, Pudong new area, Shanghai, China | Date | 2016-04-19 |

Dear Sirs,

We are pleased to confirm our sale of the following goods on the terms and conditions set forth below:

| Choice | Product No. | Description | Quantity | Unit | Unit Price | Amount |
|---|---|---|---|---|---|---|
| | | | [CIF] | | [Shanghai, China] | |
| ● | 23007 | HARD WHITE WHEAT<br>Protein content: 13%, Packaging: Textile bags | 600 | MT | USD745 | USD447 000 |
| | | Total: | 600 | MT | [USD] | [447 000] |

Say Total: USD FOUR HUNDRED AND FORTY SEVEN THOUSAND ONLY

| Payment: | D/P | AT SIGHT | |
|---|---|---|---|
| Packing: | Protein content: 13%, Packaging: Textile bags | | |
| Port of Shipment: | Melbourne, Australia | | |
| Port of Destination: | Shanghai, China | | |
| Shipment: | Shipment in | [April] | By vessel |
| | 20' CONTAINER | × [25] | |
| Shipping Mark: | N/M | | |
| Quality: | AS PER SAMPLE SUBMITTED BY SELLER | | |
| Insurance: | FOR 130 PERCENT OF THE INVOICE VALUE COVERING ALL RISKS AS PER OCEAN MARINE CARGO CLAUSES, INSTITUTE WAR CLAUSES, INSTITUTE STRIKES CLAUSES | | |
| Documents: | 1. Signed commercial invoice in 1 original and 3 copies.<br>2. Full set of clean on board Bills of Lading made out to order and blank endorsed, marked "freight prepaid".<br>3. Insurance Policy/Certificate in 1 original and 3 copies.<br>4. Packing List Memo in 1 original and 3 copies indicating quantity, gross and weights of each package.<br>5. Certificate of Origin Form A in 1 original and 2 copies. | | |

Any dispute arising from or in connection with this Contract shall be submitted to Pocib International Economic and Trade Arbitration Commission for arbitration which shall be conducted in accordance with the PIETAC's arbitration rules in effect at the time of applying for arbitration. The arbitral award is final and binding upon both parties.

| BUYERS | SELLERS |
|---|---|
| 摩尔进出口贸易公司<br>More Import & Export Trading Company<br>**leanne**<br>(Manager Signature) | 皇家贸易进出口公司<br>ROYAL TRADE IMPORT AND EXPORT CO.LTD<br>**LIU XIAO MING**<br>(Manager Signature) |

图 4-20 摩尔公司与皇家公司关于白色硬质小麦的销售合同

图 4-21 选择交易方式为 CIF＋D/P

## 3. 填写进口预算表

给定的汇率均为人民币对美元为 0.158 8,照此填列。

(1) FOB/FCA 成交价。报价为 CIF USD 745 MT Shanghai China,所以该项不填,如图 4-22 所示。

| 1 | FOB/FCA成交价 | USD 0.00<br>RMB 0.00 | 0.00<br>0.00 |

图 4-22　无须 FOB/FCA 报价

(2) 国外运费。报价为 CIF USD 745 MT Shanghai China,所以该项不填,如图 4-23 所示。

| 2 | 国外运费: | USD 0.00<br>RMB 0.00 | 0.00<br>0.00 |

图 4-23　CIF+D/P 无须填写运费

(3) CFR/CPT 成交价。报价为 CIF USD 745 MT Shanghai China,所以该项不填,如图 4-24 所示。

| 3 | CFR/CPT成交价:(=1+2) | USD 0.00<br>RMB 0.00 | 0.00<br>0.00 |

图 4-24　CIF+D/P 无须填写 CFR/CPT 成交价

(4) 国外保费、总保费率、投保加成和投保金额。根据以下公式计算保费

$$保费 = \frac{CFR 价}{1-(1+投保加成率) \times 保费率}$$

报价为 CIF USD 745 MT Shanghai China,所以该项不填,如图 4-25 所示。

| 4 | 国外保费: RMB 0.00<br>总保费率: 0.00 ‰<br>投保加成: 0.00 %<br>投保金额: USD 0.00 | 0.00<br>0.00<br>0.00<br>0.00 |

图 4-25　CIF+D/P 无须填写保费

(5) CIF/CIP 成交价。销售确认书报价为 CIF 价,此处按合同金额填写,如图 4-26 所示。

| 5 | CIF/CIP成交价:(=3+4) | USD 447 000.00<br>RMB 2 814 861.46 | 447 000.00<br>2 814 861.46 |

图 4-26　CIF+D/P 按合同金额填写此项

(6) 进口关税。根据以下公式计算进口关税

$$进口关税 = 完税价格 \times 关税税率 = CIF 价 \times 关税税率$$

CIF 价为 RMB 2 814 861.48,进口关税税率为 1%,进口关税为 RMB 28 148.61,如图 4-27 所示。

| 6 | 进口关税:RMB 28 148.61 | 28 148.61 |

图 4-27　CIF+D/P 计算并填写进口关税

(7) 完税成本。完税成本是指含有关税的进口成本,该项由第 5 项和第 6 项填列的数字相加而得,如图 4-28 所示。

| 7 | 完税成本:(=5+6)RMB 2 843 010.08 | 2 843 010.08 |

图 4-28　CIF+D/P 计算并填写完税成本

(8) 国内费用。国内费用主要包括商检费、报关费、消费税、增值税和其他。原则上产生了相应的费用才需要填写。

国内费用中只产生了增值税,增值税的计算公式为

$$增值税 = 完税成本 \times 增值税税率$$

国内费用有商检费、报关费 RMB 100 和增值税,其中商检费费率为 2.5‰,商检费为 RMB 7 037.15,增值税税率为 13%,增值税税额为 RMB 369 591.31,如图 4-29 所示。

| 8 | 商 检 费:RMB 7 037.15 | 7 037.15 |
| | 报 关 费:RMB 100.00 | 100.00 |
| | 消 费 税:RMB 0.00 | 0.00 |
| | 增 值 税:RMB 369 591.31 | 369 591.31 |
| | 其 他:RMB 0.00 | 0.00 |
| | 国内费用:RMB 376 728.46 | 376 728.46 |

图 4-29　CIF+D/P 计算并填写国内费用

(9) 银行费用。支付方式为 D/P,经查 D/P 手续费率为 1‰,报价为 CIF 价,所以银行费用为 CIF 价与费率的乘积,如图 4-30 所示。

| 9 | 银行费用:RMB 2 814.86 | 2 814.86 |
| | 信用证费用:RMB 0.00 | 0.00 |
| | 信用证付款手续费:RMB 0.00 | 0.00 |
| | D/A、D/P付款手续费:RMB 2 814.86 | 2 814.86 |
| | T/T付款手续费:RMB 0.00 | 0.00 |

图 4-30　CIF+D/P 计算并填写银行费用

(10) 总成本。总成本计算的是完税成本与国内总费用之和,该项由表中第 7、第 8 和第 9 项填列的数字相加而得,如图 4-31 所示。

(11) 国内市场销货收入。该项根据已知条件填列,如图 4-32 所示。

(12) 盈亏额和盈亏率。根据表中第 10、第 11 项计算盈亏额和盈亏率,如图 4-33 所示。

$$盈亏额 = 销货收入 - 总成本$$

| 10 | 总成本：(=7+8+9) RMB 3 222 553.40 USD 511 741.48 | 3 222 553.40 511 741.48 |

图 4-31　CIF＋D/P 计算并填写总成本

| 11 | 国内市场销货收入：RMB 3 717 324.00 | 3 717 324.00 |

图 4-32　CIF＋D/P 填写国内市场销货收入

$$盈亏率 = \frac{盈亏额}{总成本} \times 100\%$$

| 12 | （预期）盈亏额：(=11-10) RMB 494 770.60 预期盈亏率： 15.35 ％ | 494 770.60 15.35 |

图 4-33　CIF＋D/P 计算并填写盈亏额

## 【重点提示】

### 1. 关于汇率与完税价格

海关的进口关税缴款专用缴款书登记的完税价格是按照海关核定的汇率来确定的。而海关核定的汇率每月都是固定的，一般是按照上月第三个星期的星期三的汇率来计算的，当天为法定假日的按顺序往后推，所以会存在进口合同金额与海关计算的完税价格不一致的现象。

### 2. 关于特殊附加险

基本险只能选择一种投保，特殊附加险则在基本险的基础上加保。如果同时加保特殊附加险中的战争险和罢工险，费率只按其中一种计算，而不需要累加。如同时投保战争险（费率为 0.08％）和罢工险（费率为 0.08％），则附加险费率为 0.08％而不是 0.16％。

### 3. 关于国内费用的计算

（1）商检费。

$$商检费 = 报价 \times 关税税率$$

如果报价为 FOB 价，商检费 = FOB 报价 × 关税税率

如果报价为 CIF 价，商检费 = CIF 报价 × 关税税率

（2）不缴纳消费税的商品。

$$关税 = 完税价格 \times 关税税率$$

$$进口增值税 = (完税价格 + 关税) \times 增值税税率$$

（3）缴纳消费税的商品。

$$关税 = 完税价格 \times 关税税率$$

① 实行从价定率的商品。

进口消费税 =（关税完税价格 + 关税）÷（1 − 消费税比例税率）
　　　　　　× 消费税比例税率

② 实行复合计税的商品。

进口消费税 =（关税完税价格＋关税＋进口数量×消费税定额税率）
　　　　　÷（1－消费税比例税率）×消费税比例税率
　　　　　＋进口数量×消费税定额税率

进口增值税 =（关税完税价格＋关税＋进口消费税）×增值税税率

# 实验 五

# 报关实验实训

## 【导读】

本实验是为了使学生准确地掌握国家对外贸易的各种法律、法规及管制;了解海关对报关活动及报关活动相关人的管理制度,能准确无误地填制各类报关单证,熟练进行通关作业及前期相关活动、后续管理工作,从而提高学生的知识水平和实际操作能力,能够综合运用报关知识去开展工作,为从事国际贸易、报关、报检等工作和进一步科学研究奠定基础。

## 模块 1  一般进出口货物通关实训

### 【实训目标】

通过本模块的实训,熟悉一般进出口货物通关程序,掌握通关单据填写技能,能够顺利完成一般进出口货物通关工作任务。

### 【实训知识】

#### 一、进出口报关的流程

##### (一)进出口货物通关手续

进出口货物要办理备案、申领手册、申报、查验、征税、放行、解除监管、核销和结关等手续。不同类别进出口货物通关手续比较见表5-1。

表 5-1  不同类别进出口货物通关手续比较

| 货物类别 | 前期阶段 | 进出境阶段 | 后续阶段 |
| --- | --- | --- | --- |
| 一般进出口货物 | 无 | 申报,查验,征税、放行 | 无 |
| 保税进出口货物 | 备案,申领手册 | 申报,查验、征税、放行 | 核销、结关 |
| 特定减免货物 | 备案,申领证明 | 申报,查验、征税、放行 | 解除监管、结关 |
| 暂准进出口货物 | 备案,申领证明 | 申报,查验、征税、放行 | 解除监管、销案 |

##### (二)出口通关流程

**1. 货物申报**

货物申报包括运输准备、单证准备、货物准备及输入电脑交单等。常见规范用语与习惯用语整理见表 5-2,在学习中需要熟记。

表 5-2 货物申报规范用语与习惯用语对照表

| 规范用语 | 习惯用语 | 含 义 |
|---|---|---|
| 出口货物报关单 | 出口报关单 | 海关规定的货物出境时申报内容报表 |
| 报关单录入凭单 | 原始报关单 | 申报单位按海关规定格式填的凭单并盖章后交海关报关 |
| 预录入报关单 | 报关预录单 | 由预录入公司录入打印并联网将数据传到海关以申报 |
| EDI 报关单 | 电子报关单 | 申报单位采用 EDI 方式向海关申报的电子报文形式 |
| 报关单证明 | 海关证明联 | 海关核实货物实际人,出境后按报关单位格式提供的证明 |

出口货物报关需提交的单证如下。

(1) 出口报关单。

(2) 商业单据。商业单据包括合同、发票、包装单据、运输单据(S/O)、仓储单据。

(3) 法定单据。法定单据包括许可证或批准文件、检验证书、动植物检验证书、食品卫生检验证明、药品检验证书等。

2．配合查验

出口人应该配合海关查验,海关查验包括相符查验,有无错报、漏报、瞒报、伪报等。径行开验指的是没有出口人在场情况下海关开箱查验。查验方式有彻底查验、抽查、外形查验。

3．缴纳税费

出口关税的完税价格为 FOB 报价,一般出口不征税。一般应该于 15 日内缴纳关税,逾期则要征收 0.05% 滞纳金,起征额 50 元。

4．海关放行

在 S/O 或空运总运单上加盖"海关放行章"。

5．后续阶段

后续阶段指解除监管、销案、结关等。

(三) 进口通关流程

1．货物申报

收货人在海关规定的期限内,以书面或 EDI 方式向海关报告其进口货物的情况,并随附运输货物有关单据,申请海关审查放行,并对报告内容的真实准确性承担法律责任。

进口货物报关需提交的单证如下。

(1) 进口报关单。

(2) 商业单据。商业单据包括合同、发票、包装单据、运输单据、仓储单据。

(3) 法定单据。法定单据包括许可证或批准文件、检验证书、动植物检验证书、食品卫生检验证明、药品检验证书等。

(4) 代理报关委托书。

(5) 产地证明书。

2．查验

方式和出口查验一致。

3．征税

《中华人民共和国海关法》第六十条规定，进出口货物的纳税义务人，应当在自海关填发税款缴款书之日起 15 日内缴税，逾期缴纳，由海关征收滞纳金。一般收税种包括关税、增值税和消费税（部分商品需征收）。

4．放行

程序和出口放行一致。

5．结关

经口岸放行后仍需继续实施后续管理的货物，海关在规定的期限内进行核查，对需要补证、补税货物做出处理直至完全结束海关监管工作程序。

## 二、报关单据填写要点

### （一）制作出口收汇核销单

外贸单证员去外汇管理局（简称"外管局"）领取核销单前，应当根据业务实际需要先通过"中国电子口岸出口收汇系统"向外汇管理局提出领取核销单申请，然后持"中国电子口岸"操作员 IC 卡到外管局领取核销单，并进行填制。

(1) 编号。该栏目是事先印制好的。

(2) 出口企业。该栏目填写出口企业的中文名称。

(3) 单位代码。该栏目填写出口企业的 10 位组织机构代码。

(4) 货物名称、数量和币种总价。在出口退税专用联中，货物名称填写出口货物名称；数量填写外包装件数；币种总价，填写货币符号及总金额。在存根联中，只填写出口币种总价。

(5) 收汇方式。该栏目填写出口收汇方式。

(6) 预计收款日期。该栏目一般情况下不填。只有当收汇日期超过报关日期后 180 天需要办理远期备案时，该栏目内容才由外汇局进行变更。

(7) 报关日期。该栏目一般由货代公司代理填写。

(8) 备注。该栏目填写商业发票的号码。

(9) 出口收汇核销单报关有效期。该栏目填写出口收汇核销单报关有效期截止日，一般不填。

(10) 出口单位盖章。该栏目由出口单位在存根联与正联之间盖章，以及在正联与出口退税专用联之间盖章。

### （二）制作报关单和报关委托书

1．预录入编号

预录入编号指申报单位或预录入单位对该单位填制录入的报关单的编号，用于该单位与海关之间引用其申报后尚未批准放行的报关单。报关单录入凭单的编号规则由申报单位自行决定。预录入报关单及 EDI 报关单的预录入编号由接受申报的海关决定编号规则,计算机自动打印。

2．海关编号

海关编号指海关接受申报时给予报关单的编号。海关编号由各海关的接受申报环节确定,应标识在报关单的每一联上。报关单海关编号为 18 位数码,由各直属海关统一管理。各直属海关对进口报关和出口报关单应分别编号,并确保在同一公历年度内,能按进口和出口唯一地标识本关区的每一份报关单。

3．进口口岸/出口口岸

进口口岸/出口口岸指货物实际进(出)口我国关境口岸海关的名称。

本栏目应根据货物实际进(出)口的口岸海关选择填报《关区代码表》中相应的口岸海关名称及代码。在不同出口加工区之间转让的货物,填报对方出口加工区海关名称及代码。无法确定进(出)口口岸以及无实际进出口的报关单,填报接受申报的海关名称及代码。

4．备案号

备案号指进出口企业在海关办理加工贸易合同备案或征、减、免税审批备案等手续时,海关给予《进料加工登记手册》、《来料加工及中小型补偿贸易登记手册》、《外商投资企业履行产品出口合同进口料件及加工出口成品登记手册》(以下均简称《登记手册》)、《进出口货物征免税证明》(以下简称《征免税证明》)或其他有关备案审批文件的编号。

具体填报要求如下:

(1) 加工贸易出口报关单本填报《登记手册》编号;进口报关单填报《征免税证明》等审批证件编号。

(2) 凡涉及减免税备案审批的报关单,本栏目填报《征免税证明》编号,不得为空。

(3) 无备案审批文件的报关单,本栏目免于填报。

(4) 一份的报关单只能填报一个备案号,备案号长度为 12 位。

5．进口日期/出口日期

进口日期指运载所申报货物的运输工具申报进境的日期。本栏目填报的日期必须与相应的运输工具申报进境日期一致。

出口日期指运载所申报货物的运输工具办结出境手续的日期。本栏目供海关打印报关单证明联用,预录入报关单及 EDI 报关单均免于填报。无实际进出口的报关单填报办理申报手续的日期。

6．申报日期

申报日期指海关接受进(出)口货物的收、发货人或代理人申请办理货物进(出)口手续的日期。

预录入及 EDI 报关单填报向海关申报的日期,与实际情况不符时,由审单关员按实际日期修改批注。本栏目为 6 位数,顺序为年、月、日各 2 位。

7．经营单位

经营单位指对外签订并执行进出口贸易合同的中国境内企业或单位。

本栏目应填报经营单位名称及经营单位编码。经营单位编码为10位数字，指进出口企业在所在地主管海关办理注册登记手续时，海关给企业设置的注册登记编码。

8．运输方式

运输方式指载运货物进出关境所使用的运输工具的分类。

本栏目应根据实际运输方式按海关规定的《运输方式代码表》选择填报相应的运输方式。

特殊情况下运输方式的填报原则如下：

（1）非邮政方式进出口的快递货物，按实际运输方式填报；

（2）进出境旅客随身携带货物，按旅客所乘运输工具填报；

（3）进口转关运输货物根据载运货物抵达进境地的运输工具填报，出口转关运输货物根据载运货物驶离出境地的运输工具填报；

（4）无实际进出口的，根据实际情况选择填报《运输方式代码表》中的运输方式；

（5）出口加工区与区外之间进出口的货物，填报"Z"；同一出口加工区内或不同出口加工区的企业之间相互结转（调拨）的货物，填报"9"（其他运输）。

9．运输工具名称

运输工具名称指载运货物进出境的运输工具的名称或运输工具编号。

一份报关单只能填写一个运输工具名称。本栏目填制内容应与运输部门向海关申报的载货清单一致。

具体填报要求如下：

（1）江海运输填报船名及航次，或载货清单编号（注：按受理申报海关要求选填）；

（2）汽车运输填报该跨境运输车辆的国内行驶车牌号码；

（3）铁路运输填报车次或车厢号，以及进出境日期；

（4）航空运输填报分运单号，无分运单的，本栏目为空；

（5）邮政运输填报邮政包裹单号。

10．提/运单号

提/运单号指进出口货物提单或运单的编号。

本栏目填报的内容应与运输部门向海关申报的载货清单所列内容一致。一票货物对应多个提运单时，应按接受申报的海关规定，分单填报。

具体填报要求如下：

（1）运输填报进口提单号或出口运单号；

（2）铁路运输填报运单号；

（3）汽车运输免于填报；

（4）航空运输填报总运单号；

（5）邮政运输填报邮政包裹单号；

（6）无实际进出口的，本栏目为空；

(7) 转关运输货物免于填报。

**11. 收货单位/发货单位**

收货单位指进口货物在境内的最终消费、使用单位,包括:①自行从境外进口货物的单位;②委托有外贸进出口经营权的企业进口货物的单位。

发货单位指出口货物在境内的生产或销售单位,包括:①自行出口货物的单位;②委托有进出口经营资格的企业出口货物的单位。

本栏目应填报收、发货单位的中文名称或其海关注册编码。加工贸易中,报关单的收发货单位应与《登记手册》的"货主单位"一致。

**12. 贸易方式**

本栏目应根据实际情况按海关规定的《贸易方式代码表》选择填报相应的贸易方式简称或代码。一份报关单只允许填报一种贸易方式。

出口加工区内企业填制的《出口加工区进(出)境货物备案清单》应选择填报适用于出口加工区货物的监管方式简称或代码。

**13. 征免性质**

征免性质指海关对进出口货物实施征、减、免税管理的性质类别。

本栏目应按照海关核发的《征免税证明》中批注的征免性质填报,或根据实际情况按海关规定的《征免性质代码表》选择填报相应的征免性质简称或代码。一份报关单只允许填报一种征免性质。

加工贸易中,报关单本栏目应按照海关核发的《登记手册》中批注的征免性质填报相应的征免性质简称或代码。

特殊情况下填报的具体要求如下:

(1) 保税工厂经营的加工贸易,根据《登记手册》填报"进料加工"或"来料加工";

(2) 三资企业按内外销比例为加工内销产品而进口料件,填报"一般征税",或其他相应的征免性质;

(3) 加工贸易转内销的货物,按实际应享受的征免性质填报;

(4) 料件退运出口、成品退运进口货物填报"其他法定";

(5) 加工贸易结转货物本栏为空。

**14. 结汇方式**

出口报关单位应填报结汇方式,即出口货物的发货人或其代理人收结外汇的方式。本栏目应按海关规定的《结汇方式代码表》选择填报相应的结汇方式名称或代码。

**15. 许可证号**

本栏目用于应申领进(出)口许可证的货物。

此类货物必须填报商务部及其授权发证机关签发的进(出)口货物许可证的编号,不得为空。一份报关单只允许填报一个许可证号。

**16. 起运国(地区)/运抵国(地区)**

起运国(地区)指进口货物起始发出的国家(地区)。运抵国(地区)指出口货物直接运抵的国家(地区)。

本栏目应按海关规定的《国别(地区)代码表》选择填报相应的起运国(地区)或运抵国(地区)中文名称或代码。无实际进出口的,本栏目填报"中国"(代码"142")。对发生运输中转的货物,如中转地未发生任何商业性交易,则起运、运抵地不变,如中转地发生商业性交易,则以中转地作为起运/运抵国(地区)填报。

17．装货港/指运港

装货港指进口货物入境前的最后一个境外装运港。指运港指出口货物运往境外的最终目的港；最终目的港不可预知的,可按尽可能预知的目的港填报。

本栏目应根据实际情况按海关规定的《港口航线代码表》选择填报相应的港口中文名称或代码。无实际进出口的,本栏目填报"中国境内"。

18．境内目的地/境内货源地

境内目的地指进口货物在国内的消费、使用地或最终运抵地。境内货源地指出口货物在国内的产地或原始发货地。

本栏目应根据进口货物的收货单位、出口货物生产厂家或发货单位所属地区,按海关规定的《国内地区代码表》选择填报相应的国内地区名称或代码。

19．批准文号

进口报关单本栏目用于填报进口《付汇核销单》编号。出口报关单本栏目用于填《出口收汇核销单》编号。

20．成交方式

本栏目应根据实际成交价格条款按海关规定的《成交方式代码表》选择填报相应的成交方式代码。无实际进出口的,进口填报 CIF 价,出口填报 FOB 价。

21．运费

本栏目用于成交价格中不包含运费的进口货物或成交价格中含有运费的出口货物,应填报该份报关单所含全部货物的国际运输费用。

可按运费单价、总价或运费率三种方式之一填报,同时注明运费标记,并按海关规定的《货币代码表》选择填报相应的币种代码。运保费合并计算的,运保费填报在本栏目。运费标记"1"表示运费率,"2"表示每吨货物的运费单价,"3"表示运费总价。例如：5%的运费率填报为 5/1。

22．保费

本栏目用于成交价格不包含保险费的进口货物或成交价格中含有保险费的出口货物,应填报该份报关单所含全部货物国际运输的保险费用。

可按保险费总价或保险费率两种方式之一填报,同时注明保险费标记,并按海关规定的《货币代码表》选择填报相应的币种代码。运保费合并计算的,运保费填报在运费栏目中。保险费标记"1"表示保险费率,"3"表示保险费总价。

23．杂费

杂费指成交价格以外的、应计入完税价格或应从完税价格中扣除的费用,如手续费、佣金、回扣等。

可按杂费总价或杂费率两种方式之一填报,同时注明杂费标记,并按海关规定的《货币代码表》选择填报相应的币种代码。应计入完税价格的杂费填报为正值或正率,应从完税价格中扣除的杂费填报为负值或负率。杂费标记"1"表示杂费率,"3"表示杂费总价。例如:应计入完税价格的1.5%的杂费费率填报为1.5/1;应从完税价格中扣除的1%的回扣率填报为-1/1;应计入完税价格的500英镑杂费总价填报为303/500/3。

### 24. 合同协议号

本栏目应填报进(出)口货物合同(协议)的全部字头和号码。

### 25. 件数

本栏目应填报有外包装的进(出)口货物的实际件数。

特殊情况下填报要求如下:①舱单件数为集装箱的,填报集装箱个数;②舱单件数为托盘的,填报托盘数;③本栏目不得填报为零,裸装货物填报为1。

### 26. 包装种类

本栏目应填报进(出)口货物的实际外包装种类,如集装箱(container)、托盘(pallets)、木箱(wooden cases)、纸箱(cartons)、铁桶(iron drums)、散装(bulk)等。

### 27. 毛重(公斤)

本栏目填报进(出)口货物的实际毛重,计量单位为公斤。不足1公斤填报为"1"。

### 28. 净重(公斤)

本栏目填报进(出)口货物的实际净重,计量单位为公斤。不足1公斤填报为"1"。

### 29. 集装箱号

集装箱号指装载货物进出境的集装箱两侧标识的全球唯一的编号。

本栏目填报装载进(出)口货物的集装箱编号,集装箱数量比照标准箱四舍五入填报整数,非集装箱货物填报为"0"。一票货物多集装箱装载的,填报其中之一,其余集装箱编号在备注栏填报或随附清单。

### 30. 随附单据

本栏目填写随进(出)口货物报关单一并向海关递交的单证或文件。合同、发票、装箱单、许可证等必备的随附单证不在本栏目填报。

本栏目应按海关规定的《监管证件名称代码表》选择填报相应证件的代码,并填报每种证件的编号(编号打印在备注栏下半部分),由代理报关行填写。

### 31. 用途/生产厂家

进口货物填报用途,应根据进口货物的实际用途按海关规定的《用途代码表》选择填报相应的用途名称或代码。生产厂家指出口货物的境内生产企业。本栏目供必要时手工填写。

### 32. 标记唛码与备注

本栏目下部供打印随附单据栏中监管证件的编号,上部用于选报以下内容:

(1) 受外商投资企业委托代理其进口投资设备、物品的外贸企业名称;

(2) 一票货物多个集装箱的,在本栏目填报其余的集装箱号;

(3) 一票货物多个提运单的,在本栏目填报其余的提运单号;

(4) 标记的唛码等其他申报时必须说明的事项。

此外,凡申报采用协定税率的商品,必须在报关单本栏目填报原产地证明标记,具体填报方法如下:

在一对"＜＞"内以"协"字开头,依次填入该份报关单内企业能提供原产地证明的申报商品项号,各商品项号之间以","隔开;如果商品项号是连续的,则填报"起始商品项号"+"－"+"终止商品项号",例如:某份报关单的第2、5、16项商品,企业能够提供原产地证明,则填报"＜协2,5,16＞";某份报关单的第4、9、10、11、12、17项商品,企业能够提供原产地证明,则填报"＜协4,9—12,17＞"。

33．项号

本栏目分两行填报及打印。第一行打印报关单中的商品排列序号。第二行专用于加工贸易等已备案的货物,填报和打印该项货物在《登记手册》中的项号。

34．商品编号

商品编号指按海关规定的商品分类编码规则确定的进(出)口货物的商品编号。

35．商品名称、规格型号

本栏目分两行填报及打印。第一行打印进(出)口货物规范的中文商品名称,第二行打印规格型号。必要时加注原文。

具体填报要求如下:①商品名称及规格型号应据实填报,并与所提供的商业发票相符;②商品名称应当规范,规格型号应当足够详细,以能满足海关归类、审价以及许可证管理要求为准。③加工贸易等已备案的货物,本栏目填报录入的内容必须与备案登记中同项号下货物的名称与规格型号一致。

36．数量及单位

本栏目填写进(出)口商品的实际成交数量及计量单位。本栏目分三行填报及打印。

具体填报要求如下:

(1)进出口货物必须按法定计量单位填报。法定第一计量单位及数量打印在本栏目第一行。

(2)凡海关列明第二计量单位的,必须报明该商品第二计量单位及数量,打印在本栏目第二行。无统计第二计量单位的,本栏目第二行为空。

(3)成交计量单位与海关统计计量单位不一致时,还需填报成交计量单位及数量,打印在本栏目第三行,成交计量单位与海关统计法定计量单位一致时,本栏目第三行为空。

(4)加工贸易等已备案的货物,成交计量单位必须与备案登记中同项号下货物的计量单位一致,不相同时必须修改备案或转换一致后填报。

37．原产国(地区)/最终目的国(地区)

原产国(地区)指进口货物的生产、开采或加工制造国家(地区)。最终目的国(地区)指出口货物的最终实际消费、使用或进一步加工制造国家(地区)。

本栏目应按海关规定的《国别(地区)代码表》选择填报相应的国家(地区)名称或代码。

38. 单价

本栏目应填报同一项号下进（出）货物实际成交的商品单位价格。无实际成交价格的,本栏目填报货值。

39. 总价

本栏目应填报同一项号下进（出）货物实际成交的商品总价。无实际成交价格的,本栏目填报货值。

40. 币制

本栏目填写进（出）口货物实际成交价格的币种。

本栏目应根据实际成交情况按海关规定的《货币代码表》选择填报相应的货币名称或代码,例如"美元（502）"或"USD（502）"。如《货币代码表》中无实际成交币种,需转换后填报。

41. 征免

本栏目填写海关对进（出）口货物进行征税、减税、免税或特案处理的实际操作方式。

本栏目应按照海关核发的《征免税证明》或有关政策规定,对报关单所列每项商品选择填报海关规定的《征免税方式代码表》中相应的征减免税方式。

42. 税费征收情况

本栏目供海关批注进（出）口货物税费征收及减免情况。

43. 录入员

本栏目用于预录入和 EDI 报关单,打印录入人员的姓名。

44. 录入单位

本栏目用于预录入和 EDI 报关单,打印录入单位名称。

45. 申报单位

申报单位指对申报内容的真实性直接向海关负责的企业或单位。

自理报关的,应填报进（出）口货物的经营单位名称及代码；委托代理报关的,应填报经海关批准的专业或代理报关企业名称及代码,本栏目内应加盖申报单位有效印章。

本栏目指报关单左下方用于填报申报单位有关情况的总栏目。本栏目还包括报关员姓名、单位地址、邮编和电话等分项目,由申报单位的报关员填报。

46. 填制日期

本栏目填写报关单的填制日期、预录入和 EDI 报关单由计算机自动打印。本栏目为6位数,顺序为年、月、日各 2 位。

47. 海关审单批注栏

本栏目指供海关内部作业时签注的总栏目,由海关关员手工填写在预录入报关单上,其中"放行"栏填写海关对接受申报的进出口货物做出放行决定的日期。

（三）制作报关委托书

在实务中,考虑实际装运时货物数量可变动,外贸单证员一般只在报关委托书上盖章,而不填写详细内容,详细内容由报关员报关时填写。报关委托书正反两面都印有内容。

报关委托书的正面内容如下：

## 代 理 报 关 委 托 书

编号：00082827061

我单位现 （A逐票、B长期）委托贵公司代理　　等通关事宜。（A、填单申报 B、辅助查验 C、垫缴税款 D、办理海关证明联 E、审批手册 F、核销手册 G、申办减免税手续 H、其他）详见《委托报关协议》。

我单位保证遵守《海关法》和国家有关法规，保证所提供的情况真实、完整、单货相符。否则，愿承担相关法律责任。

本委托数自签字之日起至　　年　月　日止。

委托方(盖章)：

法定代表人或其授权签署《代理报关委托书》的人(签字)

年　月　日

## 委 托 报 关 协 议

为明确委托报关具体事项和各自责任，双方经平等协商签订协议如下：

| 委托方 | | 被委托方 | | |
|---|---|---|---|---|
| 主要货物名称 | | *报关单编码 | No. | |
| HS编码 | | 收到单证日期 | 年　月　日 | |
| 货物总价 | | | 合同□ | 发票□ |
| 进出口日期 | 年　月　日 | 收到单证情况 | 装箱清单□ | 提(运)单□ |
| 提单号 | | | 加工贸易手册□ | 许可证件□ |
| 贸易方式 | | | 其他 | |
| 原产地/货源地 | | 报关收费 | 人民币　　　元 | |
| 其他要求： | | 承诺说明： | | |
| | | | | |
| 背面所列通用条款是本协议不可分割的一部分，对本协议的签署构成了对背面通用条款的同意。 | | 背面所列通用条款是本协议不可分割的一部分，对本协议的签署构成了对背面通用条款的同意。 | | |
| 委托方业务签章： | | 被委托方业务签章： | | |
| 经办人签章： | | 经办报关员签章： | | |
| 联系电话：　　　　　　　　年　月　日 | | 联系电话：　　　　　　　　年　月　日 | | |

CCB/L　　（白联：海关留存、黄联：被委托方留存、红联：委托方留存）　　中国报关协会监制

报关委托书的背面内容如下:

**委托报关协议通用条款**

**委托方责任** 委托方应及时提供报关报检所需的全部单证,并对单证的真实性、准确性和完整性负责。

委托方负责在报关企业办结海关手续后,及时、履约支付代理报关费用,支付垫支费用,以及因委托方责任产生的滞报金、滞纳金和海关等执法单位依法处以的各种罚款。

负责按照海关要求将货物运抵指定场所。

负责与被委托方报关员一同协助海关进行查验,回答海关的询问,配合相关调查,并承担产生的相关费用。

在被委托方无法做到报关前提取货样的情况下,承担单货相符的责任。

**被委托方责任** 负责解答委托方有关向海关申报的疑问。

负责对委托方提供的货物情况和单证的真实性、完整性进行"合理审查",审查内容包括:(一)证明进出口货物实际情况的资料,包括进出口货物的品名、规格、用途、产地、贸易方式等;(二)有关进出口货物的合同、发票、运输单据、装箱单等商业单据;(三)进出口所需的许可证件及随附单证;(四)海关要求的加工贸易手册(纸质或电子数据)及其他进出口单证。

因确定货物的品名、归类等原因,海关批准,可以看货或提取货样。

在接到委托方交付齐备的随附单证后,负责依据委托方提供的单证,按照《中华人民共和国海关进出口报关单填制规范》认真填制报关单,承担"单单相符"的责任,在海关规定和本委托报关协议中约定的时间内报关,办理海关手续。

负责及时通知委托方共同协助海关进行查验,并配合海关开展相关调查。

负责支付因报关企业的责任给委托方造成的直接经济损失,所产生的滞报金、滞纳金和海关等执法单位依法处以的各种罚款。

负责在本委托书约定的时间内将办结海关手续的有关委托内容的单证、文件交还委托方或其指定的人员(详见《委托报关协议》"其他要求"栏)。

**赔偿原则** 被委托方不承担因不可抗力给委托方造成损失的责任。因其他过失造成的损失,由双方自行约定或按国家有关法律法规的规定办理。由此造成的风险,委托方可以投保方式自行规避。

**不承担的责任** 签约双方各自不承担因另一方原因造成的直接经济损失,以及滞报金、滞纳金和相关罚款。

**收费原则** 一般货物报关收费原则上按当地《报关行业收费指导价格》规定执行。特殊商品可由双方另行商定。

**法律强制** 本《委托报关协议》的任一条款与《海关法》及有关法律、法规不一致时,应以法律、法规为准。但不影响《委托报关协议》其他条款的有效。

**协商解决事项** 变更、中止本协议或双方发生争议时,按照《中华人民共和国合同法》有关规定及程序处理。因签约双方以外的原因产生的问题或报关业务需要修改协议条款,应写协商订立补充协议。双方可以在法律、行政法规准许的范围内另行签署补充条款,但补充条款不得与本协议的内容相抵触。

## 【实训操作步骤】

为了更清晰说明报关的操作步骤,以下采用一个实例来详细说明进出口报关流程。

业务背景：宁波力达无线电厂是一家民营企业，该厂向日本一家公司订购了一批冷轧不锈钢带，委托宁波天成外贸公司(3122210077)代理进口业务，并于2011年8月25日向宁波海关办理进口报关手续。宁波天成外贸公司安排小丽去完成这笔报关业务，下面是小丽具体的报关业务流程：

第一步：判断货物海关监管类型。

可以通过HS专业查询网站(http://www.hsbianma.com/)查询得知。一般货物包括一般进出口货物、保税进出口货物、特定减免税货物、暂准进出口货物等几种。根据项目背景资料里"委托""订购"等文字以及后面的提单，可以判断该笔业务是一笔代理进口业务，该批货物应为一般进口货物。

第二步：准备单证。

小丽备齐宁波力达无线电厂与宁波天成外贸公司签署的报关委托书，基本单证如提单、发票、装箱单等，预备单证如外贸合同、原产地证明等，还有特殊单证如特定商品进口登记证明(冷轧不锈钢带经查编码为72202090，需办理特定商品进口登记证明，宁波商务发展局签发的特定商品进口登记证明编号为44013.04-02021)，然后，审核报关单据、填制报关单预录入凭单(图5-1～图5-3)。

第三步：检验检疫。

小丽经查证发现该批货物属于法定检验，宁波力达无线电厂已在报关前向宁波出入境检验检疫局报检。

第四步：预录入、复核、发送。

小丽将填制好的进口报关单预录入凭单(手填联)委托预录入企业录入，然后将预录入报关的各栏内容与报关录入凭单各栏内容进行认真审核核对，审核无误后，指示预录入人员将电子数据发送海关通关管理处审单中心，向海关H2000系统申报。发送成功，计算机显示"申报成功"。根据有关资料，填写进口货物报关单并录入计算机。

填写报关单时，应注意以下几个要点。

委托外贸公司进口，首先确定贸易方式为"一般贸易"，其对应的征免性质为"一般性质"。海运的运输方式申报为"江海"，运输工具在B/L可以找到，件数、包装种类、毛重、净重等包装资料在装箱单中体现。经营单位填报有进出口经营权的外贸公司，收货单位填实际收货的企业。

现在办理此类填制报关单以及录入计算机手续(图5-4)，原则上全部由代理报关公司完成，但是原始资料由公司自行提供。填制的内容以及报关计算机录入的内容，公司必须认真核对，因为若是公司提交的单证及资料有问题，其法律责任原则上由经营公司自行承担，若是录入有误而发生问题，则原则上由报关公司负责。

第五步：电子审单。

海关审单中心收到报关单电子数据，通过计算机系统对报关企业及报关员进行资格认证后，开始进入计算机自动审核程序。报关单电子数据通过规范性审核的，计算机自动接受申报。报关单电子数据经通道判别，交由现场海关进行接单审核、征收税费处理，以及经专业化审核通过后，系统自动完成计征税费程序处理。

| | |
|---|---|
| Shipper<br>JJP TRADING CO., LTD. | YOKOHAMA TUMLJIMA GUMI CO., LTD.<br>B/L NO. YSHI03208 |
| Consignee<br>TO ORDER | T101227<br>中国远洋运输（集团）总公司<br>CHINA OCEAN SHIPPING(GROUP) CO. |
| Notify Party<br>NINGBO TIANCHENG FOREIGN<br>TRADE CORP.<br>321 TIYU ROAD, NINGBO  200127<br>CHINA | CABLE:COSCO BEIJING<br>TLX:210740 CPC CN<br>Combined Transport BILL OF LADING |
| Pre-crriage by<br>YOKOHAMA CFS | Place of Receipt |
| Place of Receipt<br>66 YONG AN CHENG 348 | Port of Loading<br>YOKOHAMA, JAPAN |
| Port of Discharge<br>NINGBO, CHINA | Place of Delivery<br>NINGBO CFS |

| Container No. Seal No. &Marks & Nos.<br>N/M | No.<br>5 CASES  Kind of PACK AGES:<br>Description of Goods<br><br>STALNLESS STRIP.<br>"FREIGHT PREPALD" | Gross Weight<br>3 349KGS | Measurement<br>1. 305M3 |
|---|---|---|---|

TOTAL NUMBER OF CONTAINERS
OR PACKAGES(IN WORDS) - TOTAL ; FIVE(5) CASES ONLY

| FREIGHT & CHARGES | Revenue tons | Rate | Prepaid | Collect |
|---|---|---|---|---|
| Ex Rate: Prepaid at<br>TOKYO, JAPAN | Payable at | | Place and date of issue<br>TOKYO, JAPAN AUGZZ, Z011 | |
| Total Prepaid | NO. of Original B(s)/L<br>THREE(3) | | Signed for the Carrier | |

LADEN ON BOARD THE VESSEL

Date    AUG 22 2011

图 5-1  提单

| | |
|---|---|
| JJP TRADING CO. ,LTD.<br>13－10,NIHONBASHI-ODENMACHO<br>CHUO－KU,TOKYO 103. JAPAN | Invoice No. and Date<br>AUGUST 12,2011<br>Reference Nos.<br>1190 |
| Sold to<br>NINGBO TIANCHENG FOREIGN TRADE CORP.<br>321 TIYU ROAD,NINGBO 200127<br>CHINA | Country of Origin<br>JAPAN |
| Consignee | REMARKS<br>ISSUING DATE:JUNE 19,2011<br>L/C NO. :093LC0400263<br>EXPIRY DATE:OCTOBER 15 ,2011<br>ISSUING BANK:THE AGRICULTURAL BANK<br>　　　　　　　OF CHINA,NINGBO BRANCH<br>CONT. NO.:04YN050－ES0072JP－1 |
| Means of Transport and route<br>Shipped per　　　　　On or about<br>YONG AN CHENG V. 348　　AUGUST 22,2011<br>From　　　　　Via<br>YOKOHAMA,JAPAN<br>To<br>NINGBO,CHINA　　AUGUST 25,2011 | Terms of Payment<br><br>BY L/C AT SIGHT |

| Marks and Numbers | Number and Kind of Package | Description of Goods | Quantity | UINT PRICE | AMOUNT |
|---|---|---|---|---|---|
| N/M | | STAINLESS STEEL STRIP<br>　SPEC:JIS G4313 SUS301－CSP－3/4H<br>　SIZE: (MM) 0.5 X 300× COIL | | | |
| | C/NO.　　　　　SIZE | | NET WEIGHT | GROSS WEIGHT | |
| | 1.　0.5X300MMXCOIL | | 642KG | 667KG | |
| | 2.　0.5X300MMXCOIL | | 642KG | 668KG | |
| | 3.　0.5X300MMXCOIL | | 642KG | 670KG | |
| | 4.　0.5X300MMXCOIL | | 644KG | 671KG | |
| | 5.　0.5X300MMXCOIL | | 646KG | 673KG | |
| | TOTAL:FIVE(5)CASES | | 3217KG | 3349KG . | |
| | DELIVERY ALLOWANCE:+/-10 %<br>PACKING:COIL I.D. ABOUT 300MM<br>　　COIL WEIGHT ABOUT 1－3KGS/MM IN WIDTH<br>　　MANUFACTRURER'S STANDARD EXPORT PACKING<br>　MANUFACTURER:NIPPON KINZOKU CO. ,LTD.<br>　　　　　　JJP TRADING CO. ,LTD. | | | | |

图 5-2　商业发票

| | |
|---|---|
| JJP TRADING CO. ,LTD.<br>13-10,NIHONBASHI- ODENMACHO<br>CHUO - KU,TOKYO 103. JAPAN | Invoice No. and Date<br>AUGUST 12,2011<br>Reference Nos.<br>1190 |
| Sold to<br>NINGBO TIANCHENG FOREIGN TRADE CORP.<br>321 TIYU ROAD,NINGBO  200127<br>CHINA | Country of Origin<br>JAPAN |
| Consignee | REMARKS<br>ISSUING DATE:JUNE 19,2011<br>L/C NO.     :093LC0400263<br>EXPIRY DATE:OCTOBER 15,2011<br>ISSUING BANK:THE AGRICULTURAL BANK<br>            OF CHINA,NINGBO BRANCH<br>CONT. NO.:04YN050 - ES0072JP - 1 |
| Means of Transport and route<br>Shipped per              On or about<br>YONG AN CHENG V. 348     AUGUST 22,2011<br>From            Via<br>YOKOHAMA, JAPAN<br>To<br>NINGBO, CHINA    AUGUST 25,2011 | Terms of Payment<br><br>BY L/C AT SIGHT |

| Marks and Numbers | Number and Kind of Package | Description of Goods | Quantity | NW | GW |
|---|---|---|---|---|---|
| | | | | | |

图 5-3 装箱单

| 进口口岸 宁波海关 | 备案号 | 进口日期 2011.08.25 | 申报日期 2011.08.25 |
|---|---|---|---|
| 经营单位 宁波天成外贸公司3122210077 | 运输方式 江海 | 运输工具名称 YONG AN CHENG/348 | 提运单号 YSHI03208 |
| 收货单位 宁波力达无线电厂 | 贸易方式 一般贸易（0110） | 征免性质 一般征免 | 征税比例 |
| 许可证号 | 启运国（地区）日本 | 装货港横滨 | 境内目的地 宁波慈溪 |
| 批准文号 | 成交方式CIF | 运费　　　保费 | 杂费 |
| 合 同 协 议 号 04YN50-ES0072JP-1 | 件数5 | 包装种类木箱　毛重（千克）3 349 | 净重（千克）3 217 |
| 集装箱号 | 随附单据 | 用途外贸自营内销 | |
| 标记唛码及备注N/M | | | |
| 项号 商品编号 商品名称、规格型号　数量及单位 原产国（地区）单价　　　总价　　　币制　征免 01　72202090　冷轧不锈钢带　　3 217千克　　日本　　USD3 470/MT　11 162.99　USD　　照章 | | | |
| 税费征收情况 | | | |
| 录入员　　　录入单位　　　兹声明以上申报无讹并承担法律责任 报关员 单位地址　　　申报单位（签章） 宁波天成外贸公司 邮编　　　电话　　　填制日期 | | 海关审批注及放行日期（签章） 审单　　　审价 征税　　　统计 查验　　　放行 | |

图 5-4 海关进口货物报关单

第六步：接受回执。

在申报成功后，小丽到自助终端的海关信息查询系统（H2000）查询审单作业环节的处理过程及结果，发现回执上显示"接受申报（接单交单）"。

第七步：现场通关预备。

小丽在收到"现场交单"回执后打印纸质报关单，并在报关单右下角的申报单位处加盖宁波天成外贸公司报关专用章，在左下角签名。将报关单和随附单据按照规定的顺序装订好，到海关业务现场办理交单、缴纳税费、查验、放行等各项手续。

第八步：电子派单、申报。

小丽凭进口货物报关单、提单正本、装箱单、发票、特定商品进口登记证明原件到现场海关办理进口申报。

第九步：审单。

小丽取回经过海关审核、签章的纸质报关单。

第十步：税费缴纳。

小丽取得税费缴纳凭证并在规定的期限内缴纳进口关税和增值税，并将银行回执带回现场接单岗位，现场接单人员登录系统，核注税费。

第十一步：查验。

小丽收到海关查验通知单，陪同海关关员查货，负责货物的挪移、开箱和协助抽样。

第十二步：单证放行。

小丽在税费缴纳、配合查验完毕后，请现场放行关员予以放行，关员在纸质报关单上相应的位置签署姓名和日期，加盖"验讫章"，同时在进口提货单上加盖"放行章"及"工号章"。

第十三步：实货放行。

小丽在获得运输工具到港的信息后，持提货单以及报关单备用联交宁波口岸放行部门，办理实货放行手续。

第十四步：签发进口货物付汇证明联。

小丽向海关申请签发进口货物报关单（付汇证明联）。海关现场关员签发后，小丽到海关指定窗口领取进口付汇证明联。

【重点提示】

（1）在这部分实训中，重要的知识点包括报关流程、报关单的填写和报关单的种类等。比较难的知识点是产品归类、原产地原则的运用、报关的地点和报关的时间期限等。

（2）要较好理解报关操作需要结合上下章节的知识点，特别是报检环节、运输单据流转、单证制作和核销环节的知识点。

（3）报关的各个环节政策性比较强，学生需要及时关注报关政策的变化，各个环节操作比较琐碎，操作性很强。

【课后练习】

**习题 1** 出口报关综合实训。

2017年4月14日，当浙江海洲国际货运代理有限公司通知配舱成功之后，浙江金苑进出口有限公司外贸单证员陈红应根据商业发票、装箱单、出境货物通关单，马上办理、制作和备齐出口货物报关单、报关委托书、出口收汇核销单等报关单证，同时与报检委托书、出境货物换证凭条一起寄给浙江海洲国际货运代理有限公司，委托其办理报检和报关手续。

(1) 商业发票。商业发票如图 5-5 所示。

## ZHEJIANG JINYUAN IMPORT AND EXPORT CO., LTD.

118 XUEYUAN STREET, HANGZHOU, P.R.CHINA

TEL: 0086-571-86739177     FAX: 0086-571-86739178

## COMMERCIAL INVOICE

| To: | SIK TRADING CO., LTD.<br>16 TOM STREET, DUBAI, U.A.E. | | Invoice No.: | JY08018 |
|---|---|---|---|---|
| | | | Invoice Date: | APR. 11, 2008 |
| | | | S/C No.: | ZJJY0739 |
| | | | S/C Date: | FEB. 15, 2008 |
| From: | SHANGHAI, CHINA | To: | DUBAI, U.A.E. | |
| L/C No.: | FFF07699 | Issued By: | HSBC BANK PLC, DUBAI, U.A.E. | |
| Date of Issue: | FEB. 25, 2008 | | | |
| Marks and Numbers | Number and kind of package<br>Description of goods | Quantity | Unit Price | Amount |
| SIK<br>ZJJY0739<br>L357/ L358<br>DUBAI, U.A.E.<br>C/NO.: 1-502 | LADIES JACKET<br>SHELL: WOVEN TWILL 100% COTTON, LINING: WOVEN 100% POLYESTER, ORDER NO.SIK768<br>STYLE NO. L357<br>STYLE NO. L358<br>PACKED IN 9 PCS/CTN, TOTALLY FIVE HUNDRED AND TWO CARTONS ONLY. | 2 250PCS<br>2 268PCS | CIF DUBAI, U.A.E.<br>USD12.00/PC<br>USD12.00/PC | USD27 000.00<br>USD27 216.00 |
| | TOTAL: | 4 518PCS | | USD 54 216.00 |
| SAY TOTAL: | U.S. DOLLARS FIFTY FOUR THOUSAND TWO HUNDRED AND SIXTEEN ONLY. | | | |
| | ZHEJIANG JINYUAN IMPORT AND EXPORT CO., LTD.<br>*张三丰* | | | |

图 5-5　商业发票

(2) 装箱单。装箱单如图 5-6 所示。

**ZHEJIANG JINYUAN IMPORT AND EXPORT CO.,LTD.**

118 XUEYUAN STREET, HANGZHOU, P.R.CHINA

TEL: 0086-571-86739177　　　FAX: 0086-571-86739178

## PACKING LIST

| To: | SIK TRADING CO., LTD.<br>16 TOM STREET, DUBAI, U.A.E. | | Invoice No.: | JY08018 | | |
|---|---|---|---|---|---|---|
| | | | Invoice Date: | APR. 11, 2008 | | |
| | | | S/C No.: | ZJJY0739 | | |
| | | | S/C Date: | FEB. 15, 2008 | | |
| From: | SHANGHAI, CHINA | | To: | DUBAI, U.A.E. | | |
| L/C No.: | FFF07699 | | Issued By: | HSBC BANK PLC, DUBAI, U.A.E. | | |
| Date of Issue: | FEB. 25, 2008 | | | | | |
| Marks and Numbers | Number and kind of package<br>Description of goods | Quantity | Package | G.W | N.W | Meas. |
| SIK<br>ZJJY0739<br>L357/ L358<br>DUBAI, U.A.E.<br>C/NO.: 1-502 | LADIES JACKET<br>STYLE NO. L357<br>STYLE NO. L358<br>PACKED IN 9 PCS/CTN,<br>SHIPPED IN 1×40'FCL. | 2 250PCS<br>2 268PCS | 250CTNS<br>252CTNS | 2 500KGS<br>2 520KGS | 2 250KGS<br>2 268KGS | 29.363M$^3$<br>29.597M$^3$ |
| | TOTAL: | 4 518PCS | 502CTNS | 5 020KGS | 4 518KGS | 58.96M$^3$ |
| SAY TOTAL: | FIVE HUNDRED AND TWO CARTONS ONLY. | | | | | |

ZHEJIANG JINYUAN IMPORT AND EXPORT CO., LTD.

张三丰

图 5-6　装箱单

(3) 出境货物通关单。出境货物通关单如图 5-7 所示。

(4) 其他信息。

① 浙江金苑进出口有限公司的组织机构代码是 3101003833。

② 保险费为 USD198.95。

根据以上资料,完成下列练习:

| 中华人民共和国出入境检验检疫出境货物通关单 |||
|---|---|---|
| 1. 发货人 金苑进出口有限公司 || 5. 标记及号码 FG20130115 G20130115 CIF MARSEILLE |
| 2. 收货人 FASHION GENERAI。TRADING CO. |||
| 3. 合同/信用证号 FG20130115/LC00123756 | 4. 输往国家或地区 法国 ||
| 6. 运输工具名称及号码 船舶 TRAVEL / V. 10986 | 7. 发货日期 20130420 | 8. 集装箱规格及数量 20 英尺×1 |
| 9. 货物名称及规格 桑蚕丝制品(含绸丝85%以下,与其他混纺) | 10. HS 编码 5007109099 | 11. 申报总值 17 000 美元 |
|  |  | 12. 数/重量、包装数量及种类 20 000 件,400 纸箱 |
| 13. 证明 上述货物业经检验检疫,请海关予以放行。 本通关单有效期至二〇一三年五月十二日。 签字:丽丽 日期:2013 年 4 月 12 日 |||
| 14. 备注 |||

图 5-7  出境货物通关单

(1) 申领并制作出口收汇核销单;
(2) 制作出口货物报关单和报关委托书。

**习题 2**  进口报关综合实训。

浙江××国际货运代理有限公司按委托协议顺利办理了第 FX1015 号合同项下货物的入境报检手续,接下来要办理进口货物报关手续。浙江××进出口有限公司首先要与浙江××国际货运代理有限公司签订委托报关协议。

经查询中国海关网页的信息,电视显像管的监管条件为 6AB,进口普通税税率为 40%,最低税率为 12%,增值税税率为 17%,无消费税;HS 编码:85401100;单据有:合同、发票、装箱单和提单;提单号:COS985432;报关单编码:N0.227788990791452758;进口口岸:吴淞海关 2202;浙江××进出口有限公司报关编码:3310960116;运输工具名称:EAST  WIND/075W;集装箱:COSU34556232;境内目的地:杭州;商品型号:SX6755;标记唛码:IFX/SHANGHAI/C/No. 1-270/MADE IN SOAIN;件数:200;包装种类:木箱;毛重(千克):8 500;净重(千克):8 000,商品:电视显像管;数量:1 000 只;单价:CIF 65.50 CIF NINGBO;货物来源:西班牙;欧元汇率为 8.90。因此,该商品进口报关前需要先做报检手续。在完成报检手续后,浙江××国际货运代理有限公司拿到了入境货物通关单。请问:

(1) 报关之前需要做哪些准备工作？
(2) 制作进口货物报关单和报关委托书。

**习题 3** 根据材料填制进口货物报关单、写出通关流程。

上海服装进出口贸易公司海关编号为 31006511111。2014 年 8 月 10 日，该公司与美国纽约服装贸易公司订购一批服装，并签订合同 EL2001-321，金额为 USD 500 000.00，CIF，货物用纸箱包装，每箱 100 件。商品的有关情况如下：

| | | | |
|---|---|---|---|
| CAR SPEAKER | 155/80A | 2 500 PIECES | USD50.00/PARTS |
| | 160/84A | 2 500 PIECES | USD50.00/PARTS |
| | 165/88A | 2 500 PIECES | USD50.00/PARTS |
| | 170/92A | 2 500 PIECES | USD50.00/PARTS |
| | | TOTAL | USD 500 000.00 |

载着该批货物的海轮于 2014 年 10 月 20 日抵达上海浦江口岸码头，收货人于 2004 年 10 月 25 日向上海浦江海关申报进口。

补充资料：

船名：VICTORY/4521；提单号：ZZAB01-001；毛重：1 700.80kg；净重：1 650.98kg；许可证号：987654321；商品编号：6802.2110；集装箱号：ZWSU7891012。

唛头：CLOTHING IMPORT CO., LTD
　　　SHANGHAI, CHINA
　　　CTN No.1—100

根据以上资料，完成下列练习：
(1) 写出通关流程；
(2) 制作进口报关单。

# 模块 2　保税货物以及特种货物报关实训

## 【实训目标】

掌握保税加工业务报关流程，掌握保税加工区报关操作技能，能够顺利完成保税加工业务报关的工作任务。

## 【实训知识】

### 一、保税进出口报关

#### (一) 保税进口货物报关

##### 1. 保税进口货物的含义

保税进口货物指经海关批准未办理纳税手续进境，在境内储存或加工、装配后再复运出境的货物。保税进口货物是未办理纳税手续进境的，属于暂时免纳税，而不是免税，待货物最终流向确定后,海关再决定征税或免税。

**2. 保税进口货物的目的**

保税进口货物的目的主要有:①进行贸易活动(储存)或加工制造活动(加工、装配);②为灵活选择货物最终去向争取时间;③缓纳或免纳关税等。

**3. 进口贸易的保税货物的内容**

我国进口贸易的保税货物主要包括保税加工货物和保税物流货物(或称为保税仓储货物)。保税加工货物指经海关批准未办理纳税手续进境,在境内加工、装配后复运出境的货物;保税物流货物指经海关批准未办理纳税手续进境,在境内储存后复运出境的货物。

**4. 海关对保税加工货物的监管模式**

海关对保税加工货物的监管模式主要有两大类。一类是物理围网的监管模式,包括出口加工区和跨境工业区。另一类是非物理围网的监管模式,采用纸质手册管理或计算机联网监管。

**5. 保税货物进口报关程序**

保税货物进口报关的基本程序包括以下四个环节。

(1) 合同登记备案(前期阶段)。合同登记备案指经营保税货物的单位持有关批件、对外签约的合同及其他有关单证,向主管海关申请办理合同登记备案手续,海关核准后,签发有关登记手册。合同登记备案是向海关办理的第一个手续,必须在货物进口前办妥,它是保税业务的开始,也是保税业务经营者与海关建立承担法律责任和履行监管职责的法律关系的起点。

(2) 进口货物(进口阶段)。进口货物是指已在海关办理合同登记备案的保税货物实际进境时,经营单位或其代理人应持海关核发的该批保税货物的《登记手册》及其他单证,向进境地海关申报,办理进口手续。

(3) 储存或加工后复运出口(后续阶段)。复运出口指保税货物进境后,应储存于海关指定的场所或交付给海关核准的加工生产企业进行加工制造,在储存期满或加工产品后再复运出境。经营单位或其代理人应持该批保税货物的《登记手册》及其他单证,向出境地海关申报办理出口手续。

(4) 核销结案(后续阶段)。核销结案是指在备案合同期满或加工产品出口后的一定期限内,经营单位应持有关加工贸易登记手册、进出口货物报关单及其他有关资料,向合同备案海关办理核销手续,海关对保税货物的进口、储存、加工、使用和出口情况进行核实并确定最终征免税意见后,对该备案合同予以核销结案。这一环节是保税货物整个通关程序的终点,意味着海关与经营单位之间的监管法律关系的最终解除。

### (二) 保税出口货物报关

海关对保税仓库出口货物报关的规定以下述三种出口流向的保税仓库货物的报关手续做主要说明:

**1. 在规定期限内原物复运出境**

货物所有人向主管海关申报,填写出口货物报关单,并提交原进口时的进口货物报关单,经主管海关核定后,予以监管运至出境地海关验放出境;若从其他海关出境,可依转关运输管理办法执行。海关于出口货物报关单上加盖印章,作为保税仓库货物核领的依据。

### 2. 由保税仓库提取作为加工成品复出口

首先依《海关对保税货物和保税仓库监管暂行办法》第七章来料加工的作业程序办理,其次加工贸易单位持海关核发的《加工装配和中小型补偿贸易进出口货物登记手册》,向保税仓库所在地海关办理提货手续,并填写进料加工或来料加工专用的进口货物报关单和保税仓库领料核发单,经海关核实后,在保税仓库领料核准单上加盖放行章,作为提取货物及核销的依据。

### 3. 由保税仓库领出进入国内市场销售

由货物所有人事先报主管海关核准,并填写进口货物报关单,若有许可证限制的,需提交进口许可证及有关批准文件,并缴纳该货物的进口关税、增值税及消费税。海关在进口货物报关单上加盖放行章,作为提货及核销的依据。

## 二、特定减免税货物及报关程序

### (一)特定减免税对象范围

特定减免税货物指海关根据国家的政策规定准予减免税进境,使用于特定地区、特定企业、特定用途的进口货物。特定减免税进口货物在海关监管期限内,未经海关许可,不得抵押、质押、转让、移作他用或者进行其他处置。

特定减免税货物的范围有三大类,即特定地区减免税货物、特定企业减免税货物和特定用途减免税货物。

### (二)特定减免税货物报关程序

特定减免税货物一般应提交进口许可证件,外商投资企业在投资总额内进口涉及机电产品自动进口许可管理的,可以免予交验有关许可证件。特定减免税进口的报关程序如下。

(1)申请减免税手续(前期阶段)。申请减免税手续包括减免税备案和减免税证明申领两个环节。具体为:减免税申请人到主管海关办理减免税备案手续,海关对申请享受减免税优惠政策的申请人进行资格确认,对项目是否符合有关政策要求进行审核,确定项目的减免税额度等事项。减免税备案后,货物进口前,减免税申请人向主管海关申领减免税证明,主管海关进行审核,对合格的签发进口货物征免税证明。

(2)进口报关(进口阶段)。特定减免税货物进口阶段与一般货物进口阶段基本一致,只是报关除了提交报关单及随附单证,还应当提交减免税证明。特殊监管区域企业进口免税的机器设备时,还应当填制特殊监管区域进境货物备案清单。

另外,应当在特定减免税货物进口报关单的"备案号"栏填写进口货物征免税证明的12位编码。

(3)申请解除监管(后续阶段)。特定减免税进口货物监管年限届满时,自动解除海关监管。在监管期内,为了在国内销售、转让、放弃或者退运境外的,当事人可以申请解除海关监管。

### 三、暂准进境货物的范围及报关程序

#### (一) 暂准进境货物范围

暂准进境货物指为了特定的目的,经海关批准暂时进境,有条件暂时免纳进口关税并豁免进口许可证件,在规定的期限内除因使用中正常的损耗外按原状复运出境的货物。

暂准进境货物有条件暂时免予缴纳税费(需要担保)、豁免进口许可证件、特定的进境目的、规定期限内按原状复运出境、按货物实际使用情况办结海关手续等特点。

暂准进境货物主要指以下几种。

(1) 展览会、交易会、会议及类似活动中展示或者使用的货物、交通工具及特种车辆。
(2) 文化、体育交流活动中使用的表演、比赛用品、交通工具及特种车辆。
(3) 开展科研、教学、医疗活动使用的仪器、设备、用品、交通工具及特种车辆。
(4) 货样、盛装货物的容器。
(5) 慈善活动使用的仪器、设备及用品。
(6) 旅游用自驾交通工具及其用品。
(7) 进境修理货物、经营性租赁货物等。

#### (二) 暂准进境货物的报关程序

暂准进境货物的报关程序分为使用 ATA 单证册的暂准进境货物报关程序和不使用 ATA 单证册的暂准进境货物报关程序。

**1. 使用 ATA 单证册的暂准进境货物报关程序**

(1) 前期阶段:申领 ATA 单证册。

① 申请资格:居住地或注册地在中华人民共和国境内的货物所有人或者可自由处分货物的人。

② 受理机构:中国国际商会(贸促会)法律事务部 ATA 处或者中国贸促会或中国国际商会的地方分支机构出证部门。

③ 申办程序:a. 填写申请表,并附申请人的身份证明文件。申请人为自然人的,提供身份证或护照复印件;申请人为企业法人的,提供法人营业执照的复印件;申请人为事业单位,提供事业单位法人登记证书的复印件。b. 填写货物总清单。c. 提供担保(押金、银行或保险公司保函或者中国贸促会认可的书面保证);缴纳 ATA 单证册申办手续费。

向中国国际商会申请办理 ATA 单证册的申请人在填写好申请表及货物总清单后,须将填写好的这两份文件发送到中国国际商会 ATA 处的电子邮箱:atachina@ccpit.org。

中国国际商会 ATA 处工作人员在收到申请人的申请信息后将进行核查,然后根据相关信息向申请人出具付款通知。申请人须按照付款通知上的金额及其在申请时所选择

的付款方式交付款项,并将申请表、货物总清单、申请人身份证明文件原本复印件及商会所需其他文件在出证前送达中国国际商会 ATA 处。自申请手续完备之日起,中国贸促会将根据申请人的预计离境日期尽快签发单证,加急出证时间最短为 2 个小时。

(2) 进境阶段。

① 进境申报:进境货物收货人或其代理人持 ATA 单证册向海关申报进境展览品时,按要求填写 ATA 单证册的白色进口报关单上列明须由其填写的内容,如暂准进口货物的项号、报关地点、日期等,然后在海关核准的出证协会(中国国际商会/贸促会及其分支机构),将 ATA 单证册上的有关内容预录进海关与商会联网的 ATA 单证册电子核销系统,然后向展览会主管海关提交纸质的 ATA 单证册、提货单等单证。

海关审查合格之后,在白色进口单证上签注(存根和凭证上分别签注盖章),并撕下凭证(白色进口单证正联)存档,将存根联和 ATA 单证册其他各联退还给货物收货人或其代理人。

② 配合查验(与一般进口货物类似)。

③ 提取货物(与一般进口货物类似)。

(3) 后续阶段:结关。

① 正常结关:异地复运出境申报。ATA 单证册持证人应当持主管地海关签章的海关单证,并填写白色复出口报关单/黄色复进口报关单上应当填写的有关内容,向复运出境/进境地海关办理手续。

审查、查验合格之后,海关关员在白色复出口报关单/黄色复进口报关单上签注(存根和凭证上分别签注盖章),并撕下凭证(正联)存档,将存根联和 ATA 单证册其他各联退还给货物发货人或其代理人。

货物在规定期限内复运出境/进境后,主管地海关凭复运出境/进境地海关签章的海关单证办理核销结案手续。

② 非正常结关:暂准进境货物复运出境时,未经我国海关签注、核销的,另一缔约国海关在 ATA 单证上签注的证明该批货物从该国进境或者复运进境的证明,或者我国海关认可的能够证明该批货物已经实际离开我国境内的其他文件,对 ATA 单证册予以核销。此情况下,单证册持有人应按规定向海关缴纳调整费。但我国海关发出"ATA 单证册追索通知书"前,持证人凭有关证明要求予以核销单证册的,海关免收该调整费。

货物因不可抗力受损,无法原状复运出/进境的,持证人应当及时向主管地海关申报,凭有关部门出具的证明材料办理复运出/进境手续;因不可抗力原因灭失或失去使用价值的,经海关核实,可视为货物已经复运出/进境。

货物因不可抗力以外的其他原因引起灭失或者受损的持证人应当按照货物进出口的有关规定办理海关手续。

**2. 不使用 ATA 单证册的暂准进境货物报关程序**

(1) 前期阶段:备案、担保或申请审批。办展人、参展人应当在展览品进/出境的 20 个工作日前,向主管地海关提交有关的批准文件及展览品清单等有关单证办理备案手续(事先抄送展出地海关,并向展出地海关办理备案手续)。

展览会不属于行政许可项目的,办展人、参展人应当向主管地海关提交展览会邀请函、展位确认书等其他证明文件以及展览品清单等办理备案手续。

展览品进境时,展览会主办单位或其代理人,应向海关提供担保。担保形式可为相当于税款金额的保证金、银行或其他金融机构的担保书,以及经海关认可的其他方式的担保。在海关指定场所或海关派专人监管的场所举办展览会的,经主管地海关批准,参展的展览品可免予向海关提供担保。

展览品以外的其他不使用ATA单证册的暂准进境货物进境申请应当向海关提交"货物暂时进境申请书"、暂准进出境货物清单、发票、合同或者协议以及其他有关单据,海关审核后,制发"中华人民共和国海关货物暂时进境申请批准决定书"或"中华人民共和国海关货物暂时进境申请不予批准决定书"。

(2) 进出境阶段:填写进出口货物报关单报关。

① 进境申报:展览会的主办单位或其代理人应在展出地海关办理展览品进口申报手续。从非展出地海关进口的展览品,应当在进境地海关办理转关手续。主办单位或其代理人申报进口展览品时,应当向海关提交报关单、展览品清单、提货单、发票、装箱单等。展品中涉及检验检疫等管制的,还应当向海关提交有关许可证件。向海关提交展览品清单的内容填写应完整、准确,并译成中文。

② 配合查验:展览会主办单位或其代理人应当于展览品开箱前通知海关,以备海关到场查验。海关对展览品进行查验时,展览品所有人或其代理人应当在场,并负责搬移、开拆、重新封货包装等协助查验的工作。

展览会期间展出或使用的印刷品、音像制品及其他海关认为需要审查的物品,应经过海关审查同意后,方能展出或使用。对我国政治、经济、文化、道德有害的以及侵犯知识产权的印刷品和音像制品,不得展出或使用,并由海关根据情况予以没收、退运出境或责令展出单位更改后使用。

③ 提取货物。

(3) 后续阶段:结关。

① 正常结关:异地复运出境申报。展览会结束后,展览会主办单位或其代理人应向展出地海关办理海关核销手续。

展览品实际复运出境时,展览会的主办单位或其代理人应向海关递交有关的核销清单和运输单据,办理展览品出境手续。对需要运至其他设关地点复运出境的展览品,经海关同意后,按照海关对转关运输的有关规定办理转关手续。

展览品自进境之日起6个月内复运出境。如需延长复运出境期限应报经主管海关批准,延长期限最长不超过6个月,最多3次。展期超过24个月的,应由主管地直属海关报海关总署审批。

展览会闭幕后,展览会主办单位或其代理人应及时向展出地主管海关交验展览品核销清单一份。

② 非正常结关:对于未及时退运出境的展览品,应存放在海关指定的监管场所司监管仓库,并接受海关监管。

对于不复运出境的展览品,海关按照有关规定办理进口手续,展览会主办单位应历时向海关办理展览品进口结关手续,负责向海关缴纳参展商或其代理人拖欠未缴的各种税费。

## 【实训操作步骤】

下面以一个实例来叙述保税货物报关的实训操作步骤。

业务背景：一飞科技(深圳)有限公司是一家深圳特区内港资企业,海关注册代码为4403148026,主要生产计算机周边产品,产品100%外销,外商公司为一飞科技(香港)有限公司。2010年8月2日,一飞科技(香港)有限公司接到美国客户LAKE公司的一批订单,订单内容为LAKE公司向一飞科技(香港)有限公司订购数码相机镜头(计算机用)2 000 PCS,单价为FOB深圳 USD 4.00,交货日期最晚不得超过2010年12月31日。一飞科技(香港)有限公司将该订单安排给一飞科技(深圳)有限公司负责生产及出口事宜。

2010年9月7日,一飞科技(深圳)有限公司开始着手该订单的生产,因生产需要,有一部分料件由一飞科技(香港)有限公司进行采购,因数量较少,采用自带的方式从罗湖海关入关。一飞科技(香港)有限公司提供的装箱明细见表5-3。

表 5-3  装 箱 明 细

| 品名规格 | 数量/PCS | 总净重 | 总毛重 | 件数 |
| --- | --- | --- | --- | --- |
| 单片数字集成电路/线宽>0.35μm | 8 000 | | | |
| 单片数字集成电路/0.18μm<线宽<0.35μm | 2 000 | | | |
| 单层双面空白的印刷电路板 | 2 000 | | | |
| 镜头 | 2 000 | 21.2kg | 22.2kg | 1件 |

一飞科技(深圳)有限公司备好其他的国内采购的料件开始生产,生产完成后,2010年11月3日,一飞科技(深圳)有限公司请广达运输公司负责将货运至香港。负责运输的汽车车牌为粤ZH0373,2吨散货车。下面是报关的详细操作步骤：

第一步：取得数码相机镜头(计算机用)的零件表BOM(表5-4)。

表 5-4  数码相机镜头(计算机用)的零件表 BOM

| 序号 | 工厂编号 | 品名规格 | 单位 | 单价/USD | 产地 | 单耗 | 损耗 |
| --- | --- | --- | --- | --- | --- | --- | --- |
| 1 | 1455 | 单片数字集成电路/线宽>0.35μm | 个 | 0.36 | 美国 | 4 | 0 |
| 2 | 1466 | 单片数字集成电路/0.18μm<线宽<0.35μm | 个 | 0.17 | 印尼 | 1 | 0 |
| 3 | 1477 | 单层双面空白的印刷电路板 | 块 | 0.22 | 中国台湾 | 1 | 0 |
| 4 | 1488 | 镜头 | 个 | 0.45 | 日本 | 1 | 0 |
| 5 | 1499 | 插座 | 个 | 0.05 | / | 1 | 0 |

第二步：正确查找商品编码,填写进口料件申请备案清单(表5-5)和出口成品申请备案清单(表5-6),列出进口料件数量计算公式。

进口料件数量=拟出口的成品数量×单耗÷(1-损耗)

表 5-5　进口料件申请备案清单

| 序号 | 商品编号 | 规　格 | 商品名称 | 单位 | 单价/USD | 产地 | 数量 |
|---|---|---|---|---|---|---|---|
| 1 | 85422199 | 线宽>0.35μm | 单片数字集成电路 | 个 | 0.36 | 美国 | 8 000 |
| 2 | 85422129 | 0.18μm<线宽<0.35μm | 单片数字集成电路 | 个 | 0.17 | 印尼 | 2 000 |
| 3 | 85340090 | 单层双面空白的印刷电路板 | | 块 | 0.22 | 中国台湾 | 2 000 |
| 4 | 9002119090 | 镜头 | | 个 | 0.45 | 日本 | 2 000 |
| 5 | 85266900 | 插座 | | 个 | 0.05 | — | 2 000 |

表 5-6　出口成品申请备案清单

| 序号 | 商品编号 | 商品名称 | 规格 | 数量 | 单位 | 单价 | 总价 | 消费国 | 征免 |
|---|---|---|---|---|---|---|---|---|---|
| 1 | | 数码相机镜头 | 计算机用 | 2 000 | 个 | 4美元 | 8 000美元 | 美国 | 全免 |
| | | | | | | | | | |

第三步：办理合同备案，取得加工贸易登记手册。（预录入编号：275989479，海关编号：422720051275989416，手册编号为 C5305430215，合同号为 2010-01，毛重 22.2kg，净重 21.2kg。）

持上述资料向经贸局报批，凭加工贸易业务批准证书以及生产能力证明等海关需要的其他单证，预录入后向海关申请新合同，办理台账。海关经审核批准后，核发了手册编号为 C5305430215、合同号为 2010-01 的加工贸易登记手册。公司取得海关签发的登记手册后，可以开始进出货。

第四步：办理料件进口手续，列出注意事项，填写进口报关单（图 5-8）。

2010 年 9 月 7 日从罗湖海关进料，持加工贸易登记手册、装箱单、发票到罗湖海关预录入进口货物报关单向海关申报。海关经查验后（也可以不查验）放行，货物运到化工厂。

注意事项：

（1）备案号为海关核发的登记手册编号，如果是 EDI 合同，则为海关核发的 EDI 电子账册编号；

（2）以自带方式从罗湖海关申报进口料件的，运输工具名称栏填为"自带"；

（3）三资企业进料的，贸易方式为"进料对口"，其对应的征免性质填"进料加工"；

（4）三资企业进口保税料件的，其用途为"加工返销"；

（5）报关单中的项号、商品编码、商品名称、规格型号、原产国、单价、币值按海关合同的备案的内容填写；

（6）因为是保税料件，征免填报"全免"。

第五步：办理成品出口手续，列出注意事项和需要提供的资料。（预录入编号：275989479，海关编号：422720051275989416，车号：粤 B21KH20，批准文号：999061423，毛重 74kg，净重 70kg。）

出口流程：货物备好—到外汇管理部门领取出口收汇核销单—填制并打印出口货物报关单（图 5-9）—备好其他单证资料—到口岸海关申报—查验—放行。

中华人民共和国海关进口货物报关单

**预录入编号：** 275989479　　　　　　　　　　**海关编号：** 422720051275989416

| 进口口岸<br>罗湖海关 | 备案号<br>C5305430215 | 进口日期<br>2010-09-07 | | 申报日期<br>2010-09-07 | |
|---|---|---|---|---|---|
| 经营单位4403148026<br>一飞科技有限公司 | 运输方式<br>其他 | 运输工具名称<br>自带 | | 提运单号 | |
| 收货单位4403148026<br>一飞科技有限公司 | 贸易方式<br>进料对口 0615 | 征免性质<br>进料加工 0503 | | 征税比例<br>％ | |
| 许可证号 | 起运国（地区）<br>中国香港 0110 | 装货港<br>中国香港 0110 | | 境内目的地<br>深圳特区 44031 | |
| 批准文号 | 成交方式<br>CIF | 运费 | 保费 | | 杂费 |
| 合同协议号<br>2010-01 | 件数<br>1 | 包装种类<br>其他 | 毛重（公斤）<br>22.2 | | 净重（公斤）<br>21.2 |
| 集装箱号 | 随附单据 | | | 用途<br>加工返销 | |
| 标记唛码及备注 | | | | | |
| 项号　商品编号　商品名称、规格型号　　数量及单位　原产国单价　　总价　　币制　征免<br>01 854221990001 单片数字集成电路/线宽>0.35μm　8 000个　　美国　　0.36　2 880　　美元　全免<br>02 854221290002 单片数字集成电路　　　　　　　2 000个　　印度尼西亚0.17　340　　美元　全免<br>　　　　　　　0.18μm<线宽<0.35μm<br>03 85340090003 单层双面空白印刷电路板　　　　2 000块　　中国台湾　0.22　440　　美元　全免<br>04 900211909004 镜头　　　　　　　　　　　　　2 000块　　美国　　0.45　900　　美元　全免 | | | | | |
| 税费征收情况 | | | | | |
| 录入员　　　录入单位 | 兹声明以上申报无讹并承担法律责任 | | | 海关审单批注及放行日期（签章） | |
| 报关员：刘海 | | | | 审单　　审价 | |
| 单位地址　　申报单位　一飞科技有限公司 | | | | 征税　　统计 | |
| 邮编　　电话　　填制日期 2010-09-07 | | | | 查验　　放行 | |

图 5-8　海关进口货物报关单

**注意事项：**

（1）以汽车运输的，运输方式为"汽车"，运输工具名称则填汽车在内地车牌号。

（2）批准文号栏填报出口收汇核销单号，使用前先在中国电子口岸网上备案，否则报关单发送至海关会因无外汇核销单号而退单。

申报所需的资料：

中华人民共和国海关出口货物报关单

**预录入编号**：275989479　　　　　　　　**海关编号**：422720051275989416

| 进口口岸<br>皇岗海关5301 | 备案号<br>C5305430215 | 进口日期<br>2010-09-07 | | 申报日期<br>2010-09-07 | |
|---|---|---|---|---|---|
| 经营单位<br>一飞科技有限公司<br>4403148026 | 运输方式<br>汽车 | 运输工具名称<br>粤B21KH20 | | 提运单号 | |
| 收货单位<br>一飞科技有限公司<br>4403148026 | 贸易方式<br>进料对口 0615 | 征免性质<br>进料加工 0503 | | 结汇方式<br>先出后结 | |
| 许可证号 | 起运国（地区）<br>中国香港 0110 | 装货港<br>中国香港 0110 | | 境内目的地<br>深圳特区 44031 | |
| 批准文号<br>999061423 | 成交方式<br>FOB | 运费 | 保费 | | 杂费 |
| 合同协议号<br>2010-01 | 件数<br>4 | 包装种类<br>纸箱 | 毛重（公斤）<br>74 | 净重（公斤）<br>70 | |
| 集装箱号 | 随附单据 | | | 用途<br>加工返销 | |
| 标记唛码及备注 | | | | | |
| 项号　商品编号　商品名称、规格型号　数量及单位　原产国单价　总价　币制　征免<br>01　90021190.990001　数码相机镜头　　2 000.00个　美国502 4.00　8 000.00USD　美元　全免 | | | | | |
| 税费征收情况 | | | | | |
| 录入员　　　录入单位　　兹声明以上申报无讹并承担法律责任<br>报关员：刘海<br>单位地址　　申报单位　一飞科技有限公司<br>邮编　　电话　　填制日期 2010-09-07 | | | 海关审单批注及放行日期（签章）<br>审单　　　审价<br><br>征税　　　统计<br><br>查验　　　放行 | | |

图 5-9　海关出口货物报关单

（1）加工贸易登记册；
（2）已打印好的出口货物报关单；
（3）海关所需的其他业务单证；
（4）出口收汇核销单；
（5）办理合同核销手续。

第六步：办理合同核销手续，列出注意事项，填写核销单（图 5-10），核销单编号：999061423。

出口收汇核销单

| 出口收汇核销单<br>存根<br>编号：999061423 | | 编号：999061423 | | | | | 出口收汇核销单<br>出口退税专用<br>编号：999061423 | | |
|---|---|---|---|---|---|---|---|---|---|
| 出口单位：一飞科技有限公司 | 出<br>口<br>单<br>位<br>盖<br>章 | 出口单位：一飞科技有限公司 | | | | 出<br>口<br>单<br>位<br>盖<br>章 | 出口单位：一飞科技有限公司 | | |
| 单位代码：4403148026 | | 单位代码：4403148026 | | | | | 单位代码：4403148026 | | |
| 出口币种总价 8 000 美元 | | 银<br>行<br>签<br>章<br>栏 | 类<br>别 | 币<br>种<br>金<br>额 | 日<br>期 | 签<br>章 | 货物<br>名称 | 数量 | 币种<br>总价 |
| 收汇方式：先出后结 | | | | | | | 数码<br>相机<br>镜头 | 2 000<br>个 | USD<br>8 000.00 |
| 预计收款日期 | | | | | | | | | |
| 报关日期：2010-11-03 | | | | | | | | | |
| 备注 | | 海关签注栏 | | | | | 报关单编号： | | |
| | | 外汇局签章<br>　年　月　日 | | | | | 外汇局签章<br>　年　月　日 | | |

图 5-10　出口收汇核销单

合同到期后一个月内，将加工贸易登记手册以及该合同所有进出口单据整理并计算核销表，向主管海关核销。经海关批准予以核销的，凭海关签发的台账核销联系单到指定银行办理台账核销手续。

注意事项：

（1）有国内购料的，需提供购料发票；

（2）有余料的，余料转至下一个合同或退运出境或补证补税；

（3）有废料的，按海关批准的处理方式处理，无回收价值可以免税，有回收价值的，按规定照章征税。

## 【重点提示】

（1）注意掌握保税加工货物的报关程序以及加工贸易银行保证金台账制度的内容和运用。

（2）除了保税货物报关，还有一些特殊商品的报关，如退运货物报关、暂准进口货物报关、减免税货物报关需要掌握其适用情况、操作流程以及注意事项。

## 【课后练习】

**习题 1**　大额进口货物暂存保税仓库再进口的清关操作。

上海达达化工厂为适应市场需求，实施年新增离子膜烧碱技改项目，于 2015 年 6 月与日本 S 公司签订购买离子膜电解成套设备，总金额 15 亿日元。该套设备原计划在 2015 年 12 月到货，由于日本 S 公司已备有现成主体设备，只需配合化工厂的要求再添加部分配件即可满足合同要求，故在合同约定的时间内提早发货，设备于 2015 年 9 月抵达上海港。但此时化工厂的厂房建设工作尚未完工，且该项目免税已报海关正待审批中，还需一定时间才能办妥审批手续。请问：

（1）对于大合同金额未批先到港的减免税货物，如何以最合理的方案处理？

(2) 如何操作保税仓库货物的报关通关？
(3) 注意事项有哪些？

**习题 2** 展览品进出关、转关、留购与赠送事项的申报办法。

上海某公安分局邀请国外一无线传输设备供应商（简称 A 公司）参加上海国际展览中心电子展，展出价值 80 万美元的新型无线传输设备，并委托上海某会议展览公司（简称 B 公司）办理相关手续。

因该设备在展会上展出效果很好，A 公司决定将其中价值 60 万美元的设备运到杭州某展会上展出。设备在杭州展出后又被运返上海准备报关出境。此时，上海某公安分局决定购买其中 25 万美元的设备，A 公司又无偿赠送 5 万美元设备给该分局，其余 50 万美元的设备报关出境。请问：

(1) 暂准进口货物有什么特点？具体包括哪些？一般有什么作用？
(2) 进口展览品包括哪些？
(3) B 公司应如何办理展览品进出关的相关手续？
(4) 有哪些注意事项？

**习题 3** 进口货物受损退运换货报关。

浙江中信电子科技有限公司（简称中信公司）以 CIF 上海价免税进口香港某公司全自动银浆固晶机 1 台和全自动金丝球焊机 2 台。3 台设备分别用木箱包装，并装在 1 个 20 英尺集装箱内。货物于 2015 年 3 月 10 日到达上海港后转关报关，转关前已经办理货物内运保险，转关到属地海关后，根据海关要求进行开箱查验。开箱时发现 1 台全自动银浆固晶（AD809HS-S）倾倒于集装箱内，木箱损坏，受损比较严重，其余货物完好。中信公司得知设备受损后要求退运。请问：

(1) 该进口设备受损退运更换手续应如何操作？
(2) 货物退运出境，应以何种监管方式出口？报关需要哪些材料？

**习题 4** 根据材料写出进料加工业务报关程序。

深圳电子进出口贸易有限公司，与国外某厂商签订了一份进料加工合同，购进一批电脑零部件进行加工，加工成成品后外销出口至美国，装载货物的海轮于 2004 年 4 月 13 日抵达深圳蛇口岸码头，深圳电子进出口贸易有限公司于 2004 年 4 月 20 日进行申报。

**习题 5** 根据材料写出来料加工贸易报关程序。

日本某厂商与上海服装贸易进出口有限公司签订一份来料加工合同，按日本厂商的要求将这批服装原料进行加工、装备，成品由日本厂商负责销售，上海服装贸易进出口有限公司按合同收取工缴费。外商提供的作价设备价款，我方用工缴费偿还。装载货物的海轮于 2004 年 1 月 20 日抵达深圳蛇口岸码头，深圳电子进出口贸易有限公司于 2004 年 2 月 1 日进行申报。

# 模块 3　报关税费计算

【实训目标】

掌握进出口关税的税费计算方法，熟悉进口税费的构成及有关规定。

## 【实训知识】

### 一、关税、增值税和消费税额完税价格与计算公式

出口关税,完税价格为 FOB,一般出口不征税。我国目前征收的出口关税都是以从价税形式计征,应征出口关税税额=出口货物完税价格×出口关税税率。而进口商品一般都要征收关税和增值税,部分进口商品还需要征收消费税,见表 5-7。

表 5-7 进口税收的计算

| 税种 | 完 税 价 | 应 缴 税 额 |
|---|---|---|
| 关税 | CIF 价格 | =CIF 价格×关税 |
| 消费税 | 关税完税价格×(1+适用关税税率)÷(1-适用消费税税率) | =(完税价格+实征关税税额)÷(1-消费税税率)×消费税税率 |
| 增值税 | 关税完税价格+关税+消费税 | =(关税完税价格+实征关税税额+实征消费税税额)×增值税税率 |

### 二、进出口货物的原产地确定原则

**1. 原产地原则确定的意义**

(1) 确定进口产品享受相应关税优惠、许可或配额待遇的重要依据;
(2) 是进口国实施反倾销反补贴和其他保障措施的重要组成部分。

**2. 原产地的确定标准**

《原产地规则协议》对产品国籍的认定办法有以下两种。
(1) 以产品加工地作为原产地的标准。
(2) 以产品增值比例作为原产地的标准。

**3.《原产地规则协议》对产品国籍的认定办法**

(1) 完全原产地,即产品从原料、零部件到生产、加工制造完全来自一个国家,这种标准化是没有争议的。

(2) 非完全原产地,即产品全部或部分使用进口原料或零部件制成的产品。随着国际分工的不断深化,越来越多的产品不属于完全原地产品。对于含有进口成分的产品,《原产地规则协议》只是笼统地规定对产品进行了最后的实质性加工的国家为该产品的原产地。由于该标准不易操作,各国在具体执行中主要采用两种标准:

① 加工标准。只要加工后的制成品与原来进口的原料或零部件的税号不同,就可以认为经过充分加工,发生了实质性的变化,该种产品的产地就被指认定为加工地。我国目前也是采用这一标准。

② 产品增值比例标准。

通过使用进口成分(或本国成分)占制成品价值的百分比来确定其是否达到实质性变化原产地的标准。各国具体确定的百分比不同,美国规定本地成分不得低于出口商品价值 35%,加拿大则是 60%。

### 三、海关估价

#### 1. 海关估价的作用

（1）正确审定进出口物品的完税价格是征收关税，尤其是征收从价关税、选择关税或复合关税等的重要前提，是征税工作中的一项重要内容。

（2）海关估价有利于制止国际贸易中的不正当商业行为。

（3）海关估价是一国经济政策和外贸政策的体现，是贯彻一国经济政策的一种手段，并且对国家经济管理具有重要参考意义。

#### 2. 估价的法规依据

海关估价的法规依据一般包括：《海关估价工作规程》《中华人民共和国审定进出口货物完税价格办法》《估价协定》《中华人民共和国海关法》《中华人民共和国进出口关税条例》。

#### 3. 估价的方法

（1）交易价值。交易价值指商品出口至进口国时实际支付或应支付的价格，这是协议规定的海关估价的基本方法。

（2）相同商品的交易价值。海关估价依据当时对相同商品在相同或大致相同的时间出口到同一进口国的交易价值予以确定。

（3）相似商品的交易价值。除相似商品而不是相同商品的交易价值用于海关估价的依据外，此种方法与第（2）种估价方法完全一样。

（4）扣除法。估价通过对该商品或相同或相似商品在进口国销售给不相关的购买者时的单位价值做出一定程度的扣除决定。

（5）估算价值。采用此方法，海关估价包括生产成本及某些其他规定的额外费用，如利润和一般费用的总和。

#### 4. 海关估价的业务流程

（1）海关如怀疑申报价格的真实性、准确性或认为买卖双方的特殊关系影响到成交价格，应下达怀疑理由书面通知给进出口货物的收发货人。

（2）书面通知发出后5日内海关未收到收发货人的说明，或审核其提供的资料、证据后仍有怀疑理由，海关可不接受成交价格。

（3）海关依次采用其他估价方法进行估价。

## 【实训操作步骤】

下面以一个实例来讲述计算报关税费的实训操作步骤。

业务背景：宁波龙华进出口公司从日本购进磁带放像机60台，其中30台成交价格为CIF宁波1 800美元/台，另外30台成交价格CIF宁波2 100美元/台，已知1美元＝6.5元人民币，计算应缴纳海关税费的操作步骤如下：

第一步：根据归类原则确定税则归类，将应税货物归入恰当的税目税号。通过税则归类原则和方法，得知该批放像机的HS编码为8521.1020。

第二步：根据原产地原则，确定应税货物所适用的税率。日本是普惠制给惠国，查询海关百搜网(www.customslawyer.cn/so),得知税号 8521.1020 的最惠国税率为 T1,即要查询海关税则附件1:进口商品从量税、复合税税率率表,得知税号 8521.1020 对应的磁带放像机,其适用税率为:每台完税价格不高于 2 000 美元,执行单一从价税税率 30%;每台完税价格高于 2 000 美元,每台征收从量税,税额为 4 374 元,加3%的从价税。

第三步:确定其实际进口量。1 800 美元/台,共计 30 台;2 100 美元/台,共计 30 台。

第四步:根据完税价格审定办法规定,确定应税货物的完税价格。

根据我国海关关税的有关规定,一般以 CIF 价作为完税价。

$$30\ 台 \times 1\ 800\ 美元/台 = 54\ 000\ 美元$$
$$30\ 台 \times 2\ 100\ 美元/台 = 63\ 000\ 美元$$

第五步:根据汇率使用原则,将外币折算成人民币。

$$54\ 000\ 美元 \times 6.5 = 351\ 000\ 元$$
$$63\ 000\ 美元 \times 6.5 = 409\ 500\ 元$$

第六步:按照计算公式正确计算应征税款。

单一从价税关税税额 = 完税价格 × 进口关税税率
$$= 351\ 000 \times 30\% = 105\ 300\ 元$$

复合进口关税税额 = 货物数量 × 单位税额 + 完税价格 × 进口关税税率
$$= 30\ 台 \times 4\ 374\ 元/台 + 409\ 500\ 元 \times 3\%$$
$$= 143\ 505\ 元$$

合计进口关税税额 = 从价进口关税税额 + 复合进口关税税额
$$= 105\ 300 + 143\ 505 = 248\ 805\ 元$$

第七步:确定消费税。根据我国税法有关规定,磁带放像机不需要缴纳消费税。

第八步:计算增值税。先计算增值税完税价,再计算应缴纳增值税税款。

增值税完税价格 = CIF 总价 + 关税 = 351 000 + 409 500 + 248 805
$$= 1\ 009\ 305\ 元$$

应缴纳增值税税额 = 增值税完税税额 × 税率 = 1 009 305 × 17%
$$= 171\ 581.85\ 元$$

## 【重点提示】

(1)计算报关税费,第一步要确定好完税价价格,一般来说关税的完税价是 CIF;消费税的完税价(完税价格+实征关税税额)÷(1-消费税税率);增值税的完税价是 CIF+关税+消费税。

(2)确定税率,税率通过 HS 编码查询可得,关税税率要注意普通关税税率和优惠关税税率的区别;增值税要注意有关政策的差异税率。

## 【课后练习】

**习题1** 我国某公司从美国进口仪器 100 台,每台进口价格为 130 美元 FOB NEW YORK,仪器为纸箱包装,每箱装1台,尺码 50 厘米×50 厘米×54 厘米,海洋运费按尺码计,每运费吨基本运费 96 美元,保险按 CIF 金额的110%投保,费率为0.85%,进口关税为 25%,如果 1USD=7CNY,该公司应缴纳多少关税?

**习题 2** 我国某公司进口高档香烟 100 箱,每箱人民币 1 500 元 FOB 汉堡,假设每箱运费为人民币 100 元,保险费为 1%,查海关关税则得知,此类高档香烟进口关税税率为 65%,消费税税率为 40%,增值税税率为 17%。该企业要缴纳的税分别是多少?

**习题 3** 某公司进口货物一批,经海关审核其成交价格为 939 125.05 日元,其使用中国银行的外汇折算价为 1 日元=0.066 152 元人民币,折合人民币为 62 125.00 元,已知该批货物的关税税率为 25%,消费税税率为 3%,增值税税率为 17%,现计算应征增值税税额。

**习题 4 案例分析**

台州通捷汽配有限公司(以下简称 A 公司)系美国顿克斯公司在台州设立的控股外资企业,长期从其美国总公司进口叉车配件。A 公司于 2014 年 10 月向海关申报进口,申报单价分别为轴套 USD 300/件、门架 USD 1 500/件和电位器 USD 26 700/件,A 公司向海关提供了合同、提单、发票和箱单等单证。海关审价人员根据申报时国际行情,认为 A 公司进口的商品除了电位器外,轴套和门架申报的价格偏低,即向 A 公司发出《价格质疑通知书》。A 公司的这批叉车配件因此全部滞留在港口,无法及时报关提货。请问:

(1) 海关为什么要对台州通捷汽配有限公司进口价格进行估价?
(2) 海关估价的依据和流程如何?
(3) 海关估价的方法有哪些?
(4) 台州通捷汽配有限公司应如何应对?
(5) 台州通捷汽配有限公司的教训是什么?

# 实验 六

# 国际货运代理实务模拟

## 【导读】

国际贸易中,货物的运输是个至关重要的问题。货物的运输一般通过国际货运代理商来实现。因此,无论是进口商还是出口商,都避不开和国际货运代理商(以下简称"货代")打交道。本实验利用模拟系统,让学生在尽可能接近真实的状态下,了解、学习、掌握各种类型的货运代理的操作流程,学会填写各类相关单据,对不同贸易术语海运方式组合做出合理的成本估计,并且能够对货运过程中发生的一些意外情况做出及时得当的处理,从而使得学生能够更快更好地适应工作岗位上的实战需求。

## 模块 1　出口海运 CY 交货

### 【实训目标】

学生能够在运输方式是海运的情况下,掌握在进口海运 CY 条件下成本核算的方法,熟悉并掌握出口海运 CY 的操作流程,熟悉并能够正确地填写各种单据,学会利用各种方法控制成本以达到利润最大化。通过学习,能够培养学生在进口海运 CY 下的岗位实操技能,进而提高发现问题与解决问题的能力,今后能更好地适应工作岗位。

### 【实训内容】

(1) 利用 SimForwarder 提供的各项资源,做好承接货代委托业务前的准备工作,独立进行业务规划。

(2) 使用模拟物流平台搜索市场信息,了解海运运价、商品、税率等信息。

(3) 根据业务需求进行成本核算并报价,接下任务委托。

(4) 掌握委托录入与审核的方法。

(5) 学会缮制相关单据。

(6) 学习预配箱方法,掌握订舱要点。

(7) 能够办理进出口报检、报关事宜,会使用 EDI 电子报关系统进行预录入。

(8) 正确填写各种单据(包括出口业务中的报检、报关、议付单据,进口业务中的信用证开证申请)。

(9) 跟踪货物进度,能处理业务过程中遇到的各种意外事件。

(10) 学会合理利用各种方式控制成本以达到利润最大化。

（11）能掌握出口海运 CY 具体实施方法。

## 【实训操作步骤】

### 一、注册货代公司

（1）打开 Simforwarder 首页后，输入账号（通常为自己的学号）以及密码，单击"登录"，进入操作主页面，如图 6-1 所示。

图 6-1　操作主页面

（2）注册公司。第一次登录时，必须先注册公司，才能够开展后面的业务。如果是多人经营一个公司，那么公司基本信息只能由组长一人填写并注册。具体方法为：进入"我的公司-基本信息"，其中有部分内容，如公司编号、注册资金、税务登记号等内容已由系统自动生成，其他内容则需自行填写。填写范例如图 6-2 所示。

图 6-2　填写注册信息

填写完成后先单击"保存",再单击"完成注册"。

**注意**：公司完成注册后资料不能再修改,请认真填写。

（3）完善个人信息。在学生操作画面,单击右上角一排按钮中的第四个按钮，填写完整自己的真实姓名等资料并选择头像。

## 二、寻找业务机会

（1）查看市场信息。在学生操作画面,单击右上角一排按钮中的第一个按钮,进入"市场信息"网站。在其中第一个"出口"页面中可查看目前所有货主发布的出口委托（市场信息会经常更新）,如图6-3所示。本例中选择接的是一笔出口海运CY交货业务。

图6-3 寻找出口业务信息

（2）查看信息详细内容。单击该信息的标题,打开详细信息画面,里面列明了货主的各项要求,如货物名称、始发运港与目的港、运费交付方式、所需商检证书等,如图6-4所示。

图6-4 查看货主详细要求

(3) 根据内容进行预算。单击这笔信息对应的"报价"按钮,打开报价画面。在填写预算表的过程中,可以在页面上单击"查看帮助"。

(4) 发送报价。做完预算以后,就可以根据预算的结果发送报价。如果报价被接受,即成功接下业务;否则,可以修改金额重新报价。

**注意**:一个公司中的所有成员都可以对同一笔委托业务进行报价,但是只能由一个人接下业务。因此在对业务进行预算和报价之前,同一公司中的成员最好先沟通要对信息编号相同的业务报价,以免有人浪费时间。

### 三、进行委托录入

(1) 查看项目信息。成功接下业务后,回到主界面,进入"业务管理-委托录入"画面,就可以看到刚才接下的这笔委托业务,如图 6-5 所示。

图 6-5 查看成功接下的业务

单击标题,打开详细信息,如图 6-6 所示。在详细信息画面中再单击"查看委托书"按钮,可打开客户提供的委托书,如图 6-7 所示。

图 6-6 查看业务详情

## STAR FREIGHT FORWARDING COMPANY
## 明星货运代理公司
### INSTRUCTION FOR CARGO BY SEA
### 国际海运货物委托书

| | | | | |
|---|---|---|---|---|
| SHIPPER(发货人): | DALIAN HONGLI INTL.TRADE CO., LTD. | TEL 86-411-88566444 | ☑ 委托代理报关 | |
| ADDRESS(地址): | ROOM 1101 XINYUE BUILDING, NO.18 HEYI STREET, XIGANG DISTRICT, DAI | | ☐ 委托提货运输 | |
| DATE(日期): | 2011-09-09 | | | |
| CONSIGNEE(收货人): | HALSALL INTERNATIONAL TRADING CO., LTD | TEL 0123-1231421 | | |
| ADDRESS(地址): | EMIL-FIGGE-STR.3, ROOM 207, D-44227 HAMBURG | | | |
| ALSO NOTIFY(并通知): | HALSALL INTERNATIONAL TRADING CO., LTD | TEL 0123-1231421 | | |
| ADDRESS(地址): | EMIL-FIGGE-STR.3, ROOM 207, D-44227 HAMBURG | | | |
| PORT OF LOADING(起运地): DALIAN | PORT OF DESTINATION(目的地) HAMBURG | PORT OF DESTINATION(卸货港) HAMBURG | | |
| OCEAN VESSEL/VOYAGE(船名航次): | | | | |

| DESCRIPTION OF GOODS 货物名称及描述 | MARKS & NUMBERS 唛头 | NO. OF PACKAGE 件数 | GROSS WEIGHT/KG 毛重 | NET WEIGHT/KG 净重 | MEAS/CBM 体积 |
|---|---|---|---|---|---|
| CHINESE CERAMIC DINNERWARE 48-PIECE DINNERWARE AND TEA SET PACKING: 1SET/CARTON | CHINESE CERAMIC DINNERWARE 48-PIECE DINNERWARE AND TEA SET C/NO.1-1000 MADE IN CHINA | 1 000 CARTONS | 17 000 KGS | 12 000 KGS | 72.5 CBM |
| TOTAL: | | 1 000 CARTONS | 17 000 KGS | 12 000 KGS | 72.5 CBM |

For cargo reception, we need:
1) Original or copy of shipping instruction form;
2) House Bill of Lading No:

货物进仓时,请出示以下文件:
1) 海运委托书之正本或副本;
2) 分单号:

COUNTRY OF ORIGIN: 出产地
TERMS 运输条款

| RATE AGREED 运费设定 | SPECIAL INSTRUCTIONS 特别附注 |
|---|---|
| ☑ 货柜  CNY  30 000<br>☐ 拼箱 | |

| 柜型及数量 | ☐ 20' CONTAINER X | ☐ 40' CONTAINER X | ☑ 40' HQ X   1 |
|---|---|---|---|
| | ☐ 20' REEFER X | ☐ 40' REEFER X | ☐ 40' REEFER HIGH |
| | ☐ 20' Platform X | ☐ 40' Platform X | |
| | ☐ 20' Car X | ☐ 40' Car X | |

| IMPORTANT-Please indicate freight payment by WHOM. | FREIGHT(运费) | ☑ PREPAID ☐ COLLECT | LOCAL CHARGES (本地运费) | ☑ PREPAID ☐ COLLECT |
|---|---|---|---|---|

OTHER CHARGE(其他费用)

| DOCUMENT 文件单据: | INVOICE发票#: | OTHER DOCUMENT 1#& NO: |
|---|---|---|
| | PACKING LIST装箱单#: | OTHER DOCUMENT 2#& NO: |

| DECLARED VALUE 价值 | INSURANCE AMOUNT 保险额 | Service Mode CY-CY | For Customs 报关金额 GBP 80 000<br>For Carriage 运输金额 |
|---|---|---|---|

注意事项:
1. 由于收货人拒绝收货或延迟收货,所产生的所有费用包括货物退货的费用,由发货人承担.委托人应在接到通知7日内支付,并承担相关法律责任;
2. 委托人交付的货物,其申报价值如果在USD800以上,请自行购买保险,并书面通知我公司相关人员,对于后果所产生责任由委托人承担;
3. 货物应具有符合海运运输要求的完整包装,券收货人对变物有任何异议,应在接受前提出,并且到接受单位书面确认,否则将被视为主动放弃;
4. 托运人需按发我司要求的付款时间内付清全部费用,托运人若承诺可延期付款,将按5%缴纳滞纳金,并且承送人有权采取任何措施扣回运费;
5. 客户应及时,准确提供有关单证.如有特殊要求,一律拒绝转船.可分批处理.运费到、倒付并不同,按倒付处理.托运人承担由此引起之一切损失.

| CONSIGNOR'S DETAIL委托人资料 | | | |
|---|---|---|---|
| CONSIGNOR'S NAME &ADDERSS (公司名称及地址) | DALIAN HONGLI INTL.TRADE CO., LTD. ROOM 1101 XINYUE BUILDING, NO.18 HEYI STREET, XIGANG DISTRICT, DALIAN, CHINA | INSTRUCTION BY:(经手人) SIGNED & CHOPPED: 签字及盖章 | 委托人声明:1.已经阅读以上应事项并同意. 2.所委托的货物及包装不涉及违反我送国和目的国用关法律及国际海运运输安全规定,并对此承担相应责任. LIN QUAN |

图 6-7  查看国际海运货物委托书

(2) 进行委托录入。单击要录入业务对应的"委托录入"按钮，进入录入画面，根据客户的委托需要和委托书内容进行录入。具体的录入方法可查看右上角的❓按钮。图6-8所示为录入好的范例。

图 6-8　委托录入

委托录入后，系统自动生成本笔业务的委托编号。如图6-9所示。

图 6-9　委托业务编号查询

(3) 提交审核。全部内容录入完成后，回到委托列表中，单击"提交审核"。
(4) 审核委托。由负责审核的公司成员（这里也可以是自己）进入"业务管理-委托审核"画面，对这笔委托业务进行审核，如图6-10所示。审核通过后，这笔委托业务会进入"业务管理-委托管理"画面中，就可以开始履行业务了；若录入有误，审核不通过，可单击"打回修改"，回到"委托录入"的页面修改后再提交审核，直到审核通过为止。
(5) 委托管理。在"业务管理"中单击"委托管理"，可看见本公司所有委托，如图6-11所示。
出口业务在订舱之前，如果有需要，可以修改录入时选定的运输公司，如图6-12所示。

图 6-10 委托审核

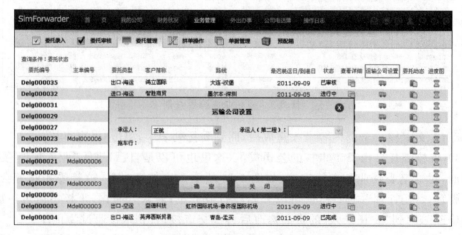

图 6-11 委托管理

图 6-12 运输公司的设置

随着业务的进行,系统会自动生成委托动态,如图 6-13 所示。

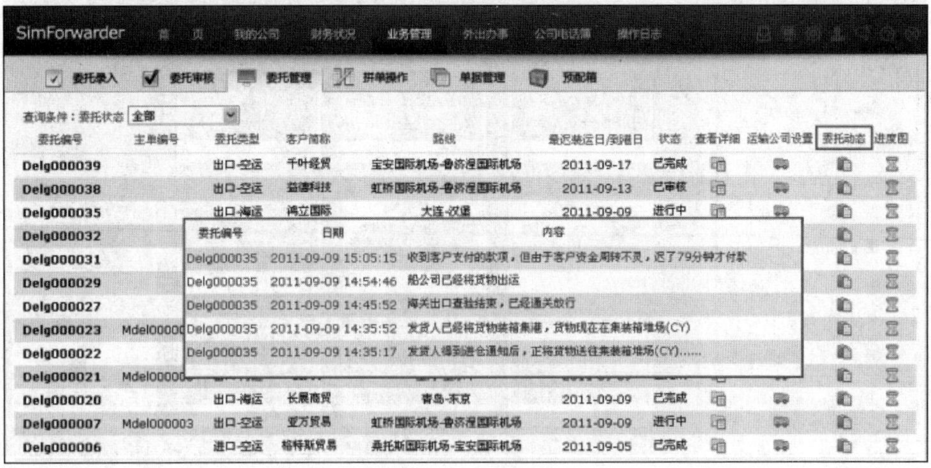

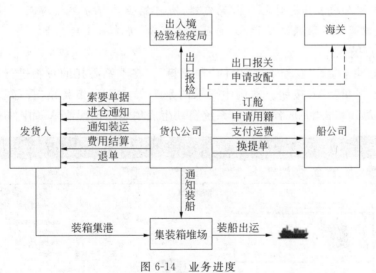

图 6-13　委托动态

单击图 6-14 所示的业务进度图,可查看业务流程。在系统的"业务进度图"中蓝色代表已经完成的步骤,灰色代表还没开始的步骤,一半蓝色一半灰色代表业务正在进行中。

图 6-14　业务进度

## 四、业务操作阶段

### 1. 向发货人索要单据

货代在接受货主委托后,需要从货主处取得相关的贸易单据,如合同、商业发票、装箱单等,以备办理交接货物、报检及报关等手续时使用。

(1) 单击"外出办事"页面,切换到相应的委托。
(2) 单击"发货人",选择索要单据选项。如图 6-15 所示。

图 6-15　办事机构

(3) 单据取回后,在"业务管理"的"单据管理"中查看单据,本例中应该取得的单据包括合同、商业发票、装箱单、代理报关委托书、出口收汇核销单和代理报检委托书(当货物属于法定需出口检验的商品时才有)。

**注意**：发货人的工作有时也会出现差错,有可能会将部分单据遗漏。一旦发现缺少单据,货运代理商应尽快联络发货人,询问相关事项,将单据及时补上。

2．海运订舱

(1) 预配箱。进入"业务管理"中的"预配箱"。将本笔委托的货物进行预配箱,具体方法请参考右上角"?"号按钮。本例中要求的是 1 个 40′HC 集装箱(普通超高柜),所有货物配箱完成后,单击"完成预配",由系统自动生成集装箱预配清单,如图 6-16 所示。

图 6-16　预配箱系统

(2) 填制单据。进入"业务管理-单据管理",单击对应委托的"查看单据",单击"添加新单据",添加(10-1)集装箱货物托运单(注:添加成功后单据列表中会出现10张单据,此为场站收据10联单,只需要填写其中的10-1联即可,其余9联为自动生成)进行填写,填写过程中可随时检查,填写帮助可单击单据标题蓝色字体。

(3) 办理订舱。单据填写通过后,进入"外出办事"页面,切换到相应的委托;单击"船公司",选择办理订舱,如图6-17所示。提交场站收据10联单[包括从(10-1)集装箱货物托运单到(10-10)配舱回单2,共计10张单据]、集装箱预配清单;办理成功,船公司接受订舱,将10联单的2、3、4联留底,其他各联返还货代,同时签发订舱确认书。

图 6-17　办理订舱

### 3. 出口报检

在进行出口报检之前,首先应确定本批货物是否在法定检验范围内,再进行报检工作。

(1) 查询商品监管条件。

① 从客户提供的合同或委托书中查得商品编号,进入"市场信息网站"的"商品"页面,输入商品编号进行查询,记下商品的海关代码。

② 进入"税率"页面,输入商品海关代码,查到相关税则,如图6-18所示。

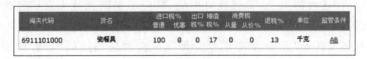

图 6-18　商品监管条件与税则

③ 如果查到的商品对应监管条件中有"A",表明需要进口报检;如果监管条件中有"B",表明需要出口报检;如果"A"和"B"都没有,则该商品不需要进出口报检。如果合同中有多种商品,需逐一进行查询。

（2）填制单据。进入"业务管理-单据管理"，单击对应委托的"查看单据"，单击"添加新单据"，添加出境货物报检单；在单据列表中分别单击打开出境货物报检单和代理报检委托书，进行填写，填写说明可单击单据标题蓝色字体进行查看。

（3）办理出口报检。进入"外出办事"页面，切换到相应的委托。单击"检验机构"，选择办理出口报检，如图6-19所示。提交合同、商业发票、装箱单、代理报检委托书、出境货物报检单。办理成功，检验机构签发出境货物通关单及其他出境报检单上勾选申请的相关证书。

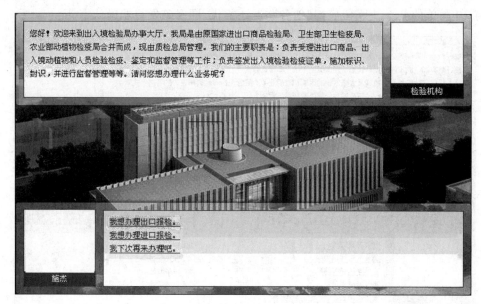

图6-19 办理出口报检

### 4．申请用箱

完成海运订舱后，在安排货物运输之前，须先到船公司办理使用集装箱的申请手续，才能去提领空集装箱。进入"外出办事"页面，切换到相应的委托，单击"船公司"，如图6-20所示。选择办理申请用箱，提交(10-5)装货单。办理成功，船公司收取打单费，签发设备交接单（出场）和设备交接单（进场）。

### 5．进仓通知

当出口货物交接地点为"场（CY）"或者"站（CFS）"时，需要发货人自行送货（本例中即为CY交货）。在这种情况下，货代在订舱后，就应尽早向发货人发送进仓通知，以便发货人及时安排送货。

（1）填制单据。进入"业务管理-单据管理"，单击对应委托的"查看单据"，单击"添加新单据"，海运添加进仓通知单（海运）时填写。

（2）进仓通知。进入"外出办事"页面，切换到相应的委托，单击"发货人"，选择通知进仓，提交进仓通知单（海运）、设备交接单（出场）、设备交接单（进场）。办理成功，发货人开始安排货物运输。

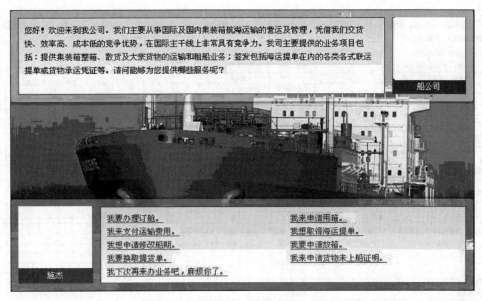

图 6-20　申请用箱

**6．出口报关**

货物通关程序，就出口方而言，可分为申报、查验货物、缴纳税费、放行装运四个步骤。

（1）电子报关预录入。在正式递交单据办理出口报关之前，必须先进行电子报关预录入。

① 单击主画面右上方第二个按钮，进入"电子报关"系统，输入口令（与登录密码相同）。

② 单击"报关申报"，进入预录入操作画面，如图 6-21 所示；鼠标移到左上方第一个菜单"报关单（1）"上，选择类型为"出口申报"；再单击"新增（N）"，新建一份出口报关单录入，填写报关单中各个栏位。填写过程中可随时"检查"，也可查看帮助。检查通过后，单击"暂存（S）"，然后依次单击"上载（U）""申报（R）""打印（I）"。打印成功后这笔电子报关预录入就完成了，正式的出口货物报关单将生成在"业务管理-单据管理"的相应单据列表中。

（2）填制单据。进入"业务管理-单据管理"，单击对应委托的"查看单据"，单据列表中单击打开代理报关委托书，进行填写。

（3）办理出口报关。进入"外出办事"页面，切换到相应的委托，单击"海关"，选择办理出口报关，提交合同、商业发票、装箱单、出口收汇核销单、代理报关委托书、出口货物报关单、（10-5）装货单、（10-6）场站收据副本、（10-7）场站收据正本；法定需出口报检的商品，还要提交出境货物通关单。

**7．通知装船**

当出口货物完成出口报关，就可以将盖有海关放行章的相关单据交给集装箱堆场的配载部门，再由配载部门通知码头理货部门负责将货物装船，准备出运。

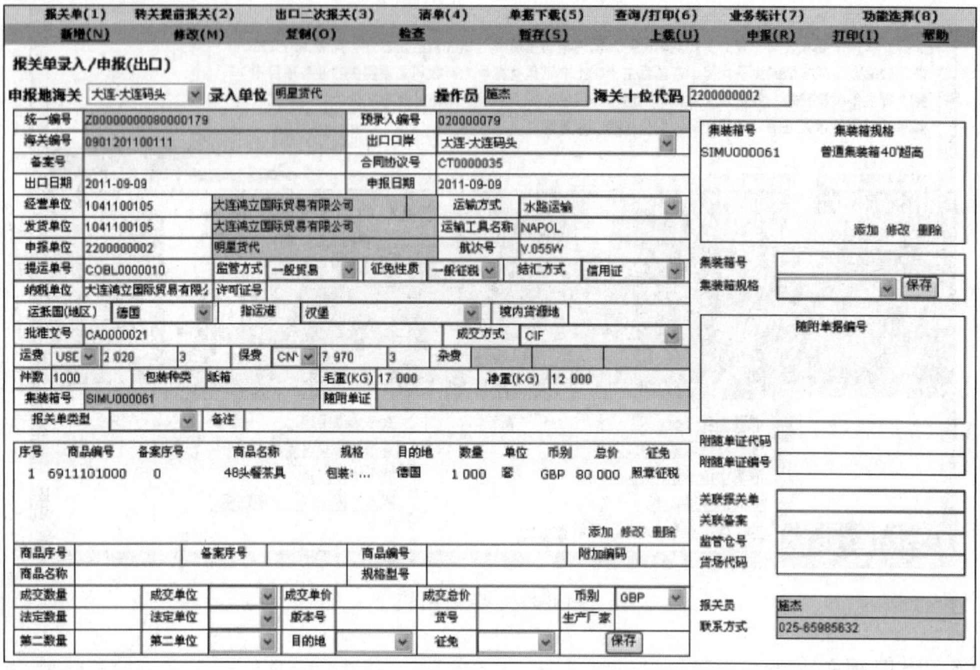

图 6-21 出口报关预录入

进入"外出办事"页面,切换到相应的委托,单击"集装箱堆场",如图 6-22 所示,选择安排货物装船,提交(10-5)装货单、(10-6)场站收据副本、(10-7)场站收据正本、(10-10)配舱回单 2;堆场受理,安排货物装船,装船完成后,大副签发(10-7)场站收据正本。

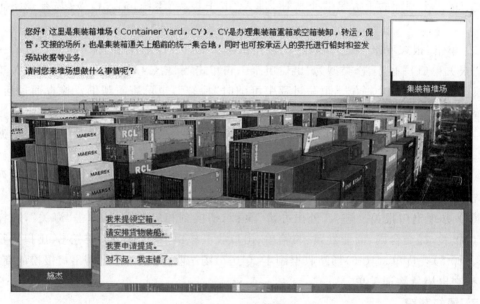

图 6-22 通知装船

8. 通知装运

当出口货物完成通知装船,并且按订舱时所订船期准时出运后,货代应及时通知发货人货物已经装运,以便进行费用结算。进入"外出办事"页面,切换到相应的委托,单击"发货人",选择通知货已装运。

9. 支付运费

当出口货物按照订舱时所订装运日期准时出运后,货代都应及时向承运人支付运费。

进入"外出办事"页面,切换到相应的委托,单击"船公司",选择支付运输费用;支付成功,船公司收取相关费用:海运费、码头作业费,如果使用集装箱时间超过 7 天,还会有滞箱费。

10. 换提单

当出口货物按照订舱时所订装运日期准时出运后,货代应向船公司支付相关运输费用,然后就可以凭船大副签发的(10-7)场站收据正本从船公司换取正本海运提单。

进入"外出办事"页面,切换到相应的委托,单击"船公司",选择要取得海运提单,提交(10-7)场站收据正本。办理成功,船公司签发海运提单。

11. 费用结算

在国际贸易中,由发货人还是收货人支付费用,和采用的贸易术语相关,一般情况下,出口委托应同发货人结算费用,进口委托则同收货人结算费用,但是也有例外:当合同采用 DDP 价格成交时,无论出口还是进口,所有费用都由发货人承担;当合同采用 EXW 价格成交时,无论出口还是进口,所有费用则由收货人承担。

进入"外出办事"页面,切换到相应的委托,本例中单击"发货人",选择结算费用;客户同意支付,收到相关款项。

12. 退单

退单是整个货代委托业务中的最后一步,具体是指当货代与客户完成费用结算后,应将货代发票、海关退单、出口时代客户申请的检验证书等单据退给客户,以便客户能够尽早办理出口收汇核销、出口退税或进口付汇核销等手续。

进入"外出办事"页面,切换到相应的委托,单击"发货人",选择退还相关单据:国际货物运输代理业专用发票、出口收汇核销单、出口货物报关单(核销联)、出口货物报关单(退税联)、(10-1)集装箱货物托运单、海运提单(直单时为海运提单,拼单时则为货代提单),如果是法检货物,可能会有品质证书、数量/重量证书、健康证书、植物检疫证书等检验证书,也要一并提交。

【重点提示】

(1) 出口海运 CY 交货,指的是货物交接地点为"场",即集装箱堆场,在这种方式下,由货主自行安排车辆将货物装箱并完成集港。

(2) 出口海运 CY 交货流程:索要单据、海运订舱、出口报检、申请用箱、进仓通知、出口报关、通知装船、通知装运、支付运费、换提单、费用结算、退单。

(3) 出口海运需备齐合同、商业发票、装箱单、代理报关委托书、出口收汇核销单等单据;L/C 方式下会有信用证,当货物属于法定需出口检验的商品时,还会有代理报检委托书。

(4) 一些表格在填写时可能会出现显示不完全的情况,通常可以通过"设置浏览器为兼容模式""更换浏览器""调整分辨率"等方法解决。若仍然无法正常显示,则可以利用复制粘贴功能进行盲填。

(5) 切记要在规定的时间内装船,否则会遭受损失。

(6) 在界面"业务管理"下属界面的"委托管理"中可以看到业务的进度图,该进度图会显示当前已完成和待完成的流程以及货物的实时状态。

## 模块 2　出口 CFS 交货

【实训目标】

熟悉出口海运 CFS 交货的业务流程,会安排拖车进行内陆运输,在 CFS 交货的情况下进行成本核算,以确保控制成本达到利润的最大化。掌握各种相关单据的填写内容,并能进行正确的填写。

【实训知识】

### 一、交接地点为"站(CFS)"

"站(CFS)"在实际工作中通常被称作"内装箱"。在这种方式下,发货人会按货代发送的进仓通知将未装箱货物送入集装箱货运站,再由货代负责安排货物装箱,并送至指定堆场。拼箱货物也属此种方式。业务中的关键词是"集装箱货运站"。

### 二、预算费用

在出口 CFS 交货下,预算包含 CFS 装箱费。

### 三、出口 CFS 交货流程

(1) 向发货人索要单据。货代在接受发货人委托后,需要从发货人处取得相关的贸易单据,如合同、商业发票、装箱单等,以备办理交接货物、报检及报关等手续时使用。

(2) 海运订舱。

(3) 出口报检。在进行出口报检之前,首先应确定本批货物是否在法定检验范围内,再进行报检工作。

(4) 进仓通知。当出口货物交接地点为"场(CY)"或者"站(CFS)"时,需要发货人自行送货。在这种情况下,货代在订舱后,就应尽早向发货人发送进仓通知,以便发货人及时安排送货。

(5) 申请用箱。完成海运订舱后,在安排货物运输之前,须先到船公司办理使用集装箱的申请手续,才能去提领空集装箱。

(6) 提领空箱。当出口货物交接地点为"站(CFS)"时,需要由货代来安排货物在集装箱货运站进行装箱。在这种情况下,货代一方面要给发货人发送进仓通知,让发货人把货物送到集装箱货运站;另一方面,又要提领空箱,以便及时安排货物装箱。

(7) 货物装箱。当发货人把货物送到集装箱货运站后,货代应及时提领空箱,并到货运站安排货物装箱。注意:货物装箱是由货运代理公司进行的。所以在预算的时候有一个装箱费。

(8) 货物送到堆场。货代安排货物在集装箱货运站进行装箱后再进行集港。所谓集港,即将已装箱货物运送到相应集装箱堆场,准备装船出运。在这种情况下,货代在完成货物装箱后,就要及时安排集港,以免耽误船期。

(9) 出口报关。货物通关程序,就出口方而言,可分为申报、查验货物、缴纳税费、放行装运四个步骤。

(10) 通知装船。当出口货物完成出口报关,就可以将盖有海关放行章的相关单据交给集装箱堆场的配载部门,再由配载部门通知码头理货部门负责将货物装船,准备出运。

(11) 通知装运。当出口货物完成通知装船,并且按订舱时所订船期准时出运后,货代应及时通知发货人货物已经装运,以便进行费用结算。

(12) 支付运费。当出口货物按照订舱时所订装运日期准时出运后,货代都应及时向船公司支付运费。

(13) 换提单。当出口货物按照订舱时所订装运日期准时出运后,货代应向船公司支付相关运输费用,然后就可以凭船大副签发的(10-7)场站收据正本从船公司换取正本海运提单。

(14) 费用结算。在国际贸易中,由发货人还是收货人支付费用,和采用的贸易术语相关,一般情况下,出口委托应同发货人结算费用,进口委托则同收货人结算费用,但是也有例外:当合同采用 DDP 价格成交时,无论出口还是进口,所有费用都由发货人承担;当合同采用 EXW 价格成交时,无论出口还是进口,所有费用则由收货人承担。

(15) 退单。货代将相关单据退给客户,以便客户办理出口收汇核销、出口退税或进口付汇核销等手续。

【实训内容】

(1) 利用 SimForwarder 提供的各项资源,做好承接货代委托业务前的准备工作,独立进行业务规划。

(2) 使用模拟物流平台搜索市场信息,了解运价、商品、税率等信息。

(3) 根据业务需求进行成本核算并报价,接下任务委托。

(4) 掌握委托录入与审核的方法。

(5) 学会缮制相关单据。

(6) 学习预配箱的方法,掌握订舱要点。

(7) 能够办理进出口报检、报关事宜,会使用 EDI 电子报关系统进行预录入。

(8) 正确填写各种单据(包括出口业务中的报检、保管、议付单据,进口业务中的信用证开证申请)。

(9) 跟踪货物进度,能处理业务过程中遇到的各种意外事件。

(10) 学会合理利用各种方式控制成本以达到利润最大化。

(11) 能掌握各种运输方式和贸易方式的具体实施办法。

## 【实训操作步骤】

### 一、寻找业务机会

（1）查看市场信息。在学生操作画面，单击右上角一排按钮中的第一个按钮，进入"市场信息"网站。在其中第一个页面"市场信息-出口"页面中可查看目前所有货主发布的出口委托（市场信息会经常更新）。本例中选择接的是一笔出口海运 CFS 交货业务，如图 6-23 所示。

图 6-23　出口海运 CFS 业务

（2）查看信息详细内容。单击该信息的标题，打开详细信息画面，里面列明了货主的各项要求，如运输方式、始发港与目的港、运费支付方式、货物信息、货物交接方式等，如图 6-24 所示。

图 6-24　业务的具体要求

（3）根据内容进行预算。单击这笔信息对应的"报价"按钮，打开报价画面。在填写预算表的过程中，可以在页面上单击"查看帮助"。

（4）发送报价。做完预算以后，就可以根据预算的结果发送报价。如果报价被接受，即成功接下业务；否则，可以修改金额重新进行报价。

**注意**：一个公司中的所有成员都可以对同一笔委托业务进行报价，但是只能由一个人接下业务。也就是说，最先报价成功的公司成员接下业务后，其他的成员就不可以再接同一笔业务了，因此在对业务进行预算和报价之前，同一公司中的成员最好先沟通协调一下,不要对信息编号相同的业务报价,以免有人浪费时间。

## 二、委托录入与审核

(1) 查看项目信息。成功接下业务后,回到主界面,进入"业务管理-委托录入"画面,就可以看到刚才接下的这笔委托业务。单击标题,打开详细信息;在详细信息画面中再单击"查看委托书"按钮,可打开客户提供的委托书,如图6-25所示。

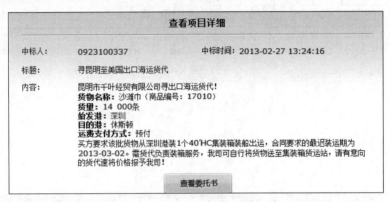

图 6-25 客户委托书

(2) 进行委托录入。单击要录入业务对应的"委托录入"按钮,进入录入画面,根据客户的委托需要和委托书内容进行录入。具体的录入方法可查看右上角的 ❓ 按钮。委托录入后,系统自动生成本笔业务的委托编号,如图6-26所示。

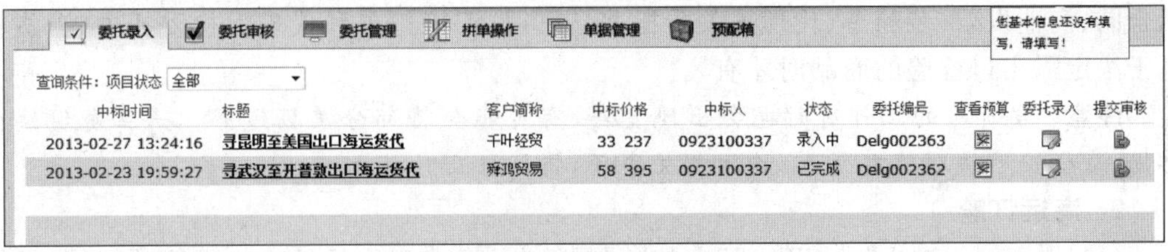

图 6-26 委托业务编号

(3) 提交审核。全部内容录入完成后,回到委托列表中,单击"提交审核"。
(4) 审核委托。由负责审核的公司成员(这里也可以是自己)进入"业务管理-委托审核"画面,对这笔委托业务进行审核。审核通过后,这笔委托业务会进入"业务管理-委托管理"画面中,就可以开始履行业务了;若录入有误,审核不通过,可单击"打回修改",回到"委托录入"的页面修改后再提交审核,直到审核通过为止。
(5) 委托管理。在"业务管理"中单击"委托管理"可看见本公司所有委托。

## 三、业务操作阶段

### 1. 向发货人索要单据

货代在接受发货人委托后,需要从发货人处取得相关的贸易单据,如合同、商业发票、装箱单等,以备办理交接货物、报检及报关等手续时使用。

(1) 单击"外出办事"页面,切换到相应的委托。单击切换,可出现如图 6-27 所示委托列表。

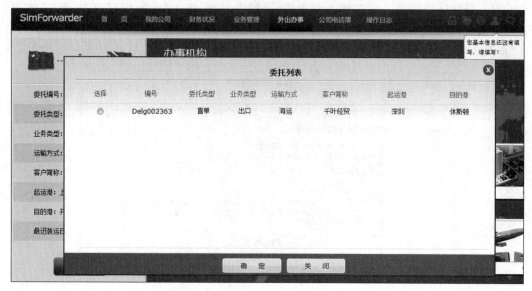

图 6-27 委托列表

(2) 单击"发货人",选择索要单据选项。

(3) 单据取回后,在"业务管理"的"单据管理"中查看单据,本例中应该取得的单据包括合同、商业发票、装箱单、代理报关委托书、出口收汇核销单和代理报检委托书(当货物属于法定需出口检验的商品时才有)。

**注意**:发货人的工作有时也会出现差错,有可能会将部分单据遗漏。一旦发现缺少单据,货代应尽快联络发货人,询问相关事项,将单据及时补上。

### 2. 海运订舱

(1) 预配箱。进入"业务管理"中的"预配箱"。将本笔委托的货物进行预配箱,具体方法请参考右上角"?"号按钮。本例中要求的是 1 个 40'HP 集装箱(普通尺柜),所有货物配箱完成后,单击"完成预配",由系统自动生成集装箱预配清单,如图 6-28 所示。

(2) 填制单据。进入"业务管理-单据管理",单击对应委托的"查看单据",单击"添加新单据",添加(10-1)集装箱货物托运单(注:添加成功后单据列表中会出现 10 张单据,此为场站收据 10 联单,只需要填写其中的 10-1 联即可,其余 9 联为自动生成)进行填写,填写过程中可随时检查,填写帮助可单击单据标题蓝色字体。

(3) 办理订舱。单据填写通过后,进入"外出办事"页面,切换到相应的委托;单击"船公司",选择办理订舱,提交场站收据 10 联单[注:从(10-1)集装箱货物托运单到(10-10)配舱回单 2,共计 10 张单据]、集装箱预配清单;办理成功,船公司接受订舱,将 10 联单的2、3、4 联留底,其他各联返还货代,同时签发订舱确认书。

### 3. 出口报检

在进行出口报检之前,首先应确定本批货物是否在法定检验范围内,再进行报检工作。

图 6-28 完成预配

(1) 查询商品监管条件。

① 从客户提供的合同或委托书中查得商品编号,进入"市场信息网站"的"商品"页面,输入商品编号进行查询,记下商品的海关代码。

② 进入"税率"页面,输入商品海关代码,查到相关税则,如图 6-29 所示。

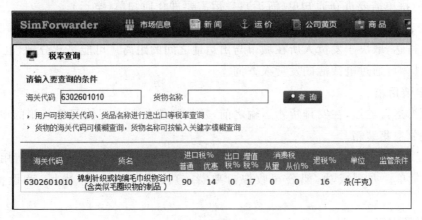

图 6-29 税率查询

③ 如果查到的商品对应监管条件中有"A",表明需要进口报检;如果监管条件中有"B",表明需要出口报检;如果"A"和"B"都没有,则该商品不需要进出口报检。如果合同中有多种商品,需逐一进行查询。如图 6-29 可知,该商品不需要进行报检。

(2) 填制单据。

进入"业务管理-单据管理",单击对应委托的"查看单据",点"添加新单据",添加出境货物报检单;在单据列表中分别点击打开出境货物报检单和代理报检委托书进行填写。

填写说明可点击单据标题蓝色字体进行查看。

(3) 办理出口报检。

选择办理出口报检,需提交合同、商业发票、装箱单、代理报检委托书、出境货物报检单;L/C 方式下还需要信用证。

### 4. 进仓通知

当出口货物交接地点为"场(CY)"或者"站(CFS)"时,需要发货人自行送货。在这种情况下,货代在订舱后,就应尽早向发货人发送进仓通知,以便发货人及时安排送货。

(1) 填制单据。

① 进入"业务管理-单据管理",单击对应委托的"查看单据"(如果是拼单,需先选择对应主单,再进入相应分单的单据列表)。

② 单击"添加新单据",海运时添加进仓通知单(海运);空运时添加进仓通知单(空运)。

③ 在单据列表中单击打开进仓通知单进行填写,填写说明可单击单据标题蓝色字体进行查看。

(2) 进仓通知。

① 进入"外出办事"页面,切换到相应的委托(如果是拼单,需先选择对应主单,再选中相应要通知的分单)。

② 单击"发货人",选择通知进仓,提交相关单据。不同运输方式下需提交的单据不同,海运 CY 交货准备进仓通知单(海运)、设备交接单(出场)、设备交接单(进场);海运 CFS 交货/拼单需要进仓通知单(海运);空运需要进仓通知单(空运)。

③ 办理成功,发货人开始安排货物运输。注:货物运输需要一定的时间,具体什么时间可以送达,取决于发货人所在城市与出运地之间的距离。可能是几分钟,也可能是数个小时,具体可通过电话簿向发货人查询。

### 5. 申请用箱

完成海运订舱后,在安排货物运输之前,须先到船公司办理使用集装箱的申请手续,才能去提领空集装箱。

进入"外出办事"页面,切换到相应的委托,单击"船公司",选择办理申请用箱,提交(10-5)装货单。办理成功,船公司收取打单费,签发设备交接单(出场)和设备交接单(进场)。

### 6. 提领空箱

当出口货物交接地点为"站(CFS)"时,需要由货代来安排货物在集装箱货运站进行装箱。在这种情况下,货代一方面要给发货人发送进仓通知,让发货人把货物送到集装箱货运站;另一方面,要提领空箱,以便及时安排货物装箱。

(1) 进入"外出办事"页面,切换到相应的委托(如果是拼单,应选择所属主单来进行操作)。

(2) 单击"集装箱堆场",选择办理提领空箱,提交设备交接单(出场)。

(3) 办理成功,堆场发放空箱,空箱将被自动运送到集装箱货运站。

## 7. 货物装箱

当发货人把货物送到集装箱货运站后,货代应及时提领空箱,并到货运站安排货物装箱。

(1) 进入"外出办事"页面,切换到相应的委托(如果是拼单,应选择所属主单来进行操作)。

(2) 单击"集装箱货运站",选择安排货物装箱。

(3) 货运站收取装箱费,将货物装箱,并查看集装箱装箱单。

## 8. 货物送到堆场

货代安排货物在集装箱货运站进行装箱后再进行集港。所谓集港,即将已装箱货物运送到相应集装箱堆场,准备装船出运。在这种情况下,货代在完成货物装箱后,就要及时安排集港,以免耽误船期。

(1) 进入"外出办事"页面,切换到相应的委托(如果是拼单,应选择所属主单来进行操作)。

(2) 单击"集装箱货运站",选择将已装箱货物送到堆场,提交设备交接单(进场)。

(3) 办理成功,已装箱货物将被自动运送到集装箱堆场。

## 9. 出口报关

货物通关程序,就出口方而言,可分为申报、查验货物、缴纳税费、放行装运四个步骤。

(1) 电子报关预录入。在正式递交单据办理出口报关之前,必须先进行电子报关预录入。

① 单击主画面右上方第二个按钮,进入"电子报关"系统,输入口令(与登录密码相同)。

② 单击"报关申报",进入预录入操作画面;鼠标移到左上方第一个菜单"报关单(1)"上,选择类型为"出口申报";再单击"新增(N)",新建一份出口报关单录入,填写报关单中各个栏位。填写过程中可随时"检查",也可查看帮助。检查通过后,单击"暂存(S)",然后依次单击"上载(U)""申报(R)""打印(I)"。打印成功后这笔电子报关预录入就完成了,正式的出口货物报关单将生成在"业务管理-单据管理"的相应单据列表中。

(2) 填制单据。进入"业务管理-单据管理",单击对应委托的"查看单据",单据列表中单击打开代理报关委托书,进行填写。

(3) 办理出口报关。进入"外出办事"页面,切换到相应的委托,单击"海关",选择办理出口报关,提交合同、商业发票、装箱单、出口收汇核销单、代理报关委托书、出口货物报关单、(10-5)装货单、(10-6)场站收据副本、(10-7)场站收据正本;法定需出口报检的商品,还要提交出境货物通关单。

## 10. 通知装船

当出口货物完成出口报关,就可以将盖有海关放行章的相关单据交给集装箱堆场的配载部门,再由配载部门通知码头理货部门负责将货物装船,准备出运。

进入"外出办事"页面,切换到相应的委托,单击"集装箱堆场",选择安排货物装船,提交(10-5)装货单、(10-6)场站收据副本、(10-7)场站收据正本、(10-10)配舱回单2;堆场受理,安排货物装船,装船完成后,大副签发(10-7)场站收据正本。

11. 通知装运

当出口货物完成通知装船，并且按订舱时所订船期准时出运后，货代应及时通知发货人货物已经装运，以便进行费用结算。

进入"外出办事"页面，切换到相应的委托，单击"发货人"，选择通知货物已装运。

12. 支付运费

当出口货物按照订舱时所订装运日期准时出运后，货代都应及时向承运人支付运费。

进入"外出办事"页面，切换到相应的委托，单击"船公司"，选择支付运输费用；支付成功，船公司收取相关费用：海运费、码头作业费，如果使用集装箱时间超过7天，还会有滞箱费。

13. 换提单

当出口货物按照订舱时所订装运日期准时出运后，货代应向船公司支付相关运输费用，然后就可以凭船大副签发的(10-7)场站收据正本从船公司换取正本海运提单。

进入"外出办事"页面，切换到相应的委托，单击"船公司"，选择要取得海运提单，提交(10-7)场站收据正本。办理成功，船公司签发海运提单。

14. 费用结算

在国际贸易中，由发货人还是收货人支付费用，和采用的贸易术语相关，一般情况下，出口委托应同发货人结算费用，进口委托则同收货人结算费用，但是也有例外：当合同采用 DDP 价格成交时，无论出口还是进口，所有费用都由发货人承担；当合同采用 EXW 价格成交时，无论出口还是进口，所有费用则由收货人承担。

进入"外出办事"页面，切换到相应的委托，本例中单击"发货人"，选择结算费用；客户同意支付，收到相关款项。

15. 退单

退单是整个货代委托业务中的最后一步，具体是指当货代与客户完成费用结算后，应将货代发票、海关退单、出口时代客户申请的检验证书等单据退给客户，以便客户能够尽早办理出口收汇核销、出口退税或进口付汇核销等手续。

进入"外出办事"页面，切换到相应的委托，单击"发货人"，选择退还相关单据：国际货物运输代理业专用发票、出口收汇核销单、出口货物报关单(核销联)、出口货物报关单(退税联)、(10-1)集装箱货物托运单、海运提单(直拼时为海运提单，拼单时则为货代提单)，如果是法检货物，可能会有品质证书、数量/重量证书、健康证书、植物检疫证书等检验证书，也要一并提交。

## 【重点提示】

(1) 出口海运 CFS 交货，指的是货物交接地点为"站"，即集装箱货运站。在这种方式下，货主会自行将货物送至货运站，再由货代来安排装箱，并将货物集港。

(2) 出口海运 CFS 交货流程：索要单据、海运订舱、出口报检、进仓通知、申请用箱、提领空箱、货物装箱、货物送到堆场、出口报关、通知装船、通知装运、支付运费、换提单、费用结算、退单。

## 模块 3　出口 DOOR 交货

### 【实训目标】

熟悉出口海运 DOOR 交货的业务流程,会安排拖车进行内陆运输,在 DOOR 交货的情况下进行成本核算,以确保控制成本达到利润的最大化。掌握各种相关单据的填写内容,并能进行正确的填写。

### 【实训知识】

#### 一、交接地点为"门(DOOR)"

"门(DOOR)"在实际工作中通常被称作"门到门"。在这种方式下,货物储存在发货人工厂仓库中,要求货运代理安排集装箱拖车运输。货代应在约定的装货时间内,安排拖车提取空箱,将空箱运至发货人工厂仓库;发货人则应准备好货物,安排好装卸工人及装卸机械进行装箱作业;货物完成装箱后,再由集装箱拖车将货物运至指定的码头集装箱堆场。

#### 二、拖车运输

只有在出口 DOOR 交货的情况下,才需要货代公司安排拖车,进行集装箱运输。

#### 三、出口 DOOR 交货基本流程

(1) 向发货人索要单据。货代在接受发货人委托后,需要从发货人处取得相关的贸易单据,如合同、商业发票、装箱单等,以备办理交接货物、报检及报关等手续时使用。

**注意**:发货人的工作有时也会出现差错,有可能会将部分单据遗漏。一旦发现缺少单据,货代应尽快联络发货人,询问相关事项,将单据及时补上。

(2) 海运订舱。

**注意**:该步骤中要添加(10-1)集装箱货物托运单,其中有关于装运期的填写,要注意填写装运期,因为后面通知装运是按订舱时所订船期准时出运,超过装运期,就要申请推迟装运,这样是很浪费时间的。

(3) 出口报检。在进行出口报检之前,首先应确定本批货物是否在法定检验范围内,再进行报检工作。

**注意**:如果查到的商品对应监管条件中有"A",表明需要进口报检;如果监管条件中有"B",表明需要出口报检;如果"A"和"B"都没有,则该商品不需要进出口报检。如果合同中有多种商品,需逐一进行查询。

(4) 申请用箱。完成海运订舱后,在安排货物运输之前,须先到船公司办理使用集装箱的申请手续,才能去提领空集装箱。

(5) 安排拖车。当发货人提出货物交接地点为"门(DOOR)"时,即需要货代来安排货物运输。一般来说集装箱的运输需要通过拖车行的卡车队来完成,因此,货代就必须寻找一家合适的拖车行来安排拖车,委托其进行集装箱运输。

**注意**：安排拖车要提交相关的单据，其中设备交接单（出场）有两份，在提交时，都要提交给拖车行。

(6) 支付拖车费。进入"外出办事"页面，切换到相应的委托；单击"拖车行"，选择支付拖车费；办理成功，拖车行收取费用，开具公路、内河货物运输业统一发票；如果是出口业务时，还会给付集装箱装箱单。

(7) 出口报关。货物通关程序，就出口方而言，可分为申报、查验货物、缴纳税费、放行装运四个步骤。

(8) 通知装船。当出口货物完成出口报关，就可以将盖有海关放行章的相关单据交给集装箱堆场的配载部门，再由配载部门通知码头理货部门负责将货物装船，准备出运。

(9) 通知装运。当出口货物完成通知装船，并且按订舱时所订船期准时出运后，货代应及时通知发货人货物已经装运，以便进行费用结算。

(10) 支付运费。当出口货物按照订舱时所订装运日期准时出运后，货代都应及时向船公司支付运费。

(11) 换提单。当出口货物按照订舱时所订装运日期准时出运后，货代应向船公司支付相关运输费用，然后就可以凭船大副签发的(10-7)场站收据正本从船公司换取正本海运提单。

(12) 费用结算。在国际贸易中，由发货人还是收货人支付费用，和采用的贸易术语相关，一般情况下，出口委托应同发货人结算费用，进口委托则同收货人结算费用，但是也有例外：当合同采用 DDP 价格成交时，无论出口还是进口，所有费用都由发货人承担；当合同采用 EXW 价格成交时，无论出口还是进口，所有费用则由收货人承担。

(13) 退单。退单是整个货代委托业务中的最后一步，具体是指当货代与客户完成费用结算后，应将货代发票、海关退单、出口时代客户申请的检验证书等单据退给客户，以便客户能够尽早办理出口收汇核销、出口退税或进口付汇核销等手续。

## 【实训内容】

(1) 利用 SimForwarder 提供的各项资源，做好承接货代委托业务前的准备工作，独立进行业务规划。

(2) 使用模拟物流平台搜索市场信息，了解运价、商品、税率等信息。

(3) 根据业务需求进行成本核算并报价，接下委托任务。

(4) 掌握委托录入与审核的方法。

(5) 学会缮制相关单据。

(6) 学习预配箱的方法，掌握订舱要点。

(7) 会安排拖车进行内陆运输。

(8) 能够办理进出口报检、报关事宜，会使用 EDI 电子报关系统进行预录入。

(9) 正确填写各种单据（包括出口业务中的报检、报关、议付单据，进口业务中的信用证开证申请）。

(10) 跟踪货物进度，能处理业务过程中遇到的各种意外事件。

(11) 学会合理利用各种方式控制成本以达到利润最大化。

（12）能掌握各种运输方式和贸易方式的具体实施办法。

## 【实训操作步骤】

### 一、寻找业务机会

（1）查看市场信息。在学生操作画面，单击右上角一排按钮中的第一个按钮，进入"市场信息"网站。在其中第一个页面"市场信息-出口"页面中可查看目前所有货主发布的出口委托（市场信息会经常更新）。本例中选择接的是一笔出口 DOOR 交货业务。

（2）查看信息详细内容。单击该信息的标题，打开详细信息画面，里面列明了货主的各项要求，如运输方式、始发港与目的港、运费支付方式、货物信息、货物交接方式等。

（3）根据内容进行预算。单击这笔信息对应的"报价"按钮，打开报价画面。在填写预算表的过程中，可以在页面上单击"查看帮助"。

（4）发送报价。做完预算以后，就可以根据预算的结果发送报价。如果报价被接受，即成功接下业务；否则，可以修改金额重新进行报价。

### 二、委托录入与审核

（1）查看项目信息。成功接下业务后，回到主界面，进入"业务管理-委托录入"画面，就可以看到刚才接下的这笔委托业务了，如图 6-30 所示。

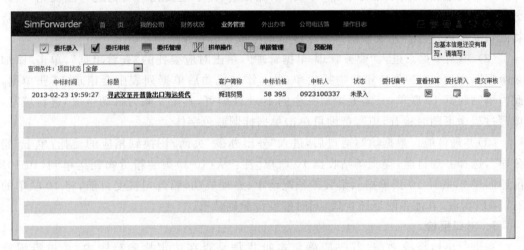

图 6-30　查看项目信息

单击标题，打开详细信息；在详细信息画面中再单击"查看委托书"按钮，可打开客户提供的委托书。

（2）进行委托录入。单击要录入业务对应的"委托录入"按钮，进入录入画面，根据客户的委托需要和委托书内容进行录入。具体的录入方法可查看右上角的 ❓ 按钮。委托录入后，系统自动生成本笔业务的委托编号。

（3）提交审核。全部内容录入完成后，回到委托列表中，单击"提交审核"。

（4）审核委托。由负责审核的公司成员（这里也可以是自己）进入"业务管理-委托审核"画面,对这笔委托业务进行审核。审核通过后,这笔委托业务会进入"业务管理-委托管理"画面中,就可以开始履行业务了;若录入有误,审核不通过,可单击"打回修改",回到"委托录入"的页面修改后再提交审核,直到审核通过为止。

(5) 委托管理。在"业务管理"中单击"委托管理"可看见本公司所有委托。

### 三、业务操作阶段

#### 1. 向发货人索要单据

货代在接受发货人委托后,需要从发货人处取得相关的贸易单据,如合同、商业发票、装箱单等,以备办理交接货物、报检及报关等手续时使用。

(1) 单击"外出办事"页面,切换到相应的委托。

(2) 单击"发货人",选择索要单据选项。

(3) 单据取回后,在"业务管理"的"单据管理"中查看单据,本例中应该取得的单据包括合同、商业发票、装箱单、代理报关委托书、出口收汇核销单和代理报检委托书(当货物属于法定需出口检验的商品时才有)。

**注意**:发货人的工作有时也会出现差错,有可能会将部分单据遗漏。一旦发现缺少单据,货代应尽快联络货主,询问相关事项,将单据及时补上。

#### 2. 海运订舱

(1) 预配箱。进入"业务管理"中的"预配箱"。将本笔委托的货物进行预配箱,具体方法请参考右上角"?"号按钮。本例中要求的是 2 个 40'GP 集装箱(普通尺柜),所有货物配箱完成后,单击"完成预配",由系统自动生成集装箱预配清单。

(2) 填制单据。进入"业务管理-单据管理",单击对应委托的"查看单据",单击"添加新单据",添加(10-1)集装箱货物托运单(注:添加成功后单据列表中会出现 10 张单据,此为场站收据 10 联单,只需要填写其中的 10-1 联即可,其余 9 联为自动生成)进行填写,填写过程中可随时检查,填写帮助可单击单据标题蓝色字体。

(3) 办理订舱。单据填写通过后,进入"外出办事"页面,切换到相应的委托;单击"船公司",选择办理订舱,提交场站收据 10 联单[注:从(10-1)集装箱货物托运单到(10-10)配舱回单 2,共计 10 张单据]、集装箱预配清单;办理成功,船公司接受订舱,将 10 联单的 2、3、4 联留底,其他各联返还货代,同时签发订舱确认书。

#### 3. 出口报检

在进行出口报检之前,首先应确定本批货物是否在法定检验范围内,再进行报检工作。

(1) 从客户提供的合同或委托书中查得商品编号,进入"市场信息网站"的"商品"页面,输入商品编号进行查询,记下商品的海关代码。

(2) 进入"税率"页面,输入商品海关代码,查到相关税则。

(3) 如果查到的商品对应监管条件中有"A",表明需要进口报检;如果监管条件中有"B",表明需要出口报检;如果"A"和"B"都没有,则该商品不需要进出口报检。如果合同中有多种商品,需逐一进行查询。

### 4．申请用箱

完成海运订舱后,在安排货物运输之前,须先到船公司办理使用集装箱的申请手续,才能去提领空集装箱。

进入"外出办事"页面,切换到相应的委托,单击"船公司",选择办理申请用箱,提交(10-5)装货单。办理成功,船公司收取打单费,签发设备交接单(出场)和设备交接单(进场)。

### 5．安排拖车

当发货人提出货物交接地点为"门(DOOR)"时,即需要货代来安排货物运输。一般来说集装箱的运输需要通过拖车行的卡车队来完成,因此,货代就必须寻找一家合适的拖车行来安排拖车,委托其进行集装箱运输。

(1) 填制单据。进入"业务管理-单据管理",单击对应委托的"查看单据";单击"添加新单据",添加拖车联系单;在单据列表中单击打开拖车联系单进行填写,填写说明可单击单据标题蓝色字体进行查看,如图 6-31 所示。

图 6-31　添加拖车联系单

(2) 安排拖车。进入"外出办事"页面,切换到相应的委托。

① 单击"拖车行",选择办理委托集装箱运输,提交相关单据。不同业务类型下需提交的单据不同。

出口单据：拖车联系单、设备交接单(出场)、设备交接单(进场);

进口单据：拖车联系单、设备交接单(出场)、设备交接单(进场)、提货单-交货记录联。

② 办理成功,拖车行接受委托,按要求进行货物运输。如图 6-32 所示。

### 6．支付拖车费

进入"外出办事"页面,切换到相应的委托;单击"拖车行",选择支付拖车费;办理成功,拖车行收取费用,开具公路、内河货物运输业统一发票;如果是出口业务时,还会给付

图 6-32 拖车行接受拖车委托

集装箱装箱单。

7. 出口报关

货物通关程序，就出口方而言，可分为申报、查验货物、缴纳税费、放行装运四个步骤。

(1) 电子报关预录入。在正式递交单据办理出口报关之前，必须先进行电子报关预录入。

① 单击主画面右上方第二个按钮，进入"电子报关"系统，输入口令（与登录密码相同）。

② 单击"报关申报"，进入预录入操作画面；鼠标移到左上方第一个菜单"报关单(1)"上，选择类型为"出口申报"；再单击"新增(N)"，新建一份出口报关单录入，填写报关单中各个栏位。填写过程中可随时"检查"，也可查看帮助。检查通过后，单击"暂存(S)"，然后依次单击"上载(U)""申报(R)""打印(I)"。打印成功后这笔电子报关预录入就完成了，正式的出口货物报关单将生成在"业务管理-单据管理"的相应单据列表中。

(2) 填制单据。进入"业务管理-单据管理"，单击对应委托的"查看单据"，单据列表中单击打开代理报关委托书，进行填写。

(3) 办理出口报关。进入"外出办事"页面，切换到相应的委托，单击"海关"，选择办理出口报关，提交合同、商业发票、装箱单、出口收汇核销单、代理报关委托书、出口货物报关单、(10-5)装货单、(10-6)场站收据副本、(10-7)场站收据正本；法定需出口报检的商品，还要提交出境货物通关单。

8. 通知装船

当出口货物完成出口报关，就可以将盖有海关放行章的相关单据交给集装箱堆场的配载部门，再由配载部门通知码头理货部门负责将货物装船，准备出运。

进入"外出办事"页面，切换到相应的委托，单击"集装箱堆场"，选择安排货物装船，提交(10-5)装货单、(10-6)场站收据副本、(10-7)场站收据正本、(10-10)配舱回单 2；堆场受理,安排货物装船,装船完成后,大副签发(10-7)场站收据正本。

9. 通知装运

当出口货物完成通知装船,并且按订舱时所订船期准时出运后,货代应及时通知发货人货物已经装运,以便进行费用结算。

进入"外出办事"页面,切换到相应的委托,单击"发货人",选择通知货物已装运。

10. 支付运费

当出口货物按照订舱时所订装运日期准时出运后,货代都应及时向承运人支付运费。

进入"外出办事"页面,切换到相应的委托,单击"船公司",选择支付运输费用;支付成功,船公司收取相关费用:海运费、码头作业费,如果使用集装箱时间超过7天,还会有滞箱费。

11. 换提单

当出口货物按照订舱时所订装运日期准时出运后,货代应向船公司支付相关运输费用,然后就可以凭船大副签发的(10-7)场站收据正本从船公司换取正本海运提单。

进入"外出办事"页面,切换到相应的委托,单击"船公司",选择要取得海运提单,提交(10-7)场站收据正本。办理成功,船公司签发海运提单。

12. 费用结算

在国际贸易中,由发货人还是收货人支付费用,和采用的贸易术语相关,一般情况下,出口委托应同发货人结算费用,进口委托则同收货人结算费用,但是也有例外:当合同采用DDP价格成交时,无论出口还是进口,所有费用都由发货人承担;当合同采用EXW价格成交时,无论出口还是进口,所有费用则由收货人承担。

进入"外出办事"页面,切换到相应的委托,本例中单击"发货人",选择结算费用;客户同意支付,收到相关款项。

13. 退单

退单是整个货代委托业务中的最后一步,具体是指当货代与客户完成费用结算后,应将货代发票、海关退单、出口时代客户申请的检验证书等单据退给客户,以便客户能够尽早办理出口收汇核销、出口退税或进口付汇核销等手续。

进入"外出办事"页面,切换到相应的委托,单击"发货人",选择退还相关单据:国际货物运输代理业专用发票、出口收汇核销单、出口货物报关单(核销联)、出口货物报关单(退税联)、(10-1)集装箱货物托运单、海运提单(直单时为海运提单,拼单时则为货代提单),如果是法检货物,可能会有品质证书、数量/重量证书、健康证书、植物检疫证书等检验证书,也要一并提交。

【重要提示】

(1) 关于出口报检的监管条件。如果查到的商品对应监管条件中有"A",表明需要进口报检;如果监管条件中有"B",表明需要出口报检;如果"A"和"B"都没有,则该商品不需要进出口报检。

(2) 关于运费的计算。海运时主要考虑需要的集装箱数,在选择集装箱的时候需要同时满足体积与重量都符合集装箱的规格。

（3）关于拖车费。分别按毛重和体积计算拖车费，取其中较高者。即使是同城，也同样有拖车费用。

（4）关于报关时运费的填写。当贸易术语为 CIF、CIP、DAT、DAP、DDP、CFR、CPT 的出口业务时需要填写，当贸易术语为 EXW、FCA、FAS、FOB 时不需要填写运费。

（5）关于报关时保费的填写。当贸易术语为 CIF、CIP、DAT、DAP、DDP、CFR、CPT 的出口业务时才需要填写，参见参考委托书上的保险费额。

（6）不同单位的区别。

销售单位：销售的产品是以什么单位计算的。

包装单位：包装销售产品的包装是以什么计算的。

法定单位：法定计量单位(legal unit of measurement)是强制性的，各行业、各组织都必须遵照执行，以确保单位的一致。我国的法定计量单位是以国际单位制(SI)为基础并选用少数其他单位制的计量单位来组成的。

（7）关于海运业务选择集装箱的问题。当委托人未提示需要冷藏箱时须确认商品的性质。

（8）关于报关成本核算。除了报关的固定费用外，还需考虑被查验的费用，可以按照长期的被查验比率来分配这笔费用，更加精确地计算业务的支出成本。

（9）在清关过程中，有可能被海关抽查货物，这个环节会耽误一定的时间。所以在出口时尽量要预留出足够的时间来应对这些突发状况。

## 模块 4　出口海运拼单＋进口海运 CY

### 【实训目标】

熟悉出口海运拼单和进口海运集装箱堆场交货这两种业务的具体流程。掌握如何进行拼单的业务操作，各类相关单据填写，进行正确的成本核算，控制成本以达到利润最大化。

### 【实训知识】

#### 一、出口海运拼单流程

（1）索要单据。货代在接受发货人委托后，需要从发货人处取得相关的贸易单据，如合同、商业发票、装箱单等，以备办理交接货物、报检及报关等手续时使用。因此，当完成委托录入并顺利通过审核后，所应进行的第一步操作，就是索要单据。

出口海运索取的单据包括合同、商业发票、装箱单、代理报关委托书、出口收汇核销单；L/C 方式下会有信用证，当货物属于法定需出口检验的商品时，还会有代理报检委托书。

进口海运索取的单据包括合同、商业发票、装箱单、代理报关委托书、海运提单；根据货物属性不同，可能会有品质证书、数量/重量证书、健康证书、植物检疫证书等检验证书；当货物属于法定需进口检验的商品时，还会有代理报检委托书。

(2) 海运订舱。拼单业务在订舱前,首先要确定将哪些委托进行拼单,拼单具体方法请参考本书第 169 页"拼单操作委托"。确定拼单后,才能进行与直单类似的订舱操作。

(3) 出口报检。出口检验,指出口国政府机构依法所做的强制性商品检验,以确保出口商品能符合政府法规规定。其目的在于提高商品质量,建立国际市场信誉,促进对外贸易,保障国内外消费者的利益。目前我国的进出口商品检验机构为出入境检验检疫局。

我国出口商品检验的程序,主要包括 4 个环节:报检资格认定、申请报检、检验、签证与放行。

在进行出口报检之前,首先应确定本批货物是否在法定检验范围内,再进行报检工作。拼单则需要逐个分单分别报检。

(4) 进仓通知。发送海运进仓通知前应先完成申请用箱(当交接地点为 CY 时),发送空运进仓通知前则需先完成空运订舱。拼单则需要逐个分单分别发送进仓通知。

(5) 申请用箱。在实际工作中,申请用箱的步骤也被称作"换单"或"打单",指的是取得订舱确认书后,凭其到船公司在码头的操作部门打印集装箱设备交接单,连同铅封一起交给拖车行[货物交接地点为"门(DOOR)"时]或发货人[货物交接地点为"场(CY)"时],以便其前往指定堆场提取空集装箱。

铅封:是在集装箱装上货物后封箱用的专用封志,每个铅封都有一个号码,就是通常所谓的"封条号"。注意:铅封只能使用一次,铅封锁上后除非将它损毁,否则是无法打开集装箱的。一旦将铅封损毁,只能向船公司另申请一个。

集装箱设备交接单:是集装箱进出港区、场站时,用箱人、运箱人与管箱人或其代理人之间交接集装箱及设备的凭证,兼有发放集装箱的凭证功能。所以它既是一种交接凭证,又是一种发放凭证。设备交接单又分为进场设备交接单和出场设备交接单,出场设备交接单在提箱时使用,进场设备交接单则在还箱时使用。设备交接单要求做到一箱一单、箱单相符、箱单同行。

(6) 提领空箱。当出口货物交接地点为"站(CFS)"时,需要由货代来安排货物在集装箱货运站进行装箱。在这种情况下,货代一方面要给发货人发送进仓通知,让发货人把货物送到集装箱货运站;另一方面,要提领空箱,以便及时安排货物装箱。

(7) 货物装箱。当发货人把货物送到集装箱货运站后,货代应及时提领空箱,并到货运站安排货物装箱。

(8) 安排集港。货代安排货物在集装箱货运站进行装箱并完成集港。所谓集港,即将已装箱货物运送到相应集装箱堆场,准备装船出运。在这种情况下,货代在完成货物装箱后,就要及时安排集港,以免耽误船期。

(9) 出口报关。货物出运前的最后一道步骤是向海关办理出口通关(export customs clearance)。货物或运输工具进出境时,其收发货人或其代理人必须按规定将货物送进海关指定的集装箱堆场、集装箱货运站或码头仓库,向进出境口岸海关请求申报,交验规定的证件和单据,接受海关人员对其所报货物和运输工具的查验,依法缴纳海关关税和其他由海关代征的税款,然后才能由海关批准货物和运输工具的放行。放行后,出口人方可办理货物出口装船事宜。

货物通关程序,就出口方而言,可分为申报、查验货物、缴纳税费、放行装运四个步骤;

而就海关立场而言,可分为收单、验货、估价、放行四个步骤。拼单的操作需要在分单下进行。

(10) 通知装船。当出口货物完成出口报关,就可以将盖有海关放行章的相关单据交给集装箱堆场的配载部门,再由配载部门通知码头理货部门负责将货物装船,准备出运。

(11) 通知装运。当出口货物完成通知装船,并且按订舱时所订船期准时出运后,货代应及时通知发货人货物已经装运,以便进行费用结算。

(12) 支付运费。在国际贸易中,由谁订舱及支付运费,和采用的贸易术语相关,按照惯例,采用 CIF、CFR、CPT、CIP、DAP、DAT、DDP 等价格成交,由卖方订舱及支付运费,即"运费预付";采用 FOB、FCA、FAS、EXW 等价格成交,则应由买方订舱并支付运费,即"运费到付"。

当出口货物按照订舱时所订装运日期准时出运后,或进口货物到港后,货代都应及时向承运人支付运费。

(13) 换提单。当出口货物按照订舱时所订装运日期准时出运后,货代应向船公司支付相关运输费用,然后就可以凭船大副签发的(10-7)场站收据正本从船公司换取正本海运提单。

海运提单的种类有很多,其中根据签发人不同,又可分为船东提单(master B/L)和货代提单(house B/L),在集装箱运输中,船公司通常为整箱货签发船东提单;而如果是拼箱货,一般都要由货代公司再分别签发货代提单给各拼箱发货人。

(14) 费用结算。在国际贸易中,由发货人还是收货人支付费用,和采用的贸易术语相关,一般情况下,出口委托应同发货人结算费用,进口委托则同收货人结算费用,但是也有例外:当合同采用 DDP 价格成交时,无论出口还是进口,所有费用都由发货人承担;当合同采用 EXW 价格成交时,无论出口还是进口,所有费用则由收货人承担。

(15) 退单。退单是整个货代委托业务中的最后一步,具体是指当货代与客户完成费用结算后,应将货代发票、海关退单、出口时代客户申请的检验证书等单据退给客户,以便客户能够尽早办理出口收汇核销、出口退税或进口付汇核销等手续。

## 二、进口海运 CY

(1) 索要单据。

(2) 支付运费。

(3) 换提货单。提货单(delivery order,D/O),又称小提单。它是收货人凭正本提单或副本提单随同有效的担保向承运人或其代理人换取的,可向港口装卸部门提取货物的凭证。

(4) 进口报检。根据我国现行《中华人民共和国进出口商品检验法实施条例》和其他相关法规的规定,列入法定检验范围的进口商品必须按规定由国家质量监督检验检疫总局施行强制性检验。需要实施检验的商品必须检验合格领得证书后,才能办理通关提货。对不属于法定检验的进口商品,检验机构可以抽样检验并实施监督管理。

(5) 进口报关。与出口报关同理,货物或运输工具进出境时,其收发货人或其代理人必须按规定将货物送进海关指定的集装箱堆场、集装箱货运站或码头仓库,向进出境口岸海关请求申报,交验规定的证件和单据,接受海关人员对其所报货物和运输工具的查验,依法缴纳海关关税和其他由海关代征的税款,然后才能由海关批准货物和运输工具的放行。放行后,进口人方可办理提货等事宜。进口货物的通关程序,就进口方而言,一般可分为申报进境、交验货物、缴纳税费及凭单提货四个步骤;而就海关立场而言,则可分为接受申报、查验货物、征税、结关放行四个步骤。

(6) 进口缴税。进口税费是海关根据国家的有关政策、法规对进口货物征收的,主要目的是增加进口货物的成本,限制外国货物进口数量。纳税义务人应当在海关填具税款缴纳证后的规定时间内缴纳税款,逾期缴纳的,除依法追缴外,由海关按规定收取滞纳金。

(7) 通知提货。当进口货物交接地点为"场(CY)"时,也就是由收货人自行提货的情况下,货代在完成进口报关与进口缴税后,就应当尽早通知收货人可以前来提货了。

(8) 费用结算。在国际贸易中,由发货人还是收货人支付费用,和采用的贸易术语相关,一般情况下,出口委托应同发货人结算费用,进口委托则同收货人结算费用,但是也有例外:当合同采用DDP价格成交时,无论出口还是进口,所有费用都由发货人承担;当合同采用EXW价格成交时,无论出口还是进口,所有费用则由收货人承担。

(9) 退单。退单是整个货代委托业务中的最后一步,具体是指当货代与客户完成费用结算后,应将货代发票、海关退单、出口时代客户申请的检验证书等单据退给客户,以便客户能够尽早办理出口收汇核销、出口退税或进口付汇核销等手续。

## 【实训内容】

(1) 利用 SimForwarder 提供的各项资源,做好承接货代委托业务前的准备工作,独立进行业务规划。

(2) 使用模拟物流平台搜索市场信息,了解运价、商品、税率等信息。

(3) 根据业务需求进行成本核算并报价,接下委托任务。

(4) 掌握委托录入与审核的方法。

(5) 学会缮制相关单据。

(6) 能够顺利完成换提货单的操作。

(7) 能够办理进出口报检、报关事宜,会使用 EDI 电子报关系统进行预录入。

(8) 正确填写各种单据(包括出口业务中的报检、报关、议付单据,进口业务中的信用证开证申请)。

(9) 跟踪货物进度,能处理业务过程中遇到的各种意外事件。

(10) 学会合理利用各种方式控制成本以达到利润最大化。

(11) 能掌握各种运输方式和贸易方式的具体实施办法。

(12) 能够提前计划,规避风险,提高时间利用效率。

## 【实训操作步骤】

### 一、注册货代公司

(1) 打开 Simforwarder 首页后,输入账号以及密码,单击"登录",进入操作主页面。

(2) 进入"我的公司-基本信息",完整公司信息。

(3) 在学生操作画面,单击右上角一排按钮中的第四个按钮![], 完善个人信息。

## 二、寻找业务机会

(1) 在学生操作画面,单击右上角一排按钮中的第一个按钮![], 进入"市场信息"网站。在第一个页面"市场信息-出口"页面中寻找可以做拼单的业务。

(2) 查看信息详细内容。单击信息的标题,打开详细信息画面。

(3) 根据内容进行预算。单击这两笔信息对应的"报价"按钮,打开报价画面,填写预算表。

(4) 发送报价。做完预算以后,就可以根据预算的结果发送报价。如果报价被接受,即成功接下业务;否则,可以修改金额重新进行报价。图 6-33 中,我们已经发送了其中一笔业务的报价并成功竞标。

**信息编号:8773**

| 发货人: | 卓霖实业 | 揽货人: | 陈祚琰 |
| --- | --- | --- | --- |
| 出运港: | 广州 | 目的港: | 伦敦 |
| 中转港: | | 开航日: | 2016-12-29 |

最终报价:CNY  6 000   发送报价  帮助

报价一经接受即不能再改!请您谨慎作出。

**单票费收明细预算表(出口)**

以下费用均以本币计算:

| 有关项目 | | 预算费用(CNY) | 实际发生金额 |
| --- | --- | --- | --- |
| 基本运费 | 海运费 | 3 540.371 6 | 0 |
| | 空运费 | 0 | 0 |
| | 拖车费 | 0 | 0 |
| | 打单费 | 15 | 0 |

图 6-33 报价成功

## 三、委托录入与审核

(1) 进行委托录入。成功接下业务后,回到主界面,进入"业务管理-委托录入"画面,就可以看到刚才接下的这笔委托业务了。单击要录入业务对应的"委托录入"按钮,进入录入画面,根据客户的委托需要和委托书内容进行录入。

(2) 提交审核。全部内容录入完成后,回到委托列表中,单击"提交审核";

(3) 审核委托。由负责审核的公司成员(这里也可以是自己)进入"业务管理-委托审核"画面,对这笔委托业务进行审核,审核通过后,这笔委托业务会进入"业务管理-委托管理"画面中,就可以开始履行业务了。

### 四、业务操作阶段

**1. 将两笔业务进行拼单**

(1) 单击"创建主单"按钮,新增一条主单记录。此时,主单状态为"编辑中"。

(2) 单击新建主单后的"添加委托"图标,在弹出的对话框中选择需要进行拼单操作的委托。本例中将两笔委托拼在一起,如图 6-34 所示,分别选中进行添加即可。

图 6-34 添加委托

(3) 创建完成的主单如图 6-35 所示,该主单由两票分单组成,选中主单前的单选钮,在下方会显示所有分单的信息,如图 6-35 所示。

**2. 向发货人索要单据**

货代在接受发货人委托后,需要从发货人处取得相关的贸易单据,如合同、商业发票、装箱单等,以备办理交接货物、报检及报关等手续时使用。

(1) 单击"外出办事"页面,切换到相应的委托。

(2) 分别单击两个分单的"发货人",选择索要单据选项。

(3) 单据取回后,在"业务管理"的"单据管理"中查看单据。

**3. 海运订舱**

(1) 预配箱。与直单操作类似,进入预配箱页面后要先选择委托类型为"拼单",才能看到相应业务。

(2) 填制单据。进入单据管理页面后同样要先选择委托类型为"拼单",然后单击对应主单的"查看单据"。与直单操作类似,也是需要添加场站收据 10 联单并填写,但有一个重要区别在于:直单只需要填写一套 10 联单,而拼单除了需在主单项下填制一套 10

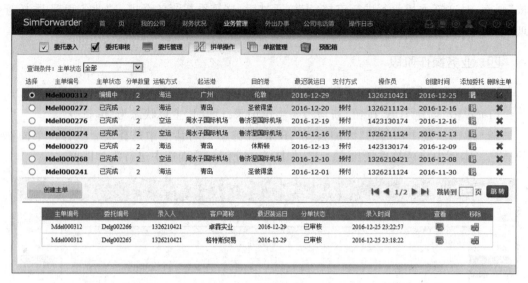

图 6-35　分单信息显示

联单外,还要分别进入各个分单,每个分单也都要填制一套 10 联单。

(3)办理订舱。与直单操作类似,也要提交 10 联单和集装箱预配清单。但在提交单据时,除了要提交主单项下的场站收据 10 联单(图 6-36),所有分单项下的 10 联单也都要一并提交。

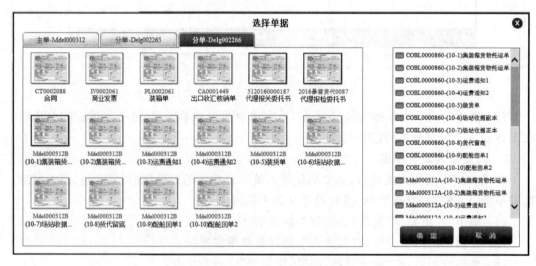

图 6-36　提交 10 联单

### 4．出口报检

在进行出口报检之前,首先应确定本批货物是否在法定检验范围内,再进行报检工作。

(1)查询商品监管条件。

① 从客户提供的合同或委托书中查得商品编号,进入"市场信息网站"的"商品"页

面,输入商品编号进行查询,记下商品的海关代码。

② 进入"税率"页面,输入商品海关代码,查到相关税则。

③ 监管条件中有"B",表明需要出口报检。

(2) 填制单据。

① 进入"业务管理-单据管理",单击对应委托的"查看单据"。

② 单击"添加新单据",添加出境货物报检单。

③ 在单据列表中分别单击打开出境货物报检单和代理报检委托书,进行填写。

(3) 办理出口报检。

① 单据填写通过后,进入"外出办事"页面,切换到相应的委托。

② 单击"检验机构",选择办理出口报检,提交合同、商业发票、装箱单、代理报检委托书、出境货物报检单;L/C 方式下还需要信用证。

③ 办理成功,检验机构签发出境货物通关单及其他出境报检单上勾选申请的检验证书(包括品质证书、数量/重量证书、健康证书、植物检疫证书等)。

5．进仓通知

(1) 填制单据。

① 进入"业务管理-单据管理",单击对应委托的"查看单据"。

② 单击"添加新单据",海运时添加进仓通知单(海运)。

③ 在单据列表中单击打开进仓通知单进行填写,如图 6-37 所示。

**恭当国际货运代理有限公司**
**广西南宁市西乡塘区大学东路100号金融街**
TEL: 18577889471    FAX 233333

**货物进仓通知单**

| TO： | 广州市格特斯贸易有限公司 | 传真： | 020-85615235 |
|---|---|---|---|
| 电话 | 86-020-85615236 | 目的港 | LONDON |
| 船名航次： | SACCESS V.007T | 提单号： | Mdel000312A |
| 船期： | 2016-12-26 | 货名： | 龙眼罐头 |
| 件数： | 1 000 CARTONS | 毛重： | 11 200 kgs | 体积： | 11.294 cbm |
| 箱量： | 1X20'GP | | | | |
| 仓库： | 广州码头仓库 | | | | |
| 联系人： | 李明凯 | 电话传真： | 020-26822111 |
| 仓库地址： | 中国广州市白云区白 云港集装箱码头 | | |
| TO： | 广州市卓霖实业有限公司 | 传真： | 020-86668180 |
| 电话 | 86-020-86668181 | 目的港 | LONDON |
| 船名航次： | SACCESS V.007T | 提单号： | Mdel000312B |
| 船期： | 2016-12-26 | 货名： | 荔枝罐头 |
| 件数： | 400 CARTONS | 毛重： | 8 976 KGS | 体积： | 9.035 2 CBM |
| 箱量： | 1X20'GP | | | | |
| 仓库： | 广州码头仓库 | | | | |
| 联系人： | 李明凯 | 电话传真： | 020-26822111 |
| 仓库地址： | 中国广州市白云区白 云港集装箱码头 | | |

图 6-37　进仓通知单

(2) 进仓通知。

① 进入"外出办事"页面,切换到相应的委托。

② 单击"发货人",选择通知进仓,提交相关单据。

③ 办理成功,发货人开始安排货物运输。

6. 申请用箱

(1) 进入"外出办事"页面,切换到相应的委托。

(2) 单击"船公司",选择办理申请用箱,提交(10-5)装货单(如果是拼单,应提交主单项下的装货单)。

(3) 办理成功,船公司收取打单费,签发设备交接单(出场)和设备交接单(进场)。

7. 提领空箱

(1) 进入"外出办事"页面,切换到相应的委托(如果是拼单,应选择所属主单来进行操作)。

(2) 单击"集装箱堆场",选择办理提领空箱,提交设备交接单(出场)。

(3) 办理成功,堆场发放空箱,空箱将被自动运送到集装箱货运站。

8. 货物装箱

(1) 进入"外出办事"页面,切换到相应的委托(如果是拼单,应选择所属主单来进行操作)。

(2) 单击"集装箱货运站",选择安排货物装箱。

(3) 货运站收取装箱费,将货物装箱,并填制集装箱装箱单。

9. 安排集港

(1) 进入"外出办事"页面,切换到相应的委托(如果是拼单,应选择所属主单来进行操作)。

(2) 单击"集装箱货运站",选择将已装箱货物送到堆场,提交设备交接单(进场)。

(3) 办理成功,已装箱货物将被自动运送到集装箱堆场。

10. 出口报关

(1) 在正式递交单据办理出口报关之前,必须先进行电子报关预录入。注意如果是拼单,需要逐个分单分别报关。

(2) 办理出口报关。

11. 通知装船

(1) 进入"外出办事"页面,切换到相应的委托(如果是拼单,应选择所属主单来进行操作)。

(2) 单击"集装箱堆场",选择安排货物装船,提交(10-5)装货单、(10-6)场站收据副本、(10-7)场站收据正本、(10-10)配舱回单2。

(3) 堆场受理,安排货物装船,装船完成后,大副签发(10-7)场站收据正本。货物将按照订舱时所订的船期准时出运。

12. 通知装运

船开后,货代应及时通知发货人货物已装运。

### 13. 支付运费
向船公司支付相关费用。

### 14. 换提单
货代凭场站收据正本向船公司换取海运提单。

### 15. 费用结算
货代向委托人收取本笔委托的费用。

### 16. 退单
如果是海运拼单业务，在退单之前应先在各分单中分别添加货代提单并进行填写，如图 6-38、图 6-39 所示。

图 6-38　添加货代提单（一）

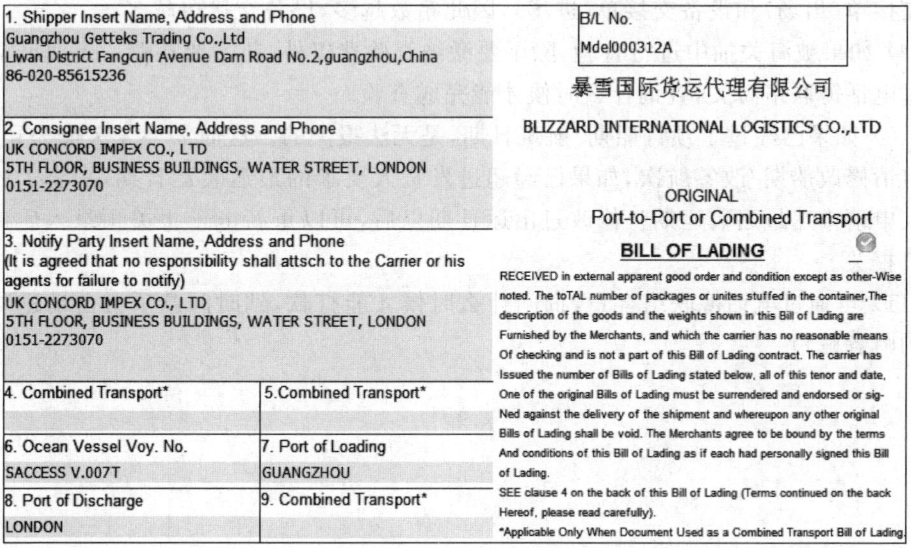

图 6-39　添加货代提单（二）

### 17. 委托完成

货代将报关单付汇证明联、给付运输发票等相关单据退还发货人,本笔委托业务完成。

## 【重点提示】

(1) 海运拼单流程分为索要单据(分)、海运订舱(主)、出口报检(分)、进仓通知(分)、申请用箱(主)、提领空箱(主)、货物装箱(主)、安排集港(主)、出口报关(分)、通知装船(主)、通知装运(分)、支付运费(主)、换提单(主)、费用结算(分)、退单(分)。

(2) 关于运费的计算。海运时主要考虑需要的集装箱数,在选择集装箱的时候需要同时满足体积与重量都符合集装箱的规格;空运时,首先将重量与体积×167 的值对比取较大值作为计价重量,同时,除两个"最低收费"和"AWC(操作费)"为固定费用之外,MYC(燃油附加费)、SSC(安全附加费)、基础运费都要乘以计费重量来计算。

(3) 每张单据的填写都有一个正确率,只有当正确率达到要求时,单据才能够用来进行后面的业务操作。可以在单据画面,单击"检查",只要在单据名称处出现了绿色的"√",就表示这张单据的填写已经通过了。

(4) 完成订舱以后,主单项下的分单就不能再有变动了。

(5) 承运人是在委托录入时选择的,在正式订舱前都可以修改,具体方法是,在"业务管理-委托管理"中单击业务对应的"运输公司设置",在弹出画面中修改并保存就可以了。

(6) 发货人的工作有时也会出现差错,提供单据时有可能会将部分单据遗漏。一旦发现缺少单据,货代应尽快联络发货人,询问相关事项,将单据及时补上。

(7) 当货物在运输途中时,可随时联络发货人,查询货物运输进度。如果在运输过程中发生什么意外状况,导致延误,也可及时了解到。

(8) 设备交接单的份数是根据订舱时申请的集装箱数量来的,一个集装箱对应一份设备交接单(出场)和设备交接单(进场),因此箱数越多,设备交接单越多。

(9) 如果被海关抽中进行查验,除了要缴纳查验费以外,还需要耗费一定时间。可随时通过电话簿联络海关,查询什么时候才能完成查验。

(10) 如果已经过了预订船期/航班日期,是无法报关的。这时需要先去船公司/航空公司申请修改船期/改签航次,如果已经超过发货人要求的最迟装运日期,别忘了还要向发货人申请推迟最迟装运期!修改过出运日期以后,可以重新电子报关预录入后再来办理出口报关。

(11) 可通过电话簿联络客户,询问什么时候才能打款,到时间款项会自动进入货代公司的财务账户。

# 实验七

# 制 单 结 汇

## 【导读】

在单证课程中,学生们已学习了各类结汇单据的缮制,本实验在进行常用单据巩固性练习的基础上,重点针对信用证修改、发票、出口退税、原产地证等方面进行强化训练。通过本实验的训练,使学生熟练掌握外贸合同履行中各类单据的审查与缮制。

## 模块 1 汇票的缮制

## 【实训目标】

了解汇票的基础知识,认识票面上各项内容的含义。能够根据合同,独立准确地缮制符合要求的汇票。

## 【实训知识】

### 一、汇票的定义

汇票(bill of exchange,简称 draft 或 bill)是一个人(出票人)向另一个人(受票人)签发的,要求受票人(付款人)见票时或在将来的固定时间或确定的时间,对某人或其指定人或持票人支付一定金额的无条件的书面支付命令。

汇票一般为一式两份。第一联、第二联在法律上无区别。其中一联生效则另一联自动作废。港澳地区一次寄单可只出一联。为防止单据可能在邮寄途中遗失造成的麻烦,一般远洋单据都进行两次邮寄。

### 二、汇票的必备内容

按照各国票据法的规定,汇票必须要项齐全,否则法律上不予承认,不受法律保护,受票人有权拒付。各国票据法对汇票要项的规定不完全相同,一般认为汇票必须具备下列几项:

(1) 标明汇票(Exchange)字样;
(2) 有适当的文句标明无条件的支付命令;
(3) 一定的货币和金额(包括大写和小写金额);
(4) 出票日期和地点;
(5) 付款地点;
(6) 付款期限;

(7) 付款人姓名或商号；
(8) 受款人姓名或商号；
(9) 出票人签字。

### 三、汇票的缮制方法

汇票号码有两种编制方法，一种是按汇票的顺序编号，另一种是按发票号码编码。因为发票是全套单据的中心，我国出口贸易多采用后者，即按发票号码编号，说明该汇票是某一发票项下的。汇票号码通常与此笔交易的发票号码一致，以便核对。

(1) Exchange for(小写汇票金额)。此栏填写汇票小写金额，它由支付货币名称缩写和金额数字构成。填写时，先写货币名称缩写，再写用阿拉伯数字表示的汇票金额。例如：USD20 000.00(保留小数点后两位)。

大小写金额均应端正地填写在虚线格内，不得涂改且大小写数量要一致。除非信用证另有规定，汇票金额不得超过信用证金额，而且汇票金额应与发票金额一致，汇票币别必须与信用证规定和发票所使用的币别一致。

(2) place date(出票地点和日期)。汇票出票地点涉及汇票法律适用地点，是汇票的主要项目之一，不可遗漏。我国出口贸易中，汇票出票地点一般都已印好，无须现填。出票地点后的横线是出票日期，信用证方式下一般都以议付日期作为出票日期；托收方式的出票日期按托收行寄单日期填写(它不得早于各种单据的出单期，也不得迟于信用证的交单/有效日期)。业务中出票日期后一栏多留空白，由银行代为填写。

(3) at…sight(付款期限)。常见的汇票付款期限有两种：即期付款和远期付款。采用即期付款时，在本栏(at…sight)之间的横线上打"＊＊＊"；远期付款在(at…sight)之间打上天数，如见票60天后付款的汇票，汇票支付期限即可表示为"at 60 days after"。采用托收方式时，一般在 AT 前注明交单方式，如"D/P at sight"或"D/A at 30 days sight"。远期付款一般有以下四种。

① 见票后××天付款，填上"at ×× days after sight"，即以付款人见票承兑日为起算日，××天后到期付款。

② 出票后××天付款，填上"at ×× days after date"，即以汇票出票日为起算日，××天后到期付款，将汇票上印就的"sight"划掉。

③ 提单日后××天付款，填上"at ×× days after B/L"，即付款人以提单签发日为起算日，××天后到期付款。将汇票上印就的"sight"划掉。

④ 某指定日期付款，指定×年×月××日为付款日。例如"On 25th Feb. 1998"，汇票上印就的"sight"应划掉。这种汇票称为"定期付款汇票"或"板期汇票"。

托收方式的汇票付款期限，如 D/P 即期者，填"D/P at sight"；D/P 远期者，填"D/P at ×× days sight"；D/A 远期者，填"D/A at ×× days sight"。

(4) pay to(受款人)。受款人又称汇票的抬头人，即收取汇票金额的人。也称"抬头人"或"抬头"。在信用证方式下通常为出口地银行，填写出口地银行英文名称。

汇票的抬头人通常有以下三种写法。

① 指示性抬头(Demonstrative order)。

例如:"付××公司或其指定人"(Pay ×× Co., or order; pay to the order of ××Co.,)。

② 限制性抬头(Restrictive order)。

例如:"仅付××公司"(Pay ×× Co. only)或"付××公司,不准流通"(Pay ×× Co. Not negotiable)。

③ 持票人或来票人抬头(Payable to bearer)。

例如:"付给来人"(Pay to bearer)。这种抬头的汇票无须持票人背书即可转让。

在我国对外贸易中,指示性抬头使用较多,在信用证业务中要按照信用证规定填写。

若来证规定"由中国银行指定"或来证对汇票受款人未规定,此处应填上"pay to the order of Bank of China"(由中国银行指定)。

若来证规定"由开证行指定",此栏应填上"Pay to the order of ×× Bank"(由××开证行指定)。

如非信用证方式,则填出口商公司英文名称。

目前,在我国出口合同履行中,无论是信用证支付方式还是托收支付,均以托收行或议付行(多为中国银行)为汇票的受款人,一般在汇票 PAY TO THE ORDER OF 后(空白处)填写"BANK OF CHINA"。

(5) the sum of(汇票金额)。大写金额应与小写金额一致(不超过信用证金额),一般顶格打在汇票虚线内,货币名称写在数额之前,应用全称,大写金额后加"ONLY",相当于中文中的"整"字。例如:UNITED STATES DOLLARS ONE THOUSAND TWO HUNDRED AND THIRTY FOUR ONLY。大小写金额均应端正地填写在虚线格内,不得涂改,且必须与汇票的小写金额一致。除非信用证另有规定,汇票金额不得超过信用证金额,而且汇票金额应与发票金额一致,汇票币别必须与信用证规定和发票所使用的币别一致。

(6) Drawn Under(出票依据)。托收条件可注明合同号码及签约日期(也可以填"FOR COLLECTION")。信用证条件下按信用证规定,无规定时注明信用证号码、开证行名称、开证日期。例如:DRAWN UNDER THE HONG KONG AND SHANGHAI BANKING CORPORATION,L/C NO. WHD00134 DATED MARCH 20,2001。

(7) To(付款人),也称受票人,被出票人。付款人名称和地址,信用证方式下通常为进口地开证银行,填写进口地银行英文名称和地址;如非信用证方式,则填进口商公司英文名称和地址。按"UCP600"规定,议付信用证项下汇票的受票人是开证行,证内一般会有"AVALLABLE BY DRAFTS ON US"或"DRAWN ON US"的词句。此时,汇票付款人填写开证行名称和地址,托收条件下填写买卖合同中的买方。信用证规定付款人的专业术语为"Drawn on ×",译为"以×为付款人",所以介词 on 后的宾语即为付款人。

(8) L/C No.(信用证号码)。填写信用证的准确号码,如非信用证方式则不填。

出票时,汇票右下角须有出票人,一般填写信用证受益人,并且受益人在出具了汇票后必须签署。

## 【实训内容】

南京唐朝纺织服装有限公司与 FASHION FORCE 公司签订的销货合同(图 7-1)及

信用证（图 7-2），假设你是南京唐朝纺织公司的一名外贸业务员，请根据图 7-1、图 7-2 进行汇票的缮制，汇票格式如图 7-3 所示。

## 销售合同
## SALES CONTRACT

| 卖方 SELLER: | NANJING TANG TEXTILE GARMENT CO., LTD. HUARONG MANSION RM2901 NO.85 GUANJIAQIAO, NANJING 210005, CHINA | 编号 NO.: | F01LCB05127 |
|---|---|---|---|
| | | 日期 DATE: | Dec.26, 2011 |
| | | 地点 SIGNED IN: | NANJING, CHINA |
| 买方 BUYER: | FASHION FORCE CO., LTD P.O.BOX 8935 NEW TERMINAL, ALTA, VISTA OTTAWA, CANADA | | |

买卖双方同意以下条款达成交易：
This contract is made by and agreed between the BUYER and SELLER, in accordance with the terms and conditions stipulated below.

| 1. 商品号 Art No. | 2. 品名及规格 Commodity & Specification | 3. 数量 Quantity | 4. 单价及价格条款 Unit Price & Trade Terms | 5. 金额 Amount |
|---|---|---|---|---|
| | | | | CIF MONTREAL, CANADA |
| 46-301A | LADIES COTTON BLAZER (100% COTTON, 40SX20/140X60) | 2 550PCS | USD12.80 | USD32 640.00 |
| | | Total: | USD12.80 | USD32 640.00 |

| 允许 With | 溢短装，由卖方决定 3% More or less of shipment allowed at the sellers' option |
|---|---|
| 6. 总值 Total Value | USD THIRTY TWO THOUSAND SIX HUNDRED AND FORTY ONLY. |
| 7. 包装 Packing | CARTON |
| 8. 唛头 Shipping Marks | FASHION FORCE<br>F01LCB05127<br>CTN NO.<br>MONTREAL<br>MADE IN CHINA |
| 9. 装运期及运输方式 Time of Shipment & means of Transportation | NOT LATER THAN MAR.25, 2001 BY VESSEL |
| 10. 装运港及目的地 Port of Loading & Destination | FROM : SHANGHAI<br>TO : MONTREAL |
| 11. 保险 Insurance | FOR 110% CIF INVOICE VALUE COVERING ALL RISKS, INSTITUTE CARGO CLAUSES, INSTITUTE STRIKES, INSTITUTE WAR CLAUSES AND CIVIL COMMOTIONS CLAUSES. |
| 12. 付款方式 Terms of Payment | BY IRREVOCABLE LETTER OF CREDIT TO BE OPENED BY FULL AMOUNT OF S/C, PAYMENT AT SIGHT DOCUMENT TO BE PRESENTED WITHIN 21 DAYS AFTER DATE OF B/L AT BENEFICIARY'S ACCOUNT. |
| 13. 备注 Remarks | 1. PARTIAL SHIPMENTS: NOT ALLOWED.<br>2. TRANSSHIPMENT: ALLOWED. |

The Buyer　　　　　　　　　　　　　　　　　The Seller
FASHION FORCE CO., LTD　　　　　　NANJING TANG TEXTILE GARMENT CO., LTD.

图 7-1　南京唐朝纺织公司的外销合同

| | | |
|---|---|---|
| 2012JAN31 15:23:46 | | LOGICAL TERMINAL |
| | | E102 |
| MT S700 | ISSUE OF A DOCUMENTARY CREDIT | PAGE 00001 |
| | | FUNC |
| | MSG700 | |
| | | UMR |

| | | |
|---|---|---|
| 06607642 | | |
| MSGACK | DWS765I AUTH OK, KEY B110106173BAOC53B, BKCHCNBJ BNPA**** RECORO | |
| BASIC HEADER | F   01   BKCHCNBJA940 0542 725524 | |
| APPLICATION HEADER | 0 700   1122 010129 BNPACAMMAXXX 4968 839712 010130 0028 N<br>*BNP PARIBAS (CANADA)<br>*MONTREAL | |
| USER HEADER | SERVICE CODE   103:<br>BANK. PRIORITY   113:<br>MSG USER REF.   108:         (银行盖信用证通知专用章)<br>INFO. FROM CI   115: | |
| SEQUENCE OF TOTAL | * 27 : 1 / 1 | |
| FORM OF DOC. CREDIT | * 40 A:   IRREVOCABLE | |
| DOC. CREDIT NUMBER | * 20  :   63211020049 | |
| DATE OF ISSUE | 31 C:   120129 | |
| EXPIRY | * 31 D:   DATE 120410 PLACE IN APPLICANT'S COUNTRY | |
| APPLICANT | * 50  :   FASHION FORCE CO., LTD<br>P.O.BOX 8935 NEW TERMINAL, ALTA, VISTA TORONTO, CANADA | |
| BENEFICIARY | * 59  :   NANJING TANG TEXTILE GARMENT CO., LTD.<br>HUARONG MANSION RM2901 NO.85 GUANJIAQIAO, NANJING 210005, CHINA | |
| AMOUNT | * 32 B:   CURRENCY USD AMOUNT 36240 | |
| AVAILABLE WITH/BY | * 41 D:   ANY BANK<br>BY NEGOTIATION | |
| DRAFTS AT ... | 42 C:   AT 60 DAYS AFTER SIGHT | |
| DRAWEE | 42 A:   BNPACAMMXXX<br>*BNP PARIBAS (CANADA) | |

图 7-2　南京唐朝纺织公司收到的信用证

|  |  | *MONTREAL |
|---|---|---|
| PARTIAL SHIPMTS | 43 P: | ALLOWED |
| TRANSSHIPMENT | 43 T: | ALLOWED |
| LOADING ON CHARGE | 44 A: | CHINA |
| FOR TRANSPORT TO... | 44 B: | MONTREAL |
| LATEST DATE OF SHIP. | 44 C: | 120401 |
| DESCRIPT OF GOODS | 45 A: | |

SALES CONDITIONS: CIF MONTREAL/CANADA
SALES CONTRACT NO. F01LCB05127
LADIES COTTON BLAZER (100% COTTON, 40SX20/140X60)

| STYLE NO. | PO NO. | QTY/PCS | USD/PC |
|---|---|---|---|
| 46-301A | 10337 | 2 500 | 12.80 |

DOCUMENTS REQUIRED        46 A:

+ COMMERCIAL INVOICES IN 3 COPIES SIGNED BY BENEFICIARY'S REPRESENTATIVE.
+ CANADA CUSTOMS INVOICES IN 4 COPIES.
+ FULL SET OF ORIGINAL MARINE BILLS OF LADING CLEAN ON BOARD FLUS 2 NON NEGOTIABLE COPIES MADE OUT OR ENDORSED TO ORDER OF BNP PARIBAS (CANADA) MARKED FREIGHT PREPAID AND NOTIFY APPLICANT'S
  FULL NAME AND ADDRESS.
+ DETAIL ED PACKING LISTS IN 3 COPIES.
+ COPY OF CERTIFICATE OF ORIGIN FORM A.

图 7-2 （续 1）

+ COPY OF EXPORT LICENCE.

+ BENEFICIARY'S LETTER STATING THAT ORIGINAL CERTIFICATE OF
ORIGIN FORM A, ORIGINAL EXPORT LICENCE, COPY OF COMMERCIAL INVOICE,
DETAILED PACKING LISTS AND A COPY OF BILL OF LADING WERE SENT
DIRECT TO APPLICANT BY COURIER WITHIN 5 DAYS AFTER SHIPMENT.
THE RELEATIVE COURIER RECEIPT IS ALSO REQUIRED FOR PRESENTATION.

+ COPY OF APPLICANT'S FAX APPROVING PRODUCTION SAMPLES BEFORE
SHIPMENT.

+ LETTER FROM SHIPPER ON THEIR LETTERHEAD INDICATING THEIR NAME
OF COMPANY AND ADDRESS, BILL OF LADING NUMBER, CONTAINER
NUMBER AND THAT THIS SHIPMENT, INCLUDING ITS CONTAINER, DOES
NOT CONTAIN ANY NON-MANUFACTURED WOODEN MATERIAL, DUNNAGE,
BRACING MATERIAL, PALLETS, CRATING OR OTHER NON-MANUFACTURED
WOODEN PACKING MATERIAL.

+ INSPECTION CERTIFICATE ORIGINAL SINGED AND ISSUED BY FASHION FORCE
CO., LTD
STATING THE SAMPLES OF FOUR STYLE GARMENTS HAS BEEN APPROVED,
WHICH SEND
THROUGH DHL BEFORE 15DAYS OF SHIPMENT.

+ INSURANCE POLICY OR CERTIFICATE IN 1 ORIGINAL AND
1 COPY ISSUED OR ENDORSED TO THE ORDER OF BNP PARIBAS (CANADA)
FOR THE CIF INVOICE PLUS 30 PERCENT COVERING
ALL RISKS, INSTITUTE CARGO CLAUSES, INSTITUTE STRIKES,
INSTITUTE WAR CLAUSES AND CIVIL COMMOTIONS CLAUSES.

ADDITIONAL COND.    47 A:

+ IF DOCUMENTS PRESENTED ARE FOUND BY US NOT TO BE UN FULL
COMPLIANCE WITH CREDIT TERMS. WE WILL ASSESS A CHARGE OF
USD 55.00 PER SET OF DOCUMENTS.

+ ALL CHARGES IF ANY RELATED TO SETTLEMENTS ARE FOR ACCOUNT OF

图 7-2 （续 2）

|  |  |
|---|---|
|  | BENEFICIARY. |
|  | + 3 PCT MORE OR LESS IN AMOUNT AND QUANTITY IS ALLOWED. |
|  | + ALL CERTIFICATES/LETTERS/STATEMENTS MUST BE SIGNED AND DATED. |
|  | + FOR INFORMATION ONLY, PLEASE NOTE AS OF JANUARY 4, 1999 THAT ALL SHIPMENTS FROM CHINA THAT ARE PACKED WITH UNTREATED WOOD WILL BE BANNED FROM CANADA DUE TO THE THREAT POSED BY THE ASIAN LONGNORNED BEETLE. |
|  | + THE CANADIAN GOVERNMENT NOW INSIST THAT EVERY SHIPMENT ENTERING CANADA MUST HAVE THE ABOVE DOCUMENTATION WITH THE SHIPMENT. |
|  | + BILL OF LADING AND COMMERCIAL INVOICE MUST CERTIFY THE FOLLOWING: THIS SHIPMENT, INCLUDING ITS CONTAINER DOES NOT CONTAIN ANY NON-MANUFACTURED WOODEN MATERIAL, DUNNAGE, BRACING MATERIAL PALLETS, CRATING OR OTHER NON MANUFACTURED WOODEN PACKING MATERIAL. |
|  | + BENEFICIARY'S BANK ACCOUNT NO. 07773108201140121. |
| CHARGES | 71 B: ALL CHARGES AND COMMISSIONS ARE FOR ACCOUNT OF BENEFICIARY |
| CONFIRMATION INSTRUCTIONS | * 49 : WITHOUT<br>78 :<br>+ WE SHALL COVER THE NEGOTIATING BANK AS PER THEIR INSTRUCTIONS.<br>+ FORWARD DOCUMENTS IN ONE LOT BY SPECIAL COURIER PREPAID TO BNP PARIBAS (CANADA) 1981 MCGILL COLLECE AVE.MONTREAL QC H3A 2W8 CANADA. |
| SEND. TO REC. INFO. | 72 : THIS CREDIT IS SUBJECT TO UCP FOR DOCUMENTARY CREDIT 1993 REVISION ICC PUBLICATION 500 AND IS THE OPERATIVE INSTRUMENT |
| TRAILER | ORDER IS <MAC:> <PAC:> <ENC:> <CHK:> <TNG:> <PDE:><br>MAC:F344CA36<br>CHK:AA6204FFDFC2 |

图 7-2 （续 3）

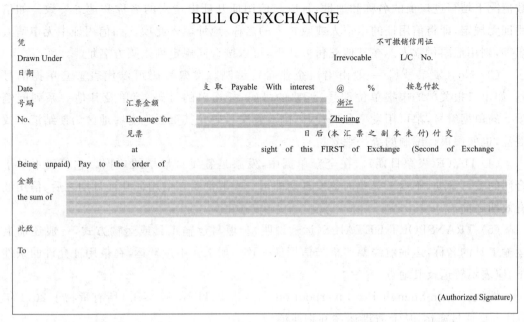

图 7-3 汇票

## 模块 2　商业发票的缮制

### 【实训目标】

了解商业发票的基础知识,认识各种类型的商业发票以及票面上各项内容的含义。能够根据合同,独立准确地缮制符合要求的商业发票。

### 【实训知识】

商业发票又称为发票,是卖方对装运货物的全面情况(包括品质、数量、价格,有时还有包装)详细列述的一种货款价目的清单。它常常是卖方陈述、申明、证明和提示某些事宜的书面文件。另外,商业发票也是作为进口国确定征收进口关税的基本资料。

一般来说,发票无正副本之分。来证要求几份,制单时在此基础之上多制一份供议付行使用。如需正本,加打"ORIGIN"。

(1) ISSUER(出票人)。填写出票人(出口商)的英文名称和地址,在信用证支付方式下,应与信用证受益人的名称和地址保持一致。

一般来说,出票人名称和地址是相对固定的,因此有许多出口商在印刷空白发票时就印刷上这一内容。但当公司更名或搬迁后,应及时印刷新的发票,以免造成单证不符。当来证规定用公司新名称、地址时,采用新发票。当来证规定用公司旧名称、地址时,应用旧发票。

(2) TO(受票人)。受票人也称抬头人,此项必须严格与信用证中所规定的一致。多数情况下填写进口商的名称和地址,且应与信用证开证申请人的名称和地址一致。如信用证无规定,即将信用证的申请人或收货人的名称、地址填入此项。如信用证中无申请人名字,则用汇票付款人。在其他支付方式下,可以按合同规定列入买方名址。

(3) No.(发票号)。一般由出口企业自行编制。发票号码可以代表整套单据的号码,如出口报关单的申报单位编号、汇票的号码、托运单的号码、箱单及其他一系列同笔项下的单据编号,都可用发票号码代替,因此发票号码尤其重要。有些地区为使结汇不致混乱,也使用银行编制的统一编号。

(4) DATE(发票日期)。在全套单据中,发票是签发日最早的单据。它只要不早于合同的签订日期、不迟于提单的签发日期即可。一般都是在信用证开证日期之后、信用证有效期之前。

(5) TRANSPORT DETAILS(运输说明)。填写运输工具或运输方式,一般还加上运输工具的名称,运输航线要严格与信用证一致。如果在中途转运,在信用证允许的条件下,应表示转运及其地点。

例如:From Shanghai to Liverpool on July 1, 2011 By Vessel.(所有货物于 2011 年 7 月 1 日通过海运,从上海港运往利物浦港。)

(6) S/C No.(合同号)。发票的出具都有买卖合同作为依据,但买卖合同不都以"S/C"为名称。有时出现"order""P. O.""contract"等。因此,当合同的名称不是"S/C"时,应将本项的名称修改后,再填写该合同的号码。

(7) L/C No.(信用证号)。信用证方式下的发票需填列信用证号码,作为出具该发票的依据。若不是信用证方式付款,本项留空。

(8) TERMS OF PAYMENT(支付条款)。填写合同支付方式和期限,格式为"支付方式+期限"。

例如:T/T at sight;

L/C at sight;

D/P at sight;

D/A at 30 days after sight。

(9) Marks and Numbers(唛头及件数编号)。此栏参照合同中的"Shipping Mark"填写。唛头即运输标志,既要与提单一致,还应与运输标志一致,并符合信用证的规定。如信用证没有规定,可按买卖双方和厂商订的方案或由受益人自定。无唛头时,应注"N/M"或"No Mark"。如为裸装货,则注明"NAKED"或散装"In Bulk"。如来证规定唛头文字过长,用"/"将独立意思的文字彼此隔开,可以向下错行。即使无线相隔,也可酌情错开。

件数有两种表示方法。一是直接写出××件,二是在发票中记载诸如"We hereby declare that the number of shipping marks on each packages is 1~10, but we actually shipped 10 cases of goods."(兹申明,每件货物的唛头号码是 1~10,实际装运货物为 10 箱。)之类的文句。

(10) Description of goods(货物描述)。此栏是发票的主要部分，应详细填明各项商品的英文名称及规格。品名规格应该严格按照信用证的规定或描述填写。货物的数量应该与实际装运货物相符，同时符合信用证的要求。如信用证没有详细的规定，必要时可以按照合同注明货物数量，但不能与来证内容有抵触。

(11) Quantity(数量)。货物的销售数量，与计量单位连用。如：500PCS(注意单位的单复数)。注意该数量和计量单位既要与实际装运货物情况一致，又要与信用证要求一致。

(12) Unit Price(单价)。单价由四个部分组成，包括计价货币、计量单位、单位数额和价格术语。如果信用证有规定，应与信用证保持一致。若信用证没规定，则应与合同保持一致。

(13) Amount(金额小计)。列明币种及各项商品总金额(总金额＝单价×数量)。除非信用证上另有规定，货物总值不能超过信用证金额。若信用证没规定，则应与合同保持一致。

实际制单时，若来证要求在发票中扣除佣金，则必须扣除。折扣与佣金的处理方法相同。有时证内无扣除佣金规定，但金额正好是减佣后的金额，发票应显示减佣，否则发票金额超证。有时合同规定佣金，但来证金额内未扣除，而且证内也未提及佣金事宜，则发票不宜显示，待货款收回后另行汇给买方。另外，在CFR和CIF价格条件下，佣金一般应按扣除运费和保险费之后的FOB计算。

(14) TOTAL。货物总计，分别填入所有货物累计的总数量和总金额(包括相应的计量单位与币种)。

(15) SAY TOTAL。以大写文字写明发票总金额，必须与数字表示的货物总金额一致。例如：USD EIGHTY NINE THOUSAND SIX HUNDRED ONLY。

(16) Special terms(备注)。位于SAY TOTAL下方的空白处。在相当多的信用证中，都出现要求在发票中证明某些事项的条款，譬如发票内容正确、真实、货物产地等证明，均应照信用证要求办理。

## 【实训内容】

在办理货物出运工作的同时，唐朝公司也开始了议付单据的制作。2012年3月20日，上海凯通国际货运代理有限公司作为承运人中国远洋运输(公司)公司下属的中远集装箱运输有限公司的代理，签发了COS6314623142号提单。根据信用证的规定，唐朝公司备齐了全套议付单据(3/3海运提单正本、商业发票、装箱单、普惠制产地证、受益人证明、汇票、客检证、货物运输保险单)，于4月2日向议付银行——中国银行江苏省分行交单议付。

请根据南京唐朝纺织服装有限公司的销货合同(图7-1)与收到的信用证(图7-2)进行商业发票的缮制，商业发票格式如图7-4所示。

<table>
<tr><td colspan="2">ISSUER</td><td colspan="3" rowspan="2">商业发票<br>COMMERCIAL INVOICE</td></tr>
<tr><td colspan="2" rowspan="2">TO</td></tr>
<tr><td colspan="2">NO.</td><td>DATE</td></tr>
<tr><td colspan="2" rowspan="2">TRANSPORT DETAILS</td><td colspan="2">S/C NO.</td><td>L/C NO.</td></tr>
<tr><td colspan="3">TERMS OF PAYMENT</td></tr>
<tr><td>Marks and Numbers</td><td>Number and kind of package<br>Description of goods</td><td>Quantity</td><td>Unit Price</td><td>Amount</td></tr>
<tr><td></td><td></td><td></td><td></td><td></td></tr>
<tr><td colspan="5">TOTAL:<br>SAY TOTAL:</td></tr>
</table>

图 7-4 商业发票

# 模块 3 提单的缮制

## 【实训知识】

提单(bill of lading)是货物承运人或其代理人收到货物后，签发给托运人的一种证件。提单说明了货物运输有关当事人，如承运人、托收人和收货人之间的权利与义务。提单的合法持有人就是货物的所有权人，因此，提单是各项货运单据中最重要的单据。

提单的内容一般有正反两面。正面的内容主要包括船名、装运港、目的港、托收人名称、收货人名称(如托收人指定收货人时被通知人名称)，货物名称、标志、包装、件数、重量或体积、运费、提单正本件数、提单签发日期、承运人或船长签字等；提单的反面就是具体运输条款，对有关承运人的责任、托运人的责任、索赔与诉讼等问题均有详细的规定。

海运提单(maring bills of lading)是海洋运输所使用的运输单据，就不同的海运方式来分，提单种类也有很多：直达提单、转运提单、集装箱运输提单、联运提单等。同时，各船公司都使用自己签发的提单，不论是内容还是格式都有差异，但基本内容是一致的。所以在这里，只对提单中具有共性的内容加以说明，填写的方式一般也是通用的。

对于托运人来讲，他所要求船公司签发的是已经装船的清洁提单（shipped on board bills of lading）。

提单有正副本之分，正本的提单可以流通，交单议付，副本则不可转让。出口方应对来证中各种份数的表示方法做出正确判断。

（1）shippev（托运人）。托运人即发货人（consigner），如合同或信用证无特殊规定，应以受益人为托运人，注明受益人名称和地址。如果信用证的受益人未规定地址，提单发货人也可以不加地址。如果由第三人交货或办理发货，只要信用证没有禁止以第三人作为发货人，本栏允许第三者作为发货人。根据"UCP"规定：除非信用证另有规定，银行将接受以信用证受益人以外的一方作为发货人的运输单据。

（2）consignee（收货人）。该栏填写应与托运单"收货人"一栏的填写完全一致。提单的收货人习惯上称为抬头人。

（3）notify party（被通知方）。因提单的收货人一栏经常是空白指示式，船方无法通知实际收货人，所以提单设立此栏，以便船方在货到目的港后能及时给收货人的代理人发出到货通知，按时办理有关手续。所以，被通知人就是收货人的代理人。此栏必须填写详细地址，即使信用证没有详细地址，为了照顾单证一致，提单正本按信用证规定填制，但副本一定要加注详细的地址。

信用证规定的被通知人后如果有"ONLY"一字，提单也应照加，不能省略。

电汇方式下对被通知人如何填写，一般在合同中有明确的规定，须按规定填写"被通知人"的详细名称、地址。若合同没有此项规定时，通常将收货人作为被通知人，可简单填写"与收货人一致"（SAMES AS THE CONSIGNEE）。

（4）Pre-carriage by…（前段运输）。这一栏是指联合运输过程中在装货港装船前的运输。例如：从石家庄用火车运到新港，再由新港装船运到目的港，此栏可填 Wagon No…此栏后面接货地点 place of receipt 是指前段运输接货地点，故应填石家庄 Shijiazhuang。在货物转运时也应填写，其中，前程运输填写第一程船的船名，如货物不需转运，则空白不填。

（5）Ocean Vessel voyage No.（船名和船次）。如转运，则填写第二程船的船名、船次和中转站的名称，不转运，则填写第一程船的船名、航次和装运港口名称，按配舱单填写。

（6）Port of Loading（装货港）。装货港即启运港。

（7）Port of Discharge（卸货港）。卸货港即海运承运人终止承运责任的港口。如是联合运输，后面还有交货地 Place of Delivery。如是直达运输，此栏可填目的港，但也有的此栏不填而在交货地栏填写目的港。

（8）Place of Delivery（交货地）。港至港提单最终目的地 Final destination 是联合运转终点站。有的此栏填目的港，应是本次运输的运费截止地。

（9）Freight payable at（运费支付地）。按照某些港口的要求填写此栏时，可如下操作：如果是 FOB 成交，此栏应填目的港；如果是 CIF 成交，此栏应填装货港。一般情况下可不填此栏。

（10）Number of Original B/L（正本提单份数）。正本提单份数应按来证规定填写和出具。

（11）Container No. & Seal No.（集装箱号和封铅号）。集装箱装运，提单上应注装载货物的集装箱号，通常在箱号后还要加注封箱的铅封号。其他类型提单，可填在提单的空白处，如是拼箱货，此栏可不填。

（12）Shipping Mark and No.（唛头及号码）。唛头是提单的一项重要内容，是提单与货物的主要联系要素，也是收货人提单的重要依据，提单上的唛头必须与其他单据和实际货物保持一致，否则提货与结算都有困难。

缮制提单唛头应与来证规定为准，唛头内的每一个字母、数字、图形、排列位置等均应与规定完全一致，不得随意增减、错位。缮制发票唛头应与掌握的原则同样适应于缮制提单唛头。

（13）No. and Kind of package（包装件数）。对于包装货物，本栏应填注包装数量和单位，如 1 000BALES，250DRUMS 等，提单下面大写栏内应加大写数量，大小写数应一致。

（14）Description of goods（货物名称）。提单上的货物名应按来证和发票货名填写，但应注意，避免不必要的描述，更不应增加发票中没有的内容。

（15）特殊条款。在提单的制作中，有许多特殊要求需在提单加注，这些特殊要求能不能接受，又如何填写一般很难判断。

（16）签单地点和日期。签单地点一般是承运人接收货物的地点。签单日期，如果是已装船提单，将被视为该货装运日期。如果是收妥备运的联合提单，此日期可以是船公司收到货物的日期。如合同或信用证要求已装船清洁提单，可在提单任意位置加注已装船日期（on board date）。

（17）承运人签章。任何一种运输单据必须由其承运人签章才能生效，这是承运人的义务。

**【实训内容】**

请根据南京唐朝纺织服装有限公司的销货合同（图 7-1）与收到的信用证（图 7-2）进行海运提单的缮制，提单格式如图 7-5 所示。

| 1. Shipper Insert Name, Address and Phone | B/L No. |
|---|---|
| 2. Consignee Insert Name, Address and Phone | 中远集装箱运输有限公司<br><br>COSCO CONTAINER LINES<br><br>TLX: 33057 COSCO CN<br>FAX: +86(021) 6545 8984<br><br>ORIGINAL<br><br>Port-to-Port or Combined Transport |
| 3. Notify Party Insert Name, Address and Phone<br>(It is agreed that no responsibility shall attsch to the Carrier or his agents for failure to notify) | **BILL OF LADING**<br><br>RECEIVED in external apparent good order and condition except as other-Wise noted. The total number of packages or unites stuffed in the container, the description of the goods and the weights shown in this Bill of Lading are furnished by the Merchants, and which the carrier has no reasonable means of checking and is not a part of this Bill of Lading contract. The carrier has Issued the number of Bills of Lading stated below, all of this tenor and date, One of the original Bills of Lading must be surrendered and endorsed or signed against the delivery of the shipment and whereupon any other original Bills of Lading shall be void. The Merchants agree to be bound by the terms and conditions of this Bill of Lading as if each had personally signed this Bill of Lading. SEE clause 4 on the back of this Bill of Lading (Terms continued on the back hereof, please read carefully).<br>*Applicable Only When Document Used as a Combined Transport Bill of Lading. |

| 4. Combined Transport *<br>Pre - carriage by | 5. Combined Transport*<br>Place of Receipt | | |
|---|---|---|---|
| 6. Ocean Vessel Voy. No. | 7. Port of Loading | | |
| 8. Port of Discharge | 9. Combined Transport *<br>Place of Delivery | | |

| Marks & Nos.<br>Container / Seal No. | No. of Containers or Packages | Description of Goods (If Dangerous Goods, See Clause 20) | Gross Weight Kgs | Measurement |
|---|---|---|---|---|
| | | Description of Contents for Shipper's Use Only (Not part of This B/L Contract) | | |

10. Total Number of containers and/or packages (in words)
    Subject to Clause 7 Limitation

| 11. Freight & Charges<br><br>Declared Value Charge | Revenue Tons | Rate | Per | Prepaid | Collect |
|---|---|---|---|---|---|

| Ex. Rate: | Prepaid at | Payable at | Place and date of issue |
|---|---|---|---|
| | Total Prepaid | No. of Original B(s)/L | Signed for the Carrier, COSCO CONTAINER LINES |

LADEN ON BOARD THE VESSEL
DATE                        BY

图 7-5  海运提单

# 模块 4　原产地证书的缮制

## 【实训目标】

通过本模块的实训学习,学生能够了解中国参与区域性优惠贸易协定的情况以及各类优惠贸易协定的优惠税率政策与原产地规则,了解企业申领优惠性原产地证书的流程,掌握各类区域性优惠原产地证书的填制。

## 【实训知识】

### 一、原产地证书类型

原产地证书,是出口国的特定机构出具的证明其出口货物为该国家(或地区)原产的一种证明文件,它是贸易关系人交接货物、结算货款、索赔理赔、进口国通关验收、征收关税的有效凭证,还是出口国享受配额待遇、进口国对不同出口国实行不同贸易政策的凭证(中国国际贸易促进委员会网上商务认证中心非优惠原产地证书业务说明:http://www.co.ccpit.org/UncoInfo.aspx)。原产地证书分为一般原产地证书和优惠性原产地证书。优惠性原产地证书包括普惠制原产地证书和各种区域性自由贸易协定原产地证书。如果出口货物的目标国是 WTO 成员,凭一般原产地证可享受目标国的最惠国待遇;如果出口货物的目标国是普惠制给惠国或我国加入的各种区域贸易安排的成员,则凭相应格式的原产地证书可享受目标国在最惠国待遇基础上更大的优惠待遇,甚至免税。自由贸易协定原产地证书适用于签订有自由贸易协定的国家间使用。截至目前,中国内地已对外达成并实施了 14 个自贸协定(包括内地与港澳 CEPA、台湾 ECFA),涉及 22 个国家和地区。目前我国适用的区域性优惠原产地证书主要有 15 种。

### 二、原产地证书管理制度

中国出口商品的原产地证书可由官方机构的出入境检验检疫局(以下简称商检局)和民间机构的中国国际贸易促进委员会(以下简称贸促会)签发。商检局可以签发所有类型的原产地证书。贸促会于 2009 年 8 月 1 日开始签发优惠原产地证书,目前除 Form-A(普惠制原产地证)、Form-E(中国-东盟原产地证)、Form-F(中国-智利原产地证)需由商检局签发外,其他类型优惠原产地证书中国贸促会都可签发。

有进出口权的企业须先向签证机构办理注册登记手续,并经签证机构审核合格后,方享有申办原产地证资格。企业经注册登记后,其授权及委派的手签员和申领员应接受签证机构的业务培训,考试合格后签发申报证件。申领员凭签证机构颁发的申领员证申办原产地证。签证机构不接受非申领员办理相关业务。没有进出口权或注册备案的企业可以通过代理公司代理办理原产地证。企业最迟应于货物报关出运前三天向签证机构申请办理原产地证。

目前,中国开始实施 eCO(electronic certificate of ordigin),即把原产地证书经过电

子化处理,以电子数据的方式表示出来(中国国际贸易促进委员会网上商务认证中心.eCO 常用知识:http://www.co.ccpit.org/ecointro2.html),实现了原产地证书的电子化管理。电子签证的流程如下:

企业端软件申报—机器审核—签证人员审核—企业端制证—签证—收费、领证。

### 三、各相关网站

企业端软件商和信城通网站 www.itownet.cn
优惠税率查询网址:中国自由贸易区服务网 http://fta.mofcom.gov.cn/
中国检验检疫电子业务网 http://www.eciq.cn/index.shtml
质检总局原产地证业务电子管理系统企业端(原产地企业平台网址:http://ocr.eciq.cn/)

### 四、原产证的缮制

在出口业务中,常使用的产地证按出具单位分类,可分成四种,即普遍优惠产地证、出口商产地证、贸促会产地证、商检局产地证。

选择使用哪一种产地证,应根据信用证或合同条款确定,如来信对签证机构没有具体规定,出口商可出具四种产地证中任何一种,一般都以出口商产地证为多。贸促会产地证和商检局产地证虽然格式及出证机构不同,但内容大体相同,我们称其为一般原产地证。

#### (一)一般原产地证的缮制

(1) EXPOTER(出口方)。出口方即卖方或发票出票人的名称、地址和国家。

(2) CONSIGNEE(收货方)。收货方即合同的买方或信用证规定的收货人名称、地址和国家。

(3) MEANS OF TRANSPORT AND ROUTE(运输方式和路线)。填实际的运输运输方式,如海运、空运等。路线指起运地、目的地和转运地,如海陆联运由北京经香港到新加坡,可填 SHIPMENT FROM BEIJING TO SINGAPORE VIA HONGKONG BY LAND/SEA,与提单一致。

(4) COUNTRY/REGION OF DESTINATION(目的地国或地区)。目的地所属国家(地区),即最终进口国,一般与最终收货人所在国一致。

(5) FOR CERTIFYING AUTHORITY USE ONLY(仅供签证机构使用)。出口申报人免填,由签证机构根据需要加注内容,如:"证书丢失,重新补发"等情况。

(6) MARK AND NUMBER(运输标志)。与发票和提单所列一致。

(7) NUMBER AND KIND OF PACKING,DESCRIPTION OF GOODS(包装种类和件数,货物描述)。此栏包括以下三项内容:

第一项,包装种类和件数,先用小写再用英文大写,如:100 箱可表述为:100 CARTONS(ONE HUNDRED CARTONS ONLY)。

第二项,商品名称,同发票一致。

第三项在末行用"******"号表示结束。

(8) H. S. CODE(商品编码)。该编码与报关单一致。

(9) QUANTITY(数量或重量)。与商品的计量单位连用,以重量计算需注明毛重或净重,一般填毛重。如:GROSS WEIGHT 2000 KGS 或 G. W.:2000 KGS。

(10) NUMBER AND DATE OF INVOICES(发票号和发票日期)。此栏照抄发票即可。

(11) DECLARATION BY THE EXPORTER(出口方声明)。

(12) CERTIFICATION(签证机构证明)。

### (二) 普惠制产地证的缮制

各给惠国方案不尽相同,一般包括给惠产品范围、关税削减幅度、保护措施、原产地规则、受惠国(地区)名单和有效期。

出口公司必须向给惠国提供受惠国政府有关部门签署的普惠制产地证。

(1) GOODS CONSIGNED FROM[出口公司(来证的受益人)的详细地址和名称]。本栏目的最后一个单词必须是国家名。如是第三方发货,须与提单发货人一致。此栏必须填写在中国境内的出口商详细地址,包括街道、门牌、城市名称和国名。

(2) GOODS CONSIGNED TO(给惠国最终收货名称地址)。如果最终收货人不明确,填写发票抬头人的名称和地址。

(3) MEANS OF TRANSPORT AND ROUTE(运输方式及航线)。此栏尽发货人所知填写,不清楚的可不填,如 BY SEA, FROM XINGGANG TO PARIS VIA HONGKONG。

(4) FOR OFFICIAL USE(此栏由签证员填写)。正常情况下此栏空白。

(5) ITEM NUMBER(项目编号)。根据不同的货物依次列出顺序号,如出现第一个品名本栏填写"1",出现第二个品名时填写"2"。

(6) MARKS AND NUMBERS OF PACKAGES(唛头)。填唛头。

(7) NUMBER AND KINDS OF PACKAGES;DESCRIPTION OF GOODS(包装种类和件数;货物描述)。应具体填写种类、货名。此栏填写三项内容:

第一项:最大包装件数,须用大小写两种方式,如 100(ONE HUNDRED) CARTONS OF DINNER SET。

第二项:商品名称,应具体填写。

第三项:用"******"结束,如来证要求加注来证号码或其他内容,可加注于此。

(8) ORIGIN CRITERION(原产地标准)。填写货物原料的成分比例,此栏是国外海关审核的核心内容。完全自产,无进口成分,填"P";含有进口成分,但仍符合原产地标准填"W"。

(9) GROSS WEIGHT OR OTHER QUANTITY(毛重或数量)。应填写货物毛重或数量,如用净重表示需表明为净重。

(10) NUMBER AND DATE OF INVOICES(发票号和日期)。填写发票号和日期,

不得空白。

(11) CERTIFICATION(签证机构证明)。此处由签证当局自行填写机构和名称,必须由签证人手签,加盖公章,本栏的签署地点和日期由公司填写,地点是签证当局的签证地点。本栏签发日期不得早于发票日期和申报日期,而且应早于货物的出运日期。本证只签一份正本,不签副本。

(12) DECLARATION BY THE EXPORTRE(出口商声明)。本栏包括进口国,即给惠国国名和出口公司指定的专人签字,加盖中英文对照的公司印章,还要加上申报地点和时间。时间不得早于发票日期。

【实训内容】

课前预习相关知识点:原产地证书的种类、各个优惠贸易协定的原产地规则、优惠性原产地证书申领企业和签证产品的备案流程、优惠性原产地证书申请流程等。进行企业和签证产品的备案,填制相应类型的优惠性原产地证书。

【实训操作步骤】

(1) 了解中国参与签订的各类区域优惠协定的关税优惠政策和原产地规则,练习自贸区优惠关税查询,具体方法如下:

① 登录中国自由贸易区服务网:http://fta.mofcom.gov.cn/,如图7-6所示。

图7-6 "中国自由贸易区服务网"界面

② 单击首页左下方"协定文本",进入具体协定,查询各自贸区所实施的原产地规则详细情况,如图7-7所示。

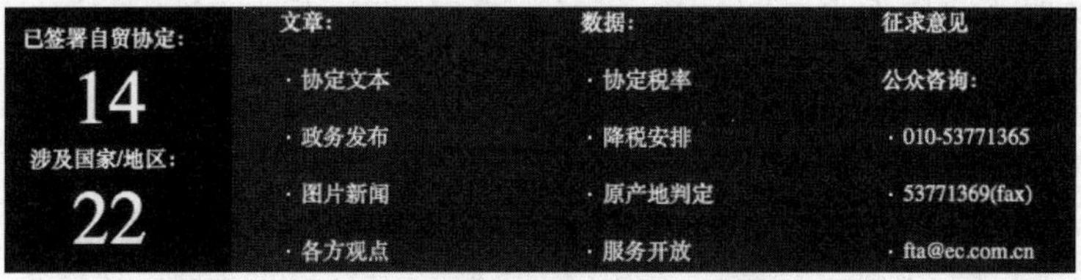

图7-7 中国自贸协定签署情况

③ 在网站首页"协定税率"栏选择"原产地"和"目的地",填入"商品编码"进行具体单个产品的优惠关税查询,不知道具体商品编码的可单击"编码查询"进行查询。想要了解自贸协定降税表的整体情况,单击各具体"协定文本"下的"关税减让表"进行查询。

（2）教师按中国目前已实施的区域性优惠原产地证书种类，分别准备好若干写有区域性原产地证书类型和产品类别的两组卡片。

（3）按原产地证书种类数量进行分组，每组选定组长一名，由组长进行组内分工。

（4）各小组抽签决定需要申请的自由贸易区原产地证类型和经营产品的类别。

（5）登录相关网站，如上海出入境检验检疫局网站下的"通关业务"—"原产地证"—"办事指南"。网址为http://www.shciq.gov.cn/tslm/tgyw/ycdz/201407/t20140702_38328.shtml，如图7-8所示。

图7-8 "上海出入境检验检疫局"网站界面

下载《原产地证书申领企业备案流程》《原产地签证产品电子备案流程》《原产地申报企业备案核准登记表》等文件，了解优惠性原产地证书申领企业和签证产品的具体备案流程。

（6）了解优惠性原产地证书申请流程，模拟填制所经营产品出口至指定国家的优惠性原产地证书（证书样例见图7-9，各类型原产地证书可登录中国自由贸易区服务网，在各具体"协定文本"中进行下载）。区域性优惠原产地证书样本及填制说明[①]（以中韩证书为例）如下：

产地证标题栏（右上角），填上签证当局所规定的证书号。具体规定如下：

a. 证书号码示意图如下：

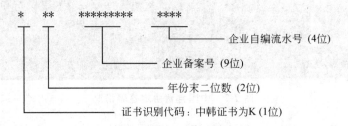

---

① 资料来源：宁波出入境检验检疫局. 中国-韩国自贸区原产地证明书[EB/OL]. http://www.nbciq.gov.cn/ywpd/ycdz/cdzsb/201507/t20150702_104597.shtml.

**ORIGINAL**

| 1. Exporter's name and address, country: NINGBO ELECTRIC & CONSUMER GOODS IMPORT & EXPORT CORPORATION 17TH FLOOR, LING QIAO PLAZA 31 YAO HANG STREET, NINGBO, P. R. CHINA | Certificate No.: K153800000230001 |
|---|---|
| 2. Producer's name and address, country: SUMMER TOURISTS NOVELTY LIMITED COMPANY ZHONGSHAN ROAD NO. 251 DONGYANG JINHUA CHINA | **CERTIFICATE OF ORIGIN** Form for China-Korea FTA |
| 3. Consignee's name and address, country: ABC INDUSTRIES PVT. LTD 450-1, DOGOK-DONG, KANGNAM-KU, SEOUL, KOREA TEL: 02-579-1234 FAX: 02-579-1234 | Issued in The People's Republic of China (see Overleaf Instruction) |
| 4. Means of transport and route (as far as known): Departure Date: DEC. 25, 2015 Vessel/Flight/Train/Vehicle No.: NYK LIBRA V. 1504E Port of loading: NINGBO Port of discharge: BUSAN | 5. Remarks: ******************* Verification: www.chinaorigin.gov.cn |

| 6. Item number (Max 20) | 7. Marks and Numbers on packages | 8. Number and kind of packages; description of goods | 9. HS code (Six-digit code) | 10. Origin criterion | 11. Gross weight, quantity (Quantity Unit) or other measures (liters, m³, etc.) | 12. Number and date of invoice |
|---|---|---|---|---|---|---|
| 1 | N/M | THREE HUNDRED (300) CTNS OF MAT *** *** *** *** *** *** | 4601.29 | "WP" | 14400PCS | DZCY001 DEC. 21, 2015 |

| 13. Declaration by the exporter: The undersigned hereby declares that the above details and statement are correct, NINGBO ELECTRIC AND CONSUMER GOODS IMPORT & EXPORT CORPORATION CHINA (Country) and that they comply with the origin requirements specified in the FTA for the goods exported to KOREA (Importing country) Ningbo, China, DEC. 21, 2015 0000051141369 Place and date, signature of authorized signatory | 14. Certification: On the basis of control carried out, it is hereby certified that the information herein is correct and that the goods described comply with the origin requirements specified in the China-Korea FTA. Ningbo, China, DEC. 21, 2015 Place and date, signature and stamp of authorized body |
|---|---|

AQSIQ 161094023

图 7-9　中国-韩国自由贸易区原产地证明书样本

例如：证书号 K153800000230001 是备案号为 380000023 的单位 2015 年办理的第 1 票中韩证书。

b. 签证当局已经签发的证书，申报单位如需要更改，须提出更改申请，并退还原签发证书。更改证的号码与新证的编码规则一致，但改变流水号。

c. 如原产地证书被盗、遗失或损毁，在出口商或制造商确信此前签发的原产地证书正本未被使用的情况下，可签发经核准的原产地证书副本。重发证的号码与新证的编码规则一致，但改变流水号。

① 第一栏：出口商的名称、地址、国别。

例如：NINGBO ELECTRIC & CONSUMER GOODS IMPORT & EXPORT CORPORATION
17TH FLOOR, LING QIAO PLAZA 31 YAO HANG STREET, NINGBO, CHINA

注意：此栏是带有强制性的，应填明在中国境内的出口商详细地址，包括街道名、门牌号码等。出口商必须是已办理产地备案的企业，且公司英文名称应与检验检疫局备案的一致。除了一般原产地证书（CO）外，其他证书都不允许该栏出现中间商名称。CO证书如果需要显示中间商名称，则在出口商一栏先填写出口商名称和地址，最后用 VIA 或者 O/B 加注中间商的公司名称。

② 第二栏：生产商的名称、地址、国家。

例如：SUMMER TOURISTS NOVELTY LIMITED COMPANY
ZHONGSHAN ROAD NO. 251 DONGYANG JINHUA CHINA

注意：如果证书包含一家以上生产商的商品，应列出其他生产商详细的依法登记的名称、地址、国家。如果出口商或生产商希望对信息予以保密，可以填写"应要求提供"（AVAILABLE UPON REQUEST）。如果生产商和出口商相同，应填写"同上"（SAME）。

③ 第三栏：进口商的名称、地址、国家。

例如：ABC INDUSTRIES PVT. LTD
450-1, DOGOK-DONG, KANGNAM-KU, SEOUL, KOREA
TEL：02-579-1234 FAX：02-579-1234

注意：一般应填进口成员国最终收货人名称（信用证上规定的提单通知人或特别声明的收货人），此栏不能填香港、台湾等其他中间商的名称。

④ 第四栏：运输细节（就所知而言）。

例如：离港日期（Departure Date）：DEC. 25, 2015
运输工具号（Vessel/Flight/Train/Vehicle No.）：NYK LIBRA V. 1504E
装运口岸（Port of loading）：NINGBO, CHINA
卸货口岸（Port of discharge）：BUSAN, KOREA

如果货物是快递运输，CO、FORM A、亚太证书的运输方式一栏填写"BY EXPRESS"，其他区域性原产地证书的运输工具栏填写具体的快递单号。

⑤ 第五栏：备注。

例如：L/C：2846905067640465

如有要求，该栏可注明客户订单编号、信用证编号等。

如果发票是由非缔约方经营者开具的，则应在此栏详细注明非缔约方经营者依法登记的名称、地址、所在国家。

如果原产地证书是后补发的，则应注明"补发"(ISSUED RETROACTIVELY)字样。

如果原产地证书是经核准的副本，则应注明"原产地证书正本（编号 日期）经核准的真实副本"（CERTIFIED TRUE COPY of the original Certificate of Origin number dated)字样。

如果此份证书不存在以上内容，则此栏打印：

**********************

此栏最下面打印核查网址"Verification：www.chinaorigin.gov.cn"。

⑥ 第六栏：项目编号。

在收货人、运输条件相同的情况下，如同批出口货物有不同品种，则可按不同品种分列"1""2""3"……但不得超过20个。

⑦ 第七栏：唛头及包装编号。

例如：GRANT N.L
　　　ORDER NO.325952065
　　　L/C E766896505
　　　C/N 1-270

应按实际货物及发票上的唛头，填写完整的文字图案标记及包装；唛头中处于同一行的内容不要换行打印。

**注意：**

a. 若存在唛头和包装号，填写唛头及包装号。如果唛头是图形或者符号而非字母或者数字，应填写"图形或符号(I/S)"。如果没有唛头及包装号，应填写"没有唛头及包装号"(N/M)；

b. 唛头不得出现"HONGKONG""MACAO""TAIWAN""R.O.C."等中国内地以外其他产地制造字样；

c. 如唛头过多，可填在第7~12栏的空白处。

⑧ 第八栏：包装数量及种类，商品描述。

例如：THREE HUNDRED(300)CTNS OF MAT

　　　***************

**注意：**

a. 此栏注明包装数量及种类，并列明每种货物的详细名称。

b. 请勿忘记填写包件数量及种类，并在包装数量的英文数字描述后用括号加上阿拉伯数字。如果货物无包装，应注明"散装"(IN BULK)。

c. 此栏的商品名称描述必须详细，以便查验货物的海关官员可以识别，并使其能与发票上的货名及HS编码的货名对应。如果信用证中品名笼统或拼写错误，必须在括号内加注具体描述或正确品名。

d. 当商品描述结束时，加上"***"（三颗星）或"\"（结束斜线符号）。

⑨ 第九栏：HS编码（6位）。

此栏对应第八栏中的货物名称，注明相应的协调制度编码，以六位编码为准。

例如：4601.29

⑩ 第十栏：原产地标准。

此栏用字最少，但却是国外海关审证的核心项目。对含有进口成分的商品，因情况复杂，国外要求严格，极易弄错而造成退证，应认真审核。具体规定详见表7-9。

⑪ 第十一栏：毛重或其他。

此栏应以商品的正常计量单位填，如"只""件""匹""双""台""打"等。以重量计算的则填毛重，毛重应填写千克；只有净重的，填净重也可，但要标上：N.W.（NET WEIGHT）。可依照惯例，采用其他计量单位（如体积、件数等）来精确地反映数量。例如：14 400 PCS。

⑫ 第十二栏：发票号、发票日期。

例如：DZCY001
    DEC. 21，2015

**注意**：发票内容必须与正式商业发票一致，此栏不得留空，为避免误解，月份一般用英文缩写JAN.、FEB.、MAR.等表示，发票日期年份要填全，如"2015"不能为"15"。发票号太长需换行打印，应使用折行符"—"。发票日期不能迟于提单日期和申报日期。

使用非缔约方发票时应填写非缔约方发票号码和发票日期。如果发票是由非缔约方经营者开具且该商业发票号码和发票日期均不知晓，则出口方签发的原始商业发票的号码和发票日期应在本栏注明。

⑬ 第十三栏：出口商声明。

生产国的横线上应填上"CHINA"。进口国横线上的国名应填写"KOREA"。

申请单位的申报员应在此栏签字，加盖已备案的中英文合璧签证章，填上申报地点、时间，印章应清晰，例如：Ningbo,China,DEC. 21,2015。

**注意**：申报日期不要填法定休息日，日期不得早于发票日期，一般也不要迟于提单日期。在证书正本和所有副本上盖章签字时避免覆盖进口国名称、原产国名称、申报地址和申报时间。更改证申报日期一般与原证一致。

⑭ 第十四栏：签证当局证明。

例如：Ningbo, China, DEC. 21，2015

此栏必须由签证机构经授权的签证人员签名、签署日期并加盖各直属检验检疫局字样的"中英文签证印章"。印章应加盖清晰，且不能与签名重叠，签证当局在证书正本和2个副本均需加盖印章。此栏填写签证地址和日期，一般情况下与出口商申报地址、日期一致。

## 【重点提示】

本模块的实训重点是各类区域性优惠原产地证书的填制,在进行该项目的实训时主要有以下几点需要加以注意。

(1) 区域性优惠原产地证书显示的海关编码必须以进口国为准,企业在申报时必须核实进口国的海关编码,确保商品归类符合国际贸易商品归类原则,货证相符。商品归类的正确与否会影响到出口商品所享受的关税优惠幅度的大小,因此要正确选择商品的HS编码,以获得最大的关税优惠。同时出口到一些国家的商品可以同时申领一般原产地证、普惠制原产地证和区域性优惠原产地证,这时需要判断哪种产地证所适用的关税优惠最大,以便于申领合适的原产地证书。

(2) 原产地证书中原产地标准是国外海关审证的核心项目。对含有进口成分的商品,因情况复杂,国外要求严格,极易弄错而造成退证,应认真审核。学生应充分了解不同类型原产地证书的原产地规则的具体内容,特别注意原产地标准的百分比规定以及相应的字母代码。

(3) 收货人信息不得与运输单据中的相矛盾。若信用证中要求运输单据做成"凭指示""凭某某指示",则原产地证可显示信用证申请人或信用证指名的另外一人作为收货人。

## 【课后作业】

比较不同类型区域性优惠原产地证书的填制差异。

# 模块5 审核信用证

## 【实训目标】

学生能够流畅地阅读信用证,从中提取有用信息。正确认识信用证条款错漏导致的潜在风险。掌握依据合同审核信用证的方法。学会填写信用证审核结果,撰写改证申请函。

## 【实训知识】

信用证以合同为基础开立又独立于合同存在,所以审证时销售合同是重要的依据。对于信用证中与合同不符、与国际贸易惯例及与我国对外贸易政策相抵触的条款或者出口商做不到的要求,受益人应按照程序提出修改。

在实际业务中,银行和受益人共同承担审核信用证的义务,但审核的内容侧重点不同,银行和受益人审核信用证的要点见表7-1。

表 7-1 审核信用证的要点

| 种　类 | 主要内容 | | 审核要点 |
| --- | --- | --- | --- |
| 银行审核信用证 | 1. 审核开证行：主要审核开证行的政治态度和资信情况，目的在于提高付款的安全性。<br>2. 查看信用证的要点：目的在于决定来证是否接受和是否需要修改 | 通知行 | (1) 核对密押和印鉴，证实真实性<br>(2) 信用证正、副本内容是否一致 |
| | | 议付行 | (1) 对开证行资信的审核<br>(2) 对开证行责任范围的审核<br>(3) 对保兑条款的审查：保兑行的资信能力和其提供的确认书<br>(4) 对索汇路线和索汇方式的审核<br>(5) 对偿付条款的审核<br>(6) 对信用证性质的审查：来证必须为不可撤销的信用证<br>(7) 对受益人的审查：名称、地址<br>(8) 对来证使用货币、信用证有效期和有效地点的审查 |
| 审证 | 出口商或出口企业审核信用证 | 审核信用证是否与合同规定相符，以确定是否接受或需要改证 | 比对合同，一次性找出信用证与合同不符之处 | (1) 审核信用证中对商品的规定是否与合同条款相同<br>(2) 审核信用证中货币与金额是否与合同相同<br>(3) 审核信用证对开证日期、装运期、有效期、交单期及到期地点的规定<br>(4) 审核信用证对装运条款和保险条款的规定是否符合合同规定<br>(5) 审核信用证付款期限是否与合同相符，远期付款条件下，信用证是否对买方权利负担利息条款作出与合同一致的规定，而在即期付款条件下，如开证行资信可靠，出口方一般也可以接受对方开来的假远期信用证 |
| | | | 找出难以操作或高风险的条款 | 申请人在申请开立信用证时，由于图自己方便，对受益人提出一些难以完成的要求，如果不仔细审核可能给受益人带来很高的风险，如：申请人要求受益人在装运后很短时间内寄单或交单；要求将提单做成申请人记名抬头等。受益人必须充分考虑具体情况，避免不必要的风险 |

续表

| 种类 | 主要内容 | 审核要点 |
|---|---|---|
| 审证 出口商或出口企业审核信用证 | 审核信用证是否与合同规定相符,以确定是否接受或需要改证 | 找出"软条款" | 所谓"软条款"一般是指在不可撤销信用证中加列一种条款,从而使信用证无法生效,通常在信用证中的特殊条款列出。<br>软条款一般有两大类:<br>(1) 有关单据的软条款:如要求申请人(或开证行)出具或副签的单据等<br>(2) 有关付款的软条款:如要求货到付款等 |

## 【实训内容】

根据给出的销货合同审核信用证,学生运用学过的知识找出信用证中的全部错漏,将其填入信用证审核结果中,并撰写信用证改证申请函,要求买方及时做出修改。

## 【实训操作步骤】

请根据南京唐朝纺织服装有限公司的销货合同(图 7-1)与收到的信用证(图 7-2)对信用证进行审查。

(1)出口商根据销货合同审核信用证。南京唐朝纺织服装有限公司外贸业务员王明根据 F01LCB05127 出口合同,审核 63211020049 信用证,找出问题条款。对照出口合同条款,逐条审核信用证各条款。审核之后发现如下不符情况(表 7-2)。

表 7-2 信用证审核结果

| 信用证号 | 63211020049 |
|---|---|
| 合同号 | F01LCB05127 |
| 审证结果 | 1. 信用证金额与合同不一致,信用证金额错误( USD 36 240),高于合同金额(USD 32 640),应为 USD 32 640 而不是 USD 36 240。<br>2. 信用证在加拿大到期(FOR NEGOTIATION IN APPLICANT'S COUNTRY),易产生逾期,且与合同要求不符,应改在国内到期(FOR NEGOTIATION IN BENEFICIARY'S COUNTRY)。<br>3. 信用证中开证申请人的地址(VISTA TORONTO, CANADA)错误,应该改为 VISTA OTTAWA, CANADA。<br>4. 信用证中规定的最迟装运期(120401)与合同不一致,正确的是 120325。<br>5. 加减保率为 30%( PLUS 30 PERCENT COVERING ALL RISKS),高于合同规定的 10%,应改为(PLUS 10 PERCENT COVERING ALL RISKS)。<br>6. 信用证中装运货物数量与合同有出入,证中规定 QTY/PCS 2 500,而合同为 2 550PCS。<br>7. 信用证中规定允许转运,与出口合同规定不一致。 |

| | 续表 |
|---|---|
| 审证结果 | 8. 信用证中汇票的付款期限"AT 60 DAYS AFTER SIGHT"错误,正确的是"AT SIGHT"。<br>9. 信用证费用条款"ALL CHARGES AND COMMISSIONS ARE FOR ACCOUNT OF BENEFICIARY."不合理。因为开证行费用理应由开证申请人承担,应该改为 OUTSIDE COUNTRY BANK CHARGES TO BE BORNE BY THE BENEFICIARY; OPENING BANK CHARGES TO BE BORNE BY THE APPLICANT。<br>10. 信用证漏开了一个重要的出口合同条款:"MORE OR LESS 3% OF QUANTITY OF GOODS AND CREDIT AMOUNT IS ALLOWED",这对于受益人来讲,非常不利,大大限制了操作的弹性 |

(2) 出口商给进口商书写改证函,列出信用证与合同的不符之处,并要求其改证。

外贸业务员王明给FASHION FORCE公司的经理书写并发送如下改证函:

Dear Sirs,

We are glad to receive your L/C No. 63211020049 under the S/C No. F01LCB05127.

We have carefully observed the terms and conditions stipulated in your L/C, but we regret to inform you that we found some mistakes in the L/C which you have to instruct your banker to make the following amendment:

1) Under field 32B, the total amount should be "USD 32640" instead of "USD 36240".

2) Under field 31D, the date and place of expiry amends to "DATE 120410 IN CHINA."

3) Under field 50, the correct address of applicant amended to "VISTA OTTAWA, CANADA".

4) Under field 44C, the last date of ship amended to: "120325".

5) Under field 46A, the amount insured in Insurance Policy is "PLUS 10 PERCENT COVERING ALL RISKS" not "PLUS 30 PERCENT COVERING ALL RISKS".

6) Under field 45A, the quantity of goods should be "2550PCS", instead of "2500PCS".

7) Under field 43P, transshipment is prohibited not allowed.

8) Under field 42C, the tenor of draft is "AT SIGHT" instead of "AT 60 DAYS AFTER SIGHT".

9) Under field 71B, the charge clause amends to "ALL CHARGES AND COMMISSIONS OUTSIDE ISSUING BANK ARE FOR ACCOUNT OF BENEFICIARY".

10) Under field 47A, to increase the clause "MORE OR LESS 3% OF QUANTITY OF GOODS AND CREDIT AMOUNT IS ALLOWED".

Thank you for your kind cooperation. Please see to it that L/C amendment reachs us not later than March 15, 2012. Failing which we shall not be able to effect shipment.

Waiting for your reply soon.

Yours faithfully,

NANJING TANG TEXTILE GARMENT CO., LTD

Ming Wang

## 【重点提示】

### 一、审核信用证时需要注意的要点

(1) 审核信用证时一定要细心,仔细核对每个条款、标点符号或用字用词,信用证的小瑕疵也不能忽视,否则会构成银行拒付的理由。

(2) 虽然信用证是银行信用,但并不能保证出口商百分百安全收汇,所以受益人在收到信用证后要首先对 L/C 的表面真实性进行检验,防止收汇风险。

(3) 受益人要结合实际条件,考察每个条款的可操作性,确保自己能完成信用证上要求的所有条款。

(4) 注意审查信用证的各个日期,包括开证日期、信用证有效期、最晚交单期、装船期等,保证每个时间设置的合理性,避免"双到期"。一般情况下,信用证的有效期=最迟装船期限+允许交单的天数(21 天之内)。

(5) 受益人要仔细研读信用证中的特殊条款,辨别是否存在软条款,找出开证申请人所设的"陷阱"。

(6) 审证时要结合国际惯例及进出口国外贸政策、习惯做法,避免与之相冲突而影响信用证的有效实施。

### 二、信用证中常见软条款示例

(1) 信用证必须获得外汇当局批准后才生效。有时候我们收到的信用证规定:该信用证必须获得外汇主管当局的核准才能生效。如:This credit will be operative solely when we get the authority permission that we have already requested. 或者 This credit shall become operative only receipt by us the authorization to that effect of ×××Exchange Institution.

(2) 受益人必须等到开证银行或者申请人另外通知后才能使用该证。有些信用证中附加了限制条件,如:This credit will be operative only after receipt of further instruction 或 Shipping date to be instructed by the buyer from the opening bank through the advising bank 或 This credit is subject to shipping sample to be accepted by ××× Trading Co., and verified by cable from the opening bank to be advised through the advising bank.

(3) 信用证规定货物运抵目的港后,或经过检验才能获得付款。有时候买家为了保证货物按时运抵目的港,或为了保证货物的质量,经常在信用证中规定,货物在抵达目的港后或经过检验后才能获得货款。例如,Letter of copy or cable advice from ×××customers brokers or carrier certifying that the merchandise has arrived in ×××(目的港),又如,Documents are to be delivered on trust receipt to the above account party for the purpose of arranging entry and inspection of the goods by the US Food and Drug Administration(做食品药品的注意)upon receipt a written statement from above account party to the effect that merchandise has been insoected and released the US Food and Drug Administration. The draft under this credit will be paid by us. It′s understand that we shall not be responsible for the form,scope,validity enforce ability and the enforcement of such trust receipt.

(4)信用证规定的某些单据必须由进口商或者代理人签署才能办理押汇(大家经常碰到的)。有时信用证规定,某些单据必须由进口商等出具或签字,我们出口商才能办理信用证下的押汇。如,Inspection Certificate to be issued by ×××Trading Co.,或Commercial invoice to be countersigned by the buyer.

(5)信用证下的付款时间不确定,有的信用证虽然承诺向出口商付款,但是到底什么时候付款,对方并没有说明清楚。如,Payment by us will be subject to receipt of sterling cover from our ×××(place)office 或 Payment under this credit will be made by us only after arrival of goods in ×××(Place)and availability of Foreign Currency cover from Center Bank of ××。

(6)信用证要求出口商提交不一定能取得到的单据,主要有如下几种:

其一,运输单据,如:①Container B/L must mark "under deck". ②B/L must be marked "absolutely will not be transshipped". ③Container B/L with optional stowage clause not accepted. B/L must indicate net net weight(净重),net weight,gross weight and measurement.

其二,保险单据,如:①Insurance policy covering all risks of loss or damage whatsoever cause arising,marine insurance policy covering WA and FPA. ②Insurance policy issued by ×××insurance company ×××required. ③Marine insurance policy covering WA against all risks.

其三,检验报告,如:①Inspection certificate issued by the buyer required. ②Beneficiary must inform the buyer to inspect the goods at least 7days before loading.

其四,领事发票,如:①Consular invoice in duplicated issued by consul of ×××required. ②Consular invoice issued by consul of ×××required.

(7)虚假的保兑条款。有的银行虽然自称为保兑银行,但是该银行不承担真实的保兑责任,如,we conform this credit and subject to opening bank's sufficient deposit in our bank,we under and in compliance with the terms of this credit.

(8)常见的信用证有效期的表达方式。

① We call your attention that this credit is valid for presentation of documents reaches this office.

② Negotiation must be effected on March 20,2008.

③ Draft drown under this L/C must be presented for negotiation within 10 days before the date of shipment.

(9) 信用证审核的要点在于信用证条款是否与买卖合同一致,因此要依据买卖合同和"UCP600"进行审核。

(10) 重点审核 46A 和 47A。46A 是单证的种类要求,47A 则补充说明单证的做法以及其他要求,它们是信用证最重要最核心的部分,必须逐字审阅、核实。

(11) 对需修改的事项应一次性提出,避免多次修改。

(12) 改证函的撰写要简洁、准确。

### 三、SWIFT 跟单信用证编码及说明

目前开立的 SWIFT 格式代号为 MT700 和 MT701,如对开出的 SWIFT 信用证进行修改,则采用 MT707 标准格式。它们分为必选项目 MANDATORY FIELD 和可选项目 OPTIONAL FIELD。

(1) 信用证修改(MT700)格式,见表 7-3。

表 7-3　信用证修改(MT700)格式

| 代码 Tag | 栏位名称(Field Name) | 性质 | 相关说明与审核要点 |
|---|---|---|---|
| 20 | Documentary Credit Number 信用证编号 | M | 其他单据常引用该号,不能出错 |
| 27 | Sequence of Total 电文页次 | M | 报文完全容纳在一份 MT700 中时,此项为 1/1;一份 MT700 不能完全容纳时,可附开 MT701 报文一份或多份(一般不超过 3 份),此项可填 1/2、2/2,以此类推 |
| 31C | DATE OF ISSUE 开证日期 | O | 如无,该报文的发送日期即开证日期。SWIFT 信用证中日期表示方式:YYMMDD(年月日) |
| 31D | DATE AND PLACE OF EXPIRY 信用证有效期和有效地点 | M | 此为信用证的最迟交单日期和到期地点,一般为在受益人所在地到期 |
| 32B | Currency Code,Amount 币种、金额 | M | 注意要与合同一致。SWIFT 信用证中数字不使用分格号,小数点用","表示,如:12345.67 表示为 12345,67;1/2 表示为 0,5;5% 表示为 5 PERCENT |
| 39A | Percentage Credit Amount 信用证金额上下浮动允许的最大范围 | O | 用百分比表示,如:5/5,即允许上下浮动各不超过 10%。39 款如不显示,则金额须完全符合 32B,如使用则 39A 和 39B 只能二选一 |
| 39B | Maximum Credit Amount 最高信用证金额 | O | 用"UP TO""MAXIMUM"或"NOT EXCEEDING"+金额来表示最高限额 |
| 39C | Additional Amount Covered 附加金额 | O | 表示信用证所涉及的保险费、利息、运费等金额 |

续表

| 代码 Tag | 栏位名称（Field Name） | 性质 | 相关说明与审核要点 |
| --- | --- | --- | --- |
| 40A | FORM OF DOCUMENTARY CREDIT 信用证形式 | M | 根据 UCP600，现均为 Irrevocable |
| 40E | Applicable Rule 适用条文 | O | 一般为：UCP LATEST VERSION。目前最新版本是 UCP600 |
| 41A | Any Bank 自由议付 | M | 银行用 swift 代码表示 |
| 41D | Available with … by … 指定的有关银行及信用证兑付的方式 | M | 41A 和 41D 二选一，银行用行名地址码表示 |
| 42C | Drafts at … 汇票付款日期 | O | 须与 42A/D 同时出现 |
| 42A/D | Drawee 汇票付款人 | O | 不能是开证申请人，而应为银行，须与 42C 同时出现，若代码为 42A 用银行的 swift 代码表示付款人，代码为 42D 则用银行的名称地址表示付款人 |
| 42M | Mixed Payment Details 混合付款条款 | O | 列明混合付款信用证项下的付款日期、金额及其确定方式 |
| 42P | Deferred Payment Details 延期付款条款 | O | 列明延期付款信用证项下的付款日期及其确定方式 |
| 43P | Partial Shipment 分批装运 | O | 如不允许，须一次性把货出完，使发票金额满足 32B/39A/39B 要求 |
| 43T | Transshipment 转运 | O | 一般为 ALLOWED，提单或其他运输单据上显示的内容须符合该条款 |
| 44A | Loading on Board/Dispatch/Taking in Charge at/from … 装船、发运和接受监管的地点 | O | |
| 44B | For Transportation to … 货物发运的最终目的港（地） | O | |
| 44C | Latest Date of Shipment 最迟装船日 | O | 注意能否在规定日期内备妥货物并按时安排船期。与 31D 的时间间隔不能太短，一般在 10 天以上，以 15 天左右为宜 |
| 44D | Shipment Period 装期 | O | 规定每一批货物装运时间和数量，应注意能否做到 |
| 45A/B | Description of Goods and/or Services 货物与/或服务描述 | O | 注意看与 46 款单据要求是否有矛盾，是否与合同一致，该描述也不宜太烦琐，否则易产生不符点，其他单据此项内容应与本款一致 |

续表

| 代码 Tag | 栏位名称(Field Name) | 性质 | 相关说明与审核要点 |
|---|---|---|---|
| 46A/B | Documents Required 所需单据 | O | 本款与47A要重点审核,逐字逐句审查,并注意是否规定运输单据的最迟出单日期,有无直寄1/3正本等要求,规定的单据类型、数量等能否提供或及时提供等 |
| 47A/B | Additional Conditions 附加条款 | O | 应注意所提的要求能否办到,该款及78款还须注意是否有表明信用证未生效或有条件生效 |
| 48 | Period for Presentation 交单期限 | O | 若使用,则表示在开立运输单据后21天内交单 |
| 49 | Confirmation Instruction 保兑指示 | M | |
| 50 | Applicant 申请人 | M | 一般为进口商 |
| 53A | Reimbursement Bank 偿付银行 | O | |
| 57A | Advising through 通知银行 | O | |
| 59 | Beneficiary 受益人 | M | 一般为出口商,绝对不能出错,注意内容是否完整、准确,与其他单据上的名称地址是否一致 |
| 71B | Charges 费用情况 | O | 表示费用是否由受益人出,若无,则表示除了议付费、转让费外,其他各种费用由开证申请人出 |
| 72 | Sender to Receiver Information 附言 | O | |
| 78 | Instructions to the Paying/Accepting/Negotiating Bank 对付款/承兑/议付银行的指示 | O | 注意寄单地址、付款条款是否清晰,有无L/C暂不生效,待一定条件后生效的条款 |

(2) 信用证修改(MT707)格式,见表7-4。

表7-4 信用证修改(MT707)格式

| 代码 Tag | 栏位名称(Field Name) | 性质 | 相关说明与审核要点 |
|---|---|---|---|
| 20 | Sender's Reference 送讯银行的编号 | M | |
| 21 | Receiver's Reference 受讯银行的编号 | M | 若不知道,填 NONREF |
| 23 | Issuing Bank's Reference 开证银行的编号 | O | |
| 26E | Number of Amendment 修改序号 | O | 要求按序号排列 |
| 31c | Date of Issue 开证日期 | O | 如无,即指电文的发送日期 |
| 30 | Date of Amendment 修改日期 | O | 如无,即指发报日期 |
| 31E | New Date of Expiry 新的到期日 | O | |

续表

| 代码 Tag | 栏位名称（Field Name） | 性质 | 相关说明与审核要点 |
|---|---|---|---|
| 32B | Increase of Documentary Credit Amount 信用证金额的增加 | O | |
| 33B | Decrease of Documentary Credit Amount 信用证金额的减少 | O | |
| 34B | New Documentary Credit Amount After 修改后新的信用证金额 | O | |
| 39A | Percentage Credit Amount Tolerance 信用证金额上下浮动允许的最大范围 | O | 不能与 39B 同时出现 |
| 39B | Maximum Credit Amount 最高信用证金额 | O | 不能与 39A 同时出现 |
| 39C | Additional Amount Covered 附加金额 | O | |
| 44A | Loading on Board/Dispatch/Taking in Charge at/from … 装船、发运和接受监管的地点 | O | |
| 44B | For Transportation to … 货物发运的最终目的港（地） | O | |
| 44C | Latest Date of Shipment 最迟装船日 | O | 不能与 44D 同时出现 |
| 44D | Shipment Period 装期 | O | 不能与 44C 同时出现 |
| 52a | Issuing Bank 开证银行 | O | |
| 59 | Beneficiary（before this amendment）受益人（修改以前的） | M | 该项目为原信用证的受益人，如要修改，须在 79 中写明 |
| 72 | Sender to Receiver Information 附言 | O | 主要写明收报人如何通知受益人 |
| 79 | Narrative 说明 | O | 详细的修改内容 |

# 模块 6 修改信用证

## 【实训目标】

熟悉信用证的修改流程，及修改中的诸多注意事项。熟练掌握信用证改证函的写作。

## 【实训知识】

### 1. 信用证修改流程

信用证修改流程如图 7-10 所示。

（1）出口商收到信用证后发现不符点，函电要求进口商修改信用证。

（2）进口商接受修改意见后，到开证行，填写信用证修改申请书，并交开证行。

（3）开证行审核进口商的信用证修改申请书，并根据进口商要求签发信用证修改通知书给信用证通知行。

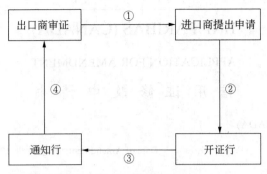

图 7-10　信用证修改流程

（4）通知行通知出口商信用证修改通知书到达，出口商未在合适的期限内表示异议（一般是 3 个银行工作日），则暗示接受修改。

2．信用证修改函的书写基本框架

（1）感谢对方开来信用证。

（2）列明不符点并说明如何修改。

（3）感谢对方合作，希早日收到信用证修改书。

3．常用的语句

（1）Thank you for you L/C No. ××× issued by ×××× Bank，dated ×××．

（2）We are very pleased to receive your L/C No. ××× established by the National Bank of ××× dated ××× against S/C No. ×××．

（3）However, we are sorry to find it contains the following discrepancies.

（4）But the following points are in discrepancy with the stipulations of our S/C No. ×××．

（5）As to the description of the goods, please insert the "red" before "sun".

（6）Please delete the clause "The invoice evidences that the goods are packed in wooden cases," and insert the wording "The invoice evidences that the goods are packed in cartons."

（7）Please amend the amount in figure to US $ ×××．

（8）The expiry date should be ××× instead of ×××．

（9）Please extend the shipment date and the validity of the L/C to ××× and ××× respectively.

（10）Thank you for your kind cooperation. Please see to it that the L/C amendment reaches us within next week, otherwise we cannot effect punctual shipment.

【实训内容】

（1）进口商填写信用证修改申请书，如图 7-11 所示。

# BNP PARIBAS (CANADA)

## APPLICATION FOR AMENDMENT

# 信 用 证 修 改 申 请 书

To: BNP PARIBAS (CANADA)

致:×××银行

Date of Amendment: 修改日期 120201

Credit No. 信用证号码

63211020049

No. of Amendment: 修改次数

1

| Applicant 申请人 | Advising Bank 通知行 |
|---|---|
| FASHION FORCE CO., LTD<br>　　P.O.BOX 8 935 NEW TERMINAL, ALTA,<br>VISTA OTTAWA, CANADA | |

Beneficiary (before this amendment)

受益人（在本次修改前）

NANJING TANG TEXTILE GARMENT CO.,

LTD.

HUARONG MANSION RM2901 NO.85

GUANJIAQIAO, NANJING 210005, CHINA

Currency and Amount （in figure & words）币种及金额（大、小写）

USD THIRTY TWO THOUSAND SIX HUNDRED AND FORTY ONLY.

USD32 640.00

The above mentioned credit is amended as follows:

上述信用证修改如下：

☐The latest shipment date extended to <u>2012/03/25</u>

最迟装运日期延长至

☐Expiry date extended to <u>2012/04/10</u>

有效期延长至

☐Amount increased/decreased by <u>　USD 36 240　</u> to <u>　USD 32 640　</u>

金额增减　　　　　　至

☐Other terms:其他

图 7-11　进口商填写信用证修改申请书

(1) 50, the correct address of applicant amended to: "VISTA OTTAWA, CANADA".

(2) 46 A , the amount insured in Insurance Policy is "PLUS 10 PERCENT COVERING ALL RISKS" not "PLUS 30 PERCENT COVERING ALL RISKS".

(3) 45A, the quantity of goods should be "2 550PCS", instead of "2 500PCS ".

(4) 43P, transshipment is prohibited not allowed.

(5) 42C, the tenor of draft is "AT SIGHT" instead of "AT 60 DAYS AFTER SIGHT".

(6) 47A, to increase the clause "MORE OR LESS 3% OF QUANTITY OF GOODS AND CREDIT AMOUNT IS ALLOWED."

▫Banking charges:银行费用

ALL CHARGES AND COMMISSIONS OUTSIDE ISSUING BANK ARE FOR ACCOUNT OF BENEFICIARY.

All other terms and conditions remain unchanged.

所有其他条款不变

*Authorized Signature(s)* FASHION FORCE CO., LTD

P.O.BOX 8 935 NEW TERMINAL, ALTA, VISTA TORONTO, CANADA

（进口商签章）

This Amendment is Subject to Uniform Customs and Practice for Documentary Credits (2006 Revision) International Chamber of Commerce Publication No.600.

图 7-11 （续）

(2) 开证行审核并通过进口商的信用证修改申请书后，签发信用证修改通知书(图 7-12)。

## BNP PARIBAS (CANADA)

## APPLICATION FOR AMENDMENT

### 信 用 证 修 改 申 请 书

To: BNP PARIBAS (CANADA)

致:×××银行　　　　　　　　Date of Amendment: 修改日期 120201

Credit No. 信用证号码　　　　　No. of Amendment: 修改次数

63211020049　　　　　　　　　1

图 7-12　开证行（填写）信用证修改申请书

| | |
|---|---|
| Applicant 申请人<br>FASHION FORCE CO., LTD<br>    P.O.BOX 8935 NEW TERMINAL, ALTA,<br>VISTA OTTAWA, CANADA | Advising Bank 通知行 |
| Beneficiary (before this amendment)<br>受益人（在本次修改前）<br>NANJING TANG TEXTILE GARMENT CO., LTD.<br>HUARONG MANSION RM2901 NO.85 GUANJIAQIAO, NANJING 210005, CHINA | Currency and Amount （in figure & words）币种及金额（大、小写）<br>USD THIRTY TWO THOUSAND SIX HUNDRED AND FORTY ONLY.<br>USD32640.00 |

The above mentioned credit is amended as follows:

上述信用证修改如下：

□The latest shipment date extended to <u>2012/03/25</u>

最迟装运日期延长至

□Expiry date extended to <u>2012/04/10</u>

有效期延长至

□Amount increased/decreased by <u>  USD 36 240  </u> to <u>  USD 32 640  </u>

金额增减　　　　　至

□Other terms:其他

　　(1) 50, the correct address of applicant amended to: "VISTA OTTAWA, CANADA".

　　(2) 46 A , the amount insured in Insurance Policy is "PLUS 10 PERCENT COVERING ALL RISKS" not "PLUS 30 PERCENT COVERING ALL RISKS".

　　(3) 45A, the quantity of goods should be "2 550PCS", instead of "2 500PCS ".

　　(4) 43P, transshipment is prohibited not allowed.

　　(5) 42C, the tenor of draft is "AT SIGHT" instead of "AT 60 DAYS AFTER SIGHT".

　　(6) 47A, to increase the clause "MORE OR LESS 3% OF QUANTITY OF GOODS AND CREDIT AMOUNT IS ALLOWED."

□Banking charges:银行费用

ALL CHARGES AND COMMISSIONS OUTSIDE ISSUING BANK ARE FOR ACCOUNT O BENEFICIARY.

All other terms and conditions remain unchanged.

所有其他条款不变

　　　　　　　　　　　　　　　*Authorized Signature(s)* BNP PARIBAS (CANADA)

　　　　　　　　　　　　　　　　　　（开证行签章）

This Amendment is Subject to Uniform Customs and Practice for Documentary Credits (2006 Revision) International Chamber of Commerce Publication No.600.

图 7-12　（续）

(3) 通知行收到开证行的信用证修改通知书后,通知出口商信用证修改通知书到达(图 7-13)。

中 国 银 行
BANK OF CHINA
信用证修改通知书
NOTIFICATION OF AMENDMENT

ADDRESS:
CABLE:
TELEX:
SWIFT:
FAX:
YEAR-MONTH-DAY

| To: 致 | When corresponding Please quote our Ref No. |
|---|---|
| Issuing Bank 开证行 | Transmitted to us through 转递行 |
| L/C No. 信用证号 | Dated 开证日期 |
| L/C dated | Amount 金额 |
| No. of Amendment: 修改次数 | Amendment dated 修改日期 |

Yours faithfully,

for BANK OF CHINA NANJING BRANCH
(通知行盖章)

图 7-13　信用证修改通知书

**提示**：一般来说,该通知须附上有关信用证,出口商申请议付交单时,将该通知及信用证和信用证修改书一并提交。

(4) 出口商接到通知行的信用证修改通知书后,认真阅读,审核修改后的内容是否已经与合同一样,如果一致的话,可以以默认的方式接受。如果仍然不一致,就于 3 个工作日内书面通知通知行。

## 【重点提示】

改证函的书写除了要按照以上框架书写内容之外,为保障改证程序的顺利进行,书写改证函时还应注意以下几点内容。

(1) 凡是需要修改的内容,应做到一次性向客人提出,避免多次修改信用证的情况。

(2) 对于不可撤销信用证中任何条款的修改,都必须取得当事人的同意后才能生效。对信用证修改内容的接受或拒绝有两种表示形式:

① 受益人做出接受或拒绝该信用证修改的通知;

② 受益人以行动按照信用证的内容办事。

(3) 收到信用证修改后,应及时检查修改内容是否符合要求,并分情况表示接受或重新提出修改。

（4）对于修改内容要么全部接受，要么全部拒绝，部分接受修改中的内容是无效的。

（5）有关信用证修改必须通过原信用证通知行才具真实、有效性；通过客人直接寄送的修改申请书或修改书复印件不是有效的修改。

（6）明确修改费用由谁承担，一般按照责任归属来确定修改费用由谁承担。

## 【课后练习】

世格公司与加拿大 NEO 公司达成交易后签订销货合同（图 7-14），2009 年 4 月 8 日，世格公司收到 NEO 公司通过加拿大皇家银行开来的编号为 09/0501-FCT 的信开本信用证（图 7-15）。试根据 SHDS09027 出口合同对信用证进行审核，指出信用证存在的问题并提出具体的改证要求。

# 销售合同
## SALES CONTRACT

| 卖方 SELLER: | DESUN TRADING CO.,LTD.<br>29TH FLOOR KINGSTAR MANSION, 623JINLIN RD., SHANGHAI CHINA | | 编号 NO.: | SHDS09027 |
| --- | --- | --- | --- | --- |
| | | | | APR.03, 2013 |
| | | | 日期 DATE: | |
| | | | 地点 SIGNED IN: | SHANGHAI |
| 买方 BUYER: | NEO GENERAL TRADING CO.<br>#362 JALAN STREET, TORONTO, CANADA | | | |

买卖双方同意以下条款达成交易：

This contract Is made by and agreed between the BUYER and SELLER , in accordance with the terms and conditions stipulated below.

| 1. 品名及规格<br>Commodity & Specification | | 2. 数量<br>Quantity | 3. 单价及价格条款<br>Unit Price & Trade Terms | 4. 金额<br>Amount |
| --- | --- | --- | --- | --- |
| | | | CIFC5 TORONTO | |
| CHINESE CERAMIC DINNERWARE | | | | |
| DS1511 | 30-Piece Dinnerware and Tea Set | 542SETS | USD23.50 | 12 737.00 |
| DS2201 | 20-Piece Dinnerware Set | 800SETS | USD20.40 | 16 320.00 |
| DS4504 | 45-Piece Dinnerware Set | 443SETS | USD23.20 | 10 277.60 |
| DS5120 | 95-Piece Dinnerware Set | 254SETS | USD30.10 | 7 645.40 |
| | Total: | 2 039SETS | | 46 980.00 |

图 7-14 世格公司销货合同

|  |  |  |
|---|---|---|
| | 允许 With 10% | 溢短装，由卖方决定 More or less of shipment allowed at the sellers' option |
| 5. | 总值<br>Total Value | SAY US DOLLARS FORTY SIX THOUSAND NINE HUNDRED AND EIGHTY ONLY. |
| 6. | 包装<br>Packing | DS2201 IN CARTONS OF 2 SETS EACH AND DS1151, DS4505 AND DS5120 TO BE PACKED IN CARTONS OF 1 SET EACH ONLY.<br>TOTAL: 1 639 CARTONS. |
| 7. | 唛头<br>Shipping Marks | AT BUYER'S OPTION. |
| 8. | 装运期及运输方式<br>Time of Shipment & means of Transportation | TO BE EFFECTED BEFORE THE END OF APRIL 2009 WITH PARTIAL SHIPMENT ALLOWED AND TRANSHIPMENT ALLOWED. |
| 9. | 装运港及目的地<br>Port of Loading & Destination | FROM: SHANGHAI<br>TO: TORONTO |
| 10. | 保险<br>Insurance | THE SELLER SHALL COVER INSURANCE AGAINST WPA AND CLASH & BREAKAGE & WAR RISKS FOR 110% OF THE TOTAL INVOICE VALUE AS PER THE RELEVANT OCEAN MARINE CARGO OF P.I.C.C. DATED 1/1/1981. |
| 11. | 付款方式<br>Terms of Payment | THE BUYER SHALL OPEN THOUGH A BANK ACCEPTABLE TO THE BEFORE APRIL 10, 2009 VALID FOR NEGOTIATION IN CHINA UNTIL THE 15TH DAY AFTER THE DATE OF SHIPMEDNT. |
| 12. | 备注<br>Remarks | |

The Buyer　　　　　　　　　　　　　　　　　　The Seller

NEO GENERAL TRADING CO.　　　　　　　DESUN TRADING CO.,LTD.

(signature)　　　　　　　　　　　　　　　　　(signature)

图 7-14 （续）

# THE ROYAL BANK OF CANADA

BRITISH COLUMBIA INTERNATION CENTRE
1055 WEST GEORGIA STREET, VANCOUVER, B.C. V6E 3P3
CANADA

☐ CONFIRMATION OF TELEX/CABLE PER-ADVISED　　DATE:　APR 8, 2013
　TELEX NO. 4720688 CA　　　　　　　　　　　　PLACE:　VANCOUVER

| IRREVOCABLE DOCUMENTARY CREDIT | CREDIT NUMBER: 09/0501-FCT | ADVISING BANK'S REF. NO. |
|---|---|---|
| ADVISING BANK:<br>SHANGHAI A J FINANCE CORPORATION<br>59 HONGKONG ROAD<br>SHANGHAI 200002, CHINA | APPLICANT:<br>NEO GENERAL TRADING CO.<br>#362 JALAN STREET, TORONTO, CANADA | |
| BENEFICIARY:<br>DESUN TRADING CO.,LTD.<br>29TH FLOOR KINGSTAR MANSION,<br>623JINLIN RD.,<br>SHANGHAI CHINA | AMOUNT:<br>USD46 980.00<br>(US DOLLARS FORTY SIX THOUSAND NINE HUNDRED AND EIGHTEEN ONLY) | |
| EXPIRY DATE: MAY 15, 2013 | FOR NEGOTIATION IN APPLICANT COUNTRY | |

GENTLEMEN:
WE HEREBY OPEN OUR IRREVOCABLE LETTER OF CREDIT IN YOUR FAVOR WHICH IS AVAILABLE BY YOUR DRAFTS AT SIGHT FOR FULL INVOICE VALUE ON US ACCOMPANIED BY THE FOLLOWING DOCUMENTS:
+ SIGNED COMMERCIAL INVOICE AND 3 COPIES.
+ PACKING LIST AND 3 COPIES, SHOWING THE INDIVIDUAL WEIGHT AND MEASUREMENT OF EACH ITEM.
+ ORIGINAL CERTIFICATE OF ORIGIN AND 3 COPIES ISSUED BY THE CHAMBER OF COMMERCE.
+ FULL SET CLEAN ON BOARD OCEAN BILLS OF LADING MARKED "FREIGHT PREPAID" CONSIGNED TO ORDER OF THE ROYAL BANK OF CANADA INDICATING THE ACTUAL DATE OF THE GOODS ON BOARD AND NOTIFY THE APPLICANT WITH FULL ADDRESS AND PHONE NO. 77009910.
+ INSURANCE POLICY OR CERTIFICATE FOR 130 PERCENT CIF OF INVOICE VALUE COVERING: INSURANCE CARGO CLAUSES(A) AS PER I.C.C. DATED 1/1/1982.
+ BENEFICIARY'S CERTIFICATE CERTIFYING THAT EACH COPY OF SHIPPING DOCUMENTS HAS BEEN FAXED TO THE APPLICANT WITHIN 48 HOURS AFTER SHIPMENT.

COVERING SHIPMENT PF:
4 ITEMS TERMS OF CHINESE CERAMIC DINNERWARE INCLUDING:

图 7-15　加拿大 NEO 公司开立的信用证

| | | | | |
|---|---|---|---|---|
| DS1511 | 30-PIECE DINNERWARE AND TEA SET, 544ETS | | | |
| DS2201 | 20-PIECE DINNERWARE SET, 800SETS, | | | |
| DS4504 | 45-PIECE DINNERWARE SET, 443SETS | | | |
| DS5120 | 95-PIECE DINNERWARE SET, 245SETS | | | |

DETAILS IN ACCORDANCE WITH SALES CONTRACT SHDS09027 DATED APR. 3, 2009.
[ ]FOB / [ ]CFR / [X] CIF / [ ]FAX TORONTO CANADA.

| SHIPMENT FROM SHANGHAI | TO VANCOUVER | LATEST APRIL 30,2009 | PARTIAL SHIPMENTS PROHIBITED | TRANSSHIPMENT PROHIBITED |
|---|---|---|---|---|

DRAFTS TO BE PRESENTED FOR NEGOTIATION WITHIN 15 DAYS FROM BILL OF LADING DATE, BUT WITHIN THE VALIDITY OF CREDIT. ALL DOCUMENTS TO BE FORWARDED IN ONE COVER, BY AIRMAIL, UNLESS OTHERWISE STATED UNDER SPECIAL INSTRUCTION.

SPECIAL INSTRUCTION: ALL BANKING CHARGES OUTSIDE CANADA ARE FOR ACCOUNT OF BENEFICIARY.
+ ALL GOODS MUST BE SHIPPED IN FOUR 20'CY TO CY CONTAINER AND B/L SHOWING THE SAME.
+ THE VALUE OF FREIGHT PREP AID HAS TO BE SHOWN ON BILLS OF LADING.
+ DOCUMENTS WHICH FAIL TO COMPLY WITH THE TERMS AND CONDITIONS IN THE LETTER OF CREDIT SUBJECT TO A SPECIAL DISCREPANCY HANDLING FEE OF US$35.00 TO BE DEDUCTED FROM ANY PROCEEDS.

DRAFT MUST BE MARKED AS BEING DRAWN UNDER THIS CREDIT AND BEAR ITS NUMBER; THE AMOUNTS ARE TO BE ENDORSED ON THE REVERSE HERE OF BY NEG. BANK. WE HEREBY AGREE WITH THE DRAWERS, ENDORSERS

AND FIDE HOLDER THAT ALL DRAFTS DRAWN UNDER AND IN COMPLIANCE WITH THE TERMS OF THIS CREDIT SHALL BE DULY HONORED UPON PRESENTATION.
THIS CREDIT IS SUBJECT TO THE UNIFORM CUSTOMS AND PRACTICE FOR DOCUMENTARY CREDITS (2007 REVISION) BY THE INTERNATIONAL CHAMBER OF COMMERCE PUBLICATION NO. 600.

Yours Very Truly,

David Jone                                  Joanne Hsan
AUTHORIZED SIGNATURE          AUTHORIZED SIGNATURE

图 7-15 （续）

要求：根据提供的外销合同审核信用证并列出审核结果，同时向进口商发出改证函，模板见表 7-5。

表 7-5  信用证审核结果

| 信用证号 | |
|---|---|
| 合同号 | |
| 审证结果 | |

# 【课后练习答案】

## 一、信用证审核结果

**信用证审核结果**

| 信用证号 | 09/0501-FCT |
|---|---|
| 合同号 | SHDS09027 |
| 审证结果 | 1. 信用证大小写金额不一致，大写金额错误（US DOLLARS FORTY SIX THOUSAND NINE HUNDRED AND EIGHTEEN ONLY），低于合同金额（USD46 980），应为 USD46 980（US DOLLARS FORTY SIX THOUSAND NINE HUNDRED AND EIGHTY ONLY）而不是 USD46 918。<br>2. 信用证在加拿大到期（FOR NEGOTIATION IN APPLICANT COUNTRY），易产生逾期，且与合同要求不符，应改在国内到期（FOR NEGOTIATION IN BENEFICIARY COUNTRY）。<br>3. 加减保率为 30%（FOR 130 PERCENT OF INVOICE VALUE），高于合同规定的 10%，应改为（FOR 110 PERCENT OF INVOICE VALUE）。<br>4. 合同要求投保的为"中国海洋运输货物保险条款"，而信用证投保的为"伦敦协会货物保险条款"A，适用的条款有误，应当根据合同规定投保。<br>5. 证明装运货物数量与合同有出入，证中规定 DS1151 544SETS、DS5120 245SETS，而合同中为 DS1151 542SETS、DS5120 254SETS。<br>6. 目的港与合同不符。应为多伦多而（TORONTO）不是温哥华（VANCOUVER）。<br>7. 合同明确规定允许转运和分批装运，但信用证中禁止。 |

## 二、信用证修改函

Date：April 9 , 2013

TO：NEO GENERAL TRADING CO.

♯362 JALAN STREET，TORONTO, CANADA

Dear Joanne，

We are glad to receive your L/C No. 09/0501-FCT under the S/C No. SHDS09027. We have carefully observed the terms and conditions stipulated in your L/C, but we regret to inform you that we found some mistakes in the L/C which you have to instruct your banker to make the following amendment：

1) The total amount of L/C should be "US DOLLARS FORTY SIX THOUSAND NINE HUNDRED AND EIGHTY ONLY" not "US DOLLARS FORTY SIX

THOUSAND NINE HUNDRED AND EIGHTEEN ONLY".

2) The place of expiry amends to "FOR NEGOTIATION IN BENEFICIARY COUNTRY."

3) Under field 46A, the amount insured in Insurance Policy is "FOR 110 PERCENT OF INVOICE VALUE" not "FOR 130 PERCENT OF INVOICE VALUE".

4) "INSURANCE CARGO CLAUSES (a) AS PER I. C. C. DATED 1/1/1981." Should be replaced by "OCEAN MARINE CARGO OF P. I. C. C. DATED 1/1/1981".

5) Under field 45A, the quantity of goods should be "DS1151 542SETS DS5120 254SETS", instead of "DS1151 544SETS, DS5120 245SETS".

6) The Port of destination should be "TORONTO" not "VANCOUVER".

7) The contract allowing partial shipment and transshipment but not allowed in L/C.

Thank you for your kind cooperation. Please see to it that L/C amendment reach us not later than April 15, 2013. Failing which we shall not be able to effect shipment.

Waiting for your reply soon.

Yours faithfully,

DESUN TRADING CO. ,LTD.

David Jone

# 模块7 综合制单

## 【实训目标】

通过本模块的实训学习,使学生能够根据信用证和相关资料独立地进行综合的结汇制单,主要包括商业发票、装箱单、普惠制产地证、提单、保险单、装运通知、汇票和受益人声明等。同时使学生了解国家外汇管理与出口退税政策并掌握出口退税的办理程序,了解各类发票的概念、作用与区别,能够准确熟练地根据信用证或合同及装运信息制作相应的发票,了解海关发票与领事发票的申请流程并掌握其填制方法。

## 【实训知识】

### 一、结汇制单的原则与依据

制作、审核结汇单据的基本原则——正确、完整、及时、简明和整洁。

审核结汇单据还需遵循"从上到下,从左到右"的原则。

制单的依据——以交易合同为依据,以信用证为付款条件时需以信用证所列条款为依据,必要时还需以双方提供的原始资料或国际惯例为依据。

### 二、结汇所需相关单据及其签发时间

进出口各环节需要提交的单据如图7-16所示。各单据签发时间(以信用证交易为例)如下。

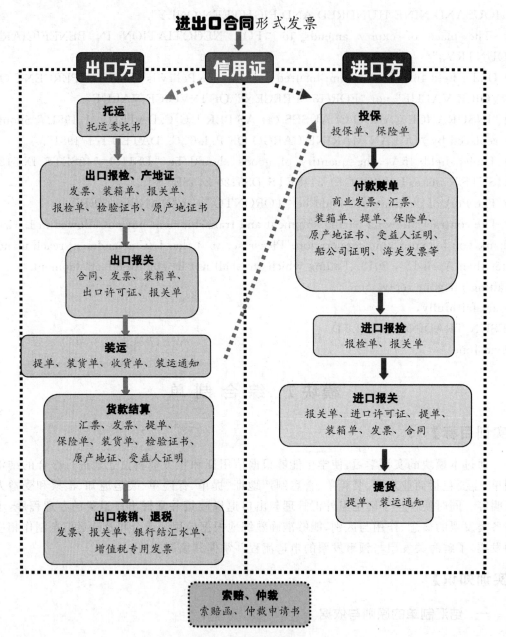

图 7-16　进出口各交易环节及所需相关单据（CFR＋L/C，一般贸易）

（1）商业发票：一般先于或等于提单日期，特殊情况可迟于提单日期，但是不能超过合理的或信用证规定的交单日期。

（2）提单：不得超过信用证规定装运期，不能早于最早装运期。

（3）保险单：除特殊规定外，应早于或等于提单日期。

（4）装箱单、重量单、汇票：等于或晚于发票日期。

（5）原产地证书：迟于发票日期，早于提单日期。

(6) 检验检疫证书：早于提单日期，但某些鲜活产品不能过分早于提单日期。
(7) 出口许可证：早于提单日期。
(8) 受益人证明：晚于或等于提单日期。

### 三、中国货物贸易外汇管理新政策[①]

#### （一）取消进出口现场核销

2012年中国货物贸易外汇管理制度改革，自8月1日起取消出口收汇核销单，出口企业不再办理出口收汇核销手续。国家外汇管理局分支局对企业的贸易外汇管理方式由现场逐笔核销改为非现场总量核查。外汇局通过货物贸易外汇监测系统，全面采集企业货物进出口和贸易外汇收支的逐笔数据，定期比对、评估企业货物流与资金流总体匹配情况。外汇局与海关总署、国家税务总局之间实行信息共享互换。同时，外汇局将对存在异常的企业进行重点监测，必要时实施现场核查。

#### （二）动态分类管理企业

外汇局将根据企业贸易外汇收支的合规性及其与货物进出口的一致性，将企业分为A、B、C三类。A类企业进口付汇单证简化，可凭进口报关单、合同或发票等任何一种能够证明交易真实性的单证在银行直接办理付汇，出口收汇无须联网核查；银行办理收付汇审核手续相应简化。对B类、C类企业在贸易外汇收支单证审核、业务类型、结算方式等方面实施严格监管，B类企业贸易外汇收支由银行实施电子数据核查，C类企业贸易外汇收支须经外汇局逐笔登记后办理。外汇局根据企业在分类监管期内遵守外汇管理规定情况，进行动态调整。（A类直接收付汇，年底由外管局总体核查，B类由银行做电子数据核查，C类由外管局逐笔核查。）

#### （三）调整出口报关流程、简化出口退税凭证

自2012年8月1日起企业办理出口报关、退税不再提供核销单。出口企业申报出口退税时，税务局参考外汇局提供的企业出口收汇信息和分类情况，依据相关规定，审核企业出口退税。

### 四、出口退税管理办法与退税流程

(1) 对外贸企业出口货物实行免税和退税的办法，即对出口货物销售环节免征增值税，对出口货物在前各个生产流通环节已缴纳增值税予以退税。
(2) 对生产企业自营或委托出口的货物实行免、抵、退税办法，对出口货物本道环节免征增值税，对出口货物所采购的原材料、包装物等所含的增值税允许抵减其内销货物的应缴税款，对未抵减完的部分再予以退税。

---

[①] 国家外汇管理局、海关总署、国家税务总局关于货物贸易外汇管理制度改革的公告. http://www.safe.gov.cn.

出口企业在中国电子口岸的出口退税子系统中办理相关退税业务,退税业务流程如图 7-17 所示。

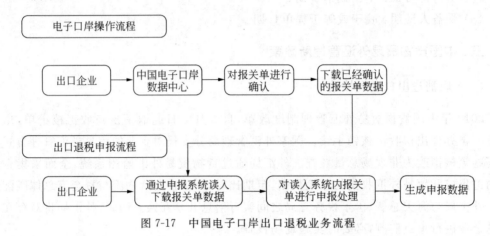

图 7-17　中国电子口岸出口退税业务流程

### 五、出口退(免)税资格的认定与出口退税所需书面材料

出口退(免)税资格的认定,可参看国家税务总局发布的《出口货物劳务增值税和消费税管理办法》①公告要求。

出口退税所需书面材料有外销合同、出口销售发票、增值税进项发票、报关退税联、提单、场站收据等。

### 六、发票种类

在商业贸易中,发票是报关、结汇不可或缺的核心单据,主要可分为商业发票、形式发票、海关发票、领事发票等,各类发票比较见表 7-6,海关发票的常见格式见表 7-7。

表 7-6　各类发票比较

| 种　类 | 英文名称 | 出具人 | 格　式 | 主要作用 | 主要适用范围 |
| --- | --- | --- | --- | --- | --- |
| 商业发票 | commercial invoice | 出口商 | 不统一,由出口商自行制定 | 报关、结汇凭证 | 大额贸易 |
| 形式发票 | proforma invoice | 出口商 | 不统一,由出口商自行制定 | 供买方参考、报关凭证 | 小额贸易 |
| 海关发票 | customs invoice | 出口商依据进口国海关要求出具 | 不统一,由进口国海关专门制定 | 报关凭证 | 一些西非国家贸易 |
| 领事发票 | consular | 各国驻出口地领事 | 不统一,由各国领事馆专门制定 | 防止低价倾销、报关凭证 | 一些拉美及中东国家贸易 |

---

① 国家税务总局公告[2012 年第 24 号][EB/OL]. http://www.chinatax.gov.cn/n810341/n810755/c1143581/content.html.

表 7-7　海关发票的常见格式

| 类　　型 | 适 用 地 域 |
|---|---|
| CANADA CUSTOMES INVOICE | 加拿大 |
| SPECIAL CUSTOMES INVOICE | 美国 |
| FROM 59 A | 新西兰 |
| FROM C | 西非 |
| CARICON INVOICE | 加勒比海共同市场 |
| FROM C23 | 牙买加 |
| Combined certificate of value and origin | 澳大利亚 |

## 【实训内容】

课前预习相关知识点：结汇常用的单据、国家外汇管理与出口退税政策、发票的种类及其内容。进行常用单据及各类发票的缮制，办理结汇核销与出口退税业务。

## 【实训操作步骤】

本实验分为 3 个子环节——常见结汇单据的缮制[步骤(1)～(3)]、出口退税操作[步骤(4)～(7)]和特定发票的缮制[步骤(8)～(10)]。具体步骤如下。

(1) 将学生按 5 人一组分成数组，指定一名组长负责协调组内工作。

(2) 教师准备数份合同和信用证以及一些必要的资料，学生分组抽取制单材料。

(3) 每组两人一对按要求分工进行结汇制单，完成后先内部审核再与组内另外一对的成员进行交换审单，以保证本组制单的准确性。

(4) 登录国家外汇管理局网站 http://www.safe.gov.cn/，如图 7-18 所示。在首页单击"政策法规"-"经常项目外汇管理"-"货物贸易外汇管理"，具体了解货物贸易外汇管理制度的各类政策。

图 7-18　"国家外汇管理局"网站界面

(5) 登录国家税务总局网站 http://www.chinatax.gox.cn/，如图 7-19 所示。了解出口退税相关政策，包括《财政部 国家税务总局关于出口货物增值税和消费税政策的通知》《出口货物劳务增值税和消费税管理办法》《关于〈出口货物劳务增值税和消费税管理办法〉有关问题的公告》《全国税务机关出口退(免)税管理工作规范》《适用增值税零税率应税服务退(免)税管理办法》等。

图 7-19 "国家税务总局"网站界面

首页单击"税收政策",按法规标题检索,或直接在右上角空白栏中输入关键字搜索。

(6) 登录国家税务总局网上办税服务厅 https://www.12366.cn/,如图 7-20 所示。具体了解出口退税流程。

图 7-20 "国家税务总局网上办税服务厅"网站界面

(7) 登录国家税务总局网站,首页－互动交流－出口退税率查询 http://hd.chinatax.gov.cn/fagui/action/InitChukou.do,或全通关网站 http://www.qgtong.com/szcktxlbweb/,输入产品 HS 编码或者产品名称,查询各产品的出口退税率。根据提供的相关信息,准备相应材料办理结汇核销与出口退税业务。

(8) 学生上网了解海关发票和领事发票的申领流程、代理发票签证的流程及所需提供的材料。

(9) 教师另外准备数份信用证(或相关材料),学生分组抽取制单资料。

(10) 各组根据提供的信息分析所需要的发票类型,学习制作符合信用证要求的发票,主要是海关发票和领事发票。

海关发票样本如图 7-21 所示(以美国海关发票为例)。领事发票格式不一,内容一般包括以下几项:出口商与进口商的名称、地址;出口地(港);目的地(港);运输方式;品名、唛头与包号;包装的数量、种类;货物的毛重、净重;货物的品质规格;货物价值与产地。

【重点提示】

(1) 要严格按照信用证或进口国要求填制相应格式的海关发票。

(2) 各单据出单时间:

发票→箱单→原产地证明书→商品检验证书→船公司证明→保单→提单→装船通知→受益人证明

## 美国海关发票

DEPARTMENT OF THE TREASURY
UNITED STATES CUSTOMS SERVICE  SPECIAL CUSTOMS INVOICE       Form Approved
19U.S.C.1481.1482.1484.     (Use separate invoice for purchased and non-purchased goods.)   O.M.B.No. 48-RO342

| 1. SELLER | 2. DOCUMENT NR. * | 3. INCOICE NR. AND DATE * |
|---|---|---|
| | 4. REFERENCES * | |
| 5. CONSIGNER | 6. BUYER (if other than consignee) | |
| | 7. ORIGIN OF GOODS | |
| 8. NOTIFY PARTY * | 9. TERMS OF SALE, PAYMENT, AND DISCOUNT | |
| 10. ADDITIONAL TRANSPORTATION INFORMATION * | | |
| | 11. CURRENCY USED USD | 12. EXCH RATE ( If fixed or agreed) | 13. DATE ORDER ACCEPTED |

| 14 MARKS AND NUMBERS ON SHIPPING PACKAGES | 15. NUMBER OF PACKAGES | 16. FULL DESCRIPTION OF GOODS | 17. QUANTITY | UNIT PRICE | | 20. INVOICE TOTALS |
|---|---|---|---|---|---|---|
| | | | | 18. HOME MARKET | 19. INVOICE | |
| | | | | | | |

| | | |
|---|---|---|
| 21.☐ If the production of these goods involved furnishing goods or services to the seller (e.g., assisted such as dies, molds, tools, engineering work) and the value is not included in the invoice price, check box (21) and explain below. | | 22. PACKING COSTS |
| 27. DECLARATION OF SELLER/SHIPPER (OR AGENT) | | 23. OCEAN OR INTERNATIONAL FREIGHT |
| I declare: If there are any rebates, Drawbacks or bounties allowed (A)☐ upon the exportation of goods, I have checked box (A) and itemized separately below. | If the goods were not sold or agreed to be sold, I have checked (B)☐ box (B) and have indicated in column 19 the price I would be Willing to receive. | 24. DOMESTIC FREIGHT CHARGES |
| | | 25. INSURANCE COSTS |
| I further declare that there is no other Invoice differing from this one (unless otherwise described below) and that all statements contained in this invoice and declaration are true and correct. | (C) SIGNATURE OF SELLER/ SHIPPER (OR AGENT): | 26. OTHER COSTS (Specify Below) |

28. THIS SPACE FOR CONTINUING ANSWERS
THIS FORM OF INVOICE REQUIRED GENERALLY IF RATE OF DUTY BASED UPON OR REGULATED BY VALUE OF GOODS AND PURCHASE PRICE OR VALUE OF SHIPMENT EXCEEDS $500. OTHERWISE USE COMMERCIAL INVOICE.

图 7-21　美国海关发票样式

发票的签发日期是最早的。提单日期必须在规定的装运期内。所有单据都不得迟于规定的最迟交单日,采用信用证付款的还需在信用证有效期内。

表 7-8 中国目前实施的主要原产地证书

| 序号 | 证书种类 | 代码 | 英文全称 | 签发机构 | 适用的国家或地区 | 实施日期 | 签发期限① | 优惠产品范围 | 原产地规则的依据 |
|---|---|---|---|---|---|---|---|---|---|
| 1 | 一般原产地证明书 CO | C | CERTIFICATE OF ORIGIN | 商检局或贸促会 | WTO 成员国 | | | | 《中华人民共和国进出口货物原产地条例》 |
| 2 | 普惠制原产地证明书 GSP FORM A | G | GENERALIZED SYSTEM OF PREFERENCES CERTIFICATE OF ORIGIN "FORM A" | | 40 个给惠国② | | | 工业制成品和半制成品（包括某些初级产品） | 各个给惠国的普惠制方案 |
| 3 | 中国-东盟自贸区优惠原产地证明书 FORM E | E | ASEAN-CHINA FREE TRADE AREA PREFERENTIAL TARIFF CERTIFICATE OF ORIGIN FORM E | 各地出入境检验检疫机构 | 东盟十国③ | 2005 年 7 月 20 日起 | | 农产品 | 《中国-东盟自由贸易协定》 |
| 4 | 亚太贸易协定优惠原产地证明书 FORM B | B | CERTIFICATE OF ORIGIN ASIA-PACIFIC TRADE AGREEMENT | 各地出入境检验检疫机构 | 孟加拉、印度、韩国、斯里兰卡 | 2006 年 9 月 1 日起 | 出运前或出运后 3 日内，无后发 | | 《亚太贸易协定》 |
| 5 | 中国-智利自贸区优惠证明书 FORM F | F | CERTIFICATE OF ORIGIN FROM F FOR CHINA-CHILE FTA | 各地出入境检验检疫机构 | 智利 | 2006 年 10 月 1 日起 | 出运前或出运后 30 天内，无后发 | | 《中国-智利自由贸易协定》 |
| 6 | 中国-巴基斯坦优惠证明书 FORM P | P | CERTIFICATE OF ORIGIN CHINA-PAKISTAN FTA | 各地出入境检验检疫机构 | | 2007 年 7 月 1 日起 | 出运前或出运后 15 天内，一年内可补发 | | 《中国-巴基斯坦自由贸易协定》 |

续表

| 序号 | 证书种类 | 代码 | 英文全称 | 签发机构 | 适用的国家或地区 | 实施日期 | 签发期限① | 优惠产品范围 | 原产地规则的依据 |
|---|---|---|---|---|---|---|---|---|---|
| 7 | 中国-新西兰自贸区优惠原产地证明书 FORM N | N | CERTIFICATE OF ORIGIN Form for the Free Trade Agreement between the Government of the People's Republic of China and the Government of New Zealand | | | 2008年10月1日起 | 出运前,无后发 | | 《中国-新西兰自由贸易协定》 |
| 8 | 中国-新加坡自贸区优惠原产地证明书 FORM X | X | CHINA-SINGAPORE FREE TRADE AREA PREFERENTIAL TARIFF CERTIFICATE OF ORIGIN | | | 2009年1月1日起 | | | 《中国-新加坡自由贸易协定》 |
| 9 | 中国-秘鲁自贸区优惠原产地证明书 FORM R | R | CERTIFICATE OF ORIGIN Form for China-Peru FTA | | | 2010年3月1日起 | 出口前或出口时 | | 《中国-秘鲁自由贸易协定》 |
| 10 | 海峡两岸经济合作框架协议原产地证 ECFA | H | | | | 2011年1月1日起 | | | |
| 11 | 中国-哥斯达黎加自贸区原产地证明书 FORM L | L | CERTIFICATE OF ORIGIN Form for China-Costa Rica Free Trade Agreement | | | 2011年8月1日起 | | | |
| 12 | 中国-瑞士自由贸易区优惠原产地证明书 FORM S | S | Certificate of Origin used in FTA between CHINA and SWITZERLAND | | | 2014年7月1日起 | | | |
| 13 | 中国-冰岛自由贸易区原产地证明书 FORM I | I | Certificate of Origin used in FTA between CHINA and ICELAND | | | 2014年7月1日起 | | | |

续表

| 序号 | 证书种类 | 代码 | 英文全称 | 签发机构 | 适用的国家或地区 | 实施日期 | 签发期限① | 优惠产品范围 | 原产地规则的依据 |
|---|---|---|---|---|---|---|---|---|---|
| 14 | 中国-韩国自由贸易区优惠原产地证明书 FORM K | K | CERTIFICATE OF ORIGIN Form for China-Korea FTA | | | 2015年12月20日起 | | | |
| 15 | 中国-澳大利亚自由贸易区优惠原产地证明书 FORM AU | A | CERTIFICATE OF ORIGIN Form for China-Australia Free Trade Agreement | | | 2015年12月20日起 | 出口前或出口时，可自出运起12个月内补发 | | |

来源：根据宁波出入境检验检疫局发布的相关信息整理,http://www.nbciq.gov.cn/ywpd/ycdz/cdzzc/。

① 签发期限：由于非主观故意的差错，疏忽或其他合理原因，没有在货物出口时签发原产地证书的，可以在货物装运之日起1年内补发，并注明"补发"（ISSUED RETROSPECTIVELY）字样。此类签发日期迟于出运日期的产地证书为后发证。

② 40个给惠国：欧盟28国（比利时、塞浦路斯、捷克共和国、丹麦、德国、希腊、西班牙、匈牙利、爱尔兰、意大利、拉脱维亚、立陶宛、卢森堡公国、马耳他、荷兰、奥地利、葡萄牙、波兰、斯洛伐克、斯洛文尼亚、芬兰、瑞典、英国、保加利亚、罗马尼亚和克罗地亚、列支敦士登、挪威、瑞士、土耳其、日本、加拿大、澳大利亚、新西兰、俄罗斯、乌克兰、白俄罗斯和哈萨克斯坦。美国虽然也是普惠国但未对我国的出口商品实施普惠制优惠。

③ 东盟10国：文莱、印度尼西亚、马来西亚、菲律宾、新加坡、泰国、柬埔寨、老挝、缅甸和越南。

表 7-9 原产地标准填制列表

| 证书名称 | 国别 | 完全原产 | 非完全原产 |
|---|---|---|---|
| GSP FORM A | 欧盟、挪威、瑞士、列支敦士登、土耳其和日本 | "P" | 填"W",并在字母下标注产品HS品目号,例如"W"42.03 |
| | 加拿大 | "F" | 进口成分价值不超过包装完毕待运产品出厂价的40%,或两个以上最不发达国家内加工或制作的产品,进口成分价值不超过待运加工的产品出厂价的40%,填"G" |
| | 俄罗斯、乌克兰、白俄罗斯、哈萨克斯坦 | "P" | 进口成分价值不超过产品离岸价格的50%,填"Y",并在字母下标注非原产成分价值占产品离岸价格的百分比,例如"Y"50%;对进口成分价值不超过产品离岸价值的50%,在一个受惠国生产而在另一个或数个其他受惠国制作或加工的产品填"PK" |
| | 澳大利亚、新西兰 | "P"或留空 | 本国成分价值不小于产品出厂价的50%,留空 |
| CO | 所有国家 | HS品目号 | HS品目号 |
| FORM E | 东盟成员国 | "X" | (1) 填中国-东盟原产成分价值占产品离岸价的百分比,例如40%;<br>(2) 符合特定产品规则的,填"PSR" |
| FORM B | 亚太贸易协定成员国 | "A" | (1) 非原产成分小于等于产品离岸价55%,在字母"B"后填非成员国成分价离岸价占产品FOB的百分比,例如"B"50%;<br>(2) 使用原产地累计总值与产品离岸价累计含量总值不低于产品FOB的百分比,成员国成分累计原产地累计,最不发达成员国在以上②③基础上再享受10个百分点优惠,填字母"D" |
| FORM P | 巴基斯坦 | "P" | (1) 填单一国家成分价值或中巴自贸区累计原产成分价值占产品离岸价格的百分比,例如40%;<br>(2) 符合特定原产地标准的,填字母"PSR" |

续表

| 证书名称 | 国　别 | 完全原产 | 非完全原产 |
|---|---|---|---|
| FORM F | 智利 | "P" | (1) 区域成分价值占产品 FOB 价超过 40％的，填"RVC"；<br>(2) 符合特定原产地标准的，填字母"PSR" |
| FORM Z、FORM R、FORM L、FORM S、FORM I、中澳证书 | 新西兰，秘鲁，哥斯达黎加，瑞士，冰岛，澳大利亚 | "WO"（仅对在一方境内完全获得或生产） | (1) 完全由已取得原产资格的材料生产的，填"WP"；<br>(2) 所使用的非原产材料满足《特定产品原产地标准表》规定的其他要求的，填"PSR"；<br>(3) 货物满足区域价值百分比（中哥、中瑞、中冰及中澳证书不需加注百分比）并加注区域价值成分（RVC）的，填"PSR" |
| FORM X | 新加坡 | "P" | (1) 区域价值成分≥40％的产品，填"RVC"；<br>(2) 符合特定原产地标准的，填"PSR" |
| FORM K | 韩国 | "WO"（仅对在一方境内完全获得或生产） | (1) 完全由已取得原产资格的材料生产的，填"WP"；<br>(2) 所使用的非原产材料满足《特定产品原产地标准表》规定的其他要求的，填"PSR"；<br>(3) 货物符合中韩自贸协定第3.3条（特定货物处理）规定的，填"OP" |

# 下篇

# 进出口贸易模拟综合训练

# 实验 八

# CIF＋L/C案

## 【导读】

CIF＋L/C是所有贸易术语和支付方式的组合中最为复杂的一项。本实验以CIF＋L/C为例在SimTrade模拟平台进行业务操作,让学生充分了解并体验一个完整的进出口贸易流程。学生模拟出口商、进口商与工厂三个角色,业务操作流程为函电建立业务关系—签订合同—联系工厂生产—租船订舱—购买保险—进出口清关—核销、缴税等步骤。模块1介绍SimTrade系统的基本操作方法,模块2至模块5演示了南京唐朝纺织服装有限公司的服装出口业务流程。通过本实验的学习,让学生把课堂所学运用到实际操作中,提升职场适应能力。

## 模块1 出口贸易流程操作

### 【实训目标】

熟悉SimTrade系统的基本操作方法。掌握CIF＋L/C组合的贸易流程,重点掌握各种单据的缮制,认识进出口过程中各个部门之间协调的重要性,学习进口商、出口商、工厂之间在贸易业务流程各环节的沟通。

### 【实训知识】

#### 一、出口业务流程

出口业务流程包括出口前准备、交易磋商、签订合同、履约直至出口退税等12个关键环节,出口业务流程如图8-1所示。

#### 二、交易磋商(business negotiation)

交易磋商是指买卖双方就某项交易的达成进行协商,以求完成交易的过程,有函电磋商和直接洽谈两种方式。函电磋商的过程有询盘、发盘、还盘和接受4个环节,其中发盘和接受是必不可少的,是达成交易所必需的法律步骤。贸易双方不仅要在平等互利的基础上,通过友好协商争取做到双方都有利,还要保证所达成的协议符合各自国家的法律和规定以及有关国际惯例。

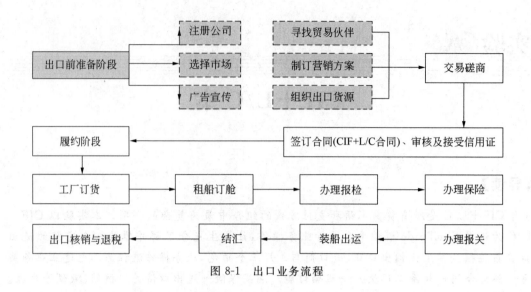

图 8-1 出口业务流程

### 三、签订的国际货物买卖合同

合同的签订不仅体现了双方的经济关系,还体现了它们之间的法律关系,只有符合法律规范的合同才能在法律的约束下顺利履行。根据《联合国国际货物销售合同公约》的规定,发盘一经接受,合同即告成立,双方在磋商过程中的往来函电即是合同的书面证明。但根据贸易习惯,买卖双方还需签订书面合同(written contract),以进一步明确双方的权利和义务。依法缔结的合同,当一方当事人违约时,另一方当事人依据合同可得到法律的保护。

### 四、工厂订货

在 SimTrade 系统中,所有贸易公司自己不能生产所出口的货物,需要委托系统中的工厂来组织货物生产。货物的采购成本是出口总成本中最重要的一环,把采购成本降到最低直接关乎贸易公司利润的实现,应把同工厂的谈判和同进口商的谈判置于同等重要的地位。

### 五、租船订舱

在国际货物买卖中采用 CIF 或 CFR 术语成交,出口方必须负责与承运人订立运输合同,租用适航的船舶或向班轮公司订必要的舱位。一般而言,除了部分初级产品诸如原油、矿石以及部分特殊规格或者特殊要求的商品,如大型机械、化学品外,国际货物越来越多地采用集装箱班轮运输的方式。为了获得及时到位的运输,减少物流成本,一般委托专业化较强的货运服务机构提供中介代理服务。其一般步骤如下:

(1) 出口商(托运人)填制订舱委托书,考虑船期、货物性质、货运数量、目的港、信用证要求等因素委托货代公司代为订舱;

(2) 货代公司在托运单的几联单据上填写与提单号码一致的编号、船名航次。货代

公司确认托运人的订舱后,把配舱回单、装货单(shipping order,S/O,又称关单,俗称下货纸)退还给托运人;

(3) 托运人凭货代公司签署的 S/O 到海关办理出口报关手续,经海关查验后在 S/O 上加盖海关放行章,要求船舶装货。

### 六、货物报检

#### 1. 出境货物报检方式

出境货物的报检方式通常分为三类:出境一般报检、出境换证报检、出境预检报检。申请出境一般报检和出境换证报检的货物,其特点是已生产完毕、包装完好、堆码整齐、相关单据齐全,已具备出口条件;申请出境预检报检的货物,其特点是暂不具备出口条件。

#### 2. 报检时限和地点

(1) 出境货物最迟应在出口报关或装运前 7 天报检,对于个别检验检疫周期较长的货物,应留有相应的检验检疫时间。

(2) 需隔离检疫的出境动物在出境前 60 天预报,隔离前 7 天报检。

(3) 法定检验检疫货物,除活动物需由口岸检验检疫机构检验检疫外,原则上实施产地检验检疫。

#### 3. 需提供的单证

(1) 出境货物报检时,应填写"出境货物报检单",并提供外贸合同或销售确认书或订单、信用证、有关函电,生产经营部门出具的厂检结果单原件、装箱单,检验检疫机构签发的"出境货物运输包装性能检验结果单"(正本)。

(2) 凭样品成交的,须提供样品。

(3) 经预检的货物,在向检验检疫机构办理换证放行手续时,应提供该检验检疫机构签发的"出境货物换证凭单"(正本)。

(4) 产地与报关地不一致的出境货物,在向报关地检验检疫机构申请"出境货物通关单"时,应提交产地检验检疫机构签发的"出境货物换证凭单"(正本)。

(5) 出口危险货物时,必须提供"出境货物运输包装性能检验结果单"(正本)和"出境危险货物运输包装使用鉴定结果单"(正本)。

(6) 预检报检的,还应提供货物生产企业与出口经营企业签订的贸易合同。尚无合同的,须在报检单上注明检验检疫的项目和要求。

(7) 按照检验检疫的要求,提供相关其他特殊单证。

报关环节须由报关员持合同、发票、装箱单、提单、报关单、出口商品检验证书等单据向海关办理通关手续。

### 七、装船出运

通关手续完成后,货物即装上船、开航。出口商将货物运出后,应向进口商寄发"装运通知"(shipping advice)。装运通知的作用在于方便进口商购买保险或准备提货手续,其内容通常包括货名、装运数量、船名、装船日期、契约或信用证号码等。尤其是在 FOB、

CFR术语下,保险由进口商自行负责时,出口商须尽快发送装运通知以便买方凭此办理保险事宜。

## 八、结汇

(1) 了解结汇方式有几种,并对各种结汇方式流程熟悉掌握。

(2) 熟悉L/C业务流程,如图8-2所示。

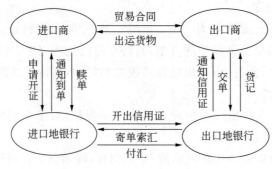

图8-2  L/C业务流程

## 【实训内容】

在SimTrade系统中以CIF+L/C的组合进行一笔模拟订单交易。

## 【实训操作步骤】

### 一、建立公司

(1) 学生以出口商角色登录,输入自己的用户名(如xyz),选择用户类型为"出口商",单击"登录系统"按钮,进入出口商业务主页面。

(2) 创建公司。单击上方的"Profile"(资料)按钮,可查看公司注册资金、账号、单位代码、邮件地址等资料,其他逐项填写(可自由添加图片),如图8-3所示。

公司全称(中文):南京唐朝纺织服装有限公司

公司全称(英文):NANJING TANG TEXTILE GARMENT CO., LTD.

公司简称(中文):唐朝

公司简称(英文):TANG

企业法人(中文):×××

企业法人(英文):×××

电话:0086-25-4715004

传真:0086-25-4711363

邮政编码:210005

公司地址(中文):中国南京管家桥85号华融大厦2901号

公司地址(英文):HUARONG MANSION RM2901 NO. 85 GUANJIAQIAO,

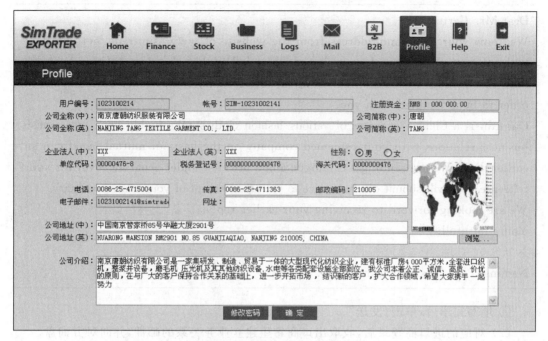

图 8-3 填写公司基本信息

NANJING 210005,CHINA

公司介绍:南京唐朝纺织服装有限公司是一家集研发、制造、贸易于一体的大型现代化纺织企业,建有标准厂房 4 000 平方米,全套进口织机、整浆并设备、磨毛机、压光机及其他纺织设备,水电等各类配套设施全部到位。我公司本着公正、诚信、高质、价优的原则,在与广大客户保持良好合作关系的基础上,进一步开拓市场,结识新的客户,扩大合作领域,希望大家携手一起努力。

(3) 填写完毕后,单击"确定"。

## 二、交易磋商

通过 SimTrade 内置的邮件系统进行交易磋商,要求出口商和进口商之间的往来业务函电必须使用英文。

(1) 以出口商的身份登录,进入出口商业务主页面,与进口商建立业务关系(注:建立业务关系的邮件可由出口商主动发送,也可由进口商发送)。

① 单击"Mail"(邮件),进入邮件系统。

② 单击"新建",填写邮件内容如下。

收件人:对应进口商的邮件地址(如 xyz2@simtrade)

主题:Introduce

合同号:(此时未建立合同,不需填合同号)

内容栏:

> Dear Mr. Carter,
> We know your name and address from the website of www. simtrade. net and note with pleasure the items of your demand just fall within the scope of our business line. First of all, we avail ourselves of this opportunity to introduce our company in order to be acquainted with you.
> Our firm is a Chinese exporter of various fashion clothes. We highly hope to establish business relations with your esteemed company on the basis of mutual benefit in an earlier date. We are sending a catalogue and a pricelist under separate cover for your reference. We will submit our best price to you upon receipt of your concrete inquiry.
> We are looking forward to receiving your earlier reply.
> Yours faithfully,
> ×××
> Nanjing Tang Textile Garment CO., LTD.

③ 填写完毕后,单击"发送"。
(2) 对应的进口商登录后,收取出口商希望建立业务关系的邮件,并向对方询盘。
① 单击"Mail"(邮件),进入邮件系统。
② 单击新邮件名称,查看邮件内容。
③ 单击"回复",填写内容如下。
收件人:回复状态自动填写
主题:回复状态自动填写,可将其改为"Inquiry"
合同号:(此时未建立合同,不需填合同号)
内容栏:

> Dear ×××,
> Thanks for your e-mail.
> With reference to your letter of Apr. 02, 2012, we are glad to learn that you wish to enter into trade relations with us.
> At present, we are in the market for WOMEN'S T-SHIRT, and shall be glad to receive your best quotations for this item, with indications of packing, for date of shipment, CIF TORONTO.
> Your early replay will be appreciated.
> Yours sincerely,
> Carter
> Carters Trading Company, LLC.

注:在 SimTrade 中,进口商所属的国家及币种是随机分配的。学生在使用时,需首先在公司基本资料中找到自己所属国家,然后到"B2B"(淘金网)的"运费查询"中查询该国家所对应的港口,从中选择一个作为自己的交易港口,并在邮件中告知出口商。

④ 填写完毕后,单击"发送"。
(3) 出口商登录后,收取进口商询盘的邮件。
① 单击"Mail"(邮件),进入邮件系统。
② 单击新邮件名称或发件人,查看邮件,内容为进口商对女式 T 恤衫询价。
(4) 出口商发邮件向工厂询价。
(5) 工厂核算成本并向出口商报价。
① 查看商品的生产成本。
② 打开"Help"(帮助)中的"工厂的业务费用",照其中的说明计算各项支出。
③ 根据各项费用与利润确定报价。
④ 工厂向出口商报价。
(6) 出口商核算成本并向进口商发盘。
① 收取工厂报价的邮件。
② 打开"Help"(帮助)中的"出口预算表的填写"页面。
③ 进入"B2B"(淘金网),分别单击"保险费""运费查询"及"其他费用"等页面,根据"Help"(帮助)中的说明逐一计算各项成本。
④ 核算出各项成本与利润后,确定报价。
⑤ 向进口商发盘。打开进口商询盘邮件,单击"回复",填写邮件内容如下。

收件人:回复状态自动填写

主题:回复状态自动填写,可将其改为"Quotation"

合同号:(此时未建立合同,不需填合同号)

内容栏:

---

Dear Mr. Carter,

We have received your letter of Apr. 02,2012, asking us to offer the WOMEN'S T-SHIRT for shipment to TORONTO PORT and highly appreciated that you are interested in our products.

Comply with your kindly request, we are pleased to offer our best price as follows:

1. WOMEN'S T-SHIRT
2. Packing:EXPORTER CARTON
3. Specification:20PCS PER CARTON, COLOR:BLACK, FABRIC CONTENT:100% COTTON
4. Quantity:15 000PCS
5. Price:USD30/PC CIF TORONTO
6. Payment:L/C
7. Shipment:in May,2012
8. Brand:At your option

Our offer remains effective until May 30,2012

Yours faithfully,

Minghua Liu

Nanjing Tang Textile Garment CO.,LTD.

⑥ 填写完毕后,单击"发送"。

(7) 进口商登录后,收取出口商发盘的邮件。双方经多次还盘,最后进口商表示接受对方发盘。填写邮件内容如下。

收件人:回复状态自动填写

主题:回复状态自动填写

合同号:(此时未建立合同,不需填合同号)

内容栏:

> Dear Mr. Minghua Liu,
> We have received your e-mail of Apr. 06,2012
> After the consideration, we have pleasure in confirming the following offer and accep-ting it:
> 1. Commodity:WOMEN'S T-SHIRT
> 2. Packing:EXPORTER CARTON
> 3. Specification:20PCS PER CARTON,COLOR:BLACK,FABRIC CONTENT:100% COTTON
> 4. Quantity:15 000PCS
> 5. Price:USD30/PC
> 6. Payment:L/C
> 7. Shipment:in May, 2012
> Please send us a contract and thank you for your cooperation.
> Yours sincerely,
> Carter
> Carters Trading Company, LLC.

填写完毕后,单击"发送"。

(8) 出口商收取进口商接受发盘的邮件。

### 三、签订合同与接受信用证

签订一笔结汇方式为 L/C、价格术语为 CIF 的外销合同,填写预算表(根据前面计算的出口成本等填写),双方签字确认并开始履行合同。

(1) 起草外销合同(注:合同既可由出口商起草,也可由进口商起草)。

① 退出邮件页面,单击"Business"(业务中心)里标志为"进口商"的建筑物。

② 在弹出页面中单击"起草合同"。

③ 输入合同号(如"Contract001")、对应的进口商编号(如 xyz),再输入办理相关业务的出口地银行编号(如 xyz),并勾选选项"设置为主合同",单击"确定",弹出合同表单进行填写(填写说明可单击表头名称蓝色字体处查看),如图 8-4 所示。

④ 填写完成后单击"保存"。

## NANJING TANG TEXTILE GARMENT CO., LTD.

HUARONG MANSION RM2901 NO.85 GUANJIAQIAO, NANJING 210005, CHINA

### SALES CONFIRMATION

| Messrs: | FASHION FORCE CO., LTD. P.O.BOX 8935 NEW TERMINAL, ALTA, VISTA.STOCKHOLM,SWEDEN. | | No. | Tang001 |
|---|---|---|---|---|
| | | | Date: | 03-01-2013 |

Dear Sirs,

We are pleased to confirm our sale of the following goods on the terms and conditions set forth below:

| Choice | Product No. | Description | Quantity | Unit | Unit Price [CIF] [STOCKHO] | Amount |
|---|---|---|---|---|---|---|
| ○ | 02001 | 20SETS PER CARTON, COLOR: HEALTHER GREY, FABRIC CONTENT: 100% COTTON | 2 550 | SET | USD12.8 | USD32 640 |
| | | Total: | 2 550 | SET | | [USD] [32 640] |

| Say Total: | USD THIRTY TWO THOUSAND SIX HUNDRED AND FORTY ONLY. |
|---|---|
| Payment: | L/C   [BY IRREVOCABLE LETTER OF CREDIT TO BE OPENED BY FULL AMOUNT OF S/C,PAYMEI] |
| Packing: | CARTON |
| Port of Shipment: | SHANGHAI |
| Port of Destination: | STOCKHOLM |
| Shipment: | Not later than Mar.25,2013 by vessle. |
| Shipping Mark: | FASHION FORCE  Tang001  CTN NO.  MONTERAL  MADE IN CHINA |
| Quality: | As per sample submitted by sellers. |
| Insurance: | To be covered by the Buye for 110% of the total invoice value against all risks and war risks of C.I.C. |
| Remarks: | 1.Partial shipments:Not allowed.  2.transshipment : Allowed |

| BUYERS | SELLERS |
|---|---|
| FASHION FORCE CO., LTD. | NANJING TANG TEXTILE GARMENT CO., LTD. |
| *Dunleavy* | *xxx* |
| (Manager Signature) | (Manager Signature) |

图 8-4　填写 CIF＋L/C 销售合同

⑤ 回到业务画面中，单击"检查合同"，确认合同填写无误。

（2）制作出口预算表。

① 单击"添加单据"。

② 选中"出口预算表"前的单选钮，单击"确定"，如图 8-5 所示。

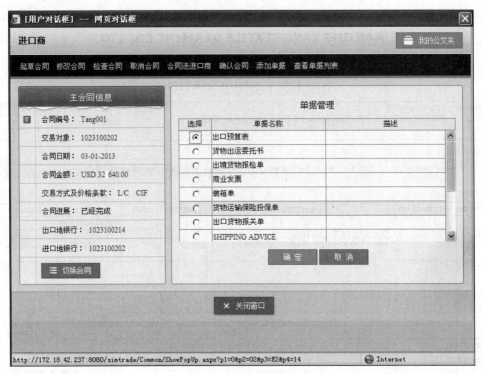

图 8-5　添加出口预算表

③ 在"查看单据列表"中,单击出口预算表对应的单据编号(以后添加与填写单据都用此方法),弹出表单进行填写[计算方法请参照"Help"(帮助)中的"出口预算表的填写"],如图 8-6 所示。

## 出口预算表

合同号：　　Tang001
预算表编号：　STEBG000830　　　　　　　　　　(注：本预算表填入的位数全部为本位币)

| 项目 | 预算金额 | 实际发生金额 |
| --- | ---: | ---: |
| 合同金额 | 205 400.26 | 0.00 |
| 采购成本 | 114 750 | 0.00 |
| FOB总价 | 193 039.52 | 0.00 |
| 内陆运费 | 1 098.85 | 0.00 |
| 报检费 | 200 | 0.00 |
| 报关费 | 200 | 0.00 |
| 海运费 | 10 372.47 | 0.00 |
| 保险费 | 1 988.27 | 0.00 |
| 核销费 | 10 | 0.00 |
| 银行费用 | 467.02 | 0.00 |
| 其他费用 | 10 270.01 | 0.00 |
| 退税收入 | 15 692.31 | 0.00 |
| 利润 | 66 043.64 | 0.00 |

[打印] [保存] [退出]

图 8-6　填写出口预算表

④ 查看出口商资金状况,单击"Finance"(财务)按钮,"目前资金"已经不够支付预算表里的"采购成本"以及即将发生的各项费用。经估算,款项不足,出口商需向银行贷款。

(3) 发送合同。回到业务画面中,单击"合同送进口商",如图 8-7 所示。

图 8-7  合同送进口商

(4) 合同经进口商确认后即生效。
(5) 接受信用证。
收取信用证已开立的通知邮件,然后回到"Business"(业务中心),单击"出口地银行",再单击"信用证业务",进入信用证列表画面,查看信用证内容无误后,单击"接受",如图 8-8 所示。

### 四、工厂订货

(1) 进入邮件系统,回复工厂报价的邮件。填写内容如图 8-9 所示。
(2) 起草国内买卖合同。在"Business"(业务中心)里单击标志为"工厂"的建筑物,在弹出页面中单击"起草合同"。输入合同号"tang001",输入对应的工厂编号(如1023100214),并勾选选项"设置为主合同",如图 8-10 所示。单击"确定",填写表单内容(注:此合同既可由出口商起草,也可由工厂起草),填写完成后单击"保存",如图 8-11 所示。

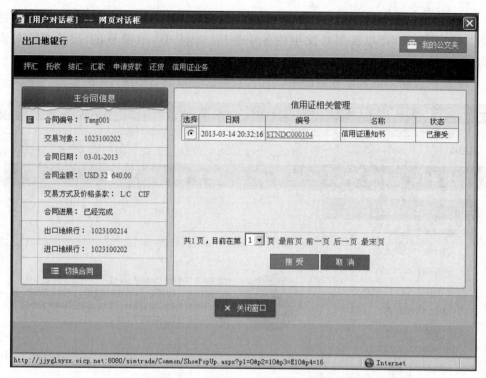

图 8-8　出口地银行接受信用证

图 8-9　回复工厂报价的邮件

图 8-10　设置国内买卖合同

（3）回到业务画面，单击"检查合同"，确认合同填写无误后，再单击"合同送工厂"。

（4）工厂确认合同并生产放货，收取工厂已放货的通知邮件后，单击"Stock"（库存），可看到所订购的货物已在库存列表中，备货完成。

## 五、租船订舱

（1）准备相关单据。

① 添加"货物出运委托书"进行填写（填写说明可点击表头名称蓝色字体处查看），如图 8-12 所示。

② 填写完成后单击"检查"，确定通过。

（2）租船订舱。

① 填写完成后，在"Business"（业务中心）里单击"船公司"。

② 单击"指定船公司"，选中"世格国际货运代理有限公司"，单击"确定"。

③ 单击"洽订舱位"。

④ 选择集装箱为"40"，填入装船日期"03/15/2013"，再单击"确定"，订舱完成。系统将返回"配舱通知"，如图 8-13 所示。

⑤ 单击标志为"进口商"的建筑物里的"查看单据列表"，可查看"配舱通知"的内容。

买卖合同　　　　　　　　　　　　　　　　　　　　　　　　　　　　Page 1 of 1

## 买 卖 合 同

卖方： 中国（深圳）维龙实业有限责任公司　　　　　　合同编号：tang001
买方： 南京唐朝纺织服装有限公司　　　　　　　　　　签订时间：2013-03-02
　　　　　　　　　　　　　　　　　　　　　　　　　　签订地点：深圳

一、产品名称、品种规格、数量、金额、供货时间：

| 产品编号 | 品名规格 | 计量单位 | 数量 | 单价(元) | 总金额(元) | 交(提)货时间及数量 |
|---|---|---|---|---|---|---|
| 02001 | 女士T恤衫 每箱20套，颜色：灰色，面料成份：全棉 | SET | 2 550 | 45 | 114 750 | 2013-03-15前工厂交货 |
| | 合计 | SET | 2 550 | | 114 750 | |
| 合计人民币(大写) | 拾壹万肆仟柒佰伍拾圆 | | | | | |
| 备注： | | | | | | |

二、质量要求技术标准、卖方对质量负责的条件和期限：

符合ISO9002质量体系认证，如因质量问题引起的一切损失及索赔由供方承担，质量异议以本合同有效期为限。

三、交(提)货地点、方式：

工厂交货

四、交 (提) 货地点及运输方式及费用负担：

集装箱门到门交货，费用需方承担。

五、包装标准、包装物的供应与回收和费用负担：

纸箱包装符合出口标准，商标由需方无偿提供

六、验收标准、方法及提出异议期限：

需方代表按出口优级品质检验内在品质及外在包装，同时供方提供商检放行单或换证凭单。

七、结算方式及期限：

需方凭供方交货提供的增值税发票在供方交货后七个工作日内付款。如果供方未将有关票证备齐，需方扣除17%税款支付给供方，等有关票证齐全后结清余款

八、违约责任：

违约方支付合同金额的15%违约金。

九、解决合同纠纷的方式：

按《中华人民共和国经济合同法》

十、本合同一式两份，双方各执一份，效力相同。未尽事宜由双方另行友好协商。

| 卖　　方 | | 买　　方 | |
|---|---|---|---|
| 单位名称： | 中国（深圳）维龙实业有限责任公司 | 单位名称： | 南京唐朝纺织服装有限公司 |
| 单位地址： | 中国广东省深圳市龙岗区科技大道28号 | 单位地址： | 中国南京管家桥85号华融大厦2901号 |
| 法人代表或委托人： | 徐全龙 | 法人代表或委托人： | XXX |
| 电话： | 13407723223 | 电话： | 0086-25-4715004 |
| 税务登记号： | 000000000000477 | 税务登记号： | 000000000000476 |
| 开户银行： | 1023100214 | 开户银行： | 1023100214 |
| 帐号： | SIM-10231002143 | 帐号： | SIM-10231002141 |
| 邮政编码： | 518000 | 邮政编码： | 210005 |

图 8-11　填写国内买卖合同

## 货物出运委托书

(出口货物明细单) 日期: 2013-03-07

根据《中华人民共和国合同法》与《中华人民共和国海商法》的规定,就出口货物委托运输事宜订立本合同。

| | | | |
|---|---|---|---|
| 合同号 | Tang001 | 运输编号 | |
| 银行编号 | | 信用证号 | STLCN000110 |
| 开证银行 | QuanLi (American) Bank | | |

| 托运人 | 南京唐朝纺织服装有限公司<br>中国南京管家桥85号华融大厦2901号 |
|---|---|

| 付款方式 | L/C | | |
|---|---|---|---|
| 贸易性质 | 一般贸易 | 贸易国别 | Sweden |

| 抬头人 | To order |
|---|---|

| 运输方式 | 海运 | 消费国别 | Sweden |
|---|---|---|---|
| 装运期限 | 2013-03-07 | 出口口岸 | Shanghai |

| 通知人 | FASHION FORCE CO., LTD.<br>P.O.BOX 8935 NEW TERMINAL, ALTA,<br>VISTA.STOCKHOLM,SWEDEN. |
|---|---|

| 有效期限 | 2013-03-07 | 目的港 | Stockholm |
|---|---|---|---|
| 可否转运 | NO | 可否分批 | NO |
| 运费预付 | YES | 运费到付 | NO |

| 选择 | 标志唛头 | 货名规格 | 件数 | 数量 | 毛重 | 净重 | 单价 | 总价 |
|---|---|---|---|---|---|---|---|---|
| ○ | FASHION FORCE<br>Tang001<br>CTN NO.<br>MONTERAL<br>MADE IN CHINA | MEN'S PYJAMAS<br>20SETS PER<br>CARTON, COLOR:<br>HEALTHER GREY,<br>FABRIC CONTENT:<br>100% COTTON | 128CARTON | 2 550SET | 1 920KG | 1 664KG | USD12.8 | USD32 640 |
| TOTAL: | | | [128 ]<br>[CARTON ] | [2 550 ]<br>[SET ] | [1 920 ]<br>[KG ] | [1 664 ]<br>[KG ] | | [USD ]<br>[32 640 ] |

[ 添加 ] [ 修改 ] [ 删除 ]

| | | | |
|---|---|---|---|
| | FOB价 | [ ][ 0] | |
| | 总体积 | [ 18.314 24] [CBM ] | |
| 保险单 | 险别 | | |
| | 保额 | [ ][ 0] | |
| | 赔偿地点 | | |
| | 海关编号 | 0000000476 | |
| | 制单员 | | |

注意事项

受托人(即承运人)
名称: _____
电话: _____
传真: _____
委托代理人: _____

委托人(即托运人)
名称: 南京唐朝纺织服装有限公司
电话: 0086-25-4715004
传真: 0086-25-4711363
委托代理人: XXX

[打印预览] [保存] [退出]

图 8-12 填写货物出运委托书

图 8-13　洽订舱位

### 六、办理报检

① 出口检验。添加"出境货物报检单",填写如图 8-14 所示。

② 填写完成后单击"保存",再分别添加"商业发票"与"装箱单",填写如图 8-15 和图 8-16 所示。

③ 回到"Business"(业务中心),单击"检验机构",再单击"申请报检",选择单据"销货合同""信用证""商业发票""装箱单""出境货物报检单"后,单击"报检"。报检完成后,检验机构给发"出境货物通关单"及出口商申请签发的相应检验证书。

### 七、办理保险

由于是按 CIF 条件成交,保险由唐朝公司办理。2013 年 3 月 7 日,唐朝公司按约定的保险险别和保险金额,向保险公司投保。

(1) 准备相关单据。

① 添加"货物运输保险投保单"进行填写,如图 8-17 所示。

② 填写完成后单击"检查",确认通过。单据填写重点说明:其中船名航次、开航日期等信息请在"配舱通知"中查找。若为进口商投保,则请在出口商发来的"Shipping Advice"中查找。

## 中华人民共和国出入境检验检疫
### 出境货物报检单

报检单位（加盖公章）：                  *编 号 STEPC000493

报检单位登记号： 0000000000004    联系人： XXX    电话：0086-25-47150    报检日期：2013年3月7日

| 发货人 | （中文） | 南京唐朝纺织服装有限公司 | | | | |
|---|---|---|---|---|---|---|
| | （外文） | NANJING TANG TEXTILE GARMENT CO., LTD. | | | | |
| 收货人 | （中文） | | | | | |
| | （外文） | FASHION FORCE CO., LTD | | | | |
| 选择 | 货物名称（中/外文） | H.S.编码 | 产地 | 数/重量 | 货物总值 | 包装种类及数量 |
| ○ | 女式T恤衫 WOMEN'S T-SHIRT | 6107210000 | 中国 | 2 550SET | USD32 640 | 128CARTON |

[添加] [修改] [删除]

| 运输工具名称号码 | Amsterdam | 贸易方式 | 一般贸易 | 货物存放地点 | Shanghai CY |
|---|---|---|---|---|---|
| 合同号 | Tang001 | 信用证号 | STLCN000110 | 用途 | |
| 发货日期 | 2013-03-07 | 输往国家（地区） | 瑞典 | 许可证/审批号 | |
| 启运地 | 上海港 | 到达口岸 | 斯德哥尔摩 | 生产单位注册号 | |
| 集装箱规格、数量及号码 | | | | | |

| 合同、信用证订立的检验检疫条款或特殊要求 | 标记及号码 | 随附单据（划"√"或补填） | |
|---|---|---|---|
| | FASHION FORCE Tang001 CTN NO. MONTERAL MADE IN CHINA | ☑合同 ☑信用证 ☑发票 ☐换证凭单 ☑装箱单 ☐厂检单 | ☐包装性能结果单 ☐许可/审批文件 ☐_____ ☐_____ ☐_____ ☐_____ |

| 需要证单名称（划"√"或补填） | | *检验检疫费 | |
|---|---|---|---|
| ☐品质证书   0正 0副 <br> ☐重量证书   0正 0副 <br> ☐数量证书   0正 0副 <br> ☐兽医卫生证书 0正 0副 <br> ☐健康证书   0正 0副 <br> ☐卫生证书   0正 0副 <br> ☐动物卫生证书 0正 0副 | ☐植物检疫证书   0正 0副 <br> ☐熏蒸/消毒证书 0正 0副 <br> ☐出境货物换证凭单 <br> ☑通关单 <br> ☐_____ <br> ☐_____ | 总金额（人民币元） | 0 |
| | | 计费人 | |
| | | 收费人 | |

报检人郑重声明：
  1. 本人被授权报检。
  2. 上列填写内容正确属实，货物无伪造或冒用他人的厂名、标志、认证标志，并承担货物质量责任。
       签名：_____

| 领 取 证 单 |
|---|
| 日期 |
| 签名 |

注：有"*"号栏由出入境检验检疫机关填写      ◆国家出入境检验检疫局制 [1-2 (2000.1.1)]

[打印预览] [保存] [退出]

图 8-14 出境货物报检单

| ISSUER | | | | | 商业发票 |
|---|---|---|---|---|---|
| NANJING TANG TEXTILE GARMENT CO., LTD.<br>HUARONG MANSION RM2901 NO.85 GUANJIAQIAO, NANJING<br>210005, CHINA | | | | | COMMERCIAL INVOICE |
| **TO** | | | **NO.** | | **DATE** |
| FASHION FORCE CO., LTD<br>P.O.BOX 8935 NEW TERMINAL, ALTA,<br>VISTA.STOCKHOLM,SWEDEN. | | | STINV000502 | | 2013-03-07 |
| **TRANSPORT DETAILS** | | | **S/C NO.** | | **L/C NO.** |
| From Shanghai to Stockholm on March,07,2013 by Vessle. | | | Tang001 | | STLCN000110 |
| | | | **TERMS OF PAYMENT** | | |
| | | | L/C | | |

| Choice | Marks and Numbers | Description of goods | Quantity | Unit Price | Amount |
|---|---|---|---|---|---|
| ○ | FASHION FORCE<br>Tang001<br>CTN NO.<br>MONTERAL<br>MADE IN CHINA | MEN'S PYJAMAS<br>20SETS PER CARTON, COLOR:<br>HEALTHER GREY, FABRIC CONTENT:<br>100% COTTON | 2 550SET | USD12.8 | USD32 640 |

[添加] [修改] [删除]

Total: [ 2 550][SET  ]      [USD][   32 640]

SAY TOTAL:   USD THIRTY TWO THOUSAND SIX HUNDRED AND FORTY ONLY.

(写备注处)

NANJING TANG TEXTILE GARMENT CO., LTD. (公司名称)

XXX (法人签名)

[打印预览] [保存] [退出]

图 8-15  填写商业发票

| ISSUER<br>NANJING TANG TEXTILE GARMENT CO., LTD.<br>HUARONG MANSION RM2901 NO.85 GUANJIAQIAO, NANJING 210005, CHINA | | | 装箱单<br>PACKING LIST | | | |
|---|---|---|---|---|---|---|
| TO<br>FASHION FORCE CO., LTD.<br>P.O.BOX 8935 NEW TERMINAL, ALTA, VISTA.STOCKHOLM,SWEDEN. | | | INVOICE NO.<br>STINV000502 | | DATE<br>2013-03-07 | |
| Choice | Marks and Numbers | Description of goods | Package | G.W | N.W | Meas. |
| ○ | FASHION FORCE<br>Tang001<br>CTN NO.<br>MONTERAL<br>MADE IN CHINA | MEN'S PYJAMAS<br>20SETS PER CARTON,<br>COLOR: HEALTHER GREY,<br>FABRIC CONTENT: 100% COTTON | 128CARTON | 1 920KG | 1 664KG | 18.314 24CBM |
| | | | | | | |
| | | Total: | [128<br>[CARTON ] | [1 920<br>[KG ] | [1 664<br>[KG ] | [18.314 24<br>[CBM ] |

SAY TOTAL: USD THIRTY TWO THOUSAND SIX HUNDRED AND FORTY ONLY.

(写备注处)

NANJING TANG TEXTILE GARMENT CO., LTD.(公司名称)
XXX(法人签名)

[打印预览] [保存] [退出]

图 8-16 填写装箱单

(2) 办理保险。

① 回到"Business"(业务中心),单击"保险公司"。

② 单击"办理保险",选择单据"商业发票"和"货物运输保险投保单",单击"办理保险"。

③ 办理完成后,保险公司自动签发"货物运输保险单",如图 8-18 所示。

注:在 CIF 术语下,出口商要向保险公司投保,CFR 或 FOB 术语下则由进口商负责。

## 货物运输保险投保单

投保人：南京唐朝纺织服装有限公司  　　　　　　　投保日期： 2013-03-07

| 发票号码 | STINV000502 | 投保条款和险别 | |
|---|---|---|---|
| 被保险人 | 客户抬头<br>南京唐朝纺织服装有限公司<br><br>过户<br>FASHION FORCE CO., LTD. | (√) PICC CLAUSE<br>( ) ICC CLAUSE<br>(√) ALL RISKS<br>( ) W.P.A./W.A.<br>( ) F.P.A<br>(√) WAR RISKS<br>( ) S.R.C.C. | |
| 保险金额 | [USD　　　　][35 904　　　　　　] | ( ) STRIKE<br>( ) ICC CLAUSE A | |
| 启运港 | SHANGHAI | ( ) ICC CLAUSE B | |
| 目的港 | STOCKHOLM | ( ) ICC CLAUSE C<br>( ) AIR TPT ALL RISKS | |
| 转内陆 |  | ( ) AIR TPT RISKS<br>( ) O/L TPT ALL RISKS | |
| 开航日期 | 2013-03-07 | ( ) O/L TPT RISKS<br>( ) TRANSHIPMENT RISKS | |
| 船名航次 | Amsterdam DY105-08 | ( ) W TO W<br>( ) T.P.N.D. | |
| 赔款地点 | SWEDEN | ( ) F.R.E.C.<br>( ) R.F.W.D. | |
| 赔付币别 | USD | ( ) RISKS OF BREAKAGE | |
| 保单份数 | 3 | ( ) I.O.P. | |
| 其它特别条款 |  |  | |
| 以下由保险公司填写 | | | |
| 保单号码 |  | 签单日期 |  |

[打印预览] [保存] [退出]

图 8-17　货物运输保险投保单

图 8-18　办理保险

## 八、出口报关

(1) 申领核销单。

① 在"Business"(业务中心)单击"外管局"。

② 选择"申领核销单",即可从外管局取得"出口收汇核销单"。

③ 到单据列表中进行填写,如图8-19所示。

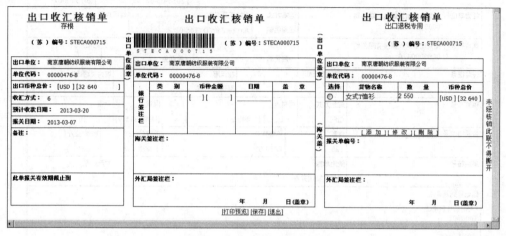

图 8-19 填写出口收汇核销单

④ 填写完成后单击"检查",确认通过。

(2) 备案。

单击"海关",再单击"备案",凭填好的出口收汇核销单办理备案,如图8-20所示。

图 8-20 海关部门办理备案

(3) 送货。

单击"备案"右边的"送货",将货物送到海关指定地点。

(4) 报关。

① 添加"出口货物报关单"进行填写,如图 8-21 所示。

| 预录入编号: | | 海关编号: | | |
|---|---|---|---|---|
| 出口口岸 上海口岸 | 备案号 | 出口日期 2013-03-07 | 申报日期 2013-03-07 | |
| 经营单位 南京唐朝纺织服装有限公司 0000000476 | 运输方式 江海运输 | 运输工具名称 Amsterdam/DY105-08 | 提运单号 | |
| 发货单位 南京唐朝纺织服装有限公司 0000000476 | 贸易方式 一般贸易 | 征免性质 一般征免 | 结汇方式 L/C | |
| 许可证号 | 运抵国(地区) 瑞典 | 指运港 斯德哥尔摩 | 境内货源地 | |
| 批准文号 | 成交方式 CIF | 运费 [USD][1 648.28 ] | 保费 [USD][315.9][ ] | 杂费 [0 ] |
| 合同协议号 Tang001 | 件数 128 | 包装种类 CARTON | 毛重(公斤) 1 920 | 净重(公斤) 1 664 |
| 集装箱号 | 随附单据 出境货物通关单 | | 生产厂家 | |
| 标记唛码及备注 FASHION FORCE Tang001 CTN NO. MONTERAL | | | | |

| 选择 | 项号 | 商品编号 | 商品名称、规格型号 | 数量及单位 | 最终目的国(地区) | 单价 | 总价 | 币制 | 征免 |
|---|---|---|---|---|---|---|---|---|---|
| ○ | 1 | 6107210000 | 女士T恤衫每箱20套,颜色:灰色,面料成份:全棉 | 2 550SET | 瑞典 | 45 | 114 750 | USD | 照章征免 |

[添加] [修改] [删除]

| 税费征收情况 | | | |
|---|---|---|---|
| 录入员 录入单位 | 兹声明以上申报无讹并承担法律责任 | 海关审单批注及放行日期(签章) | |
| 报关员 XXX | | 审单 | 审价 |
| | 申报单位(签章) | | |
| 单位地址 中国南京管家桥85号金融大厦 2901号 | | 征税 | 统计 |
| 邮编 210005 电话 0086-25-4715 | 填制日期 2013-03-07 | 查验 | 放行 |

[打印预览] [保存] [退出]

图 8-21 填写出口货物报关单

② 填写完成后单击"检查",确认通过。

③ 到海关,单击"送货"右边的"报关"。

④ 选择单据"商业发票""装箱单""出境货物通关单"(不需出口检验的商品可免附)、

"出口收汇核销单""出口货物报关单",单击"报关"。

⑤ 完成报关的同时,货物自动装船出运。

### 九、装船出运

在 SimTrade 中,装船出运的步骤是报关后由系统自动处理的,因此报关(出运)完成后,出口商即应到船公司取回提单并向进口商发送装船通知。

(1) 取回提单。在"Business"(业务中心)单击"船公司",再单击"取回提单",将提单取回。

(2) 发送装船通知。

① 添加"Shipping Advice"进行填写,如图 8-22 所示。

```
                        SHIPPING ADVICE
Messrs.                            Invoice No.  STINV000502
FASHION FORCE CO., LTD.
P.O.BOX 8935 NEW TERMINAL, ALTA, VISTA.STOCKHOLM,SWEDEN.
                                   Date:        2013-03-07
Particulars
1.L/C  No. STLCN000110
2.Purchase order No.  Tang001
3.Vessel:  Amsterdam/DY105-08
4.Port of Loading:  SHANGHAI
5.Port of Dischagre: STOCKHOLM
6.On Board Date: 2013-03-15
7.Estimated Time of Arrival: 2013-03-15
8.Container:  LCL
9.Freight:   [USD    ] [1 648.28          ]
10.Description of Goods:
MEN'S PYJAMAS
20SETS PER CARTON, COLOR: HEALTHER GREY, FABRIC CONTENT: 100% COTTON

11.Quantity:[2 550           ] [SET    ]
12.Invoice Total Amount: [USD     ] [32 640      ]
Documents enclosed
1.Commercial Invoice: 6
2.Packing List: 3
3.Bill of Lading: 1
4.Insurance Policy: 1



                              Very truly yours,
                              NANJING TANG TEXTILE GARMENT CO., LTD.
                                      xxx
                              Manager of Foreign Trade Dept.
                  [打印预览] [保存] [退出]
```

图 8-22 填写装船通知

② 填写完成后单击"检查",确认通过。

③ 回到"Business"(业务中心),单击"船公司"。

④ 单击"发送装船通知",将装船通知发送给进口商。

单据填写重点说明:其中"Vessel"一栏最好将船名与航次同时填上,另外"Container"栏也请参考"配舱通知"填写。

(3) 进口商收取装船通知。

① 收取装船通知已发送的通知邮件。

② 到"Business"(业务中心)单击"出口商",再单击"查看单据列表",可查看"Shipping Advice"的内容(注:在 FOB、CFR 交易方式下,保险由进口商办理,进口商须凭此装船通知内容填写投保单办理保险)。

## 十、结汇

(1) 出口商申请产地证。

① 添加"普惠制产地证明书"进行填写,如图 8-23 所示。

**ORIGINAL**

| 1.Goods consigned from (Exporter's business name, address, country)<br>NANJING TANG TEXTILE GARMENT CO., LTD.<br>HUARONG MANSION RM2901 NO.85 GUANJIAQIAO, NANJING 210005, CHINA | Reference No. STGSP000229<br><br>**GENERALIZED SYSTEM OF PREFERENCES<br>CERTIFICATE OF ORIGIN**<br>(Combined declaration and certificate) |
|---|---|
| 2.Goods consigned to (Consignee's name, address, country)<br>FASHION FORCE CO., LTD .<br>P.O.BOX 8935 NEW TERMINAL, ALTA,<br>VISTA.STOCKHOLM,SWEDEN. | **FORM A**<br>Issued in THE PEOPLE'S REPUBLIC OF CHINA<br>(country) |
| 3.Means of transport and route (as far as known)<br>From Shanghai to Stockholm on March,07,2013 by Vessle. | 4.For official use |

| Choice | Item number | 6.Marks and numbers of packages | 7.Number and kind of packages; description of goods | 8.Origin criterion (see Notes overleaf) | 9.Gross weight or other quantity | 10.Number and date of invoices |
|---|---|---|---|---|---|---|
| ○ | 1 | FASHION FORCE<br>Tang001<br>CTN NO.<br>MONTERAL<br>MADE IN CHINA | 128 CARTONS(ONE HUNDRED AND TWENTY EIGHT CARTONS) OF MEN'S PYJAMAS 20SETS PER CARTON, COLOR: HEALTHER GREY, FABRIC CONTENT: 100% COTTON | "P" | 1 920KGS | STINV000502<br>2013-03-07 |

[添加] [修改] [删除]

| 11.Certification<br>It is hereby certified, on the basis of control carried out, that the declaration by the exporter is correct. | 12.Declaration by the exporter<br>The undersigned hereby declares that the above details and statements are correct, that all the goods were<br>produced in ———— **CHINA** ————<br>(country)<br>and that they comply with the origin requirements specified for those goods in the Generalized System of Preferences for goods exported to<br>————————————<br>(importing country) |
|---|---|
| Place and date, signature and stamp of certifying authority | Place and date, signature and stamp of authorized signatory |

[打印预览] [保存] [退出]

图 8-23 填写普惠制产地证明书

② 填写完成后单击"检查",确认通过。

③ 回到"Business"(业务中心),单击"检验机构"。

④ 单击"申请产地证",选择产地证类型为"普惠制产地证明书",单击"确定",完成产地证的申请。

(2) 出口押汇。

① 添加"汇票"进行填写,如图 8-24 所示。

```
                    BILL OF EXCHANGE
No. STDFT000388                      Dated 2013-03-07
Exchange for  USD    32 640
              At  ----              Sight of this    FIRST    of Exchange
(Second of exchange being unpaid)
Pay to the Order of  China(ShenZhen) Wei Long Bank
the sum of  USD THIRTY TWO THOUSAND SIX HUNDRED AND FORTY ONLY.
Drawn under L/C No. STLCN000110      Dated 2013-03-07
Issued by  QuanLi (Sweden) Bank
To  QuanLi (American) Bank
                              NANJING TANG TEXTILE GARMENT CO., LTD.
                                    (Authorized Signature)
                         [打印预览] [保存] [退出]
```

图 8-24　填写汇票

② 填写完成后单击"检查",确认通过。

③ 回到"Business"(业务中心),单击"出口地银行",选择"押汇"业务。

④ 勾选单据"商业发票""装箱单""普惠制产地证明书""货物运输保险单"(CIF 条件时)、"海运提单""汇票"前的复选框,单击"押汇",完成押汇手续的办理。

(3) 出口地银行议付。

① 收取单据已到达的通知邮件。

② 单击"结汇单据",选中合同 Tang001 前的单选钮,单击"检查单据"。

③ 如检查无误,再单击"送进口地银行",同时系统自动议付货款。

(4) 出口商结收货款。

① 收取出口地银行发来的可以结汇的通知邮件。

② 在"Business"(业务中心)里单击"出口地银行"。

③ 单击"结汇",结收货款,同时银行签发"出口收汇核销专用联",用以出口核销。

(5) 进口地银行处理单据。

① 收取单据已到达的通知邮件。

② 单击"结汇单据",选中合同 Tang001 前的单选钮,单击"检查单据"。

③ 如单据检查无误,再单击"发送进口商"。

(6) 进口商付款赎单。

① 收取单据到达的通知邮件。
② 回到"Business"(业务中心)，单击"进口地银行"。
③ 单击"付款"，支付货款。
④ 单击"付款"旁边的"取回单据"，领取相关货运单据。

### 十一、出口核销与退税

(1) 出口核销。
① 添加"出口收汇核销单送审登记表"进行填写，如图 8-25 所示。

出　口　收　汇　核　销　单　送　审　登　记　表

出口单位：南京唐朝纺织服装有限公司　　　　送审日期：　2013 年　3 月　15 日

| 核销单编号 | 发票编号 | 商品大类 | 国别地区 | 贸易方式 | 结算方式 | 报关日期 | 货款 币别 | 报关金额 | FOB金额 | 收汇核销金额 | 第一联 外汇局留存 |
|---|---|---|---|---|---|---|---|---|---|---|---|
| STECA000496 | STINV0005 | 服装 | SWEDEN | 一般贸易 | L/C | 2013-03-07 | USD | 32 640 | 30 675.765 | [USD] [32 640 ] | |
| | | | | | | | | | | | |
| | | | | | | | | | | | |
| | | | | | | | | | | | |
| | | | | | | | | | | | |
| | | | | | | | | | | | |
| | | | | | | | | | | | |
| | | | | | | | | | | | |
| | | | | | | | | | | | |
| | | | | | | | | | | | |

出口单位填表人：xxx　　　　外汇局审核人：
[打印预览] [保存] [退出]

图 8-25　填写出口收汇核销单送审登记表

② 填写完成后单击"检查"，确认通过。
③ 回到"Business"(业务中心)，单击"外管局"，选择"办理核销"业务。
④ 勾选单据"商业发票""出口货物报关单""出口收汇核销单""出口收汇核销专用联""出口收汇核销单送审登记表"前的复选框，单击"核销"，完成核销手续的办理。
⑤ 与此同时，外管局盖章后返还出口收汇核销单第三联，用以出口退税。

(2) 出口退税。
① 单击"国税局"，选择"退税"业务；
② 勾选单据"商业发票""出口货物报关单""出口收汇核销单(第三联)"前的复选框，单击"退税"，完成退税手续的办理。

### 【重点提示】

(1) 上传公司照片时最好使用 GIF 或 JPG 格式的图片，尺寸建议在 120×120(像素)左右。

(2) 邮件相关。
① 学生在操作 SimTrade 系统时，应常看新邮件信息，以争取更多的业务机会。

②在发邮件时应在全文的署名下面写上发件公司的联系资料,以方便对方联络。

③由于系统会根据邮件发送数量打分,发送邮件时注意检查邮件的主题,不要近似或雷同,避免系统识别为重复邮件,一般一笔业务至少发送4封以上邮件。

(3) 当单击单据页面无弹出时,单击浏览器"工具"按钮,在下拉菜单"弹出阻止程序"中关闭弹窗阻止程序。

(4) 只有在合同检查无误后才能发送合同。

(5) 修改或删除货品资料时,要先单击货号前面的单选钮。

(6) 不是所有商品都要进出口报检。我们一般根据商品的监管条件来判断某种商品是否需要进出口报检。在 SimTrade 中,商品的监管条件在"B2B(淘金网)"的"税率"页,输入商品海关编码进行查询。A 代表需要入境报检,B 代表需要出境报检,如果没有 A 和 B 则不用报检(报检也可以)。

(7) 办理保险。由于是按 CIF 条件成交,保险由唐朝公司办理。2013 年 3 月 7 日,唐朝公司按约定的保险险别和保险金额,向保险公司投保。

① 投保。按 CIF 或 CIP 等术语成交的出口货物,卖方负有办理保险的责任,一般应在货物从装运仓库运往码头或车站之前办妥投保手续。

② 保险金额和保险费的核算。

a. 保险金额(insured amount)。按照国际保险市场的习惯做法,出口货物的保险金额一般按 CIF 货价另加 10% 计算,这增加的 10% 叫保险加成,也就是买方进行这笔交易所付的费用和预期利润。保险金额计算的公式如下:

$$保险金额 = CIF 货值 \times (1 + 加成率)$$

b. 保险费(premium)。保险费则根据保险费率表按保险金计算,其计算公式是:保险费 = 保险金额 × 保险费率。在我国出口业务中,CFR 和 CIF 是两种常用的术语。鉴于保险费是按 CIF 货值为基础的保险额计算的,两种术语价格应按下述方式换算。

由 CIF 换算成 CFR 价:

$$CFR = CIF \times [1 - 保险费率 \times (1 + 加成率)]$$

由 CFR 换算成 CIF 价:

$$CIF = CFR / [1 - 保险费率 \times (1 + 加成率)]$$

双方合同中明确规定险别的严格按照规定投保,如果合同中并未明确规定,则按照国际惯例投保基本险中的最低险种即平安险。

# 模块 2　信用证业务

## 【实训目标】

了解信用证的本质、作用及特点。掌握信用证的开立、审核、修改等操作。

## 【实训知识】

信用证(letter of credit,L/C),是指开证银行应申请人的要求并按其指示向第三方开立的载有一定金额的,在一定的期限内凭符合规定的单据付款的书面保证文件。信用证是国际贸易中最主要、最常用的支付方式,信用证业务流程如图 8-26 所示。

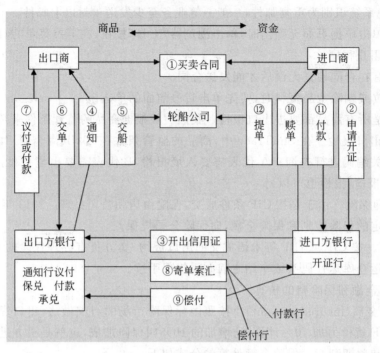

图 8-26　信用证业务流程

## 一、信用证的特点

(1) 信用证是一项自足文件(self-sufficient instrument)。信用证不依附于买卖合同,银行在审单时强调的是信用证与基础贸易相分离的书面形式上的认证。

(2) 信用证方式是纯单据业务(pure documentary transaction)。信用证是凭单付款,不以货物为准。只要单据相符,开证行就应无条件付款。

(3) 开证银行负首要付款责任(primary liabilities for payment)。信用证是一种银行信用,它是银行的一种担保文件,开证银行对支付有首要付款的责任。

合同签订后,出口商应尽快要求进口商开出与合同内容相符的信用证。信用证是银行(开证行)依照进口商(开证申请人)的要求和指示,对出口商(受益人)发出的、授权出口商签发以银行或进口商为付款人的汇票,保证在交来符合信用证条款规定的汇票和单据时,必定承兑和付款的保证文件。信用证以其是否跟随单据,分为光票信用证和跟单信用证两大类。在国际贸易中主要使用的是跟单信用证。

## 二、受益人的权利与义务

受益人指信用证上所指定的有权使用该证的人,即出口人或实际供货人。
### 1. 受益人的权利
(1) 被拒绝修改或修改后仍不符有权在通知对方后单方面撤销合同并拒绝信用证。

(2) 交单后若开证行倒闭或无理拒付可直接要求开证申请人付款。

(3) 收款前若开证申请人破产可停止货物装运并自行处理。

(4) 若开证行倒闭时信用证还未使用可要求开证申请人另开。

2. 受益人的义务

(1) 收到信用证后应及时与合同核对,不符者尽早要求开证行修改或拒绝接受或要求开证申请人指示开证行修改信用证。

(2) 如接受则发货并通知收货人,备齐单据在规定时间向议付行交单议付。

(3) 对单据的正确性负责,不符时应执行开证行改单指示并仍在信用证规定期限交单。

【实训内容】

按照要求开展一项信用证业务的模拟操作。

【实训操作步骤】

签订一笔结汇方式为 L/C、价格术语为 CIF 的外销合同,填写进口预算表,双方签字确认并开始履行合同。

一、确认合同

合同既可由出口商起草,也可由进口商起草。

(1) 登录 SimTrade"进口商"角色,单击"Business"(业务中心)里标志为"出口商"的建筑物。

(2) 在弹出画面的左边首先单击"切换",将需要确认的合同设置为主合同,再单击"修改合同",打开合同页面查看相关条款。

(3) 单击"添加单据",选中"进口预算表"前的单选钮,单击"确定",如图 8-27 所示。

图 8-27 添加进口预算表

(4) 在"查看单据列表"中单击进口预算表对应的单据编号(以后添加与填写单据都用此方法),弹出表单进行填写[计算方法请参照"Help"(帮助)中的"进口预算表的填写"],如图 8-28 所示。

### 进口预算表

| 合同号: | Tang001 | |
|---|---|---|
| 预算表编号: | STIBG000817 | (注:本预算表填入的位数全部为本位币) |

| 项目 | 预算金额 | 实际发生金额 |
|---|---|---|
| 合同金额 | 2 988 518.4 | 0.00 |
| CIF总价 | 2 988 518.4 | 0.00 |
| 内陆运费 | 15 922.3 | 0.00 |
| 报检费 | 2 911.6 | 0.00 |
| 报关费 | 2 911.6 | 0.00 |
| 关税 | 418 392.6 | 0.00 |
| 增值税 | 579 171.9 | 0.00 |
| 消费税 | 0 | 0.00 |
| 海运费 | 0 | 0.00 |
| 保险费 | 0 | 0.00 |
| 银行费用 | 11 280.2 | 0.00 |
| 其他费用 | 149 426 | 0.00 |

[打印] [保存] [退出]

图 8-28　填写进口预算表

(5) 查看出口商资金状况,单击"Finance"(财务)按钮,"目前资金"已经不够支付预算表里的"合同金额"以及即将发生的各项费用。经估算,款项不足,进口商需向银行贷款。

(6) 回到"Business"(业务中心)里标志为"出口商"的建筑物中,单击"修改合同",在弹出合同的左下方签字,回到业务画面,单击"确认合同",输入合同编号(本例中为Tang01),再输入本地银行编号(如 1023100202),单击"确定",成功确认合同,如图 8-29所示。

### 二、申请核销单——贸易出口付汇核销单

(1) 回到"Business"(业务中心),单击"进口地银行"。

(2) 单击"申领核销单",即领取"贸易进口付汇核销单"(L/C 方式下,需在开证前领单,其他方式下,则在付款前领单),如图 8-30 所示。

(3) 单击"出口商"建筑物,进入"单据列表"中进行填写。

(4) 填写完成后单击"检查",确认通过。

### 三、申请开立信用证

(1) 单击标志为"进口地银行"的建筑物,选择"信用证"业务。

(2) 单击"添加信用证申请书",添加完成后,单击该申请书编号进行填写,如图 8-31所示。

(3) 填写完成后单击"检查",确认通过。

## NANJING TANG TEXTILE GARMENT CO., LTD.

HUARONG MANSION RM2901 NO.85 GUANJIAQIAO, NANJING 210005, CHINA

### SALES CONFIRMATION

| Messrs: | FASHION FORCE CO., LTD. P.O.BOX 8935 NEW TERMINAL, ALTA, VISTA.STOCKHOLM,SWEDEN. | No. | Tang001 |
|---|---|---|---|
| | | Date: | 03-01-2013 |

Dear Sirs,
We are pleased to confirm our sale of the following goods on the terms and conditions set forth below:

| Choice | Product No. | Description | Quantity | Unit | Unit Price [CIF][STOCKHO] | Amount |
|---|---|---|---|---|---|---|
| ○ | 02001 | 20SETS PER CARTON, COLOR: HEALTHER GREY, FABRIC CONTENT: 100% COTTON | 2 550 | SET | USD12.8 | USD32 640 |
| | | Total: | 2 550 | SET | [USD] | [32 640] |

| Say Total: | USD THIRTY TWO THOUSAND SIX HUNDRED AND FORTY ONLY. |
|---|---|
| Payment: | L/C [BY IRREVOCABLE LETTER OF CREDIT TO BE OPENED BY FULL AMOUNT OF S/C,PAYMEI] |
| Packing: | CARTON |
| Port of Shipment: | SHANGHAI |
| Port of Destination: | STOCKHOLM |
| Shipment: | Not later than Mar.25,2013 by vessle. |
| Shipping Mark: | FASHION FORCE<br>Tang001<br>CTN NO.<br>MONTERAL<br>MADE IN CHINA |
| Quality: | As per sample submitted by sellers. |
| Insurance: | To be covered by the Buye for 110% of the total invoice value against all risks and war risks of C.I.C. |
| Remarks: | 1.Partial shipments:Not allowed.<br>2.transshipment : Allowed |

| BUYERS | SELLERS |
|---|---|
| FASHION FORCE CO., LTD. | NANJING TANG TEXTILE GARMENT CO., LTD. |
| *Dunleavy* | *xxx* |
| (Manager Signature) | (Manager Signature) |

[打印预览][保存][退出]

图 8-29 确认合同

(4) 仍在信用证业务页面中,选中对应信用证申请书前的单选钮,单击"发送申请书",如图 8-32 所示。

图 8-30 领取贸易进口付汇核销单

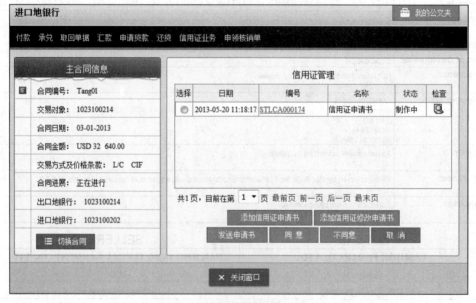

图 8-31 添加信用证申请书

图 8-32 发送信用证申请书

## 四、进口地银行开立信用证

(1) 收取进口商申请开证的邮件。
(2) 回到进口地银行业务主页面,单击"L/C(信用证)"按钮。
(3) 单击合同号为"Tang01"的信用证申请书编号,查看其内容。
(4) 再选中该申请书,单击"开证"。
(5) 完成后单击信用证编号进入,根据开证申请书进行填写。
(6) 填写完成后单击"检查",确认通过。
(7) 在"L/C(信用证)"页面中再选中合同号为"Tang01"的信用证前的单选钮,单击"送进口商"。

## 五、进口商同意信用证

(1) 收取银行要求确认信用证的通知邮件。
(2) 到"Business"(业务中心)单击"进口地银行"。
(3) 单击"信用证业务",检查对应的信用证内容。
(4) 检查无误后,选中对应信用证前的单选钮,单击"同意"。

## 六、进口地银行转发信用证

(1) 收取进口商同意信用证的邮件。
(2) 进入信用证业务界面,选择合同号为"Tang01"的信用证前的单选钮,单击"送出口地银行"。

## 七、出口地银行将信用证通知出口商

(1) 收取进口地银行已开证的通知邮件。
(2) 回到出口地银行业务主页面,单击"信用证"按钮。
(3) 打开合同号为"Tang01"的信用证进行查看。
(4) 选中该信用证前的单选钮,单击"制作通知书",添加信用证通知书。
(5) 单击该信用证通知书所对应的单据编号,打开表单根据信用证内容进行填写。
(6) 填写完成后单击"检查",确认通过。
(7) 回到业务界面,选择该通知书,单击"通知受益人"。

## 【重点提示】

(1) 在贸易进口付汇核销单中,对外付汇币种应按合同币别的英文缩写填写。
(2) 填制进口预算表时,要注意把币种换算成本币。
(3) 向出口地银行交单押汇,提交商业发票、装箱单、原产地证、保险单、提单、汇票。
(4) 信用证一定要特别注意软条款的存在,所谓软条款即阻碍信用证受益人获取货款的不合理的条款。
(5) 审核信用证时一定要仔细认真,条款务必与合同一致,以免在后续的交易过程中造成不必要的麻烦。注意审核证、货、船是否齐备,做到证、货、船三方面的衔接和平衡。

## 模块 3　进口报关与提货

### 【实训目标】

掌握进口报关与提货的基本流程和注意事项。

### 【实训知识】

进口报关是指进口货物收发货人、入境运输工具负责人、入境物品所有人或者他们的代理人向海关办理货物或运输工具入境的手续及相关海关事务的过程,包括向海关申报、交验单据证件,并接受海关的监管和检查等。进口报关是履行海关入境手续的必要环节之一。

报关工作的全部程序分为申报、查验、放行三个阶段。

### 【实训内容】

(1) 模拟进口商品报关。
(2) 模拟提货流程。

### 【实训操作步骤】

1. 收取单据到达的通知邮件

回到"Business"(业务中心),单击"进口地银行",再单击"付款",支付货款,如图 8-33 所示。

图 8-33　支付货款

## 2. 取回单据

单击"付款"旁边的"取回单据",领取相关货运单据,如图 8-34 所示。

图 8-34 领取相关货运单据

## 3. 换提货单

单击"Business"(业务中心)里的"船公司",再单击"换提货单"。

## 4. 准备报检单据

添加"入境货物报检单"进行填写,如图 8-35 所示。填写完成后单击"检查",确认通过,如图 8-36 所示。

图 8-35 添加入境货物报检单

# 中华人民共和国出入境检验检疫
## 入境货物报检单

| 报检单位（加盖公章）: | FASHION FORCE CO., LTD. | | *编　号 | STIPC000688 |
|---|---|---|---|---|
| 报检单位登记号: | 0000000483 | 联系人: Dunleavy　电话: 001-613-789350 | 报检日期: | 2013年5月24日 |

| 收货人 | （中文） | | 企业性质（划"√"） | □合资 □合作 ☑外资 |
|---|---|---|---|---|
| | （外文）FASHION FORCE CO., LTD. | | | |
| 发货人 | （中文）南京唐朝纺织服装有限公司 | | | |
| | （外文）NANJING TANG TEXTILE GARMENT CO., LTD. | | | |

| 选择 | 货物名称（中/外文） | H.S.编码 | 原产国（地区） | 数/重量 | 货物总值 | 包装种类及数量 |
|---|---|---|---|---|---|---|
| ○ | 女式T恤衫 WOMEN'S T-SHIRT | 6107210000 | CHINA | 2 550SET | USD32 640 | 128CARTON |

[添加] [修改] [删除]

| 运输工具名称号码 | Zaandam DY100-06 | | 合　同　号 | Tang01 |
|---|---|---|---|---|
| 贸易方式 | 1 | 贸易国别(地区)　中国 | 提单/运单号 | STBLN000753 |
| 到货日期 | 2013-5-23 | 启运国家(地区)　中国 | 许可证/审批号 | |
| 卸毕日期 | 2013-5-23 | 启运口岸　上海港 | 入境口岸 | 斯德哥尔摩 |
| 索赔有效期至 | 2013-5-31 | 经停口岸 | 目的地 | |

| 集装箱规格、数量及号码 | | | | |
|---|---|---|---|---|
| 合同订立的特殊条款以及其他要求 | | | 货物存放地点 | |
| | | | 用　　途 | |

| 随附单据（划"√"或补填） | | 标记及号码 | *外商投资财产（划"√"） | □是 □否 |
|---|---|---|---|---|
| ☑合同 | □到货通知 | FASHION FORCE | *检验检疫费 | |
| ☑发票 | □装箱单 | Tang001 | | |
| ☑提/运单 | □质保书 | CTN NO. | 总金额（人民币元） | 0 |
| □兽医卫生证书 | □理货清单 | MONTERAL | | |
| □植物检疫证书 | □磅码单 | MADE IN CHINA | 计货人 | |
| □动物检疫证书 | □验收报告 | | 收货人 | |
| □卫生证书 | □ | | | |
| ☑原产地证 | □ | | 领　取　证　单 | |
| □许可/审批文件 | □ | | 日期 | |

报检人郑重声明:
1. 本人被授权报检。
2. 上列填写内容正确属实。
　　　　　　签名: Dunleavy　　　　　签名

注: 有"*"号栏由出入境检验检疫机关填写　　　　　◆国家出入境检验检疫局制
　　　　　　　　　　　　　　　　　　　　　　　　[1-2 (2000.1.1)]

[打印预览] [保存] [退出]

图 8-36　填写入境货物报检单

**5. 报检**

回到"Business"（业务中心），单击"检验机构"，选择"申请报检"业务。

选择单据"销（购）货合同"、"商业发票"、"装箱单"、"提货单"、"入境货物报检单"，单击"报检"，如图 8-37 所示。

图 8-37　准备单据申请报检

报检完成后，检验机构签发"入境货物通关单"，凭以报关。

**6. 准备报关单据**

添加"进口货物报关单"进行填写。填写完成后单击"检查"，如图 8-38 所示，确认通过。

**7. 报关**

（1）单击"Business"（业务中心）里的"海关"，选择"报关"业务。

（2）勾选"销货合同"、"商业发票"、"装箱单"、"提货单"、"入境货物通关单"（不需进口检验的商品可免附）、"进口货物报关单"前的复选框，单击"报关"，如图 8-39 所示。

（3）完成报关后，海关加盖放行章后返还提货单与进口报关单。

**8. 缴税**

单击"报关"旁边的"缴税"，缴纳税款，如图 8-40 所示。

**9. 提货**

单击"缴税"旁的"提货"，领取货物，如图 8-41 所示。

## 中华人民共和国海关进口货物报关单

预录入编号： 海关编号：

| | | | |
|---|---|---|---|
| 进口口岸 Stockholm | 备案号 | 进口日期 2013-5-24 | 申报日期 2013-5-24 |

| | | | |
|---|---|---|---|
| 经营单位 FASHION FORCE CO., LTD0000000483 | 运输方式 2 | 运输工具名称 Zaandam DY100-06 | 提运单号 STBLO000678 |

| | | | |
|---|---|---|---|
| 收货单位 FASHION FORCE CO., LTD0000000483 | 贸易方式 0110 | 征免性质 101 | 征税比例 |

| | | | |
|---|---|---|---|
| 许可证号 | 起运国（地区） 中国 | 装货港 上海港 | 境内目的地 |

| | | | | |
|---|---|---|---|---|
| 批准文号 | 成交方式 1 | 运费 [USD ] [32 640 ] | 保费 [USD] [ 3 590] | 杂费 [ ] [ 0 ] |

| | | | | |
|---|---|---|---|---|
| 合同协议号 Tang01 | 件数 128 | 包装种类 件 | 毛重(公斤) 1 920 | 净重(公斤) 1 664 |

| | | |
|---|---|---|
| 集装箱号 GVDU2027764/201344 | 随附单据 | 用途 01 |

标记唛码及备注

FASHION FORCE
Tang001
CTN NO.
MONTERAL

| 选择 | 项号 | 商品编号 | 商品名称、规格型号 | 数量及单位 | 原产国(地区) | 单价 | 总价 | 币制 | 征免 |
|---|---|---|---|---|---|---|---|---|---|
| ◎ | 1 | 6107210000 | 女式T恤衫 每箱20套，颜色：灰色，面料成分：全棉 | 2 550件 | 中国 | 12.8 | 32 640 | USD | 101 |

[添 加] [修 改] [删 除]

税费征收情况

| | |
|---|---|
| 录入员 录入单位 | 兹声明以上申报无讹并承担法律责任 |
| 报关员 Dunleavy | 申报单位（签章） |
| 单位地址 P.O.BOX 8935 NEW TERMINAL, ALTA, VISTA.STOCKHOLM, SWEDEN | |
| 邮编 000027 电话 001-613-7893503 | 填制日期 2013-5-24 |

海关审单批注及放行日期(签章)

| | |
|---|---|
| 审单 | 审价 |
| 征税 | 统计 |
| 查验 | 放行 |

[打印预览] [保存] [退出]

图 8-38 填写进口货物报关单

图 8-39　准备单据报关

图 8-40　缴纳进口关税

## 【重点提示】

（1）未进行口岸备案的核销单不能用于出口报关，对已备案成功的核销单，还可变更备案。

图 8-41　成功提货

（2）报关时必须要出示"出口收汇核销单"，否则海关不予受理。

（3）注意出口商应及时发出装船通知；注意进出口双方到银行办理结汇事宜；准备相关单据向外管局与国税局办理核销退税手续。

## 模块 4　进口付汇核销

【实训目标】

掌握进口付汇核销的流程，能够顺利完成货款结算、税款缴纳等工作。

【实训知识】

进口付汇核销是为进一步完善货物贸易进口付汇（以下简称进口付汇）管理，推进贸易便利化，促进涉外经济发展，制定进口付汇的职责、流程、服务监督机制和制度改革条例等。

【实训内容】

（1）模拟进口付汇。

（2）模拟进口缴税。

（3）模拟进口核销。

## 【实训操作步骤】

### 1. 准备相关单据

（1）添加"进口付汇到货核销表"进行填写，如图 8-42 所示。

（2）填写完成后单击"检查"，确认通过。

| | | | | | | 2013 年 5 月贸易进口付汇到货核销表 | | | | | | |
|---|---|---|---|---|---|---|---|---|---|---|---|---|
| 进口单位名称：FASHION FORCE CO., LTD | | | | 进口单位编码：00000483-8 | | | | 核销表编号：STICE000724 | | | | |
| 序号 | 核销单号 | 备案表号 | 付汇情况 | | | 付汇银行名称 | 应到货日期 | 报关单号 | 到货企业名称 | 报关到货情况 | | 与付汇差额 | 凭报关单付汇 | 备注 |
| | | | 付汇币种金额 | 付汇日期 | 结算方式 | | | | | 报关币种金额 | 报关日期 | 退汇 | 其他 | |
| 1 | TICA000765 | | [USD][32 640] | 2013-5-24 | L/C | QuanLi (Sweden) Bank | 2013-5-23 | | ASHION FORCE CO., LTD | [USD][32 640] | 2013-5-24 | | | |

付汇合计笔数：1　付汇合计金额：[USD][32 640]　到货报关合计笔数：1　到货报关合计金额：[USD][32 640]　退汇合计金额：[ ][ ]　凭报关单付汇合计金额：[ ][ ]

至本月累计笔数：[ ]　至本月累计金额：[ ][ ]　至本月累计笔数：[ ]　至本月累计金额：[ ][ ]　至本月累计金额：[ ][ ]　至本月累计金额：[ ][ ]

填表人：Dunleavy　　负责人：Dunleavy　　填表日期：2013 年 5 月 24 日

第二联：进口单位留存　　　　　　　　　　　本核销表内容无讹。

[打印预览] [保存] [退出]

图 8-42　添加进口付汇到货核销表

### 2. 付汇核销

勾选单据"进口付汇核销单""进口货物报关单""进口付汇到货核销表"前的复选框，单击"付汇核销"，如图 8-43 所示。

图 8-43　付汇核销表

## 模块 5　销　　货

**【实训目标】**

掌握将进口货物销往市场的相关知识。

**【实训知识】**

销货作为进口贸易的最后一个环节,实现了将货物转换成货币。

**【实训内容】**

在系统的模拟市场上销售进口的货物。

**【实训操作步骤】**

(1) 单击"Business"(业务中心)里的"市场",如图 8-44 所示。

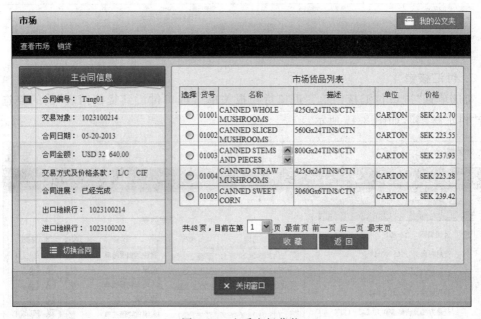

图 8-44　查看市场货物

(2) 单击"销货",选择编号为 02001 的产品,如图 8-45 所示。单击"确定"即可销售货物,如图 8-46 所示。

**【重点提示】**

(1) 货物在运输过程中有可能遇到意外造成损失,不能换提单提货。这时,如果已经投保,进口商就应凭保险单到保险公司办理索赔;索赔完成后,不需要再进口报检和报关,也无须填写"进口付汇到货核销表",只要于付款后到外管局凭"进口付汇核销单"办理进

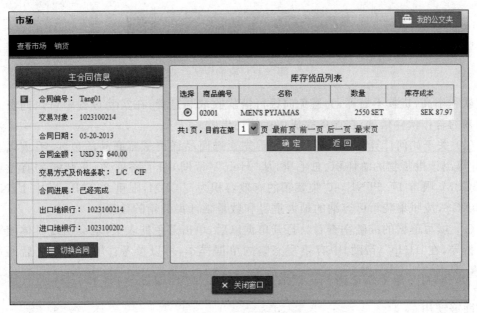

图 8-45　选择待销售货物

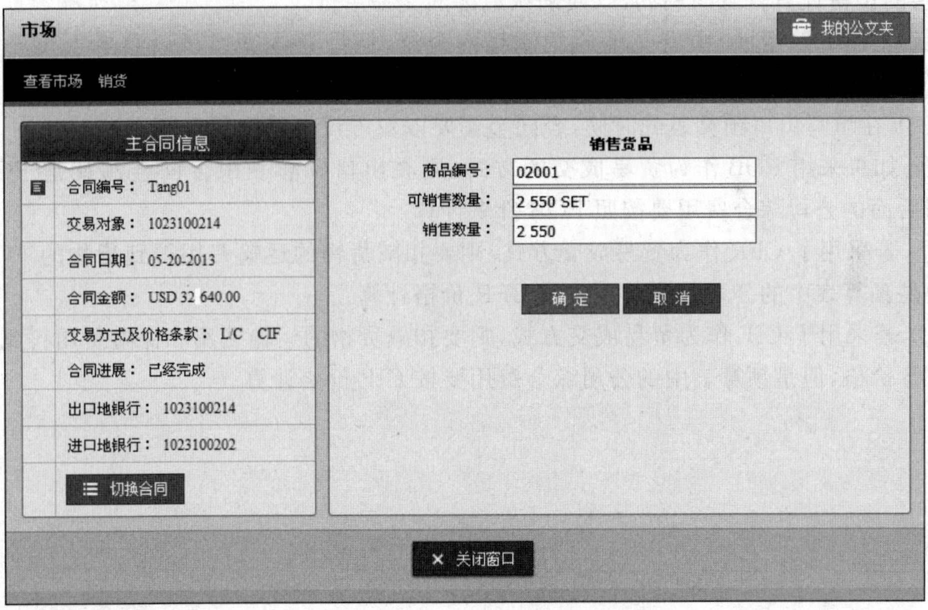

图 8-46　销售货物

口付汇核销,即可完成合同。

(2) 合同确认之后,合同上所有东西都不能更改,所以在与合作商确定合同的确有误之后可以选择取消合同,如图 8-47 所示,取消合同之后重新拟定新的合同,继续合作。

(3) 当出现资金不足的情况时,可以找银行贷款,但是银行贷款有限制,每个角色只有人民币 500 万元贷款的上限,这是远远不够的;在 SimTrade 系统中每个小时算一天,

图 8-47　取消合同

且贷款利率高，贷款不划算；为避免向银行借款收取利息费，在实验过程中可以向资金周转顺畅的合作伙伴借款，在业务完成以后偿还借款。

（4）关于如何计算集装箱的数量。首先通过商品详情了解商品的包装、毛重以及体积，计算出该批货物的总体积、总毛重，从"Help"（帮助）中了解到 20′集装箱的有效容积为 25CBM，限重 17.5TNE，40′集装箱的有效容积为 55CBM，限重 26TNE，其中 1TNE＝1 000KGS，按照集装箱可容纳的最大重量和数量估计集装箱的数量。

（5）填写单据的准确率查看。打开单据以后，单击蓝色的表头，就会出现具体填写方法的指导，在"Help"（帮助）中有填写完整的单据样本，可以参考。填写完毕之后通过单击按钮，可了解单据正确率。如果检查结果显示"已通过"，这份单据就能够使用。

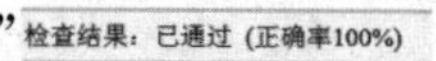

（6）查看利润。单击查看"市场"后，可以看到每项商品最终出售的价格，可以根据最终出售的价格计算自身的利润，以便确认最终的交易单价。

（7）"Help"（帮助）中有其他履约流程的介绍，但是具体操作可以参考 L/C＋CIF、T/T＋FOB 的具体业务流程。

（8）在填写出口预算表的时候，合同金额要以双方议定的合同金额为准。

① 如果采用 FOB 作为贸易成交的方式，则在出口预算表中合同金额就是 FOB 价格，则后面的公司综合费用要按照 FOB 价来计算。

② 若采用了 CFR 作为贸易成交方式，则要扣减货物的运输费用得到货物的 FOB 价格，但是预算表中的公司综合费用要按 CFR 价格计算。

③ 若采用了 CIF 作为贸易成交方式，则要扣减货物的运输费用和保险费用得到货物的 FOB 价格，但是预算表中的公司综合费用要按 CIF 价格计算。

# 实验九

# CFR＋T/T 案

## 【导读】

本实验以 CFR 贸易术语和 T/T 支付方式组合为基础,学生模拟出口商、进口商与工厂三个角色,进行业务操作。系统基本操作部分,实验一已经提及,在此不再赘述。本实验着重突出不同贸易术语和支付方式的组合所产生的差异。实验分为两个模块,分别对应出口商、进口商的业务操作。工厂的操作会在实验十一中单独列出。不同组合的操作实训,有助于学生更全面了解多种交易方式的特点,比较不同组合之间的优缺点。

## 模块1　出口商部分

### 【实训目标】

掌握 CFR＋T/T 组合下,出口商的操作流程、单据的缮制以及不同部门之间的协调沟通方法。

### 【实训知识】

(1) CFR＋T/T 组合下,出口商的职责如图 9-1 所示。

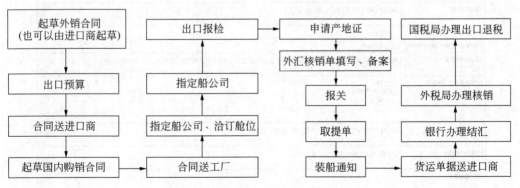

图 9-1　出口商的职责(CFR＋T/T)

(2) CFR 条件下,出口商需要联系船公司并且支付运费,保险方面由进口商自行负责。T/T(telegraphic transfer)电汇,通过银行借助银行内部的电传系统进行货款的交付,是一种十分高效的付款方式。

(3) 工厂在收到进口商的购销合同后,签字并确认,随后组织生产,生产完成放货给出口商，最后到国税部门缴税。工厂可以是进口商自己附属的，也可以选择第三方工厂。

## 【实训内容】

在 SimTrade 系统扮演出口商角色，以 CFR＋T/T 的组合进行一笔模拟订单交易。

## 【实训操作步骤】

（1）开发客户、信函往来等操作，参见上篇实验一、实验二以及下篇实验八。

（2）根据双方达成的共识，起草外销合同，如图 9-2 所示。

**UNION INTERNATIONAL TRADE CORP. LTD.**

121# WENYI EAST ROAD, GONGSHU DISTRICT, HANGZHOU, ZHEJIANG PROVINCE, CHINA

**SALES CONFIRMATION**

| Messrs: | Mode Creation Munich<br>Konrad-Zuse-Platz 14, Munich, Germany | | No. | EXP1901 |
|---|---|---|---|---|
| | | | Date: | 2015-06-18 |

Dear Sirs,

We are pleased to confirm our sale of the following goods on the terms and conditions set forth below:

| Choice | Product No. | Description | Quantity | Unit | Unit Price [CFR] [FRANKFUI] | Amount |
|---|---|---|---|---|---|---|
| ● | 26001 | DIGITAL SINGLE LENS REFLEX MODEL:550D, EFFECTIVE PIXEL:18.0 MEGAPIX, SENSOR SIZE:22.3x14.9MM | 300 | SET | EUR2 000 | EUR600 000 |
| | | Total: | 300 | SET | | [EUR] [600 000] |

| Say Total: | EUR SIX HUNDRED THOUSAND ONLY |
|---|---|
| Payment: | T/T [ ] |
| Packing: | EACH CARTON CONTAINS 10 SETS |
| Port of Shipment: | NINGBO |
| Port of Destination: | FRANKFURT |
| Shipment: | ALL THE GOODS SHOULD BE SHIPPED BEFORE JUNE 10 2015 FROM NINGBO TO FRANKRURT |
| Shipping Mark: | DIGITAL<br>MADE IN CHINA<br>FOR MCM |
| Quality: | AS PER SAMPLES SUBMITTED ON JUNE 18 2015 |
| Insurance: | TO BE COVERED BY THE BUYERS |
| Remarks: | |

| BUYERS | SELLERS |
|---|---|
| MODE CREATION MUNICH | UNION INTERNATIONAL TRADE CORP. LTD. |
| Surine Wang | Jay Chen |
| (Manager Signature) | (Manager Signature) |

图 9-2 起草外销合同

(3) 单击"Business"—"进口商"—"添加单据",添加并填写出口预算表(若不进行这一步,合同无法送往进口商),如图 9-3 所示。

### 出口预算表

合同号: EXP1901
预算表编号: STEBG004499

(注:本预算表填入的位数全部为本位币)

| 项目 | 预算金额 | 实际发生金额 |
|---|---|---|
| 合同金额 | 4 786 140.00 | 4 786 140.00 |
| 采购成本 | 3 300 000.00 | 3 300 000.00 |
| FOB总价 | 4 775 786.82 | 4 775 786.82 |
| 内陆运费 | 342.00 | 342.00 |
| 报检费 | 200.00 | 200.00 |
| 报关费 | 200.00 | 200.00 |
| 海运费 | 10 353.18 | 10 353.18 |
| 保险费 | 0.00 | 0.00 |
| 核销费 | 10.00 | 10.00 |
| 银行费用 | 2 000.00 | 0.00 |
| 其他费用 | 239 707.00 | 239 678.74 |
| 退税收入 | 479 487.18 | 479 487.18 |
| 利润 | 1 712 815.00 | 1 714 843.27 |

图 9-3  填写出口预算表

(4) 在"Business"界面,单击"进口商"—"合同送进口商",等待进口商签字确认,如图 9-4 所示。

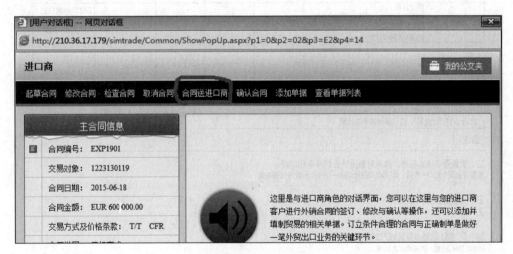

图 9-4  合同送进口商确认

(5) 收到进口商签字确认的外销合同后,起草国内购销合同。

① 进口商签字确认的合同(部分)如图 9-5 所示。

② 工厂合同如图 9-6 所示。

| Packing: | EACH CARTON CONTAINS 10 SETS |
|---|---|
| Port of Shipment: | NINGBO |
| Port of Destination: | FRANKFURT |
| Shipment: | ALL THE GOODS SHOULD BE SHIPPED BEFORE JUNE 10 2015 FROM NINGBO TO FRANKRURT |
| Shipping Mark: | DIGITAL<br>MADE IN CHINA<br>FOR MCM |
| Quality: | AS PER SAMPLES SUBMITTED ON JUNE 18 2015 |
| Insurance: | TO BE COVERED BY THE BUYERS |
| Remarks: | |

| BUYERS | SELLERS |
|---|---|
| MODE CREATION MUNICH | UNION INTERNATIONAL TRADE CORP. LTD. |
| *Surine Wang* | *Jay Chen* |
| (Manager Signature) | (Manager Signature) |

图 9-5 进口商确认合同

# 买 卖 合 同

卖方：重庆中光商贸有限公司　　　　　合同编号：FAC2501
买方：联合国际贸易有限公司　　　　　签订时间：2015-06-17
　　　　　　　　　　　　　　　　　　签订地点：中国

一、产品名称、品种规格、数量、金额、供货时间：

| 选择 | 产品编号 | 品名规格 | 计量单位 | 数量 | 单价(元) | 总金额(元) | 交(提)货时间及数量 |
|---|---|---|---|---|---|---|---|
| ◉ | 19001 | 男士皮鞋<br>表面：全软皮，系带，调整舒适度<br>鞋底：防滑橡胶底<br>包装：每箱20双 | PAIR | 410 000 | 360 | 147 600 000 | 2015年6月18日前工厂交货 410000PAIRS |
| | | | 合计：PAIR | 410 000 | | 147 600 000 | |

[添加] [修改] [删除]

合计人民币(大写)：壹亿肆仟柒佰陆拾萬

备注：

二、质量要求技术标准、卖方对质量负责的条件和期限：
质量符合国标出口一等品，因品质问题造成的一切损失由卖方负责赔偿

三、交(提)货地点、方式：
工厂交货

四、交(提)货地点及运输方式及费用负担：
货车门到门运输，费用由买方负责

五、包装标准、包装物的供应与回收和费用负担：
包装符合国家出口标准，包装物由买方提供

六、验收标准、方法及提出异议期限：
买方代表按出口优级品检验内在品质及外包装，同时卖方提供商检放行单或商检换证凭单。

图 9-6 填写工厂合同

七、结算方式及期限:
买方凭卖方提供的商业发票,增值税发票,相应的税收缴款书(出口货物专用)等在收货后7日内付款,如果卖方未将有关票证备齐,买方扣除20%税款支付给卖方,等有关票证齐全后结清余款。

八、违约责任:
违约方支付合同金额20%的违约金

九、解决合同纠纷的方式:
第三方仲裁机构仲裁

十、本合同一式两份,双方各执一份,效力相同。未尽事宜由双方另行友好协商。

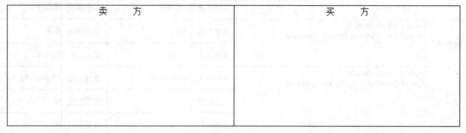

图 9-6 (续)

(6) 返回"Business"单击"工厂",选择"合同送工厂",如图 9-7 所示。

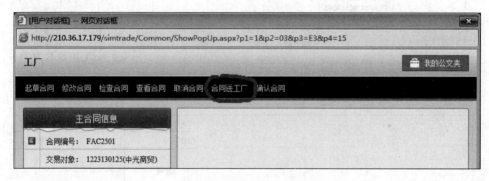

图 9-7 合同送工厂

(7) 等待工厂签字并确认购销合同,收到工厂货物后,返回"Business",单击"进口商",选择"添加单据",添加并填写货物出运委托书,如图 9-8 所示。

(8) 单击"Business"—"船公司"—"指定船公司""洽订舱位",如图 9-9 所示。

(9) 单击"Business"—"进口商"—"添加单据",添加并填写报检单(图 9-10)、商业发票(图 9-11)及装箱单(图 9-12)。

(10) 单击"Business"—"检验机构"—"申请报检",按要求提交相应单据,如图 9-13 所示。

(11) 单击"Business"—"进口商"—"添加单据",添加并填写原产地证明书,如图 9-14 所示。

(12) 单击"Business"—"纺织品发证机构或检验机构"—"申请产地证",如图 9-15 所示。

## 货物出运委托书

(出口货物明细单) 日期: 2015-06-19

根据《中华人民共和国合同法》与《中华人民共和国海商法》的规定,就出口货物委托运输事宜订立本合同。

| 合同号 | EXP1901 | 运输编号 | |
|---|---|---|---|
| 银行编号 | | 信用证号 | |
| 开证银行 | | | |

| 托运人 | 联合国际贸易有限公司<br>浙江省杭州市拱墅区文一东路121号 |
|---|---|

| 付款方式 | T/T | | |
|---|---|---|---|
| 贸易性质 | 一般贸易 | 贸易国别 | 德国 |

| 抬头人 | Mode Creation Munich<br>Konrad-Zuse-Platz 14, Munich, Germany |
|---|---|

| 运输方式 | 海运 | 消费国别 | 德国 |
|---|---|---|---|
| 装运期限 | 2015-06-19 | 出口口岸 | NINGBO |

| 通知人 | Mode Creation Munich<br>Konrad-Zuse-Platz 14, Munich, Germany |
|---|---|

| 有效期限 | 2015-06-20 | 目的港 | FRANKFURT |
|---|---|---|---|
| 可否转运 | N | 可否分批 | N |
| 运费预付 | Y | 运费到付 | N |

| 选择 | 标志唛头 | 货名规格 | 件数 | 数量 | 毛重 | 净重 | 单价 | 总价 |
|---|---|---|---|---|---|---|---|---|
| | DIGITAL<br>MADE IN CHINA<br>FOR MCM | DIGITAL SINGLE LENS REFLEX MODEL:550D,EFFECTIVE PIXEL:18.0 MEGAPIX,SENSOR SIZE:22.3x14.9MM | 30CARTON | 300SET | 600KGS | 570KGS | EUR2 000 | EUR600 000 |
| TOTAL: | | | [30 ][CARTON] | [300 ][SET] | [600 ][KGS] | [570 ][KGS] | [EUR ] | [600 000 ] |

[添加] [修改] [删除]

| 注意事项 | | FOB价 | [CNY] [ 4 775 786.82] |
|---|---|---|---|
| | | 总体积 | [ 5.7] [CBM] |
| | | 保险单 | 险别 |
| | | | 保额 [ ] [ 0] |
| | | | 赔偿地点 |
| | | 海关编号 | 0000002506 |
| | | 制单员 | |

受托人(即承运人)　　　　　　　　　委托人(即托运人)
名称: _____　　　　　　名称: 联合国际贸易有限公司
电话: _____　　　　　　电话: 18377178379
传真: _____　　　　　　传真: 0571-87654321
委托代理人: _____　　　　　委托代理人: 陈俊杰

图 9-8　填写货物出运委托书

实验九 CFR＋T/T案

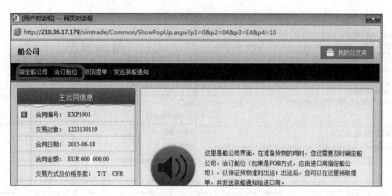

图 9-9 洽订舱位

 中华人民共和国出入境检验检疫

### 出境货物报检单

报检单位 (加盖公章)： 联合国际贸易有限公司　　　　　　　　　　　　　　＊编　号 STEPC003880

报检单位登记号： 0000002506　联系人： 陈俊杰　电话： 18377178379　报检日期： 2015年 6 月 19 日

| 发货人 | （中文） 联合国际贸易有限公司 |
| | （外文） UNION INTERNATIONAL TRADE CORP. LTD. |
| 收货人 | （中文） |
| | （外文） Mode Creation Munich |

| 选择 | 货物名称（中/外文） | H.S.编码 | 产地 | 数/重量 | 货物总值 | 包装种类及数量 |
|---|---|---|---|---|---|---|
| ○ | 数码单反相机 DIGITAL SINGLE LENS REFLEX | 8525802200 | 中国 | 300SET | EUR600 000 | 30CARTON |

[添加] [修改] [删除]

| 运输工具名称号码 | Veendam DY105-03 | 贸易方式 | 一般贸易 | 货物存放地点 | NINGBO CY |
| 合同号 | EXP1901 | 信用证号 | | 用途 | |
| 发货日期 | 2015-06-19 | 输往国家(地区) | 德国 | 许可证/审批号 | |
| 启运地 | 宁波港 | 到达口岸 | 法兰克福 | 生产单位注册号 | |
| 集装箱规格、数量及号码 | 20' X 1 | | | | |

| 合同、信用证订立的检验检疫条款或特殊要求 | 标记及号码 | 随附单据（划"√"或补填） | |
|---|---|---|---|
| | DIGITAL MADE IN CHINA FOR MCM | ☑合同 | □包装性能结果单 |
| | | □信用证 | □许可/审批文件 |
| | | ☑发票 | □ |
| | | □换证凭单 | □ |
| | | ☑装箱单 | □ |
| | | □厂检单 | □ |

| 需要证单名称（画"√"或补填） | | ＊检验检疫费 | |
|---|---|---|---|
| □品质证书　　 0 正　0 副 | □植物检疫证书　 0 正　0 副 | 总金额（人民币元） | 0 |
| □重量证书　　 0 正　0 副 | □熏蒸/消毒证书　 0 正　0 副 | | |
| □数量证书　　 0 正　0 副 | □出境货物换证凭单 | 计费人 | |
| □兽医卫生证书　 0 正　0 副 | ☑通关单 | | |
| □健康证书　　 0 正　0 副 | □ | 收费人 | |
| □卫生证书　　 0 正　0 副 | □ | | |
| □动物卫生证书　 0 正　0 副 | □ | | |

| 报检人郑重声明： 1.本人被授权报检。 2.上列填写内容正确属实，货物无伪造或冒用他人的厂名、标志、认证标志，并承担货物质量责任。 签名： 陈俊杰 | 领 取 证 单 | |
|---|---|---|
| | 日 期 | 2015-06-19 |
| | 签 名 | 陈俊杰 |

注：有"＊"号栏由出入境检验检疫机关填写　　　　　　　　　　◆国家出入境检验检疫局制

图 9-10 填写出境货物报检单

## COMMERCIAL INVOICE

**ISSUER**
UNION INTERNATIONAL TRADE CORP. LTD.
121# WENYI EAST ROAD, GONGSHU DISTRICT, HANGZHOU,
ZHEJIANG PROVINCE, CHINA

**TO**
Mode Creation Munich
Konrad-Zuse-Platz 14, Munich, Germany

**NO.** STINV003991
**DATE** 2015-06-19

**TRANSPORT DETAILS**
FROM NINGBO TO FRANKRURT ON JUNE 19 2015 BY VESSEL

**S/C NO.** EXP1901
**L/C NO.**

**TERMS OF PAYMENT** T/T

| Choice | Marks and Numbers | Description of goods | Quantity | Unit Price | Amount |
|---|---|---|---|---|---|
| ◎ | DIGITAL<br>MADE IN CHINA<br>FOR MCM | DIGITAL SINGLE LENS REFLEX<br>MODEL:550D,EFFECTIVE PIXEL:18.0<br>MEGAPIX,SENSOR SIZE:22.3x14.9MM | 300SET | EUR2 000 | EUR600 000 |

[添加] [修改] [删除]

Total: [ 300 ][SET ]   [EUR][ 600 000]

SAY TOTAL: EUR SIX HUNDRED THOUSAND ONLY

(写备注处)

UNION INTERNATIONAL TRADE CORP. LTD. (公司名称)
Jay Chen (法人签名)

图 9-11 填写商业发票

## PACKING LIST

**ISSUER**
UNION INTERNATIONAL TRADE CORP. LTD.
121# WENYI EAST ROAD, GONGSHU DISTRICT, HANGZHOU,
ZHEJIANG PROVINCE, CHINA

**TO**
Mode Creation Munich
Konrad-Zuse-Platz 14, Munich, Germany

**INVOICE NO.** STINV003991
**DATE** 2015-06-19

| Choice | Marks and Numbers | Description of goods | Package | G.W | N.W | Meas. |
|---|---|---|---|---|---|---|
| ◎ | DIGITAL<br>MADE IN CHINA<br>FOR MCM | DIGITAL SINGLE LENS REFLEX<br>MODEL:550D,EFFECTIVE PIXEL:18.0<br>MEGAPIX,SENSOR SIZE:22.3x14.9MM | 30CARTON | 600KGS | 570KGS | 5.7CBM |

[添加] [修改] [删除]

Total: [30 ][600 ][570 ][5.7 ]
       [CARTON][KGS][KGS][CBM]

SAY TOTAL: THIRTY CARTONS ONLY

(写备注处)

UNION INTERNATIONAL TRADE CORP. LTD. (公司名称)
Jay Chen (法人签名)

图 9-12 填写装箱单

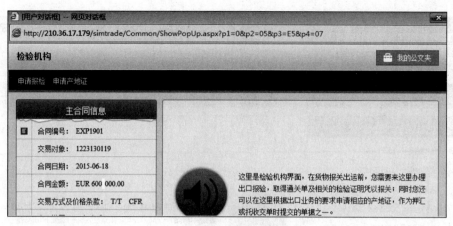

图 9-13 申请报检

**ORIGINAL**

| 1. Goods consigned from (Exporter's business name, address, country)<br>UNION INTERNATIONAL TRADE CORP. LTD.<br>121# WENYI EAST ROAD, GONGSHU DISTRICT, HANGZHOU, ZHEJIANG PROVINCE, CHINA || Reference No. STGSP001017<br><br>**GENERALIZED SYSTEM OF PREFERENCES<br>CERTIFICATE OF ORIGIN**<br>(Combined declaration and certificate) |||||||
|---|---|---|---|---|---|---|---|
| 2. Goods consigned to (Consignee's name, address, country)<br>Mode Creation Munich<br>Konrad-Zuse-Platz 14, Munich, Germany || **FORM A**<br>Issued in  **THE PEOPLE'S REPUBLIC OF CHINA**<br>(country) |||||||
| 3. Means of transport and route (as far as known)<br>FROM NINGBO TO FRANKFURT ON JUNE 19 2015 BY VESSEL || 4. For official use |||||||
| Choice | Item number | 6. Marks and numbers of packages | 7. Number and kind of packages; description of goods | 8. Origin criterion (see Notes overleaf) | 9. Gross weight or other quantity | 10. Number and date of invoices |
| ○ | 1 | DIGITAL<br>MADE IN CHINA<br>FOR MCM | 30 CARTONS (THIRTY CARTONS ONLY) OF DIGITAL SINGLE LENS REFLEX.<br>MODEL:550D,EFFECTIVE PIXEL:18.0 MEGAPIX,SENSOR SIZE:22.3x14.9MM | P | 600KGS | STINV003991<br>2015-06-19 |
| | | | | | [ 添加 ] [ 修改 ] [ 删除 ] ||
| 11. Certification<br>It is hereby certified, on the basis of control carried out, that the declaration by the exporter is correct. || 12. Declaration by the exporter<br>The undersigned hereby declares that the above details and statements are correct, that all the goods were<br>produced in  **CHINA**<br>(country)<br>and that they comply with the origin requirements specified for those goods in the Generalized System of Preferences for goods exported to<br><br>(importing country) |||||||
| Place and date, signature and stamp of certifying authority || Place and date, signature and stamp of authorized signatory |||||||

图 9-14 填写原产地证明书

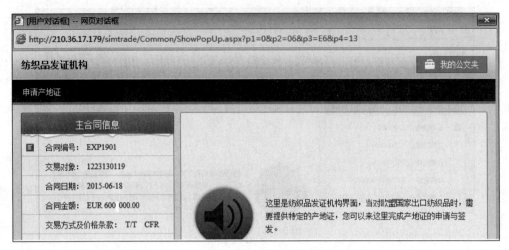

图 9-15　申请纺织品产地证

向欧盟国家出口纺织品时，需要提供特定的产地证。需要到纺织品发证机构申请这种特定的产地证。其余情况则一般从检验机构申请产地证即可。

（13）单击"Business"—"外管局"，如图 9-16 所示。单击"申领核销单"，申领并填写出口收汇核销单，如图 9-17 所示。

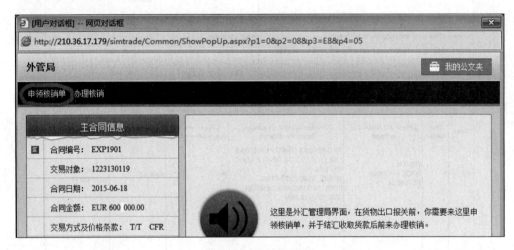

图 9-16　申请核销单

（14）单击"Business"—"海关"—"备案"，办理核销单口岸备案，如图 9-18 所示。

（15）单击"Business"—"进口商"—"添加单据"，添加并填写报关单，如图 9-19 所示。

（16）单击"Business"—"海关"—"送货"，送货到海关，如图 9-20 所示。

（17）单击"Business"—"海关"—"报关"，货物自动出运，如图 9-21 所示。

（18）单击"Business"—"船公司"—"取回提单"，如图 9-22 所示。

## 出口收汇核销单
出口退税专用

( 苏 ) 编号: STECA003951

| 出口单位: | 联合国际贸易有限公司 |
| --- | --- |
| 单位代码: | 00002506-8 |

| 选择 | 货物名称 | 数　量 | 币种总价 |
| --- | --- | --- | --- |
| ● | 电子产品 | 300SET | [EUR][600 000] |

[添加] [修改] [删除]

报关单编号:

外汇局签注栏:

年　月　日(盖章)

未经核销此联不得撕开

图 9-17　填写出口收汇核销单

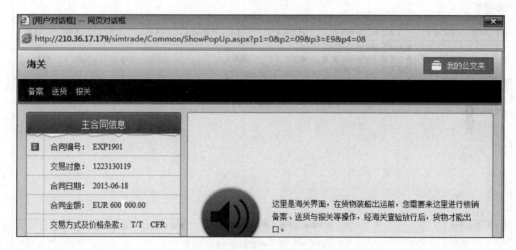

图 9-18　办理核销单口岸备案

（19）单击"Business"—"进口商"—"添加单据"，添加并填写"Shipping Advice"（装船通知），如图 9-23 所示。

（20）单击"Business"—"船公司"—"发送装船通知"，及时通知进口商，货物已装船，方便其及时购买相应的保险，如图 9-24 所示。

（21）单击"Business"—"进口商"—"查看单据列表"，选择相应的单据，送进口商，如图 9-25 所示。

## 中华人民共和国海关出口货物报关单

预录入编号：      海关编号：

| | | | | | |
|---|---|---|---|---|---|
| 出口口岸 | NINGBO PORT | 备案号 | | 出口日期 2015-06-19 | 申报日期 2015-06-19 |
| 经营单位 | 联合国际贸易有限公司 0000002506 | 运输方式 2 | 运输工具名称 Veendam/DY105-03 | | 提运单号 |
| 发货单位 | 联合国际贸易有限公司 0000002506 | 贸易方式 0110 | 征免性质 101 | | 结汇方式 1 |
| 许可证号 | | 运抵国（地区） 德国 | 指运港 法兰克福 | | 境内货源地 |
| 批准文号 | STECA003951 | 成交方式 2 | 运费 [EUR][1 297.9  ] | 保费 [  ][0] | 杂费 [  ][0] |
| 合同协议号 | EXP1901 | 件数 30 | 包装种类 CARTON | 毛重（公斤） 600 | 净重（公斤） 570 |
| 集装箱号 | TEXU3605231*1 | 随附单据 | | | 生产厂家 |

标记唛码及备注
DIGITAL
MADE IN CHINA
FOR MCM

| 选择 | 项号 | 商品编号 | 商品名称、规格型号 | 数量及单位 | 最终目的国（地区） | 单价 | 总价 | 币制 | 征免 |
|---|---|---|---|---|---|---|---|---|---|
| ○ | 1 | 8525802200 | 数码单反相机型号:550D, 有效像素:1 800万像素,传 感器尺寸2 2.3×14.9mm | 300SET | 德国 | 2 000 | 600 000 | EUR | 101 |

[添加] [修改] [删除]

税费征收情况

| 录入员 录入单位 | 兹声明以上申报无讹并承担法律责任 | 海关审单批注及放行日期（签章） | |
|---|---|---|---|
| 报关员 陈俊杰 | | 审单 | 审价 |
| | 申报单位（签章） | 征税 | 统计 |
| 单位地址 浙江省杭州市拱墅区文一东路121号 | | | |
| 邮编 310000    电话 18377178379 | 填制日期 2015-06-19 | 查验 | 放行 |

图 9-19   填写报关单

实验九 CFR+T/T 案

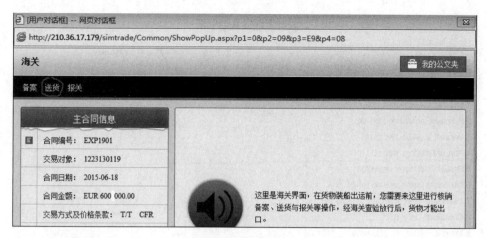

图 9-20 送货到海关

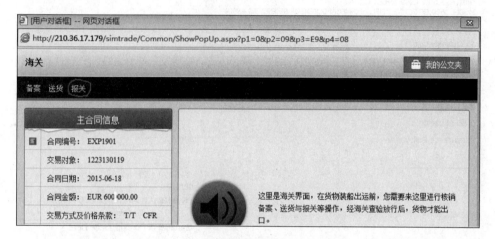

图 9-21 报关

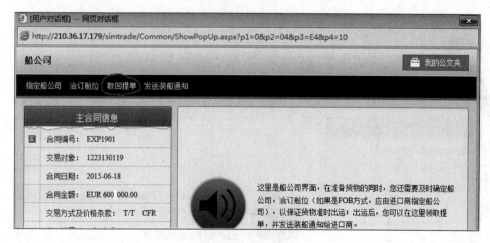

图 9-22 取回提单

## SHIPPING ADVICE

Messrs.
Mode Creation Munich
Konrad-Zuse-Platz 14, Munich, Germany

Invoice No.   STINV003991
Date:   2015-06-19

Particulars
1. L/C No.
2. Purchase order No.   EXP1 901
3. Vessel:   Veendam DY105-03
4. Port of Loading:   NINGBO
5. Port of Dischagre:   FRANKFURT
6. On Board Date: 2015-06-19
7. Estimated Time of Arrival: 2015-06-19
8. Container:   20' X 1
9. Freight:   [EUR   ] [1 297.9   ]
10. Description of Goods:
DIGITAL SINGLE LENS REFLEX
MODEL:550D,EFFECTIVE PIXEL:18.0 MEGAPIX,SENSOR SIZE:22.3x14.9MM

11. Quantity:[300   ] [SET   ]
12. Invoice Total Amount: [EUR   ] [600 000   ]
Documents enclosed
1. Commercial Invoice: 1
2. Packing List: 1
3. Bill of Lading: 1
4. Insurance Policy: N/M

Very truly yours,
UNION INTERNATIONAL TRADE CORP. LTD.
Jay Chen
Manager of Foreign Trade Dept.

图 9-23   填写装船通知

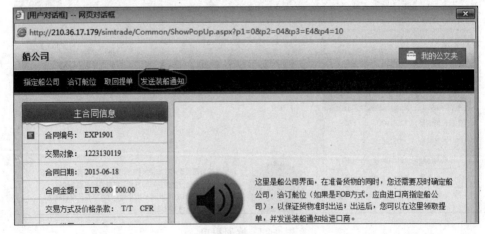

图 9-24   发送装船通知

图 9-25　单据送进口商

（22）等到邮箱中收到进口商已付款的通知，到出口地银行办理结汇，如图 9-26 所示。

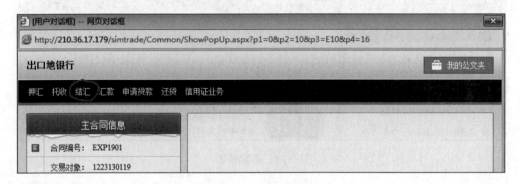

图 9-26　办理结汇

（23）单击"Business"—"进口商"—"添加单据"，添加并填写出口收汇核销单送审登记表，如图 9-27 所示。

（24）单击"Business"—"外管局"—"办理核销"，如图 9-28 所示。

（25）单击"Business"—"国税局"—"退税"，CFR＋T/T 组合下，出口商的流程全部完成。

## 【重点提示】

（1）到检验检疫局申请报检。需提交的单据包括报检单、商业发票和装箱单。

（2）出口报关需提交商业发票、装箱单、出口货物通关单、出口收汇核销单和出口货

## 出口收汇核销单送审登记表

出口单位：联合国际贸易有限公司　　　　送审日期：2015 年 6 月 19 日

| 核销单编号 | 发票编号 | 商品大类 | 国别地区 | 贸易方式 | 结算方式 | 报关日期 | 货款 | | | 收汇核销金额 |
|---|---|---|---|---|---|---|---|---|---|---|
| | | | | | | | 币别 | 报关金额 | FOB金额 | |
| STECA003951 | STINV0039 | 电子产品 | GERMAN | 一般贸易 | T/T | 2015-06-19 | EUR | 600 000 | 598 702.105 | [EUR ] [600 000 ] |

第一联　外汇局留存

出口单位填表人：陈俊杰　　　　外汇局审核人：

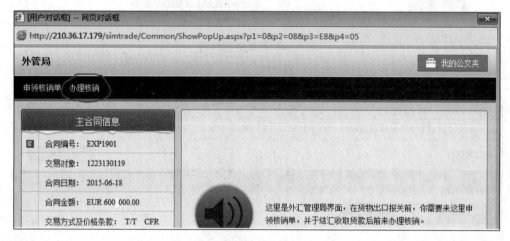

图 9-27　填写出口收汇核销单送审登记表

图 9-28　办理核销

物报关单。

（3）到外汇管理局办理核销，需提交商业发票、报关单、出口收汇核销单、出口收汇核销专用联和登记表。

（4）到国税部门办理退税需提交商业发票、报关单和出口收汇核销单(退税专用联)。

（5）实验中对进出口贸易业务流程的熟悉程度会影响业务进度。如果每做一个步骤都要去看“帮助”，或者是需要不断提交单据，通过错误提示来获取正确的提交内容，这在很大程度上影响了实验速度，达不到实验的效果。如果对业务流程不熟悉的话，会错漏业务流程，这样的错漏在系统中将会报错，然后在系统中业务流程熟练程度这项得分就会偏低。因此，熟悉业务流程是实验的重中之重，在现实中也是如此。

# 模块 2　进口商部分

## 【实训目标】

掌握 CFR＋T/T 组合下进口商的操作流程及单据的缮制。明确进口商的责任和义务,学会如何在市场中销货,实现利润最大化。

## 【实训知识】

(1) CFR＋T/T 组合下,进口商的职责如图 9-29 所示。

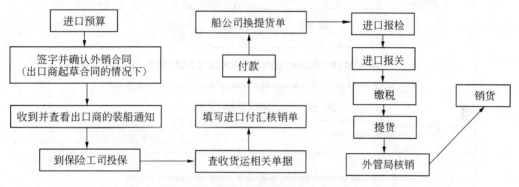

图 9-29　进口商的职责(CFR＋T/T)

(2) CFR 条件下,进口商要对货物进行投保,自己负责进口清关等工作。

## 【实训内容】

在 SimTrade 系统扮演进口商角色,以 CFR＋T/T 的组合进行一笔模拟订单交易。

## 【实训操作步骤】

(1) 完成和出口商的洽谈后,由出口商起草合同,与此同时根据洽谈达成的共识,制作进口预算。单击"Business"—"出口商"—"添加单据",添加并填写进口预算表,如图 9-30 所示。

(2) 单击"Business"—"出口商"—"检查合同",确认无误后,签字确认,合同送出口商,如图 9-31 所示。

(3) 单击"Business"—"出口商",查看装船通知。

(4) 确认货物已装船后,单击"Business"—"出口商"—"添加单据",添加并填写投保单,如图 9-32 所示。

(5) 单击"Business"—"保险公司"—"办理保险",根据自己的需求以及货物价值、运输路线等因素进行投保,如图 9-33 所示。

进口预算表

合同号: EXP1901
预算表编号: STIBG004344
(注: 本预算表填入的位数全部为本位币)

| 项目 | 预算金额 | 实际发生金额 |
|---|---|---|
| 合同金额 | 600 000.00 | 600 000.00 |
| CIF总价 | 673 180.88 | 611 982.62 |
| 内陆运费 | 42.87 | 42.87 |
| 报检费 | 0.00 | 0.00 |
| 报关费 | 25.07 | 25.07 |
| 关税 | 0.00 | 0.00 |
| 增值税 | 114 440.75 | 104 037.05 |
| 消费税 | 0.00 | 0.00 |
| 海运费 | 0.00 | 0.00 |
| 保险费 | 73 180.88 | 11 982.62 |
| 银行费用 | 480.00 | 125.36 |
| 其他费用 | 30 000.00 | 30 000.00 |

图 9-30  填写进口预算表

## UNION INTERNATIONAL TRADE CORP. LTD.
121# WENYI EAST ROAD, GONGSHU DISTRICT, HANGZHOU, ZHEJIANG PROVINCE, CHINA

### SALES CONFIRMATION

**Messrs:** Mode Creation Munich
Konrad-Zuse-Platz 14, Munich, Germany

**No.** EXP1901
**Date:** 2015-06-18

Dear Sirs,
We are pleased to confirm our sale of the following goods on the terms and conditions set forth below:

| Choice | Product No. | Description | Quantity | Unit | Unit Price [CFR] [FRANKFUI] | Amount |
|---|---|---|---|---|---|---|
| ○ | 26001 | DIGITAL SINGLE LENS REFLEX MODEL:550D,EFFECTIVE PIXEL:18.0 MEGAPIX,SENSOR SIZE:22.3x14.9MM | 300 | SET | EUR2 000 | EUR600 000 |
| | | | | | [添加][修改][删除] | |
| | | Total: | 300 | SET | | [EUR] [600 000] |

**Say Total:** EUR SIX HUNDRED THOUSAND ONLY
**Payment:** T/T
**Packing:** EACH CARTON CONTAINS 10 SETS
**Port of Shipment:** NINGBO
**Port of Destination:** FRANKFURT
**Shipment:** ALL THE GOODS SHOULD BE SHIPPED BEFORE JUNE 10 2015 FROM NINGBO TO FRANKRURT
**Shipping Mark:** DIGITAL
MADE IN CHINA
FOR MCM
**Quality:** AS PER SAMPLES SUBMITTED ON JUNE 18 2015
**Insurance:** TO BE COVERED BY THE BUYERS
**Remarks:**

| BUYERS | SELLERS |
|---|---|
| MODE CREATION MUNICH | UNION INTERNATIONAL TRADE CORP. LTD. |
| Surine Wang | Jay Chen |
| (Manager Signature) | (Manager Signature) |

图 9-31  确认合同后送出口商

## 货物运输保险投保单

投保人：Mode Creation Munich　　　　投保日期：2015-06-19

| 发票号码 | STINV003991 | 投保条款和险别 | |
|---|---|---|---|
| 被保险人 | 客户抬头<br>Mode Creation Munich<br>过户 | ( √ ) PICC CLAUSE<br>( ) ICC CLAUSE<br>( √ ) ALL RISKS<br>( ) W.P.A./W.A.<br>( ) F.P.A.<br>( √ ) WAR RISKS<br>( ) S.R.C.C. | |
| 保险金额 | [EUR ][673 180.88 ] | ( ) STRIKE<br>( ) ICC CLAUSE A | |
| 启运港 | NINGBO | ( ) ICC CLAUSE B | |
| 目的港 | FRANKFURT | ( ) ICC CLAUSE C<br>( ) AIR TPT ALL RISKS | |
| 转内陆 | | ( ) AIR TPT RISKS<br>( ) O/L TPT ALL RISKS | |
| 开航日期 | As Per B/L | ( ) O/L TPT RISKS<br>( ) TRANSHIPMENT RISKS | |
| 船名航次 | Veendam DY105-03 | ( ) W TO W<br>( ) T.P.N.D. | |
| 赔款地点 | FRANKFURT | ( ) F.R.E.C.<br>( ) R.F.W.D. | |
| 赔付币别 | EUR | ( ) RISKS OF BREAKAGE | |
| 保单份数 | 3 | ( ) I.O.P. | |
| 其他特别条款 | | | |
| 以下由保险公司填写 | | | |
| 保单号码 | | 签单日期 | |

图 9-32　填写投保单

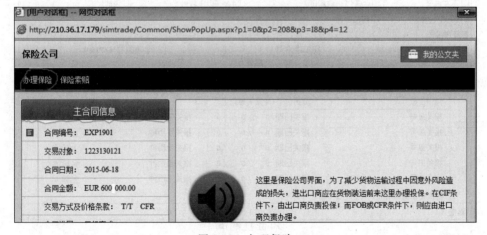

图 9-33　办理保险

(6) 单击"Business"—"出口商"—"查看单据列表",查看单据是否齐全、合规,如图 9-34 所示。

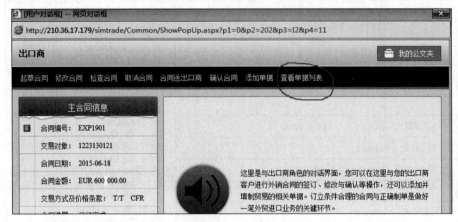

图 9-34 检查单据

(7) 单击"Business"—"进口地银行"—"申领核销单",领取并填写进口付汇核销单,如图 9-35 所示。

**贸易进口付汇核销单(代申报单)**

印单局代码: 核销单编号: STICA004000

| | | |
|---|---|---|
| 单位代码 00002503-8 | 单位名称 Mode Creation Munich | 所在地外汇局名称 |
| 付汇银行名称 Gringotts Bank | 收汇人国别 China | 交易编码 0101 |
| 收款人是否在保税区:是 □ 否 □ | 交易附言 | |

对外付汇币种 EUR 对外付汇总额 600 000

其中:购汇金额 0 现汇金额 0 其他方式金额 0

人民币账号 0 外汇账号 0

付汇性质

☑正常付汇

□不在名录 □90天以上信用证 □90天以上托收 □异地付汇

□90天以上到货 □转口贸易

备案表编号

| | | |
|---|---|---|
| 预计到货日期 2015-06-20 | 进口批件号 | 合同/发票号 EXP1901 |

结算方式

信用证 90天以内 □ 90天以上 □ 承兑日期 0 /0 /0 付汇日期 0 /0 /0 期限0 天

托收 90天以内 □ 90天以上 □ 承兑日期 0 /0 /0 付汇日期 0 /0 /0 期限0 天

汇款

预付货款 ☑ 货到付汇(凭报关单付汇) □ 付汇日期0 /0 /0

| | | | |
|---|---|---|---|
| 报关单号 | 报关日期 0 /0 /0 | 报关单币种 | 金额 0 |
| 报关单号 | 报关日期 0 /0 /0 | 报关单币种 | 金额 0 |
| 报关单号 | 报关日期 0 /0 /0 | 报关单币种 | 金额 0 |
| 报关单号 | 报关日期 0 /0 /0 | 报关单币种 | 金额 0 |
| 报关单号 | 报关日期 0 /0 /0 | 报关单币种 | 金额 0 |

(若报关单填写不完,可另附纸。)

其他 □ 付汇日期 0 /0 /0

以下由付汇银行填写

申报号码:

业务编号: 审核日期: / / (付汇银行签章)

图 9-35 填写进口付汇核销单

(8) 单击"Business"—"进口地银行"—"付款",支付货款,如图 9-36 所示。

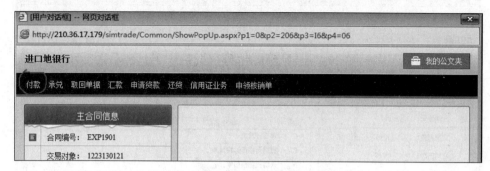

图 9-36　支付货款

(9) 单击"Business"—"船公司"—"换提货单",换取提货单为提货做准备,如图 9-37 所示。

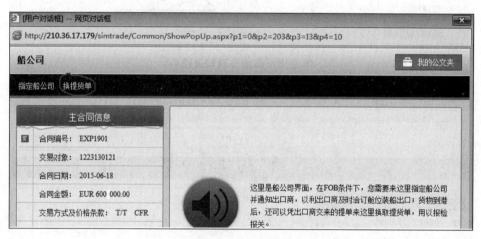

图 9-37　换提货单

(10) 单击"Business"—"出口商"—"添加单据"。添加并填写报检单,如图 9-38 所示。

(11) 单击"Business"—"检验机构"—"申请报检",如图 9-39 所示。

(12) 单击"Business"—"出口商"—"添加单据",添加并填写报关单,如图 9-40 所示。

(13) 单击"Business"—"海关"—"报关",进行进口报关,如图 9-41 所示。

(14) 单击"Business"—"海关"—"缴税",进行进口缴税,如图 9-42 所示。

(15) 单击"Business"—"海关"—"提货",如图 9-43 所示。

(16) 单击"Business"—"出口商"—"添加单据",添加并填写进口付汇到货核销表,如图 9-44 所示。

(17) 单击"Business"—"外管局"—"付汇核销",如图 9-45 所示。

(18) 单击"Business"—"市场"—"销货",CFR+T/T 组合下,进口商的流程全部完成,如图 9-46 所示。

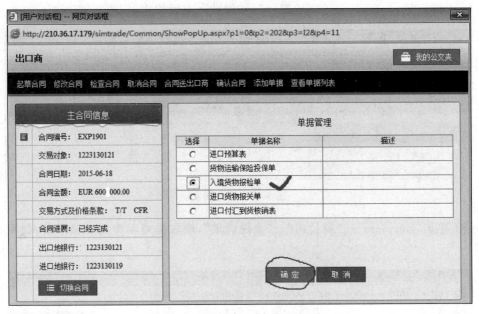

图 9-38　添加并填写报检单

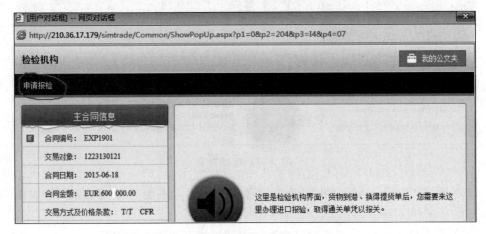

图 9-39　申请报检

## 【重点提示】

（1）注意进口商的缴税、提货都是在海关进行。

（2）SimTrade 实验操作中，要及时在"主页"—"我的公文夹"—"我的状态"—"我的成长"中查看自己各方面能力的发展情况，从而能够更加有针对性地进行查漏补缺。

（3）制单能力是实验考核的重要内容。单据的制作既考察准确率也考察速度。如果熟悉业务流程、单据填写和成本核算，单据的制作效率会更高。在实务中，高效率的制单能力也是国际经济与贸易专业学生的一项个人优势。

## 中华人民共和国海关进口货物报关单

| 预录入编号： | | 海关编号： | | | |
|---|---|---|---|---|---|
| 进口口岸 FRANKFURT PORT | 备案号 | | 进口日期 2015-06-19 | | 申报日期 2015-06-19 |
| 经营单位 Mode Creation Munich 0000002503 | 运输方式 2 | 运输工具名称 Veendam/DY105-03 | | 提运单号 STBLN003929 | |
| 收货单位 Mode Creation Munich 0000002503 | 贸易方式 0110 | | 征免性质 101 | | 征税比例 |
| 许可证号 | 起运国（地区） 中国 | | 装货港 宁波港 | | 境内目的地 |
| 批准文号 STICA004000 | 成交方式 2 | 运费 [EUR][1 297.9] | | 保费 [EUR][1 198] | 杂费 [ ][0] |
| 合同协议号 EXP1901 | 件数 30 | 包装种类 纸箱 | | 毛重(公斤) 600 | 净重(公斤) 570 |
| 集装箱号 GVDU2027764/201344 | 随附单据 | | | 用途 01 | |
| 标记唛码及备注 DIGITAL MADE IN CHINA FOR MCM | | | | | |

| 选择 | 项号 | 商品编号 | 商品名称、规格型号 | 数量及单位 | 原产国(地区) | 单价 | 总价 | 币制 | 征免 |
|---|---|---|---|---|---|---|---|---|---|
| ○ | 1 | 8525802200 | DIGITAL SINGLE LENS REFLEX MODEL:550D,EFFECTIVE PIXEL:18.0 MEGAPIX,SENSOR SIZE:22.3x14.9MM | 300SET | 中国 | 2 000 | 600 000 | EUR | 101 |

[添加] [修改] [删除]

税费征收情况

| 录入员 录入单位 | 兹声明以上申报无讹并承担法律责任 | 海关审单批注及放行日期(签章) | |
|---|---|---|---|
| 报关员 Surine Wang | | 审单 | 审价 |
| 单位地址 Konrad-Zuse-Platz 14, Munich, Germany | 申报单位（签章） | 征税 | 统计 |
| 邮编 81829　电话 (49)89-12345 | 填制日期 2015-06-19 | 查验 | 放行 |

图 9-40　填写报关单

图 9-41 办理报关

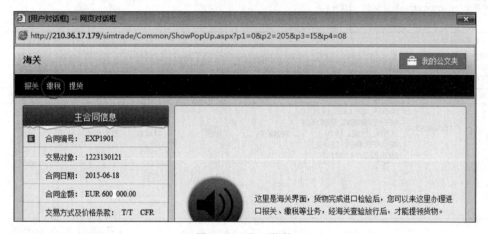

图 9-42 进口缴税

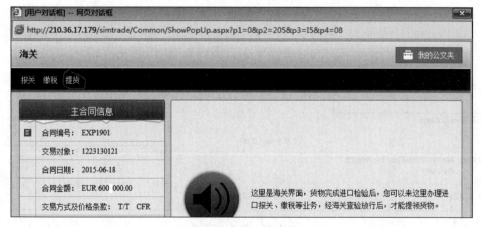

图 9-43 提货

## 2015 年 6 月贸易进口付汇到货核销表

进口单位名称：Mode Creation Munich　　进口单位编码：00002503-8　　核销表编号：STICE003772

| 序号 | 核销单号 | 备案表号 | 付汇情况 | | | | 报关到货情况 | | | 报关到货情况 | | 与付汇差额 | | 凭报关单付汇 | 备注 |
|---|---|---|---|---|---|---|---|---|---|---|---|---|---|---|---|
| | | | 付汇币种金额 | 付汇日期 | 结算方式 | 付汇银行名称 | 应到货日期 | 报关单号 | 到货企业名称 | 报关币种金额 | 报关日期 | 退汇 | 其它 | | |
| 1 | STICA00400 | | [EUR][600 000] | 2015-06-19 | T/T | Gringotts Bank | 2015-06-19 | STIAC00364 | Mode Creation Munich | [EUR][600 000] | 2015-06-19 | 0 | | | |

付汇合计笔数：1　　付汇合计金额：[EUR][600 000]　　到货报关合计笔数：1　　到货报关合计金额：[EUR][600 000]　　退汇合计金额：[　][0]　　凭报关单付汇合计金额：[　][0]

至本月累计笔数：0　　至本月累计金额：[　][0]　　至本月累计笔数：0　　至本月累计金额：[　][0]　　至本月累计金额：[　][0]　　至本月累计金额：[　][0]

填表人：Surine Wang　　负责人：Surine Wang　　填表日期：2015 年 6 月 19 日

第二联：进口单位留存　　本核销表内容无讹。

图 9-44　填写进口付汇到货核销表

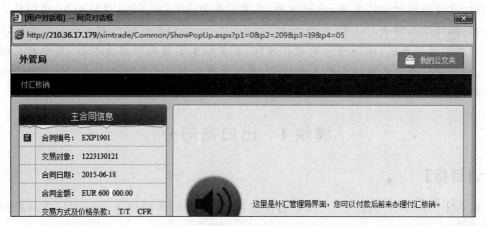

图 9-45　付汇核销

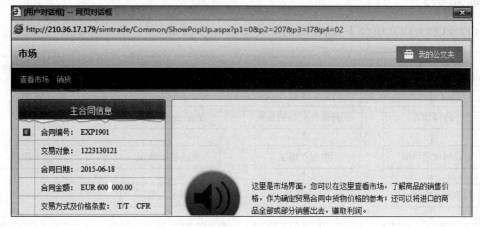

图 9-46　销货

# 实验十

# FOB+D/P 案

## 【导读】

本实验介绍第三种常见的贸易术语和支付方式组合：FOB+D/P。在进口业务中，进口商更加偏好于使用 FOB 这一贸易术语。虽然在此贸易术语下，进口商承担包括租船订舱、办理保险等更多的业务，从而掌握了更多的主动权。一方面，能够推动自己国内远洋运输、货运保险行业的发展；另一方面，从国家层面出发，以 FOB 价格购入，能够减少外汇支出，保障外汇储备。D/P(document against payment)是一种对双方而言较为保险的支付方式。通过 SimTrade 平台的模拟操作，要求学生掌握不同贸易术语、支付方式组合的差异，并且能够在不同组合中互相转换，寻找最有利于自己的组合方式。本实验分为出口商操作和进口商操作两个模块。

## 模块 1 出口商部分

### 【实训目标】

掌握 FOB+D/P 组合下，出口商的操作流程、单据的缮制以及不同部门之间的协调沟通方法。

### 【实训知识】

(1) FOB+D/P 组合下，出口商的职责如图 10-1 所示。

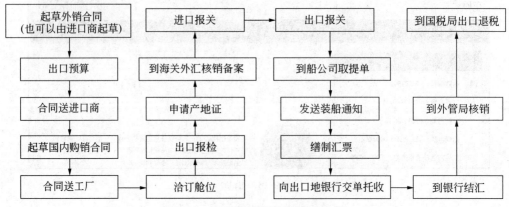

图 10-1 出口商的职责(FOB+D/P)

(2) FOB 贸易术语下,出口商承担的义务最少,仅需将货物运到进口商指定的船上即可。

(3) D/P 付款交单,托收行只有在收到进口商的货款后,才会将相关的货运单据交付给进口商,是一种比较有保障的支付方式。

(4) 合同可以由出口商拟定(销货合同),也可以由进口商拟定(购货合同)。

(5) 工厂在收到出口商的国内购销合同之后签字确认,接着组织生产,完成生产后放货给出口商,最后到国税部门缴纳相应的税。

## 【实训内容】

在 SimTrade 系统扮演出口商角色,以 FOB+D/P 的组合进行一笔模拟订单交易。

## 【实训操作步骤】

(1) 根据商务洽谈达成的共识,起草外销合同,如图 10-2 所示。

**UNION INTERNATIONAL TRADE CORP. LTD.**
121# WENYI EAST ROAD, GONGSHU DISTRICT, HANGZHOU, ZHEJIANG PROVINCE, CHINA

**SALES CONFIRMATION**

| Messrs: | HAHA import and export trade limited company<br>1 600 Pennsylvnia Avenue NWWashington,DC 20500 | No. | EXP1601 |
|---|---|---|---|
| | | Date: | 2015-06-21 |

Dear Sirs,
We are pleased to confirm our sale of the following goods on the terms and conditions set forth below:

| Choice | Product No. | Description | Quantity | Unit | Unit Price<br>[FOB] [NINGBO] | Amount |
|---|---|---|---|---|---|---|
| ● | 05004 | FRUIT KNIFE<br>2PC/BOX, 80PCS/CARTON | 800 000 | PC | USD7.5 | USD6 000 000 |
| | | Total: | 800 000 | PC | | [USD] [6 000 000] |

| Say Total: | USD EIGHT MILLION ONLY |
|---|---|
| Payment: | D/P [ ] |
| Packing: | EACH CARTON CONTAINS 80 PCS FRUIT KNIFE |
| Port of Shipment: | NINGBO |
| Port of Destination: | LOS ANGELES |
| Shipment: | ALL THE GOODS SHOULD BE SHIPPED FROM NINGBO TO LOS ANGELES BEFORE JUNE 22,2015 BY VESSEL |
| Shipping Mark: | WATCH OUT<br>SHARP |
| Quality: | AS PER SAMPLE SHOWED TO THE BUYERS |
| Insurance: | AS THE ORDER OF THE BUYERS |
| Remarks: | N/M |

| BUYERS | SELLERS |
|---|---|
| HAHA import and export trade limited company | UNION INTERNATIONAL TRADE CORP. LTD. |
| Pan Li | Jay Chen |
| (Manager Signature) | (Manager Signature) |

图 10-2 起草外销合同

（2）单击"Business"—"进口商"—"添加单据"，添加并填写出口预算表，如图 10-3 所示。

## 出 口 预 算 表

| 合同号： | EXP1601 | |
|---|---|---|
| 预算表编号： | STEBG004569 | （注：本预算表填入的位数全部为本位币） |

| 项目 | 预算金额 | 实际发生金额 |
|---|---|---|
| 合同金额 | 36 800 400.00 | 36 800 400.00 |
| 采购成本 | 17 600 000.00 | 17 600 000.00 |
| FOB总价 | 36 800 400.00 | 36 800 400.00 |
| 内陆运费 | 75 480.00 | 75 480.00 |
| 报检费 | 200.00 | 200.00 |
| 报关费 | 200.00 | 200.00 |
| 海运费 | 0.00 | 0.00 |
| 保险费 | 0.00 | 0.00 |
| 核销费 | 10.00 | 10.00 |
| 银行费用 | 2 000.00 | 2 000.00 |
| 其他费用 | 1 840 020.00 | 1 840 220.00 |
| 退税收入 | 2 557 265.00 | 1 353 846.15 |
| 利润 | 19 839 755.00 | 18 636 136.15 |

图 10-3 填写出口预算表

（3）单击"Business"—"进口商"—"合同送进口商"，如图 10-4 所示。

图 10-4 合同送进口商

（4）单击"Business"—"工厂"—"起草合同"，等到进口商签字确认合同后，起草国内购销合同。

① 进口商签字确认的合同（部分），如图 10-5 所示。

② 起草工厂合同，如图 10-6 所示。

（5）单击"Business"—"工厂"—"合同送工厂"，将起草好的合同送往工厂，等待确认，如图 10-7 所示。

（6）单击"Business"—"进口商"—"添加单据"，待工厂确认合同后组织生产，且收到工厂的放货后，添加并填写货物出运委托书，如图 10-8 所示。

| Port of Shipment: | NINGBO |
|---|---|
| Port of Destination: | LOS ANGELES |
| Shipment: | ALL THE GOODS SHOULD BE SHIPPED FROM NINGBO TO LOS ANGELES BEFORE JUNE 22 2015 BY VESSEL |
| Shipping Mark: | WATCH OUT<br>SHARP |
| Quality: | AS PER SAMPLE SHOWED TO THE BUYERS |
| Insurance: | AS THE ORDER OF THE BUYERS |
| Remarks: | N/M |

| BUYERS | SELLERS |
|---|---|
| HAHA import and export trade limited company | UNION INTERNATIONAL TRADE CORP. LTD. |
| Pan Li | Jay Chen |
| (Manager Signature) | (Manager Signature) |

图 10-5　进口商签字确认的合同(部分)

## 买 卖 合 同

卖方：重庆中光商贸有限公司
买方：联合国际贸易有限公司

合同编号：FAC2501
签订时间：2015-06-17
签订地点：中国

一、产品名称、品种规格、数量、金额、供货时间：

| 选择 | 产品编号 | 品名规格 | 计量单位 | 数量 | 单价(元) | 总金额(元) | 交(提)货时间及数量 |
|---|---|---|---|---|---|---|---|
| ◉ | 19001 | 男士皮鞋<br>表面：全软皮，系带，调整舒适度<br>鞋底：防滑橡胶底<br>包装：每箱20双 | PAIR | 410 000 | 360 | 147 600 000 | 2015年6月18日前工厂交货<br>410000PAIRS |
| | | 合计： | PAIR | 410 000 | | 147 600 000 | |

[ 添 加 ][ 修 改 ][ 删 除 ]

合计人民币(大写)　壹亿肆仟柒佰陆拾万

备注：

二、质量要求技术标准、卖方对质量负责的条件和期限：
质量符合国标出口一等品，因品质问题造成的一切损失由卖方负责赔偿

三、交(提)货地点、方式：
工厂交货

四、交 (提) 货地点及运输方式及费用负担：
货车门到门运输，费用由买方负责

五、包装标准、包装物的供应与回收和费用负担
包装符合国家出口标准，包装物由买方提供

六、验收标准、方法及提出异议期限：
买方代表按出口优级品检验内在品质及外包装，同时卖方提供商检放行单或商检换证凭单。

图 10-6　起草工厂合同

七、结算方式及期限：
买方凭卖方提供的商业发票，增值税发票，相应的税收缴款书（出口货物专用）等在收货后7日内付款，如果卖方未将有关票证备齐，买方扣除20%税款支付给卖方，等有关票证齐全后结清余款。

八、违约责任：
违约方支付合同金额20%的违约金

九、解决合同纠纷的方式：
第三方仲裁机构仲裁

十、本合同一式两份，双方各执一份，效力相同。未尽事宜由双方另行友好协商。

| 卖　　方 | 买　　方 |
| --- | --- |
| 单位名称： 重庆中光商贸有限公司 | 单位名称： 联合国际贸易有限公司 |
| 单位地址： 中国重庆市渝中区大坪路6号竞地商务楼B座7-3号 | 单位地址： 浙江省杭州市拱墅区文一东路121号 |
| 法人代表或委托人： 黄家琦 | 法人代表或委托人： 陈俊杰 |
| 电话： 86-23-78956236 | 电话： 18377178379 |
| 税务登记号： 000000000002527 | 税务登记号： 000000000002506 |
| 开户银行： 中国银行上海分行 | 开户银行： 中国联合银行 |
| 账号： SIM-12231301253 | 账号： SIM-12231301211 |
| 邮政编码： 534556 | 邮政编码： 310000 |

图 10-6　（续）

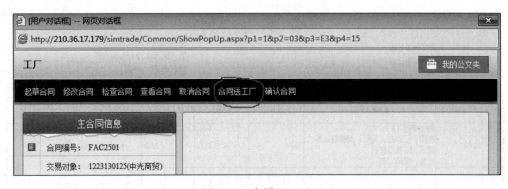

图 10-7　合同送工厂

（7）单击"Business"—"船公司"—"洽订舱位"，根据货物数量合理安排装箱，洽订合适的舱位，如图 10-9 所示。

（8）单击"Business"—"进口商"—"添加单据"，添加并填写报检单（图 10-10）、商业发票（图 10-11）、装箱单（图 10-12）。

（9）单击"Business"—"检验机构"—"申请报检"，进行出口报检，如图 10-13 所示。

（10）单击"Business"—"进口商"—"添加单据"，添加并填写产地证明书，如图 10-14 所示。

（11）单击"Business"—"纺织品发证机构或检验机构"—"申请产地证"，此案例应当向检验机构申请产地证，如图 10-15 所示。

（12）单击"Business"—"外管局"—"申领核销单"，申领并填写出口收汇核销单，如图 10-16 所示。

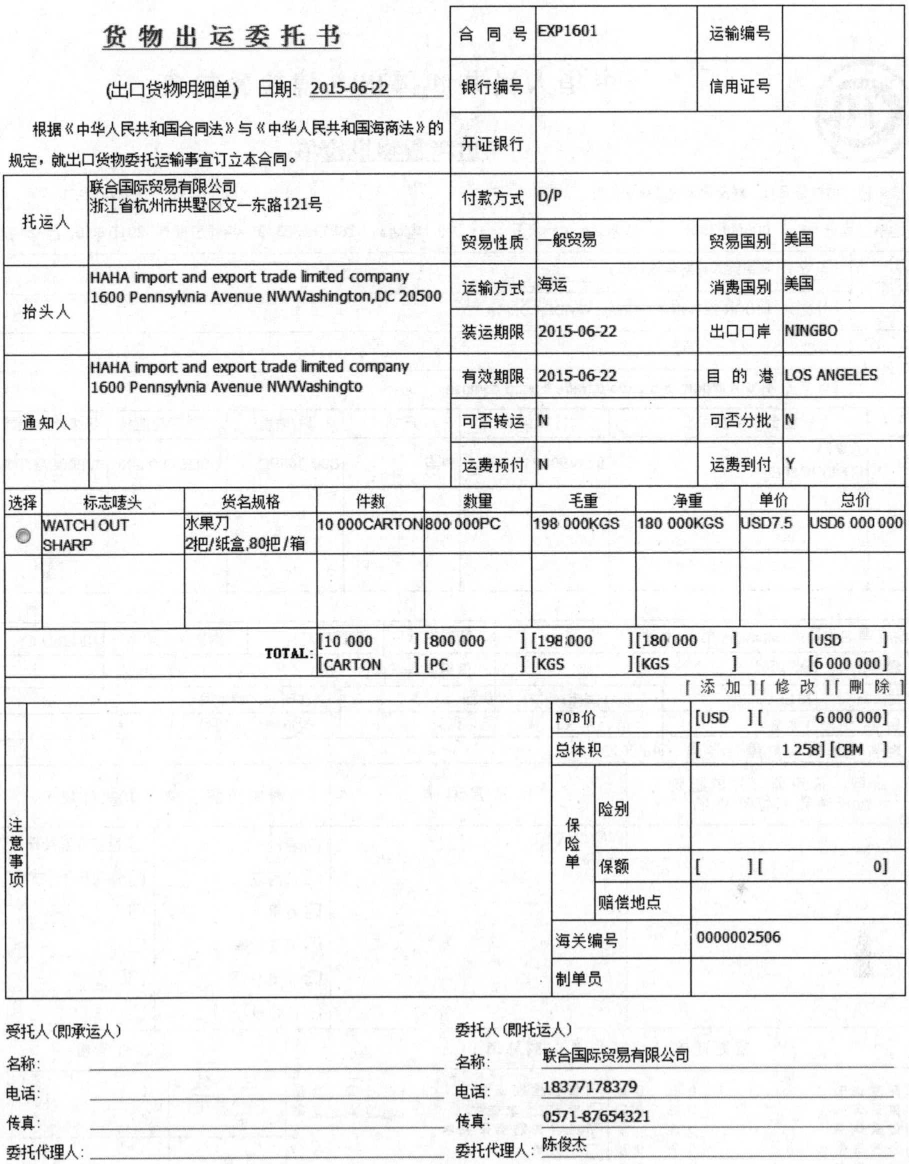

## 货物出运委托书

(出口货物明细单) 日期：2015-06-22

根据《中华人民共和国合同法》与《中华人民共和国海商法》的规定，就出口货物委托运输事宜订立本合同。

| | | | | | |
|---|---|---|---|---|---|
| 合同号 | EXP1601 | | 运输编号 | | |
| 银行编号 | | | 信用证号 | | |
| 开证银行 | | | | | |
| 托运人 | 联合国际贸易有限公司<br>浙江省杭州市拱墅区文一东路121号 | 付款方式 | D/P | | |
| | | 贸易性质 | 一般贸易 | 贸易国别 | 美国 |
| 抬头人 | HAHA import and export trade limited company<br>1600 Pennsylvnia Avenue NW Washington, DC 20500 | 运输方式 | 海运 | 消费国别 | 美国 |
| | | 装运期限 | 2015-06-22 | 出口口岸 | NINGBO |
| 通知人 | HAHA import and export trade limited company<br>1600 Pennsylvnia Avenue NW Washingto | 有效期限 | 2015-06-22 | 目的港 | LOS ANGELES |
| | | 可否转运 | N | 可否分批 | N |
| | | 运费预付 | N | 运费到付 | Y |

| 选择 | 标志唛头 | 货名规格 | 件数 | 数量 | 毛重 | 净重 | 单价 | 总价 |
|---|---|---|---|---|---|---|---|---|
| ● | WATCH OUT SHARP | 水果刀<br>2把/纸盒,80把/箱 | 10 000CARTON | 800 000PC | 198 000KGS | 180 000KGS | USD7.5 | USD6 000 000 |
| | | TOTAL: | [10 000]<br>[CARTON] | [800 000]<br>[PC] | [198 000]<br>[KGS] | [180 000]<br>[KGS] | [USD] | [6 000 000] |

[添加] [修改] [删除]

| | | | |
|---|---|---|---|
| 注意事项 | FOB价 | [USD] [ | 6 000 000] |
| | 总体积 | [ 1 258] | [CBM] |
| | 保险单 | 险别 | |
| | | 保额 [ ] [ | 0] |
| | | 赔偿地点 | |
| | 海关编号 | 0000002506 | |
| | 制单员 | | |

受托人（即承运人）　　　　　　　　　　委托人（即托运人）
名称：_____　　　　　　　名称：联合国际贸易有限公司
电话：_____　　　　　　　电话：18377178379
传真：_____　　　　　　　传真：0571-87654321
委托代理人：_____　　　　　　　委托代理人：陈俊杰

图 10-8　填写货物出运委托书

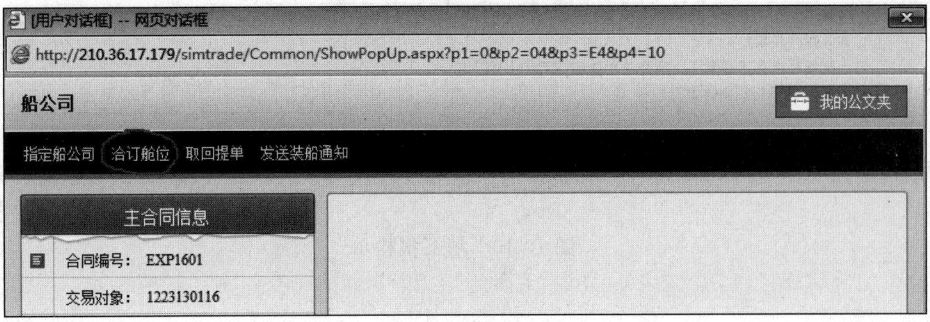

---

[用户对话框] -- 网页对话框

http://210.36.17.179/simtrade/Common/ShowPopUp.aspx?p1=0&p2=04&p3=E4&p4=10

船公司　　　　　　　　　　　　　　　　　　　　　　　　我的公文夹

指定船公司　洽订舱位　取回提单　发送装船通知

主合同信息

合同编号：EXP1601
交易对象：1223130116

图 10-9　洽订舱位

# 中华人民共和国出入境检验检疫
## 出境货物报检单

报检单位（加盖公章）： 联合国际贸易有限公司  　　　*编　号 STEPC003921

报检单位登记号： 0000002506　联系人： 陈俊杰　电话： 18377178379　报检日期： 2015年 6 月 22 日

| 发货人 | （中文） | 联合国际贸易有限公司 |
| --- | --- | --- |
|  | （外文） | UNION INTERNATIONAL TRADE CORP. LTD. |
| 收货人 | （中文） |  |
|  | （外文） | HAHA import and export trade limited company |

| 选择 | 货物名称（中/外文） | H.S.编码 | 产地 | 数/重量 | 货物总值 | 包装种类及数量 |
| --- | --- | --- | --- | --- | --- | --- |
| ● | 水果刀 FRUIT KNIFE | 8214900010 | 中国 | 800 000PC | USD6 000 000 | 10000CARTON |

[添加] [修改] [删除]

| 运输工具名称号码 | Maasdam/DY105-07 | 贸易方式 | 一般贸易 | 货物存放地点 | NINGBO CY |
| --- | --- | --- | --- | --- | --- |
| 合同号 | EXP1601 | 信用证号 |  | 用途 |  |
| 发货日期 | 2015-06-22 | 输往国家(地区) | 美国 | 许可证/审批号 |  |
| 启运地 | 宁波港 | 到达口岸 | 洛杉矶 | 生产单位注册号 |  |
| 集装箱规格、数量及号码 | 40' X 23 | | | | |

| 合同、信用证订立的检验检疫条款或特殊要求 | 标记及号码 | 随附单据（划"√"或补填） | |
| --- | --- | --- | --- |
|  | WATCH OUT SHARP | ☑合同 | ☐包装性能结果单 |
|  |  | ☐信用证 | ☐许可/审批文件 |
|  |  | ☑发票 | ☐ |
|  |  | ☐换证凭单 | ☐ |
|  |  | ☑装箱单 | ☐ |
|  |  | ☐厂检单 | ☐ |

| 需要证单名称（划"√"或补填） | | *检验检疫费 | |
| --- | --- | --- | --- |
| ☐品质证书　　0 正 0 副　☐植物检疫证书　0 正 0 副 | | 总金额（人民币元） | 0 |
| ☐重量证书　　0 正 0 副　☐熏蒸/消毒证书　0 正 0 副 | | | |
| ☐数量证书　　0 正 0 副　☐出境货物换证凭单 | | 计费人 | |
| ☐兽医卫生证书　0 正 0 副　☑通关单 | | | |
| ☐健康证书　　0 正 0 副 | | | |
| ☐卫生证书　　0 正 0 副 | | 收费人 | |
| ☐动物卫生证书　0 正 0 副 | | | |

报检人郑重声明：
1. 本人被授权报检。
2. 上列填写内容正确属实，货物无伪造或冒用他人的厂名、标志、认证标志，并承担货物质量责任。

　　　　　　　　签名： 陈俊杰

| 领取证单 | |
| --- | --- |
| 日　期 | 2015-06-22 |
| 签　名 | 陈俊杰 |

注：有"*"号栏由出入境检验检疫机关填写　　　◆国家出入境检验检疫局制
[1-2 (2000.1.1)]

图 10-10　填写报检单

## 商业发票 COMMERCIAL INVOICE

**ISSUER**
UNION INTERNATIONAL TRADE CORP. LTD.
121# WENYI EAST ROAD, GONGSHU DISTRICT, HANGZHOU,
ZHEJIANG PROVINCE, CHINA

**TO**
HAHA import and export trade limited company
1600 Pennsylvnia Avenue NW Washington, DC 20500

**TRANSPORT DETAILS**
FROM NINGBO TO LOS ANGELES ON JUNE 22 2015 BY VESSEL

| NO. | DATE |
|---|---|
| STINV004059 | 2015-06-22 |

| S/C NO. | L/C NO. |
|---|---|
| EXP1601 | |

**TERMS OF PAYMENT**
D/P

| Choice | Marks and Numbers | Description of goods | Quantity | Unit Price | Amount |
|---|---|---|---|---|---|
| ● | WATCH OUT SHARP | FRUIT KNIFE 2PC/BOX, 80PCS/CARTON | 800 000PC | USD7.6 | USD 6 000 000 |

Total: [800 000][PC]    [USD][6 000 000]

**SAY TOTAL:** USD SIX MILLION ONLY

(写备注处)

UNION INTERNATIONAL TRADE CORP. LTD.(公司名称)
Jay Chen (法人签名)

图 10-11 填写商业发票

## 装箱单 PACKING LIST

**ISSUER**
UNION INTERNATIONAL TRADE CORP. LTD.
121# WENYI EAST ROAD, GONGSHU DISTRICT, HANGZHOU,
ZHEJIANG PROVINCE, CHINA

**TO**
HAHA import and export trade limited company
1600 Pennsylvnia Avenue NW Washington, DC 20500

| INVOICE NO. | DATE |
|---|---|
| STINV004059 | 2015-06-22 |

| Choice | Marks and Numbers | Description of goods | Package | G.W | N.W | Meas. |
|---|---|---|---|---|---|---|
| ● | WATCH OUT SHARP | FRUIT KNIFE 2PC/BOX, 80PCS/CARTON | 10 000CARTON | 198 000KGS | 180 000KGS | 1 258CBM |

Total: [10 000][CARTON] [198 000][KGS] [180 000][KGS] [1 258][CBM]

**SAY TOTAL:** TEN THOUSAND CARTONS ONLY

(写备注处)

UNION INTERNATIONAL TRADE CORP. LTD.(公司名称)
Jay Chen (法人签名)

图 10-12 填写装箱单

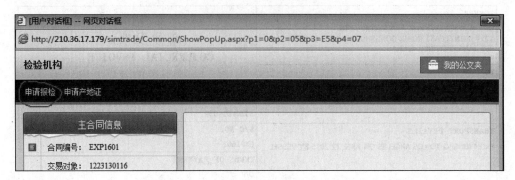

图 10-13　申请报检

**ORIGINAL**

| 1.Exporter<br>UNION INTERNATIONAL TRADE CORP. LTD.<br>121# WENYI EAST ROAD, GONGSHU DISTRICT, HANGZHOU,<br>ZHEJIANG PROVINCE, CHINA | Certificate No.　STCOC002913<br><br>**CERTIFICATE OF ORIGIN**<br>**OF**<br>**THE PEOPLE'S REPUBLIC OF CHINA** |
|---|---|
| 2.Consignee<br>HAHA import and export trade limited company<br>1600 Pennsylvnia Avenue NWWashington,DC 20500<br>U.S.A. | |
| 3.Means of transport and route<br>FROM NINGBO TO LOS ANGELES ON JUNE 22 2015 BY VESSEL | 5.For certifying authority use only |
| 4.Country / region of destination<br>U.S.A. | |

| Choice | 6.Marks and numbers | 7.Number and kind of packages; description of goods | 8.H.S.Code | 9.Quantity | 10.Number and date of invoices |
|---|---|---|---|---|---|
| ◉ | WATCH OUT<br>SHARP | 10000 CARTONS (TEN THOUSAND CARTONS ONLY) OF FRUIT KNIFE 2PC/BOX, 80PCS/CARTON | 8214900010 | 800 000PC | STINV004059<br>2015-06-22 |

[ 添加 ] [ 修改 ] [ 删除 ]

**SAY TOTAL:**　EIGHT HUNDRED THOUSAND PCS ONLY

(写备注处)

| 11.Decleration by the exporter<br>　The undersigned hereby declares that the above details and statements are correct, that all the goods were produced in China and that they comply with the Rules of Origin of the People's Republic of China.<br><br>Place and date, signature and stamp of authorized signatory | 12.Certification<br>　It is hereby certified that the declaration by the exporter is correct.<br><br><br><br>Place and date, signature and stamp of certifying authority |
|---|---|

图 10-14　填写产地证明书

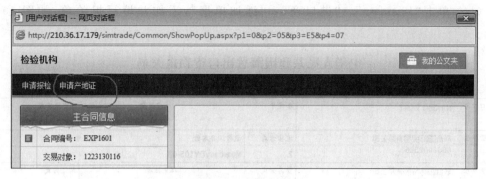

图 10-15　申请产地证

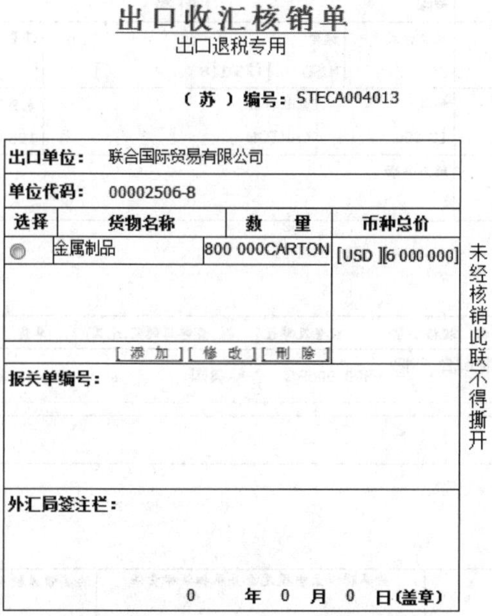

## 出口收汇核销单
出口退税专用

（苏）编号：STECA004013

图 10-16　填写出口收汇核销单

（13）"Business"—"海关"—"备案"，办理核销单的备案，如图 10-17 所示。

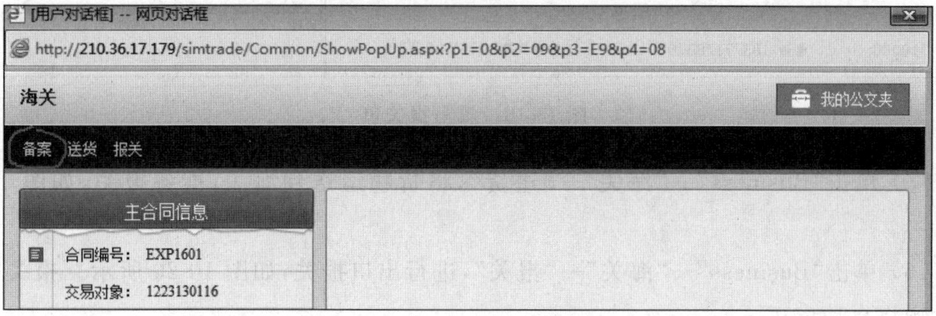

图 10-17　办理核销单的备案

（14）单击"Business"—"进口商"—"添加单据"，添加并填写报关单，如图 10-18 所示。

**中华人民共和国海关出口货物报关单**

| 预录入编号： | | | | 海关编号： | | | |
|---|---|---|---|---|---|---|---|
| 出口口岸 | NINGBO PORT | 备案号 | | 出口日期 2015-06-22 | | 申报日期 2015-06-22 | |
| 经营单位 | 联合国际贸易有限公司 0000002506 | 运输方式 2 | 运输工具名称 Maasdam/DY105-07 | | | 提运单号 | |
| 发货单位 | 联合国际贸易有限公司 0000002506 | 贸易方式 0110 | | 征免性质 101 | | 结汇方式 4 | |
| 许可证号 | | 运抵国（地区） 美国 | | 指运港 洛杉矶 | | 境内货源地 | |
| 批准文号 | STECA004013 | 成交方式 3 | 运费 [USD ] [75 118 ] | | 保费 [ ] [0 ] | 杂费 [ ] [0 ] | |
| 合同协议号 | EXP1601 | 件数 10 000 | 包装种类 CARTON | | 毛重（公斤） 198 000 | 净重（公斤） 180 000 | |
| 集装箱号 | TEXU3605231*23 | 随附单据 | | | | 生产厂家 | |
| 标记唛码及备注 | | | | | | | |

| 选择 | 项号 | 商品编号 | 商品名称、规格型号 | 数量及单位 | 最终目的国（地区） | 单价 | 总价 | 币制 | 征免 |
|---|---|---|---|---|---|---|---|---|---|
| ● | 1 | 8214900010 | 水果刀2把/纸盒,80把/箱 | 800 000PC | 美国 | 7.5 | 6 000 000 | USD | 101 |

[添 加] [修 改] [删 除]

税费征收情况

| 录入员 录入单位 报关员 陈俊杰 单位地址 浙江省杭州市拱墅区文一东路 121号 邮编 310000 电话 18377178379 | 兹声明以上申报无讹并承担法律责任 申报单位（签章） 填制日期 2015-06-22 | 海关审单批注及放行日期（签章） 审单 审价 征税 统计 查验 放行 |
|---|---|---|

图 10-18　填写报关单

（15）单击"Business"—"海关"—"送货"，将货物运送到海关，准备报关，如图 10-19 所示。

（16）单击"Business"—"海关"—"报关"，进行出口报关，如图 10-20 所示。报关完成后，货物将自动出运。

（17）单击"Business"—"船公司"—"取回提单"，如图 10-21 所示。

（18）单击"Business"—"进口商"—"添加单据"，添加并填写"Shipping Advice"（装船

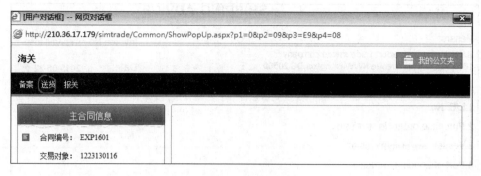

图 10-19　送货报关

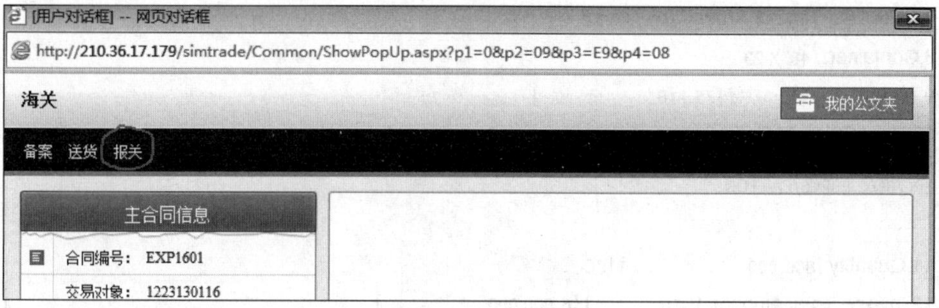

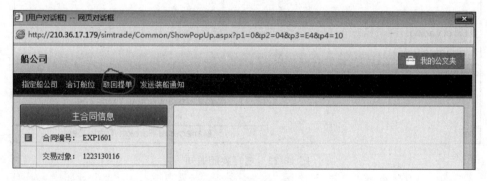

图 10-20　办理报关

图 10-21　取回提单

通知），如图 10-22 所示。

（19）单击"Business"—"船公司"—"发送装船通知"，如图 10-23 所示，及时通知进口商，货物已装船，方便其根据需求购买合适的保险，保障自身利益。

（20）单击"Business"—"进口商"—"添加单据"，添加并填写汇票，如图 10-24 所示。

（21）单击"Business"—"出口地银行"—"托收"，把相关单据交给银行，进行托收，如图 10-25 所示。

（22）D/P 交易方式下，需要学生登录出口地银行，进行审单操作，如图 10-26 所示。单击"Bill"，选择相应的合同，检查无误后，单击"送进口地银行"，办理审单。

```
                          SHIPPING ADVICE

Messrs.                                    Invoice No.  STINV004059
HAHA import and export trade limited company
1600 Pennsylvnia Avenue NWWashington,DC 20500   Date:     2015-06-22

Particulars
1.L/C  No.
2.Purchase order No. EXP1601
3.Vessel:  Maasdam/DY105-07
4.Port of Loading:  NINGBO
5.Port of Dischagre: LOS ANGELES
6.On Board Date: 2015-06-22
7.Estimated Time of Arrival: 2015-06-22
8.Container:  40' X 23
9.Freight:   [USD      ] [75 118          ]
10.Description of Goods:
FRUIT KNIFE
2PC/BOX, 80PCS/CARTON


11.Quantity:[800 000          ] [PC       ]
12.Invoice Total Amount: [USD     ] [6 000 000       ]
Documents enclosed
1.Commercial Invoice: 3
2.Packing List: 1
3.Bill of Lading: 1
4.Insurance Policy: 3


                              Very truly yours,
                              UNION INTERNATIONAL TRADE CORP. LTD.
                                          Jay Chen
                              Manager of Foreign Trade Dept.
```

图 10-22　填写装船通知

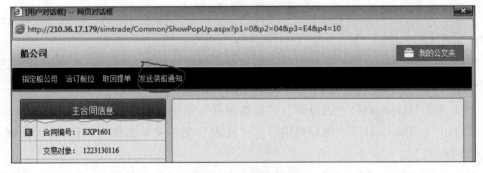

图 10-23　发送装船通知

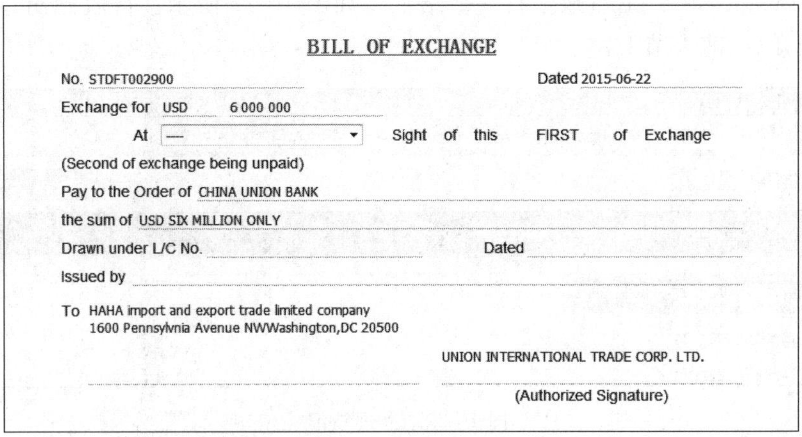

实验十 FOB＋D/P 案

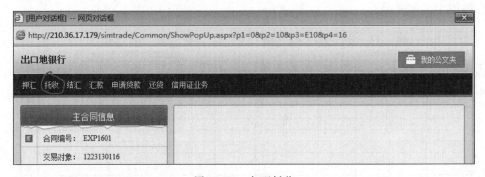

图 10-24 填写汇票

图 10-25 办理托收

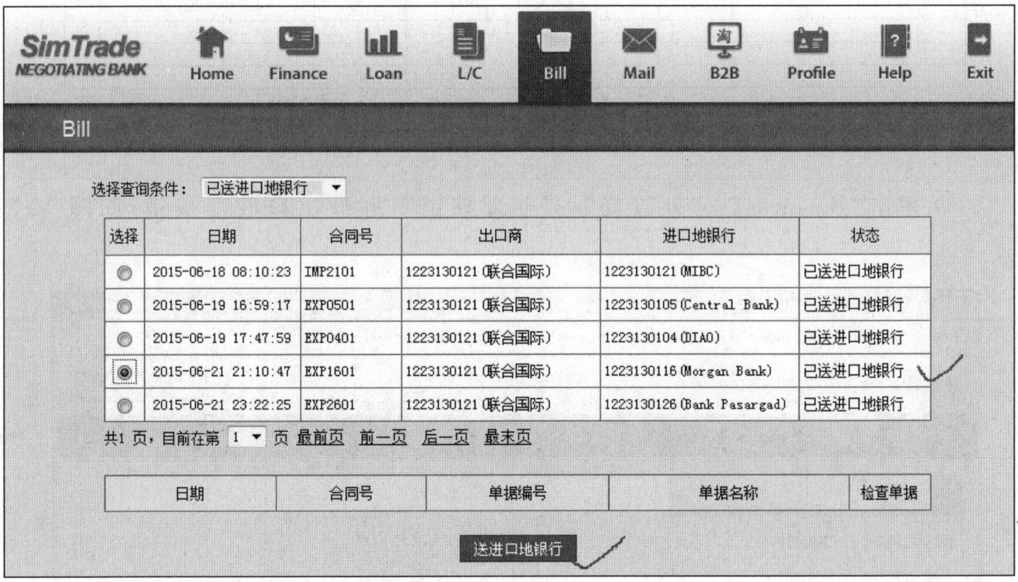

图 10-26 办理审单

(23)“Business”—“出口地银行”—“结汇”,如图 10-27 所示。待收到出口地银行的货款到账通知后,前去结汇。

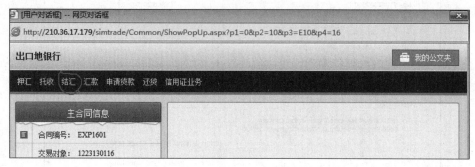

图 10-27 办理结汇

(24) 单击“Business”—“进口商”—“添加单据”,添加并填写出口收汇核销单送审登记表,如图 10-28 所示。

**出口收汇核销单送审登记表**

出口单位:联合国际贸易有限公司　　　　送审日期: 2015 年 6 月 22 日

| 核销单编号 | 发票编号 | 商品大类 | 国别地区 | 贸易方式 | 结算方式 | 报关日期 | 货款 | | | 收汇核销金额 | |
|---|---|---|---|---|---|---|---|---|---|---|---|
| | | | | | | | 币别 | 报关金额 | FOB金额 | | |
| STECA004013 | STINV0040 | 金属制品 | U.S.A. | 一般贸易 | D/P | 2015-06-22 | USD | 6 000 000 | 6 000 000 | [USD ] [6 000 000] | 第一联 外汇局留存 |
| | | | | | | | | | | | |
| | | | | | | | | | | | |
| | | | | | | | | | | | |
| | | | | | | | | | | | |
| | | | | | | | | | | | |
| | | | | | | | | | | | |
| | | | | | | | | | | | |
| | | | | | | | | | | | |
| | | | | | | | | | | | |
| | | | | | | | | | | | |
| | | | | | | | | | | | |
| | | | | | | | | | | | |
| | | | | | | | | | | | |

出口单位填表人: Jay Chen　　　　外汇局审核人:

图 10-28 填写出口收汇核销单送审登记表

(25) 单击“Business”—“外管局”—“办理核销”,办理出口收汇核销,如图 10-29 所示。

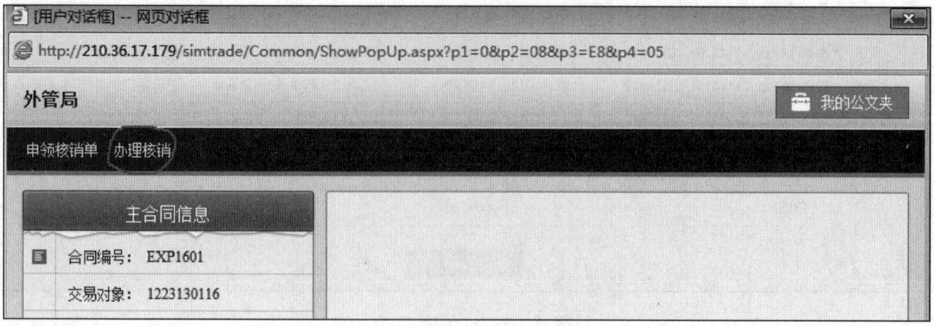

图 10-29 办理出口收汇核销

(26) 单击"Business"—"国税局"—"退税",办理出口退税。至此 FOB+D/P 组合下,出口商的流程全部结束。

### 【重点提示】

(1) 出口报关中,有可能会被抽中检验。因此需预留出一定的时间,以防错过货运的时间。

(2) 在 SimTrade 系统的实验中,融资能力也是考察的一部分。每家企业的初始资金都是相同且有限的。因此,如果能够合理运用银行贷款或不同商家间的借款来进行大规模的订单交易,则可以在既定时间内累积更多的财富。用活资金,提高资本利用率,这是一个外贸人才所需要具备的高级技能。

## 模块 2  进口商部分

### 【实训目标】

掌握 FOB+D/P 组合下,进口商的操作流程及单据的缮制。明确进口商的责任和义务,学会如何在市场中销货,实现利润最大化。

### 【实训知识】

FOB+D/P 组合中,进口商的职责如图 10-30 所示。

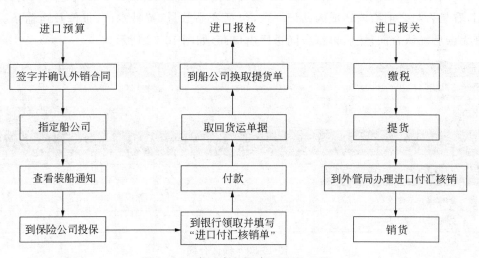

图 10-30  进口商的职责(FOB+D/P)

### 【实训内容】

在 SimTrade 系统扮演进口商角色,以 CFR+T/T 的组合进行一笔模拟订单交易。

## 【实训操作步骤】

（1）单击"Business"—"出口商"—"添加单据"，添加并填写进口预算表，如图 10-31 所示，做好进口预算。

### 进 口 预 算 表

合同号： EXP1601
预算表编号： STIBG004414

（注：本预算表填入的位数全部为本位币）

| 项目 | 预算金额 | 实际发生金额 |
| --- | --- | --- |
| 合同金额 | 6 000 000.00 | 6 000 000.00 |
| CIF总价 | 6 201 254.00 | 6 196 444.38 |
| 内陆运费 | 75 480.00 | 12 306.39 |
| 报检费 | 32.00 | 32.61 |
| 报关费 | 32.00 | 32.61 |
| 关税 | 1 116 225.72 | 1 115 359.99 |
| 增值税 | 1 054 213.18 | 1 243 006.74 |
| 消费税 | 0.00 | 0.00 |
| 海运费 | 62 054.00 | 75 118.00 |
| 保险费 | 139 200.00 | 121 326.38 |
| 银行费用 | 6 000.00 | 326.08 |
| 其他费用 | 300 000.00 | 300 000.00 |

图 10-31　填写进口预算表

（2）单击"Business"—"出口商"—"检查合同"—"确认合同"—"合同送出口商"，检查合同，看是否与之前洽谈达成的共识一致，包括商品数量、贸易术语、报价及运输条款等。检查无误后确认合同，然后再将合同送回出口商，如图 10-32 所示。

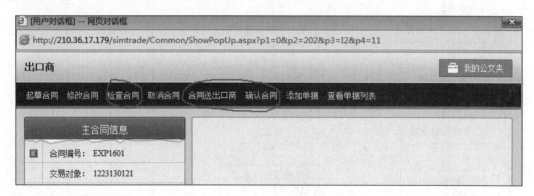

图 10-32　确认合同

（3）单击"Business"—"船公司"—"指定船公司"，如图 10-33 所示。在 FOB 条件下，需要进口商自己指定负责运输的船公司。

（4）单击"Business"—"出口商"—"查看单据列表"，查看"Shipping Advice"（装船通知），确定货物已经装船，如图 10-34 所示。

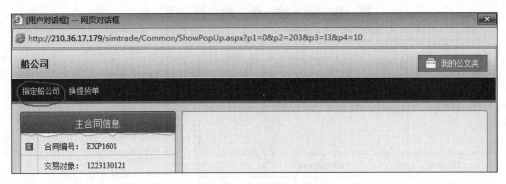

图 10-33　指定船公司

图 10-34　确定货物已装船

(5) 单击"Business"—"出口商"—"添加单据",添加并填写投保单,如图 10-35 所示。

(6) 单击"Business"—"保险公司"—"办理保险",如图 10-36 所示。根据货物金额、风险评估等因素来投保合适的保险种类。

(7) D/P 支付方式下,学生需要登录进口地银行,进行审单和通知操作。单击"Bill",选择相应的合同,审核并确认无误后,单击"通知进口商",如图 10-37 所示。

(8) 单击"Business"—"进口地银行"—"申领核销单",领取并填写进口付汇核销单,如图 10-38 所示。

(9) 单击"Business"—"进口地银行"—"付款",如图 10-39 所示。按照合同的规定支付货款。

## 货物运输保险投保单

投保人：HAHA import and export trade limited company  投保日期：2015-06-22

| 发票号码 | STINV004059 | | 投保条款和险别 |
|---|---|---|---|
| 被保险人 | 客户抬头<br>HAHA import and export trade limited company<br>过户 | | ( √ ) PICC CLAUSE<br>( ) ICC CLAUSE<br>( √ ) ALL RISKS<br>( ) W.P.A./W.A.<br>( ) F.P.A.<br>( √ ) WAR RISKS<br>( ) S.R.C.C.<br>( √ ) STRIKE<br>( ) ICC CLAUSE A<br>( ) ICC CLAUSE B<br>( ) ICC CLAUSE C<br>( ) AIR TPT ALL RISKS<br>( ) AIR TPT RISKS<br>( ) O/L TPT ALL RISKS<br>( ) O/L TPT RISKS<br>( ) TRANSHIPMENT RISKS<br>( ) W TO W<br>( √ ) T.P.N.D.<br>( ) F.R.E.C.<br>( ) R.F.W.D.<br>( ) RISKS OF BREAKAGE<br>( ) I.O.P. |
| 保险金额 | [USD ][ 6 816 088.84 ] | | |
| 启运港 | NINGBO | | |
| 目的港 | LOS ANGELES | | |
| 转内陆 | | | |
| 开航日期 | 2015-06-22 | | |
| 船名航次 | Maasdam/DY105-07 | | |
| 赔款地点 | LOS ANGELES | | |
| 赔付币别 | USD | | |
| 保单份数 | 3 | | |
| 其他特别条款 | | | |
| 以下由保险公司填写 | | | |
| 保单号码 | | 签单日期 | |

图 10-35　填写投保单

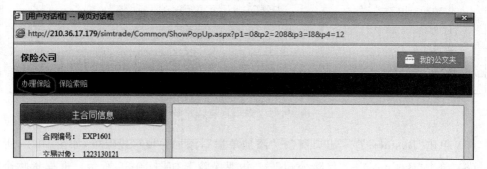

图 10-36　办理保险

（10）单击"Business"—"船公司"—"换提货单"，如图10-40所示。提供相应的单据，换取提货单。

（11）单击"Business"—"出口商"—"添加单据"，添加并填写报检单，如图10-41所示。

（12）单击"Business"—"检验机构"—"申请报检"，进行进口报检，如图10-42所示。

（13）单击"Business"—"出口商"—"添加单据"，添加并填写报关单，如图10-43所示。

图 10-37　审单并通知进口商

## 贸易进口付汇核销单（代申报单）

| 印单局代码： | | 核销单编号：STICA004071 | |
|---|---|---|---|
| 单位代码 00002488-8 | 单位名称 HAHA import and export trade | | 所在地外汇局名称 |
| 付汇银行名称 Morgan Bank | 收汇人国别 China | | 交易编码 0101 |
| 收款人是否在保税区：是 ☑ 否 ☐ | 交易附言 | | |
| 对外付汇币种 USD | 对外付汇总额 6 000 000 | | |
| 其中：购汇金额 6 000 000 | 现汇金额 0 | | 其他方式金额 0 |
| 　　人民币账号 0 | 外汇账号 0 | | |
| 付汇性质 | | | |
| ☑ 正常付汇 | | | |
| ☐ 不在名录 | ☐ 90天以上信用证 | ☐ 90天以上托收 | ☐ 异地付汇 |
| ☐ 90天以上到货 | ☐ 转口贸易 | | |
| 备案表编号 | | | |
| 预计到货日期 2015-06-23 | 进口批件号 | | 合同/发票号 STINV004059 |
| 结算方式 | | | |
| 信用证　90天以内 ☐　90天以上 ☐ | 承兑日期 0 / 0 / 0 | 付汇日期 0 / 0 / 0 | 期限　　天 |
| 托收　　90天以内 ☑　90天以上 ☐ | 承兑日期 0 / 0 / 0 | 付汇日期 0 / 0 / 0 | 期限　　天 |
| 　预付货款 ☐ | 货到付汇（凭报关单付汇） ☐ | 付汇日期 0 / 0 / 0 | |
| 汇款 | 报关单号 | 报关日期 0 / 0 / 0 | 报关单币种 | 金额 0 |
| | 报关单号 | 报关日期 0 / 0 / 0 | 报关单币种 | 金额 0 |
| | 报关单号 | 报关日期 0 / 0 / 0 | 报关单币种 | 金额 0 |
| | 报关单号 | 报关日期 0 / 0 / 0 | 报关单币种 | 金额 0 |
| | 报关单号 | 报关日期 0 / 0 / 0 | 报关单币种 | 金额 0 |
| （若报关单填写不完，可另附纸。） | | | |
| 其他 ☐ | 付汇日期 0 / 0 / 0 | | |
| 以下由付汇银行填写 | | | |
| 申报号码： | | | |
| 业务编号： | 审核日期　　/　　/　　 | | （付汇银行签章） |

图 10-38　填写进口付汇核销单

图 10-39 支付货款

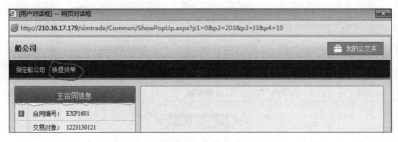

图 10-40 换提货单

图 10-41 填写报检单

实验十 FOB＋D/P案

[用户对话框] -- 网页对话框
http://210.36.17.179/simtrade/Common/ShowPopUp.aspx?p1=0&p2=204&p3=I4&p4=07

检验机构　　　　　　　　　　　　　　　　　　　　　我的公文夹
申请报检

主合同信息
合同编号：EXP1601
交易对象：1223130121

图 10-42　申请报检

## 中华人民共和国海关进口货物报关单

| 预录入编号： | | 海关编号： | | |
|---|---|---|---|---|
| 进口口岸 LOS ANGELES | 备案号 | 进口日期 2015-06-22 | | 申报日期 2015-06-22 |
| 经营单位 HAHA import and export trade limited company 0000002488 | 运输方式 江海运输 | 运输工具名称 Maasdam/DY105-07 | | 提运单号 STBLO003505 |
| 收货单位 HAHA import and export trade limited company 0000002488 | 贸易方式 一般贸易 | 征免性质 一般征税 | | 征税比例 |
| 许可证号 | 起运国(地区) 中国 | 装货港 宁波港 | | 境内目的地 |
| 批准文号 | 成交方式 FOB | 运费 [USD ] [75 118 ] | 保费 [USD ] [1 392 ] | 杂费 [USD ] [300 000 ] |
| 合同协议号 EXP1601 | 件数 10 000 | 包装种类 CARTON | 毛重(公斤) 198 000 | 净重(公斤) 180 000 |
| 集装箱号 | 随附单据 合同、发票、装箱单 | | 用途 01 | |
| 标记唛码及备注 WATCH OUT SHARP | | | | |

| 选择 | 项号 | 商品编号 | 商品名称、规格型号 | 数量及单位 | 原产国(地区) | 单价 | 总价 | 币制 | 征免 |
|---|---|---|---|---|---|---|---|---|---|
| ○ | 1 | 8214900010 | FRUIT KNIFE2PC/BOX, 80PCS/CARTON | 800 000PC | 中国 | 7.5 | 6 000 000 | USD | 照章免征 |

[添加] [修改] [删除]

税费征收情况

录入员 录入单位　　　　　　按声明以上申报无讹并承担法律责任　　　海关审单批注及放行日期(签章)

报关员 Pan Li　　　　　　　　　　　　　　　　　　　　审单　　　审价

单位地址 1600 Pennsylvania Avenue NW Washington,DC 20500　　　申报单位(签章)　　　征税　　　统计

邮编 530000　　电话 07716699999　　填制日期 2015-06-22　　　查验　　　放行

图 10-43　填写报关单

（14）单击"Business"—"海关"—"报关",进行进口报关,如图 10-44 所示。

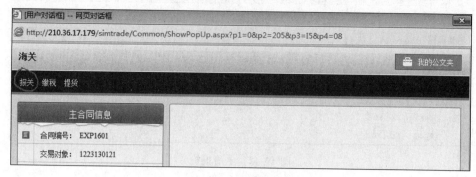

图 10-44　办理报关

（15）单击"Business"—"海关"—"缴税",缴纳相应的进口税费,如图 10-45 所示。

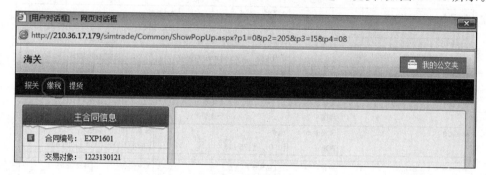

图 10-45　办理缴税

（16）单击"Business"—"海关"—"提货",如图 10-46 所示。

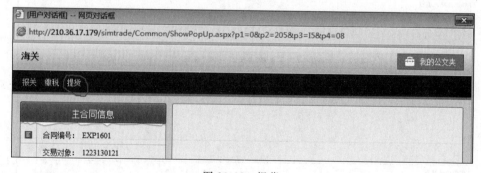

图 10-46　提货

（17）单击"Business"—"出口商"—"添加单据",添加并填写进口付汇到货核销表,如图 10-47 所示。

（18）单击"Business"—"外管局"—"付汇核销",办理进口付汇核销,如图 10-48 所示。

（19）单击"Business"—"市场"—"销货",如图 10-49 所示。根据市场价,销售货物。至此,FOB＋D/P 组合下,进口商的流程全部结束。

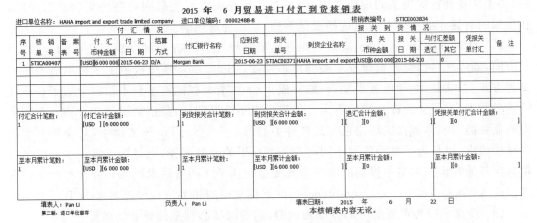

图 10-47　填写进口付汇到货核销表

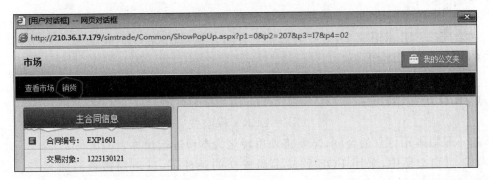

图 10-48　办理进口付汇核销

图 10-49　销货

## 【重点提示】

（1）在实验模拟中，一定要树立规避风险的意识。第一，违约风险。在真正建立业务关系前，要做好全面的信用审核。签订合同的时候要十分谨慎小心，真正按照实务中的流程来，认真检查合同的各项内容，防止对方有意的欺诈行为；第二，货物运输风险。在实务中一般都是把投保责任交给对方，在 SimTrade 中也可以这样来操作，但更重要的一点是,要了解各种投保类型的理赔范围,要考虑到所处航线可能遇到的各种货物运输风险,在投保的时候才能准确有效地选择投保类型,真正规避风险。

(2) 针对 SimTrade 系统,应做到业务类型多样化。一方面可以赢得更高的分数,另一方面,能体现自己对外贸流程掌握的熟悉程度。SimTrade 系统模拟了 3 种术语和 4 种支付方式,总共是 12 种业务类型,一般完成 7~8 种类型就能够拿到不错的分数了。重复的业务类型,对得分的提升影响不大。如果做得不够好的话,甚至会被倒扣分数。在实务中的业务能力也体现在能够出色完成各种类型的业务。SimTrade 实验中,对业务类型的多样性要求,也是为了熟悉各种不同的业务类型下的业务流程,更好地了解和学习进出口贸易实务的知识。本书中提到的 3 种业务类型包括了 3 种贸易术语和 3 种常见的支付方式。D/A(document against accepence),即承兑交单的相关流程可以参考 D/P。

(3) 预算中较为重要的一部分即是运费,运费的核心则是计算货物数量。

在计算重量时,对销售单位与包装单位相同的产品(如食品类产品),可直接用交易数量×每箱的毛(净)重;对销售单位与包装单位不同的产品(如玩具类、服装类产品),须先根据单位换算计算出单件的毛(净)重,再根据交易数量计算总毛(净)重。

在计算体积时,对销售单位与包装单位相同的产品(如食品类产品),可直接用交易数量×每箱的体积;对销售单位与包装单位不同的产品(如玩具类、服装类产品),须先根据单位换算计算出包装箱数,再计算总体积。[注意:包装箱数有小数点时,必须进位取整箱,如不满整箱亦按整箱计算毛(净)重。]

(4) 在国际货物运输中,经常使用的是 20′集装箱和 40′集装箱。20′集装箱的有效容积为 25CBM、限重 17.5TNE,40′集装箱的有效容积为 55CBM、限重 26TNE,其中 1TNE=1 000KGS。在做进口核算时,建议按照集装箱可容纳的最大包装数量来计算进口数量,以节省海运费。

(5) CIF 总价是合同订立的货品的总金额。

如合同以 CIF 术语成交,则 CIF 总价=合同金额,如不是 CIF 价,则要进行换算。

FOB 换算成 CIF 价:

$$CIF=FOB+海运费+保险费$$

CFR 换算成 CIF 价:

$$CIF=CFR+保险费$$

若不是以本币订立的合同,需要将外币转化为本币进行预算表的填写。

(6) 进口交易中,采用 FOB 贸易术语成交的条件下,进口商需核算海运费。如为 CIF 或 CFR 方式,则此栏填"0"。

(7) 在进出口交易中,货物的装箱方法对于进口商减少运费开支起着很大的作用。集装箱的尺码、重量与货物在集装箱内的配装、摆放以及堆栈有极大关系,需要在实践中摸索。

(8) 运费计算的基础。运费单位(freight unit),是指船公司用以计算运费的基本单位。由于货物种类繁多,打包情况不同,装运方式有别,计算运费标准不一。

① 整箱装。以集装箱为运费的单位,在 SimTrade 中有 20′集装箱与 40′集装箱两种。

② 拼箱装。由船方以能收取较高运价为准,运价表上常注记 M/W 或 R/T,表示船

公司将就货品的重量吨或体积吨两者中择其运费较高者计算。

拼箱装时计算运费的单位如下：

a. 重量吨(weight ton)：按货物总毛重，以一公吨(1 TNE＝1 000KGM)为一个运费吨。

b. 体积吨(measurement ton)：按货物总毛体积，以一立方公尺(1 Cubic Meter；简称1MTQ 或 1CBM 或 1CUM；又称一才积吨)为一个运费吨。

在核算海运费时，进口商首先要根据报价数量算出产品体积，再找到对应该批货物目的港的运价。如果报价数量正好够装整箱(20′集装箱或 40′集装箱)，则直接取其运价为基本运费；如果不够装整箱，则用产品总体积(或总重量，取运费较多者)×拼箱的价格来算出海运费。

(9) 以 FOB、CFR 条件成交的进口交易，进口商需要到"B2B(淘金网)"中"保险费"页查询保险费率，用以核算保险费。如系 CIF 方式，此栏填"0"。公式如下：

$$保险费＝保险金额×保险费率$$

$$保险金额＝CIF 货价×(1＋保险加成率)$$

在进出口贸易中，根据有关的国际贸易惯例，保险加成率通常为 10%，当然，出口商也可以根据进口商的要求与保险公司约定不同的保险加成率。

保险金额的计算是以 CIF(或 CIP)货价为基础的，因此，对外报价时如果需要将 CFR(或 CPT)价格变为 CIF(CIP)价格，或是在 CFR(或 CPT)合同项下买方要求卖方代为投保时，均不应以 CFR 价格为基础直接加保险费来计算，而应先将 CFR(或 CPT)价格换算为 CIF(或 CIP)价格后再求出相应的保险金额和保险费。

① 按 CIF 进口时：

$$保险金额＝CIF 货价×1.1$$

② 按 CFR 进口时：

$$保险金额＝CFR 货价×1.1/(1－1.1×r)$$

其中，$r$ 为保险费率，请在"淘金网"的"保险费"页面查找，将所投险别的保险费费率相加即可。

③ 按 FOB 进口时：

$$保险金额＝(FOB 货价＋海运费)×1.1/(1－1.1×r)$$

其中，FOB 货价就是合同金额，海运费请在装船通知中查找，由出口商根据配舱通知填写，如果出口商填写错误，请其查看配舱通知。

a. 因一切险(或 A 险)已包括了所有一般附加险的责任范围，所以在投保一切险(或 A 险)时，保险公司对一般附加险的各险别不会再另收费。投保人在计算保险金额时，一般附加险的保险费率可不计入。

b. 基本险只能选择一种投保，特殊附加险则在基本险的基础上加保，如果同时加保特殊附加险中的战争险和罢工险，费率只按其中一项计算，不累加(同时投保战争险和罢工险，费率仍是 0.80‰，而不是 1.60‰)。

(10) 填写预算表是为了对成本有一个大概的了解，对利润做出合理的估计。为提高报价的效率，建议借助 Excel 内的公式提高计算效率，图 10-50 和图 10-51 所示分别是进口预算模板和出口预算模板。

| 基本计算 | | | | TOTAL | 60 000 | CARTONS | 3 600 000 | PC |
|---|---|---|---|---|---|---|---|---|
| 毛重 | 13.5 | KGS | CARTONS | | 810 000 | | | |
| 净重 | 12 | KGS | CARTONS | | 720 000 | | | |
| 体积 | 0.205 8 | CBM | CARTONS | | 12 348 | | | |
| 报价数量 | 40GP | 225 | | | | | | |
| TOTAL | 60 000 | CARTONS | 3 600 000 | PC | 术语 | CIF | 付款方式 | L/C |
| 单价 | 10 | USD | | | | | | |
| 总价 | 36 000 000 | USD | | | | | | |
| 市场价格 | 16.35 | USD | | | | | | |
| 市值 | 58 860 000 | USD | | | | | | |
| | | USD | | | | | | |
| 合同金额 | 36 000 000 | USD | | | | | | |
| CIF总价 | 36 000 000 | USD | | | | | | |
| 内陆运费 | 116 428.32 | USD | | | | | | |
| 报检费 | 0 | USD | | | | | | |
| 报关费 | 31.43 | USD | | | | | | |
| 关税 | 3 600 000 | USD | | | | | | |
| 增值税 | 6 732 000 | USD | | | | | | |
| 消费税 | 0 | USD | | | | | | |
| 海运费 | 0 | USD | | | | | | |
| 保险费 | 0 | USD | | | | | | |
| 银行费用 | L/C | 100 800 | USD | | | | | |
| 合计 | 100 800.00 | USD | | | | | | |
| 其他费用 | 公司综合费用 | 5% | 1 800 000 | USD | | | | |
| 费用合计 | 48 349 259.75 | USD | | | | | | |
| 利润 | 10 510 740.25 | USD | | | | | | |
| | 66 884 044.48 | RMB | | | | | | |

| 名称 | 汇率 |
|---|---|
| AUD | 645.73 |
| CAD | 619.69 |
| CHF | 667.72 |
| EUR | 797.69 |
| GBP | 988.65 |
| HKD | 81.41 |
| JPY | 7.919 |
| RMB | 100 |
| SEK | 91.56 |
| SGD | 500.95 |
| USD | 636.34 |

| | |
|---|---|
| | 变量 |
| | 非变量 |

黄色区域可以随意改动，绿色部分不可改动，具体计算方式按具体情况进行，此模板仅供参考

| 运费信息 | 20GP' | | 40GP' | |
|---|---|---|---|---|
| | 25 | CBM | 55 | CBM |
| | 17500 | KGS | 26000 | KGS |
| 基本运费 | 1300.00 | USD | 2500.00 | USD |
| 港口附加费 | 52.00 | USD | 100.00 | USD |
| 燃油附加费 | 63.00 | USD | 122.00 | USD |

| 海关编码 | 附加码 | 货名 | 进口税% 普通 | 进口税% 优惠 | 出口税% | 增值税% | 消费税 从量 | 消费税 从价% | 退税% | 单位 | 监管条件 |
|---|---|---|---|---|---|---|---|---|---|---|---|
| 3406000090 | | 其他各种蜡烛及类似品 | 130 | 10 | 0 | 17 | 0 | 0 | 13 | 千克 | |

图 10-50 进口预算模板

| 基本计算 | | | | TOTAL | 550 | CARTONS | 5 500 | SET |
|---|---|---|---|---|---|---|---|---|
| 毛重 | 20 | KGS | CARTONS | | 11 000 | | | |
| 净重 | 19 | KGS | CARTONS | | 10 450 | | | |
| 体积 | 0.19 | CBM | CARTONS | | 104.5 | | | |
| 报价数量 | 40GP | 2 | | | | | | |
| | 单价 | 总价 | | | | | | |
| 采购价格 | 8 500 | 46 750 000 | | 32 274.72 | | SEK | | |
| 对外报价 | 22 000 | 121 000 000 | | | | | | |
| | | | | | | | | |
| | | | | | | | | |
| 1 | 合同金额 | 121 000 000 | SEK | 110 787 600 | RMB | | | |
| 2 | 采购成本 | 46 750 000 | RMB | | | | | |
| 3 | 总价 | FOB | | | | | | |
| | | CFR | | | | | | |
| | | CIF | 109 641 613.7 | | | | | |
| 4 | 内陆运费 | 6 270 | | | | | | |
| 5 | 报检费 | 0 | | | | | | |
| 6 | 报关费 | 200 | | | | | | |
| 7 | 海运费 | FOB | 0 | 汇率 | 6.363 4 | | | |
| | | CFR | 7 730 | USD | 49 189.08 | | | |
| | | CIF | 7 730 | USD | 49 189.08 | | | |
| 8 | 保险费 | FOB | 0 | | | | | |
| | | CFR | 0 | | | | | |
| | | CIF | 1 197 900 | SEK | | 1.33E+08 | | |
| | 合计 | 1 096 797.24 | | | | 1 061 725 | 1 331 | |
| 9 | 核销费 | 10 | | | | | | |
| 10 | 银行费用 | T/T | 0 | | | | | |
| | | L/C | 0.13% | 1 254 766.37 | | | | |
| | | | 200 | | | | | |
| | | D/P | 0.10% | | | | | |
| | | D/A | 0.10% | | | | | |

| | 20GP' | | 40GP' | |
|---|---|---|---|---|
| | 25 | CBM | 55 | CBM |
| | 17 500 | KGS | 26 000 | KGS |
| 基本运费 | 1 600 | | 3 550 | |
| 港口附加费 | 64 | | 142 | |
| 燃油附加费 | 78 | | 173 | |
| | 1 742 | | 3 865 | |
| | 6 968 | | 7 730 | |

共1页，目前在第 1 页 最前页 前一页 后一页 最末页

| 海关编码 | 附加码 | 货名 | 进口税% 普通 | 进口税% 优惠 | 出口税% | 增值税% | 消费税 从量 | 消费税 从价% | 退税% | 单位 | 监管条件 |
|---|---|---|---|---|---|---|---|---|---|---|---|
| 8525802200 | | 非特种用途的单镜头反光型数字照相机 | 130 | 0 | 0 | 17 | 0 | 0 | 17 | 台 | |

| 名称 | 汇率 | | | |
|---|---|---|---|---|
| AUD | 645.73 | | | 21 450 000 |
| CAD | 619.69 | | | |
| CHF | 667.72 | | | |
| EUR | 797.69 | | | |
| GBP | 988.65 | | | |
| HKD | 81.41 | | | |
| JPY | 7.919 | | | |
| RMB | 100 | | | |
| SEK | 91.56 | | | |
| SGD | 500.95 | | | |

图 10-51 出口预算模板

（1）只需在浅灰区域填入相应的数据，即可自动计算出“费用合计”和“利润”两项。

（2）通过模板计算出利润，若符合预期，则继续其余步骤。若不符合预期则进行修改。

## 实验十一

# 工厂操作说明

## 【导读】

在实际的进出口贸易中,工厂的作用至关重要。市场上销售的所有商品都由工厂生产,工厂的决策者需要规划产量、价格和要素投入等。本实验旨在通过模拟操作使学生熟悉国际市场上供需关系的变化对工厂生产的影响。

## 【实训目标】

了解工厂在国际贸易中所起的作用,掌握工厂的相关操作。

## 【实训知识】

### 一、工厂操作流程

(1) 推销。产品制造商和出口贸易商都需要积极开发市场,寻找贸易对象,可寄送业务推广函(sale letter)或在计算机网络、杂志、报纸上刊登产品广告来推销自己,同时可通过参加商展等途径寻找交易对手,增进贸易机会。

(2) 询盘。出口商收到工厂的业务推广函或看到广告后,根据自己的需要对有意进一步洽商的工厂予以询盘,以期达成交易。

(3) 发盘。工厂按买主来函要求,计算报价回函给出口商。这期间可能需要函电多次往返接洽,最后得到关于价格条款的一致意见。

(4) 签约。交易双方经过一番讨价还价后,正式签订国内买卖合同(contract 或 agreement)。在 SimTrade 中,买卖合同可以由出口商起草,也可以由工厂起草。

(5) 生产货物。签约后,工厂即着手生产货物。

(6) 交货。生产完成后,工厂依合同放货给出口商。

(7) 支付货款。工厂放货的同时,出口商支付货款,交易完成。

(8) 缴税。合同完成后,工厂还需到国税局就该笔合同的收益缴付税款,增值税税率与综合费用税率可在"淘金网"的"其他费用"中查到,以合同金额乘之即得税款。

### 二、工厂报价

在 SimTrade 中,工厂是出口商的供货单位,出口商询盘后,工厂需提供报价。

第一步:查询生产成本(单价)。

第二步:预估报价。根据成产成本加上适当金额预估一个报价(单价)。

第三步：计算内合同金额。首先需与出口商商定好交易数量，则合同金额＝预估报价×数量。

第四步：计算工厂总成本。

$$工厂总成本＝生产总成本＋工厂业务费用$$

其中

$$生产总成本＝生产单价×数量$$

$$工厂业务费用＝增值税＋消费税＋公司综合费用$$

具体计算方法如下：

（1）增值税。

进入"B2B（淘金网）"的"税率"页，输入商品海关编码进行查询（如输入商品01001的海关编码20031011，查到增值税税率为17％）。如果一笔合同涉及多项商品，则需分别计算再累加。可得：

$$商品增值税＝内合同金额/（1＋增值税税率）×增值税税率$$

（2）消费税。

进入"B2B（淘金网）"的"税率"页，输入商品海关编码进行查询（如输入商品10001的海关编码33041000，查到增值税税率为17％，消费税从价计算，为价格的30％）。如果一笔合同涉及多项商品，则需分别计算再累加。可得：

$$从价商品消费税＝内合同金额/（1＋增值税税率）×消费税税率$$

$$从量商品消费税＝出口销售数量×消费税单位税额$$

（3）公司综合费用。

在"B2B（淘金网）"的"其他费用"中，查到工厂的公司综合费用为合同金额的5％。可得：

$$公司综合费用＝合同金额×5％$$

第五步：计算利润。

$$利润＝内合同金额－工厂总成本$$

第六步：根据利润定报价。如第五步中算出的利润满足预期则预估单价合理，可将此价格报给出口商，否则可重新估价。

## 【实训内容】

（1）利用SimTrade提供的各项资源，做好交易前的准备工作。

（2）学会运用网络资源宣传企业及产品。

（3）使用邮件系统进行业务磋商，掌握往来函电的书写技巧。

（4）根据磋商内容，正确使用贸易术语与结算方式签订外销合同。

（5）根据磋商内容做好备货工作，正确签订国内购销合同。

（6）正确判断市场走向，做好库存管理。

（7）学会合理利用各种方式控制成本以达到利润最大化。

（8）比较国际贸易的物流、资金流与业务流的运作方式，熟悉国际贸易中不同当事人的不同地位、面临的具体工作与互动关系。

## 【实训操作步骤】

(1) 确认合同。在"Business(业务中心)"里单击"出口商",在弹出画面的左边首先单击"切换"合同,将需要确认的合同设置为主合同;再单击"修改合同",在弹出的合同的下方签字,填入各项详细信息(账号等可在公司基本资料中找到),单击"保存",然后再回到用户对话框中"确认合同",如图 11-1 所示。

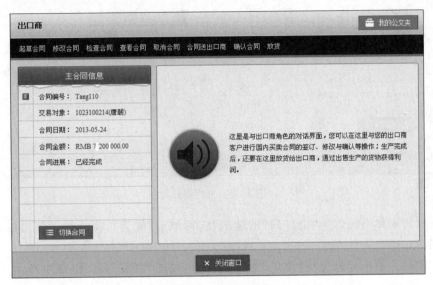

图 11-1　确认合同

(2) 组织生产。单击"Business(业务中心)"中标志为"市场"的建筑物,再单击"查看市场",选择商品"02001",如图 11-2 所示。单击"组织生产",再输入生产数量"2 550",单击"确定",完成生产,如图 11-3 所示。

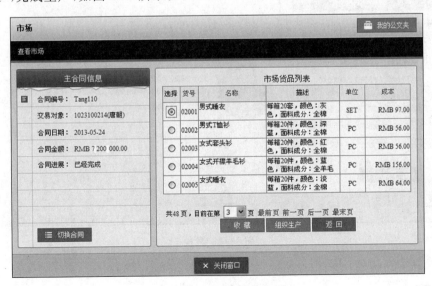

图 11-2　选择待生产商品

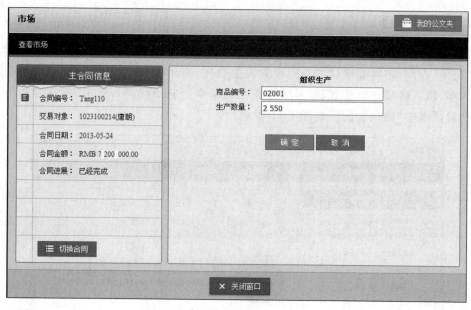

图 11-3　生产商品

（3）放货。单击标志为"出口商"的建筑物，再单击"放货"，将货物送到出口商处，同时收取货款。

（4）缴税。单击标志为"国税局"的建筑物，再单击"缴税"，如图 11-4 所示。该笔交易完成。

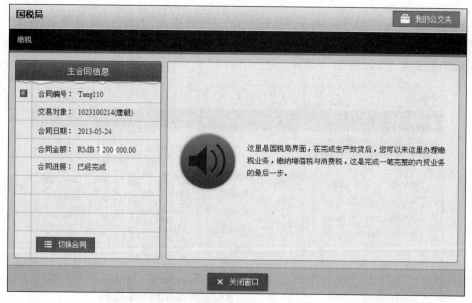

图 11-4　缴税

# 参 考 文 献

[1] Holt R, Sampson N. International Business Correspondence Handbook [M]. Beijing：Foreign Language Teaching and Research Press, 1999.

[2] 薄如骢. 小小开发信 订单滚滚来——外贸开发信写作技巧及实用案例分析[M]. 北京：中国海关出版社,2008：19-23.

[3] 常玉田. 英语商务信函写作[M]. 北京：对外经济贸易大学出版社,2006：96-106.

[4] 陈国武. 解读《跟单信用证统一惯例（2007年修订本）》第600号出版物[M]. 天津：天津大学出版社,2007.

[5] 陈培爱. 广告原理与方法[M]. 厦门：厦门大学出版社,2007.

[6] 方少林. 国际贸易单证实务教程[M]. 北京：中国金融出版社,2007.

[7] 傅龙海,陈剑霞,傅安妮. 国际贸易操作实训[M]. 北京：对外经济贸易大学出版社,2009：51-79.

[8] "关务通•原产地系列"编委会. 原产地实务操作与技巧[M]. 北京：中国海关出版社,2013.

[9] "关务通•原产地系列"编委会. 如何从原产地淘金[M]. 北京：中国海关出版社,2013.

[10] 国际商会. 跟单信用证统一惯例——2007年修订本[M]. 北京：中国民主法制出版社,2003.

[11] 国际商会. 关于审核跟单信用证项下的国际标准银行实务[M]. 北京：中国民主法制出版社,2006.

[12] 国家质量监督检验检疫总局通关业务司. 江苏出入境检验原产地签证概要与操作实务[M]. 北京：中国质检出版社,2016.

[13] 黄卫平. 国际商务谈判[M]. 北京：中国人民大学出版社,2011.

[14] 黄飞雪,李志洁. UCP600与ISBP681述评及案例[M]. 厦门：厦门大学出版社,2009.

[15] 厉力. 自由贸易区的原产地规则问题研究[M]. 上海：复旦大学出版社,2013.

[16] 梁能. 国际商务[M]. 上海：上海人民出版社,1999：137-150.

[17] 刘珉,陈虹. 国际贸易实务实训教程[M]. 北京：对外经济贸易大学出版社,2009：6-15.

[18] 刘园,贾玉良,玉纯. 国际商务谈判[M]. 北京：北京大学出版社,2016.

[19] 马述忠,廖红. 国际企业管理[M]. 北京：北京大学出版社,2013：187-188.

[20] 缪东玲. 国际贸易单证操作与解析[M]. 2版. 北京：电子工业出版社,2016.

[21] 南京世格软件有限责任公司. 外贸单证教学系统[EB/OL]. http://www.desunsoft.com/ib/-doc.html#.

[22] 迈克尔•R.金科塔,伊尔卡•A.隆凯能,鲍勃•多纳特. 决胜全球市场——当代全球贸易战略[M]. 时启亮,郭健全,顾宝炎,译. 北京：中国人民大学出版社,2005.

[23] 姜克波,杨长江. 国际金融学[M]. 北京：高等教育出版社,2008.

[24] 姜延书. 国际贸易谈判实验教程[M]. 北京：清华大学出版社,北京交通大学出版社,2010.

[25] 田运银. 国际贸易单证精讲[M]. 4版. 北京：中国海关出版社,2015.

[26] 万后芬,彭星闾. 营销管理学[M]. 北京：中国统计出版社,2002：539-542.

[27] 王腾,曹红波. 彻底搞懂信用证[M]. 2版. 北京：中国海关出版社,2011.

[28] 武汉骏邦信息科技有限公司. 国际商务谈判模拟实训系统V2.0使用手册[Z],2011.

[29] 夏合群,胡爱玲,吴学忠. 国际贸易实务模拟操作教程[M]. 北京：对外经济贸易大学出版社,2008：57-61.

[30] 肖文萍. 国际贸易商务谈判辅导用书[M]. 北京：对外经济贸易大学出版社,2010.

[31] 徐珊珊. 多边贸易体制下海关确定成交价格的法律问题[M]. 北京：法律出版社，2009.
[32] 徐薇. 国际贸易单证实务与操作[M]. 2版. 北京：人民邮电出版社，2016.
[33] 许彦斌. 国际商务制单实训北京[M]. 北京：对外经济贸易大学出版社，2010.
[34] 叶红玉，俞晓峰. 外贸业务实训教程[M]. 北京：中国商务出版社，2011.
[35] 毅冰. 十天搞定外贸函电[M]. 北京：中国海关出版社，2012.
[36] 余世明. 国际商务单证实务[M]. 广州：暨南大学出版社，2014.
[37] 钟书能. 国际商务英语模拟实训教程[M]. 北京：对外经济贸易大学出版社，2009.
[38] 诸葛霖，王希燕. 外贸英文书信[M]. 4版. 北京：对外经济贸易大学出版社，2014.
[39] 卓乃坚. 国际贸易支付与结算及其单证实务[M]. 上海：东华大学出版社，2011.

# 教师服务

感谢您选用清华大学出版社的教材！为了更好地服务教学，我们为授课教师提供本书的教学辅助资源，以及本学科重点教材信息。请您扫码获取。

## » 教辅获取

本书教辅资源，授课教师扫码获取

## » 样书赠送

**国际经济与贸易类**重点教材，教师扫码获取样书

 清华大学出版社

E-mail: tupfuwu@163.com
电话：010-83470332 / 83470142
地址：北京市海淀区双清路学研大厦 B 座 509

网址：http://www.tup.com.cn/
传真：8610-83470107
邮编：100084